三聯學術

希腊人与非理性

〔爱尔兰〕E. R. 多兹 著

王嘉雯 译

Classics & Civilization

生活·讀書·新知 三联书店

Simplified Chinese Copyright © 2022 by SDX Joint Publishing Company.
All Rights Reserved.
本作品简体中文版权由生活·读书·新知三联书店所有。
未经许可,不得翻印。

图书在版编目(CIP)数据

希腊人与非理性/(爱尔兰)E.R.多兹著;王嘉雯译. —北京:生活·读书·新知三联书店,2022.4 (2023.6 重印)
(古典与文明)
ISBN 978-7-108-07275-7

Ⅰ.①希⋯ Ⅱ.① E⋯ ②王⋯ Ⅲ.①古希腊罗马哲学-研究 Ⅳ.① B502

中国版本图书馆 CIP 数据核字(2021)第 202309 号

© 1951, 2004 by the Regents of the University of California
Published by arrangement with University of California Press

责任编辑	王晨晨
装帧设计	薛 宇
责任校对	龚黔兰
责任印制	董 欢
出版发行	生活·讀書·新知 三联书店
	(北京市东城区美术馆东街 22 号 100010)
网 址	www.sdxjpc.com
图 字	01-2017-6886
经 销	新华书店
印 刷	三河市天润建兴印务有限公司
版 次	2022 年 4 月北京第 1 版
	2023 年 6 月北京第 2 次印刷
开 本	880 毫米 × 1092 毫米 1/32 印张 14
字 数	267 千字
印 数	5,001-8,000 册
定 价	78.00 元

(印装查询:01064002715;邮购查询:01084010542)

"古典与文明"丛书
总 序

甘阳　吴飞

古典学不是古董学。古典学的生命力植根于历史文明的生长中。进入21世纪以来，中国学界对古典教育与古典研究的兴趣日增并非偶然，而是中国学人走向文明自觉的表现。

西方古典学的学科建设，是在19世纪的德国才得到实现的。但任何一本写西方古典学历史的书，都不会从那个时候才开始写，而是至少从文艺复兴时候开始，甚至一直追溯到希腊化时代乃至古典希腊本身。正如维拉莫威兹所说，西方古典学的本质和意义，在于面对希腊罗马文明，为西方文明注入新的活力。中世纪后期和文艺复兴对西方古典文明的重新发现，是西方文明复兴的前奏。维吉尔之于但丁，罗马共和之于马基雅维利，亚里士多德之于博丹，修昔底德之于霍布斯，希腊科学之于近代科学，都提供了最根本的思考之源。对古代哲学、文学、历史、艺术、科学的大规模而深入的研究，为现代西方文明的思想先驱提供了丰富的资源，使他们获得了思考的动力。可以说，那个时期的古典学术，就是现代西方文明的土壤。数百年古典学术的积累，是现代西方文明的命脉所系。19世纪的古典学科建制，只不过是这一过程的结果。随着现代研究性大学和学科规范的确立，一门规则严谨的古典学学科应运而生。但我们必须看到，西方大学古典学学科的真正基础，乃在于古典教育在中学的普及，特别是拉丁语和古希腊语曾长期为欧洲中学必修，才可能为大学古典学的高深研究源源不断地提供人才。

19世纪古典学的发展不仅在德国而且在整个欧洲都带动了新的一轮文明思考。例如，梅因的《古代法》、巴霍芬的《母权论》、古朗士的《古代城邦》等，都是从古典文明研究出发，在哲学、文献、法学、政治学、历史学、社会学、人类学等领域带来了革命性的影响。尼采的思考也正是这一潮流的产物。20世纪以来弗洛伊德、海德格尔、施特劳斯、福柯等人的思想，无不与他们对古典文明的再思考有关。而20世纪末西方的道德思考重新返回亚里士多德与古典美德伦理学，更显示古典文明始终是现代西方人思考其自身处境的源头。可以说，现代西方文明的每一次自我修正，都离不开对古典文明的深入发掘。正是在这个意义上，古典学绝不仅仅只是象牙塔中的诸多学科之一而已。

由此，中国学界发展古典学的目的，也绝非仅仅只是为学科而学科，更不是以顶礼膜拜的幼稚心态去简单复制一个英美式的古典学科。晚近十余年来"古典学热"的深刻意义在于，中国学者正在克服以往仅从单线发展的现代性来理解西方文明的偏颇，而能日益走向考察西方文明的源头来重新思考古今中西的复杂问题，更重要的是，中国学界现在已经超越了"五四"以来全面反传统的心态惯习，正在以最大的敬意重新认识中国文明的古典源头。对中外古典的重视意味着现代中国思想界的逐渐成熟和从容，意味着中国学者已经能够从更纵深的视野思考世界文明。正因为如此，我们在高度重视西方古典学丰厚成果的同时，也要看到西方古典学的局限性和多元性。所谓局限性是指，英美大学的古典学系传统上大多只研究古希腊罗马，而其他古典文明研究例如亚述学、埃及学、波斯学、印度学、汉学以及犹太学等，则都被排除在古典学系以外而被看作所谓东方学等等。这样的学科划分绝非天经地义，因为法国和意大利等的现代古典学就与英美有所不同。例如，著名的西方古典学重镇，韦尔南创立的法国"古代社会比较研究中心"，不仅是古希腊研究的重镇，而且广泛包括埃及学、亚述学、汉学乃至非洲学等各方面专家，在空间上大大突破了古希腊罗马的范围。而意大利的古典学研究，则由于意大利历史的特殊性，往往在时间上不完全限于古希腊罗马的时段，而与中世纪及文艺复兴研究多有关联（即使在英美，由于晚近以来所谓"接受研究"成为古典学的显学，也使得古典学的研究边界越来越超出传统的古希腊罗马时期）。

从长远看，中国古典学的未来发展在空间意识上更应参考法国古典学，不仅要研究古希腊罗马，同样也应包括其他的古典文明传统，如此方能参详比较，对全人类的古典文明有更深刻的认识。而在时间意识上，由于中国自身古典学传统的源远流长，更不宜局限于某个历史时期，而应从中国古典学的固有传统出发确定其内在核心。我们应该看到，古典中国的命运与古典西方的命运截然不同。与古希腊文字和典籍在欧洲被遗忘上千年的文明中断相比较，秦火对古代典籍的摧残并未造成中国古典文明的长期中断。汉代对古代典籍的挖掘与整理，对古代文字与制度的考证和辨识，为新兴的政治社会制度灌注了古典的文明精神，堪称"中国古典学的奠基时代"。以今古文经书以及贾逵、马融、卢植、郑玄、服虔、何休、王肃等人的经注为主干，包括司马迁对古史的整理、刘向父子编辑整理的大量子学和其他文献，奠定了一个有着丰富内涵的中国古典学体系。而今古文之间的争论，不同诠释传统之间的较量，乃至学术与政治之间错综复杂的关系，都是古典学术传统的丰富性和内在张力的体现。没有这样一个古典学传统，我们就无法理解自秦汉至隋唐的辉煌文明。

从晚唐到两宋，无论政治图景、社会结构，还是文化格局，都发生了重大变化，旧有的文化和社会模式已然式微，中国社会面临新的文明危机，于是开启了新的一轮古典学重建。首先以古文运动开端，然后是大量新的经解，随后又有士大夫群体仿照古典的模式建立义田、乡约、祠堂，出现了以《周礼》为蓝本的轰轰烈烈的变法；更有众多大师努力诠释新的义理体系和修身模式，理学一脉逐渐展现出其强大的生命力，最终胜出，成为其后数百年新的文明模式。称之为"中国的第二次古典学时代"，或不为过。这次古典重建与汉代那次虽有诸多不同，但同样离不开对三代经典的重新诠释和整理，其结果是一方面确定了十三经体系，另一方面将"四书"立为新的经典。朱子除了为"四书"做章句之外，还对《周易》《诗经》《仪礼》《楚辞》等先秦文献都做出了新的诠释，开创了一个新的解释传统，并按照这种诠释编辑《家礼》，使这种新的文明理解落实到了社会生活当中。可以看到，宋明之间的文明架构，仍然是建立在对古典思想的重新诠释上。

在明末清初的大变局之后，清代开始了新的古典学重建，或可称为"中国的第三次古典学时代"：无论清初诸遗老，还是乾嘉盛时的各位大师，虽然学问做法未必相同，但都以重新理解三代为目标，以汉宋两大古典学传统的异同为入手点。在辨别真伪、考索音训、追溯典章等各方面，清代都取得了巨大的成就，不仅成为几千年传统学术的一大总结，而且可以说确立了中国古典学研究的基本规范。前代习以为常的望文生义之说，经过清人的梳理之后，已经很难再成为严肃的学术话题；对于清人判为伪书的典籍，诚然有争论的空间，但若提不出强有力的理由，就很难再被随意使用。在这些方面，清代古典学与西方19世纪德国古典学的工作性质有惊人的相似之处。清人对《尚书》《周易》《诗经》《三礼》《春秋》等经籍的研究，对《庄子》《墨子》《荀子》《韩非子》《春秋繁露》等书的整理，在文字学、音韵学、版本目录学等方面的成就，都是后人无法绕开的必读著作，更何况《四库全书总目提要》成为古代学术的总纲。而民国以后的古典研究，基本是清人工作的延续和发展。

我们不妨说，汉、宋两大古典学传统为中国的古典学研究提供了范例，清人的古典学成就则确立了中国古典学的基本规范。中国今日及今后的古典学研究，自当首先以自觉继承中国"三次古典学时代"的传统和成就为己任，同时汲取现代学术的成果，并与西方古典学等参照比较，以期推陈出新。这里有必要强调，任何把古典学封闭化甚至神秘化的倾向都无助于古典学的发展。古典学固然以"语文学"（philology）的训练为基础，但古典学研究的问题意识、研究路径以及研究方法等，往往并非来自古典学内部而是来自外部，晚近数十年来西方古典学早已被女性主义等各种外部来的学术思想和方法所渗透占领，仅仅是最新的例证而已。历史地看，无论中国还是西方，所谓考据与义理的张力其实是古典学的常态甚至是其内在动力。古典学研究一方面必须以扎实的语文学训练为基础，但另一方面，古典学的发展和新问题的提出总是与时代的大问题相关，总是指向更大的义理问题，指向对古典文明提出新的解释和开展。

中国今日正在走向重建古典学的第四个历史新阶段，中国的文明复兴需要对中国和世界的古典文明做出新的理解和解释。客观地说，这一轮古典学的兴起首先是由引进西方古典学带动的，刘小枫和甘阳教授主编的"经典与解释"丛书在短短十五年间（2000—2015年）出版了三百五十余种重要译著，为中国学界了解西方古典学奠定了基础，同时也为发掘中国自身的古典学传统提供了参照。但我们必须看到，自清末民初以来虽然古典学的研究仍有延续，但古典教育则因为全盘反传统的笼罩而几乎全面中断，以致今日中国的古典学基础以及整体人文学术基础都仍然相当薄弱。在西方古典学和其他古典文明研究方面，国内的积累更是薄弱，一切都只是刚刚起步而已。因此，今日推动古典学发展的当务之急，首在大力推动古典教育的发展，只有当整个社会特别是中国大学都自觉地把古典教育作为人格培养和文明复兴的基础，中国的古典学高深研究方能植根于中国文明的土壤之中生生不息茁壮成长。这套"古典与文明"丛书愿与中国的古典教育和古典研究同步成长！

2017年6月1日于北京

献给吉尔伯特·默里(Gilbert Murray)

目 录

前言 i

第一章 阿伽门农的申辩 1

第二章 从耻感文化到罪感文化 32

第三章 癫狂的恩赐 74

第四章 梦模式和文化模式 119

第五章 希腊萨满和清教主义的起源 157

第六章 古典时代的理性主义和反叛 208

第七章 柏拉图、非理性灵魂以及层累堆积体 240

第八章 恐惧自由 274

附录一 迈娜得斯主义（Maenadism） 313

附录二 降神术 332

索引 376

译后记 多兹：理性的非理性主义者 415

前 言

本书基于1949年秋我有幸在伯克利所做的系列讲座，此次出版大体重现了当时讲稿的内容，但形式上要略微完善些。当时的听众既有许多人类学家，也有其他并不具备古希腊专业知识的学者。我希望如今付梓出版后，本书依然能够吸引类似的读者。鉴于此，我几乎翻译了正文中所有希腊文引文，对于没有恰切英文对应的重要希腊文术语也进行了转写。此外，我尽可能避开若干细节方面的争论，因为那些争论对于不了解它们的读者来说毫无意义，只会使正文显得累赘，同时我也尽可能不去讨论诸多枝节问题，那些问题虽然吸引专业学者，但会使我的主题变得繁复。不过在注释中，我会选择性地放入它们。我设法在注释中扼要点明正文中提到的各种观点的背景，如果有可能，我会提及一些古代资料或现代讨论，如若必要，我也会进行论证。

对于非古典学出身的读者，我需提醒他们：切勿将本书视作一部希腊宗教史，哪怕是希腊的宗教观念史或宗教情感史，否则必定误入歧途。本书研究的是希腊心灵对某种独特的人类体验所做出的一连串相继的解释。19世纪的理性主义对那种体验毫无兴致，但如今，那种体验的文化意义已经得到广泛的认可。此书中搜罗的证据就是要揭示古希腊精神世界中重要却相对不为人知的一隅，但切不可将这一隅误认为是整体。

对于同行们，或许我有欠交代，因为我在多处都借用了人类学界和心理学界的最新观察和理论。我深知，在一个专家的世界里，专业人士一般都忌讳并且通常反感这种从陌生学科的借用。我还想重提如下两个说法：首先，"希腊人不是野蛮人"；其次，在那些相对较新的研究中，今天被公认为是真理的部分往往明天就会变成被弃置的错误。这两个说法都对。但是，对于第一个，或许援引列维-布留尔（Lévy-Bruhl）的观点便足以回应："任何人类的大脑，无论智力发展到何种程度，原始思维都依然根深蒂固。"若是非古典学出身的人类学家不够有说服力的话，那就听听尼尔松（Nilsson）的："撇开技术性的或自觉的智力活动不论，原始思维（primitive mentality）其实是现代大多数人心理（mental）行为的绝佳写照。"既然我们没有直接观察到任何一个社会可以免除"原始的"思想模式，那为什么我们就应该认为希腊人可以免除呢？

至于第二个说法，诚然，我所参考的理论大多数都是暂时的或不确定的，但是，如果我们试图要对希腊心灵达成某种理解，而不仅仅满足于描述外在行为或者罗列所有记载下的"信条"，那我们就必须从现有的线索入手，毕竟不确定的线索总是聊胜于无。泰勒的泛灵论（Tylor's animism)、曼哈特的植物巫术论（Mannhardt's vegetation-magic）、弗雷泽的年神说（Frazer's year-spirits）、科德林顿的神力说（Codrington's mana），这些理论都曾一度照亮过古代文献的暗处，当然，它们也曾引起过许多草率的猜测。时间和批评工作足以对付这些猜测，而那些灵光则留了下来。利用非希腊证据说明希腊人一般特征时要十分谨慎，这我完全赞同，但这绝对不是致使希腊研究陷入自我孤立的理由，更不是古典学者一边沿用过时的人类学概念（很多古典学者正是如此），一边又全然不顾这些领域近30年来的新进展——最近社会人类学和社会心理学达成了联合，我认为这一新进展其前景不可估量——的理由。即使我们无法接近真理，明天的错误也要胜过昨天的错误，因为科学上的错误恰是不断接近真理的一种别称。

最后，我要向所有帮助本书出版的人和机构致谢。首先，我要感谢加州大学，是它提供的机缘促使我着手写作本书；其次是路德维希·埃德尔斯坦（Ludwig Edelstein）、格思里（W. K. C. Guthrie）、林福斯（I. M. Linforth）以及诺克（A. D. Nock），他们都阅读过全部或部分印稿，并且提出了宝贵建议；最后，我要感谢哈罗德·斯莫尔（Harold A. Small）、亚历山大（W. H. Alexander）以及加州大学出版社的其他工作人员，为了出版此书，他们承担了极为繁难的工作且毫无怨言。我也必须感谢诺克教授和罗马社会委员会（the Council of the Roman Society）准许我重刊两篇分别发表在《哈佛神学评论》(*Harvard Theological*

Review）和《罗马研究》（Journal of Roman Studies）的论文作为本书附录。我还要感谢希腊社会委员会（the Council of the Hellenic Society）准许我重刊一篇发表在《希腊研究》（Journal of Hellenic Studies）的论文中的部分章节。

多兹

牛津

1950 年 8 月

第一章 阿伽门农的申辩

> 情感的隐栖之所和性格的幽冥地层，是世上仅有的可捕捉真相之形成的地方。
>
> ——威廉·詹姆斯（William James）

几年前我在大英博物馆欣赏帕特农雕像，一个年轻人走来面带愁容地对我说："我知道承认这事很糟糕，可这希腊玩意儿真的一点没有打动我。"我说，这倒有趣，怎么没打动呢？他想了一会儿然后说："嗯，这一切都太理性了，你懂我意思的。"我认为我是懂的。这个年轻人只是说出了罗杰·弗莱（Roger Fry）[1]等人更明确表达过的东西。对于从非洲艺术、阿兹特克（Aztec）艺术以及诸如莫迪利亚尼（Modigliani）、亨利·摩尔（Henry Moore）等人的作品接受感觉训练的一代人来说，希腊艺术以及一般而言的希腊文化往往显得缺乏神秘意识，并且缺乏刺透人类体验深处无意识层面的能力。

这番对话久久引我思考。希腊人难道真的像他们的辩

---

[1] *Last Lectures*, 182 ff.

护者与批评者都认定的那样,对人类体验与行为中的非理性因素视而不见吗?本书的缘起正是由于这个问题。要彻底回答此问免不了要对古希腊的全部文化成就做一番研究,但我的野心要小得多,我只想通过重新探讨希腊宗教体验的相关方面来尝试对此问题做出解答。我希望我的结论不仅对做希腊研究的学者有帮助,也对人类学家、社会心理学家乃至任何关切人类行为之源的人有帮助。因此,我将尽量使用非专业人士也能理解的语言来论述。

首先,我将考察荷马宗教(Homeric religion)的一个特定方面。对某些古典学者来说,荷马诗歌似乎不是寻找任何一种宗教体验的理想文本。马宗(Mazon)教授在其近著中说,"事实是,再没有比《伊利亚特》(*Iliad*)更不具宗教性的诗作了"。[2]这一说法显得有些绝对,但它反映了一个似乎被广泛接受的观点。默里(Murray)教授认为,所谓的荷马宗教"事实上根本不是宗教",因为在他看来,"公元前4世纪以前,真实的希腊宗教崇拜几乎没有采用那些光辉的奥林波斯(Olympian)神形象"。[3]类似地,博拉(Bowra)博士评论说,"这一套完全拟人化的体系(anthropomorphic system)当然和真正的宗教或道德无关,这些神是诗人一项欢快诱人的发明"。[4]

---

[2] *Introduction à l'Iliade*, 294.
[3] *Rise of the Greek Epic*[4], 265.
[4] *Tradition and Design in the Iliad*, 222. 斜体字(正文中的楷体——译注)是我加的。同样,威廉·施密德(Wilhelm Schmid)也认为荷马的诸神概念"不能被称作宗教性的"(*Gr. Literaturgeschichte*, I.i.112 f.)。

如果"真正的宗教"指的就是历经启蒙的现代欧美人所认为的宗教,那么事实的确必然如上所述。但是,如果我们把语词的含义做如此限定,会不会低估甚至完全忽视了某些东西,比如今天不再以宗教来阐释,而当时却存在重要宗教意义的体验呢?本章的目的并不是和我援引的那些著名学者就语词使用问题争吵不休,而是为了引导人们关注荷马史诗中一种看似(prima facie)具有宗教意味的体验,并且探讨该体验的心理学意义。

让我们从阿伽门农(Agamemnon)的体验说起。神降的诱惑或迷乱(atē)使阿伽门农抢了阿基琉斯(Achilles)的女奴来弥补自己损失的女奴。他事后说:"那件事不能唯我负咎,是宙斯(Zeus)、我的命运(portion)和奔行于黑暗中的埃里倪斯(Erinys),他们在那天大会上给我的理智灌进了可怕的 ate [迷乱]*,使我抢夺阿基琉斯的战利品。我能怎么办?神明能实现一切事情。"[5]** 不耐烦的现代读者或许会认为这是阿伽门农用来逃避责任的借口,站不住脚,因而草草打发这段话。但我认为细心的读者不会这么做。阿伽门农当然不是在司法层面逃避责任,因为他最后说正是要在这

---

[5] *Il.* 19.86 ff.

* 书中凡用方括号标出的内容,均为译者为方便读者给出的翻译,原书作者并未给出对应英译。——译注(凡以此星号标注的均为中译者注,全书同,不再一一注明。——编者)

** 本书中荷马史诗译文参考:《伊利亚特》,罗念生、王焕生译,北京:人民文学出版社,1994 年 11 月;《奥德赛》,王焕生译,北京:人民文学出版社,1997 年 5 月。译者根据希腊文和多兹的英译略作改动。

一层面提供补偿——"既然我受了 ate 蒙蔽,被宙斯夺去了理智,我愿意和解,给你许多补偿。"[6] 如果按照自己的意志行事,阿伽门农就不会如此轻易地认错;而事实上他愿意为自己的行为负责。无论是否出于个人意志,阿伽门农的处境在司法意义上都并无二致,因为早期希腊的司法审判并不关注意图,而只关注行为。阿伽门农也并非在不诚实地制造道德托词,因为他行为的受害者也持同样的观点:"父宙斯,你常常让凡人深深陷入 atai [迷乱],否则阿特柔斯(Atreus)之子绝不会激起我胸中的 thūmos [怒气],绝不会横暴地夺走我的女子,违背我的意愿。"[7] 读者或许认为,阿基琉斯为了保住首领阿伽门农的颜面而客气地接受了一套虚构。这绝不可能。卷 1 中阿基琉斯向忒提斯(Thetis)诉苦时,他就说阿伽门农的行为是出于 ate;[8] 卷 9 中他又说:"让阿特柔斯之子舒舒服服地去毁灭,聪明的宙斯已经夺去他的理智。"[9] 看来,阿基琉斯和阿伽门农的观点相同,而引出整个忿怒故事(the story of the Wrath)的名言——"就这样实现了宙斯的计划"[10]——又强烈暗示了诗人的观点也是如此。

如果这只是荷马阐释人物的个例,而我们尚不能确定诗人的动机:比如,我们可以猜测,诗人此举是为了避免听众的同情心完全离阿伽门农而去,或者说诗人是通过将两首

---

[6] 137 ff. 参见 9.119 f.。
[7] 19.270 ff.
[8] 1.412.
[9] 9.376.
[10] 1.5.

领这次不光彩的争吵呈现为实现神明计划的一个步骤从而赋予它深意。但这些猜测并不适用于其他那些说"诸神""某神",或宙斯暂时"夺去""毁灭"或"迷惑"了人类心智的诗行。的确,上述猜测都适用于海伦(Helen),她在做了一番感人肺腑又情真意切的演说之后,称是宙斯给她和阿勒珊德罗斯(Alexandros)降下不幸的命运,"日后我们将成为后世的人的歌题"。[11]但是,当诗人仅说宙斯"迷惑了阿开奥斯人的心智"以至于他们受挫时,则根本没有涉及特定个人;"神明能使无比聪颖的人变得愚蠢,也能使非常愚蠢的人变得很聪颖",这一普遍称说更没有涉及个人。[12]此外,我们如何解释格劳科斯(Glaucus)被宙斯夺去理智后,做了全希腊人都不会做的亏本交易,用金铠甲交换铜铠甲?[13]又如何解释奥托墨冬(Automedon)试图身兼御者和枪兵的蠢行引得朋友问他,"哪位神夺走了你的理智,给你的胸中灌进这无益的计划?"。[14]很显然,这两例与更深层次的神明意图都没有关联,而由于不涉及道德污点,这里也不存在博求听众同情的问题。

可至此读者自然会问,我们是否只是在处理一种套语(*façon de parler*)而已呢?诗人是否只是要表明格劳科斯是

---

[11] *Il.* 6.357。参见 3.164,这里普里阿摩斯(Priam)说应该为战争负责(αἴτιοι)的是神,而非海伦;以及 *Od.* 4.261,这里海伦谈到了自己的 ἄτη。

[12] *Il.* 12.254 f.; *Od.* 23.11 ff.

[13] *Il.* 6.234 ff.

[14] *Il.* 17.469 f.

个不懂交易的傻瓜，奥托墨冬的友人是否只是在发问"究竟是什么把你弄成这样"？或许不是。作为旧诗人的惯用形式，六音步程式（hexameter formulae）极易发生语义退化（semasiological degeneration），最后成为一种套语。我们注意到格劳科斯片段和奥托墨冬徒劳的 aristeia［神勇］片段都不是《伊利亚特》情节不可或缺的部分——哪怕是"扩充"了的《伊利亚特》，这两个故事很可能是后人所加。[15] 但是，我们的目的在于理解蕴含于这种刻板程式根基中的原初体验，因为即便套语也必定有它的起源。为有助于此探究，我们需进一步研究 ate 的本质以及阿伽门农认为导致 ate 的各主体（agencies）*的本质，并关注史诗诗人对人类行为之源所做的其他种种描述。

荷马史诗中有若干处将不明智和不可理喻的行为归咎于 ate，或者用 ate 的同源动词 aasasthai［受迷乱］来描述没有神明直接介入的行为。但荷马史诗中的 ate[16] 本身并不是人格化的主体（personal agent）；荷马用人格化表述称谓 ate 的两处（《伊利亚特》9.505 以下和 19.91 以下）显然是两则寓言。此外，不像悲剧的惯常做法，ate 从不意指客

---

[15] 参见 Wilamowitz, *Die Ilias und Homer*, 304 f., 145。

[16] 关于 ἄτη 的这种说法，参见 W. Havers, "Zur Semasiologie von griech. ἄτη", *Ztschr. f. vgl. Sprachforschung*, 43 (1910) 225 ff.。

* 为行文方便，译者将本书中的"agency""agent"统一译为"主体"，但需注意，这里的"主体"含义不同于哲学意义上的"主体"，而更偏向于"代理""代理者"。

观灾难，[17] 至少在《伊利亚特》中如此。通常或实际的情况下，[18] ate 是一种心理状态（a state of mind），是正常意识被暂时遮蔽或迷惑的状态。它实际是一种局部的、暂时性的精神错乱（insanity）。和所有精神错乱一样，它并未被归因于生理或心理，而是被归因于外在的"神灵"（daemonic）*主体。诚然，在《奥德赛》(Odyssey) 中，[19] 过度饮酒被认为可导致 ate，但这并非意指 ate 可以被"自然地"生产出来，而是指酒具有某种超自然的（supernatural）或神灵般的迷乱力量。除这一特例外，别处具体指明的导致 ate 的各种主体似乎通常是超自然存在。[20] 这样，我们就可以把荷马史诗中所有与酒精无关的 ate 情形归为一类，我将它们称为"超自然介入"（psychic intervention）。

回顾以上情形，我们注意到 ate 不一定是邪恶的同

---

[17] 这一转变了的语义可见于 *Od*. 10.68, 12.372, 21.302。除此之外它都属于后荷马时代。利德尔和斯科特（L.-S.）仍征引 *Il*. 24.480 作为该语义出处，但我认为这是错误的：参见 Leaf and Ameis-Hentze *ad loc.*。

[18] 复数形式似乎有两次被用来描述迷乱心理状态下的活动，分别在 *Il*. 9.115 和 *Il*. 10.391（如果注释[20]的观点正确的话）。这是在本义基础上简单而自然的延伸。

[19] 11.61; 21.297 ff.

[20] *Il*. 10.391 通常被视为一个孤例。然而它在此处的含义可能并不是指赫克托尔的愚蠢建议激起了多隆（Dolon）的 ἄτη，而是指赫克托尔自己处在神降的 ἄτη 状态。这样，ἄται 的含义就和 9.115 处的相同。而一般观点则不仅假想了一套独特的心理学，而且还假想 ἄται 专用来表示"由迷乱造成的行动"。*Od*. 10.68 处奥德修斯的同伴被称作与 ὕπνος σχέτλιος [可恶的睡眠]一样的次级主体。

* daemon 可作中性义译作"神灵""精灵"（区别于 god，神、神明），也可作贬义译作"恶魔"，后文中不再一一标明。

义词或结果。照利德尔和斯科特（Liddell and Scott）的说法，ate"通常作为一种对罪恶冲动的惩罚而降临"；这种说法很不适用于荷马。帕特罗克洛斯（Patroclus）被阿波罗（Apollo）击打后，ate（这里指一种因惊愕而生的迷惑）攫住了他，[21] 这一例子有可能被认为印证了利德尔和斯科特的说法，因为帕特罗克洛斯前面 ὑπὲρ αἶσαν [越过命运（规定的限度）] 冲动地击溃了特洛亚人。[22] 但在此幕之前，帕特罗克洛斯的冲动被归因于宙斯的意愿，并使用了动词 ἀάσθη [他受到了迷乱]。[23] 此外，阿伽斯特罗福斯（Agastrophus）ate [迷乱] 之中[24] 远离了他的战车因而被杀害，这里的 ate 不是对冲动行为的"惩罚"；他的冲动本身就是 ate 或 ate 的结果，而且看不出这种冲动含有道德上的罪恶，它只是一个莫名其妙的错误，就像格劳科斯的失败交易。再者，奥德修斯（Odysseus）打盹时机不巧致使他的同伴屠宰了带有禁忌的牛群，可他既没有罪也不冲动。我们会称这种事为意外，而在荷马和一般的早期思想看来，[25] 则根本不存在意外；奥德修斯深知他打盹是因为神 εἰς ἄτην [降下了 ate]，"以戏弄他"。[26] 这些章节说明 ate 原初意义上与罪恶不相关联。ate

---

[21] *Il.* 16.805.

[22] *Ibid.*, 780.

[23] *Ibid.*, 684–691.

[24] *Il.* 11.340.

[25] 参见 L. Lévy-Bruhl, *Primitive Mentality*, 43 ff.; *Primitives and the Supernatural*, 57 f.（英译本）。

[26] *Od.* 12.371 f. 参见 10.68。

概念中的惩罚含义可能是后来在爱奥尼亚（Ionia）的发展结果或是由外地引入的舶来品：荷马仅在《伊利亚特》卷9独特的 Λιταί［祈求女神］章节处明确表达了这一含义，[27] 说明这种观念可能来自大陆（Mainland），同墨勒阿格罗斯的故事（the Meleager story）一道从原创的史诗中承袭过来。

接着让我们讨论一下导致 ate 的各主体。阿伽门农援引了不止一个主体，而是三个：宙斯、moira［命运］和奔行于黑暗中的埃里倪斯（或据另一更古老的文本，嗜血的埃里倪斯）。三者中，诗人认为宙斯这一神话主体是事件的首要推动者——"实现了宙斯的计划"。颇有重要意义的是，宙斯是《伊利亚特》中仅有的能引起 ate 的奥林波斯神（除非我们认为帕特罗克洛斯的 ate 应由阿波罗负责），也因此 ate 被喻为宙斯的长女。[28] 我认为 Moira 被提及是因为人们将所有莫名其妙的个人灾难描述为他们的"命运"或"命分"（portion or lot），因为他们不理解灾难发生的原因，但既已发生，便"本该如此"。至今，尤其在死亡问题上人们仍会这样说。现代希腊语中的 μῖρα 已成为死亡的同义词，古希腊语中的 μόρος 也是。我确信这里将 Moira 首字母大写是完全错误的，好像它标志着一位能够号令宙斯的人格化女

---

[27] *Il.* 9.512：τῷ ἄτην ἅμ' ἕπεσθαι, ἵνα βλαφθεὶς ἀποτίσῃ［让 ate 随那人，使他入迷付代价］。

[28] *Il.* 19.91. 在 *Il.* 18.311 处，作为忠告女神的雅典娜夺去了特洛亚人的理智，因此他们称赞赫克托尔的坏建议，然而这并没有被称为 ἄτη。但在"特勒马科斯纪"中，海伦则将自己的 ἄτη 归咎于阿芙洛狄忒（*Od.* 4.261）。

神，或是一位类似于希腊化时代的赫玛墨涅（Heimarmenē）的宇宙命运神（Cosmic Destiny）。女神形象的 Moira 在祭仪和早期文学中总以复数 Moirai 出现，而除一疑似例证外，[29]《伊利亚特》中完全没有出现其复数形式。我们至多只能说，阿伽门农把他的"命运"视作能够主事的主体，是迈出了将 moira 人格化的第一步。[30] 此外，阿伽门农怪罪自己的 moira 也说明他不是系统决定论者（systematic determinist）；假使有生活在现代希腊的农夫和阿伽门农使用同一套语言，后者对决定论的信奉程度可能还比不上农夫。然而，讨论荷马史诗中的人物是决定论者还是自由意志论者是犯了不切实际的年代错误，因为他们从未这样想过问题，即使说了他们也无法理解。[31] 他们只能够辨别正常行为和被 ate 支配的行

---

[29] *Il.* 24.49，这里的复数形式可能仅仅是指不同个体的"命运"（Wilamowitz, *Glaube*, I.360）。但 *Od.* 7.197 处"强大的纺线者"（mighty Spinners）似乎指的是一种个人命数，就类似于日耳曼神话中的命运三女神（the Norns of Teutonic myth，参见 Chadwick, *Growth of Literature*, I.646）。

[30] 参见 Nilsson, *History of Greek Religion*, 169。康福德（Cornford）认为，μοῖρα "代表世界的地方性秩序"，并且"个人命分或命运的观念是最后而非首先发展出来的"（*From Religion to Philosophy*, 15 ff.），我认为这一观点本质上不可能成立，而且确实也得不到荷马文本的支持，荷马那里的 μοῖρα 仍然指代十分具体的东西，比如"一份"烤肉（*Od.* 20.260）。乔治·汤姆森（George Thomson）认为，μοῖρα 起初"是指原始共产主义经济与社会功能的象征"，或者"它们源自新石器时代的母神"（*The Prehistoric Aegean*, 339），这一观点也不能令我信服。

[31] Snell, *Philol.* 85（1929–1930），141 ff., 以及（更详尽的）Chr. Voigt, *Ueberlegung u. Entscheidung...bei Homer*，已经指出荷马没有用来描述选择行为或决定的词。但后者又认为，在荷马史诗中，"人缺乏个人自由和自主决定的意识"（Voigt, *op. cit.*, 103），这一观点我不能苟同。（转下页）

为。根据或客观或主观的不同出发点，荷马人物不经意地将被 ate 支配的行为诉诸 moira 或者某个神的意愿。正因此，帕特罗克洛斯将自己的死径直归因于直接主体即凡人欧福尔波斯（Euphorbus），间接归因于神话主体阿波罗，而从主观角度则归因于他悲惨的 moira。如心理学家所言，这是"多因素决定的"（overdetermined）。[32]

同理，埃里倪斯应当是导致阿伽门农迷乱的直接主体。埃里倪斯出现在这一语境下会让那些认为埃里倪斯本质上是报仇神的人大为惊讶，更不用说那些相信埃里倪斯最初是图谋报仇的死者的人，例如罗德（Rhode）。[33]但阿伽门农不是唯一的例证。《奥德赛》中[34]写道，"严酷的女神埃里倪斯给墨兰波斯（Melampus）的理智降下疯狂的 ate"。以上两处例子都无关报仇或惩罚。或许可以这么解释，即埃里倪斯是确保 moira 得以实现的人格化主体。这就是为何埃里倪斯打断了阿基琉斯战马的言辞，因为让马说话不"合乎

（接上页）我想说的是，荷马史诗中的人没有意志概念（它在希腊的发展相当晚），因此也就不可能有"自由意志"概念，但这并没有妨碍荷马事实上已经区分了源自自我的行动和由超自然的介入导致的行动：阿伽门农可以说，ἐγὼ δ' οὐκ αἴτιός εἰμι, ἀλλὰ Ζεύς［那件事不能唯我负疚，是宙斯］。因此，如果我们否认 *Il.* 11.403 ff. 或 *Od.* 5.355 ff. 等处事实上描述的是经过深思两种可能性后才做下的合理决定，那我们就会显得有些武断。

[32] *Il.* 16.849 f. 参见 18.119, 19.410, 21.82 ff., 22.297–303；关于"多因素决定"，参见本书第二章，pp. 30 f.。（原书页码，即本书边码，全书同。——译注）

[33] *Rh. Mus.* 50（1895）6 ff.（=*Kl. Schriften*, II.229）.参见 Nilsson, *Gesch. d. gr. Rel.* I.91 f.；对照维拉莫维茨（Wilamowitz）《报仇神》（*Eumenides*）译本的导言，以及 Rose, *Handbook of Greek Mythology*, 84。

[34] 15.233 f.

moira"。[35] 这也是为何据赫拉克利特（Heraclitus）描述，[36] 如果太阳因越俎代庖而"僭越本分"，那么埃里倪斯就会惩罚太阳。我认为，作为复仇使者的埃里倪斯其道德功能很有可能来自她们严格执行 moira 的原初使命。moira 起初是道德中立的，更精确地说，早期希腊人并不对"应当"和"必须"做清楚区分，moira 同时含有这两种意味。因此在荷马史诗中我们会发现，埃里倪斯对源自家庭或社会关系方面的索偿穷追不舍，并将其视为个人 moira 的一部分[37]：父母、[38] 兄

---

[35] *Il.* 19.418. 参见 Σ B *ad loc.*, ἐπίσκοποι γάρ εἰσιν τῶν παρὰ φύσιν [因为监督人违背马的本性]。
[36] Fr. 94 Diels.
[37] 除一处外（*Od.* 11.279 f.），所有这样说的都是活着的人，这似乎与认为 ἐρινύες [埃里倪斯] 是前来报仇的死者这一诞生于泛灵论信仰全盛期的理论相抵牾。相抵牾的地方还有：(a) 荷马史诗中的 ἐρινύες 从不惩罚谋杀者，(b) 诸神和人一样，都有"他们的" ἐρινύες。赫拉的 ἐρινύες（*Il.* 21.412）和佩涅洛佩的 ἐρινύες（*Od.* 2.135）功能完全一致，都是通过惩罚不孝子来保护母亲的地位，我们可以说 ἐρινύες 是被投射为人格化存在的母性的愤怒。《忒拜纪》（*Thebais*）（fr. 2 Kinkel）中说 θεῶν ἐρινύς [众神手下的埃里倪斯] 听到（活着的）俄狄浦斯（Oedipus）的诅咒，拟人化地体现了诅咒中所召唤的神怒：因此，ἐρινύς 与诅咒可以等同（Aesch. *Sept.* 70, *Eum.* 417）。这样一来，当听到忒瑞西阿斯（Teiresias）以 Ἀΐδου καὶ θεῶν ἐρινύες [冥王和众神手下的埃里倪斯] 威胁克瑞昂（Creon）时（*Ant.* 1075），索福克勒斯就不是在发明创造，而是在使用传统语言；他们的职能是惩罚违背 μοῖρα 的克瑞昂，μοῖρα 是指自然的分配，按照它，死去的波吕涅克斯（Polyneices）属于冥府，活着的安提戈涅（Antigone）属于ἄνω θεοί [天神]（1068–1073）。关于作为地位的 μοῖρα，参见 *Il.* 15.209，波塞冬宣称自己与宙斯 ἰσόμορος καὶ ὁμῇ πεπρωμένος αἴσῃ [同样强大，享有同等地位]。写作此书时，我发现 ἐρινύς 和 μοῖρα 的紧密关系同时也被乔治·汤姆森（George Thomson, *The Prehistoric Aegean*, 345）强调过，爱德华·弗伦克尔（Eduard Fraenkel）在论述 *Agam.* 1535 f. 时也强调过。
[38] *Il.* 9.454, 571; 21.412; *Od.* 2.135.

长、[39]甚至乞丐[40]的身上都有这样相应的部分,能够召唤"他的"埃里倪斯来守护它。埃里倪斯也被召唤来见证誓言,因为誓言立下一项任务,也即一种 moira。埃里倪斯和 moira 之间的关联在埃斯库罗斯(Aeschylus)那里仍有体现,[41]*尽管他笔下的 moirai 已经准人格化了;同时埃里倪斯在他那里也依旧是 ate 的分派者,[42]尽管埃里倪斯和 ate 都已被道德化。这样看来,moira—埃里倪斯—ate 的三者复合体存在着深厚的根基,可能比归之于主体宙斯的 ate 还要古老得多。[43]这里很值得提及的一点是,埃里倪斯与 aisa(moira 的同义词)两词可追溯到或许是最古老的希腊语形态——阿卡狄亚—库普洛斯方言(Arcado-Cypriot dialect)。[44]

---

[39] *Il*. 15.204.

[40] *Od*. 17.475.

[41] *P. V.* 516,Μοῖραι τρίμορφοι μνήμονές τ' Ἐρινύες [摩伊拉三姊妹和好记仇怨的埃里倪斯],以及 *Eum.* 333 ff. 和 961,Μοῖραι ματρικασιγνῆται [女神摩伊拉,我们的同母姐妹们]。在一部欧里庇得斯佚剧中,埃里倪斯声称她的别名是 τύχη [运气]、νέμεσις [报应]、μοῖρα [命运] 和 ἀνάγκη [必然](fr. 1022)。另参见 Aeschylus,*Sept.* 975—977。

[42] *Eum.* 372 ff.,等等。

[43] 关于诸神与 μοῖρα 的关系(无法用逻辑术语来厘清)这一旷日持久的问题,尤其参见 E. Leitzke,*Moira u. Gottheit im alten griech. Epos*,此书列出了充分的文献;E. Ehnmark,*The Idea of God in Homer*,74 ff.;Nilsson,*Gesch. d. gr. Rel.* I.338 ff.;W. C. Greene,*Moira*,22 ff.

[44] 阿卡狄亚的地母神(Demeter)Ἐρινύς 和动词 ἐρινύειν,Paus. 8.25.4 f.;阿卡狄亚的 αἶσα,*IG* V.2.265, 268;库普洛斯的 αἶσα,*GDI* I.73。

* 本书中埃斯库罗斯、索福克勒斯、欧里庇得斯以及阿里斯托芬剧作的译文参考:《古希腊悲喜剧全集》,张竹明、王焕生译,南京:译林出版社,2007 年 4 月。译者根据希腊文和多兹的英译略作改动。

现在，让我们搁下 ate 及相关物，简要考察荷马史诗中另一种同样反复出现的"超自然介入"，也即从神到人的力量感通。《伊利亚特》中的典例是战场上的 měnos [力量、力气或勇气] 感通，[45] 比如雅典娜（Athena）将三倍的 menos 注入她眷顾的狄奥墨得斯（Diomede）胸中，阿波罗将 menos 注入负伤的格劳科斯的 thumos [心] 中。[46] 这一 menos 主要不是指生理力量，也不是指诸如 thumos 或 nŏŏs [心灵] 等进行心理活动的常规器官。[47] 它像 ate 一样，是一种心理状态。当人感到胸中积蓄了 menos，或者"鼻子感到一阵难忍的强烈辛酸"，[48] 他就会意识到正有一股神秘的力量通向自己，会感到自己的生命充满力量和新的自信与渴望。menos 与意志领域的关联在 μενοινᾶν [渴望] 和 δυσμενής [迫切想要] 等词中得到了清晰展现。值得注意的是，menos 的感通经常（但并非总是）作为对祈祷者的回应而降临。但它比我们所说的"决心"更自发、更本能。动物会有 menos，[49]

---

[45] 参见 E. Ehnmark, *The Idea of God in Homer*, 6 ff.；关于 μένος 一词的含义，参见 J. Böhme, *Die Seele u. das Ich im Homerischen Epos*, 11 ff., 84 f.。

[46] *Il.* 5.125 f., 136; 16.529.

[47] 国王们曾认为，凭借职位他们拥有一种奇特的传递过来的 μένος，这一点似乎可从短语 ἱερὸν μένος（cf. ἱερὴ ἴς）[神圣力量] 中看出，虽然它在荷马史诗中的运用仅仅是出于韵律需要，比如用在阿尔基诺奥斯（Alcinous）身上（*Od.* 7.167 etc.），以及安提诺奥斯（Antinous）身上（*Od.* 18.34）。参见 Pfister, P.-W., s.v. "Kultus", 2.125 ff.; Snell, *Die Entdeckung des Geistes*, 35 f.。

[48] *Od.* 24.318.

[49] 马，*Il.* 23.468；βοὸς μένος [牛的气力], *Od.* 3.450。在 *Il.* 17.456 处，阿基琉斯的马获得了 μένος 的感通。

火焰的毁灭力量也用 menos 作喻。[50] 在人，它是生命能量，是"引火柴"（spunk），它并不总是在原地待命，而是来去神秘，甚至可以说无常。但对荷马来说，menos 并不是无常之物，而是"把 arētē［能力，也即战士的潜能］赐给人们，或多或少，全凭他愿意"[51] 的神的施为。的确，有时 menos 由言辞激励而唤起，有时它的发作则只能用神来解释，是神"将它吹入"英雄体内，或"放入胸中"，或如一处所说的，是神用手杖击打的接触方式而传递的。[52]

我认为不能视以上说法为"诗学发明"或"神圣机制"（divine machinery）而草草打发它们。毫无疑问，诗人经常为了情节之便而发明个别情境。超自然介入有时也的确会和身体因素有关，或和奥林波斯山场景有关。但可以十分肯定，menos 背后潜在的观念不是由任何一个诗人发明出来的，它要比那些具有可见身体并参加战斗的拟人神的概念更加古老。像 ate 一样，被激昂的 menos 短暂附体是一种反常状态，这种状态需要一种超乎寻常的解释。荷马人物可以通过他们肢体的异常感觉来辨识 menos 的发作。一位力量感通者描述

---

[50] *Il*. 6.182, 7.565. 因此医学作家们会谈论酒的 μένος（Hipp. *acut*. 63），甚至饥饿的 μένος（*vet. med.* 9），用来指代这些事物对人体产生影响的内在力量。

[51] *Il*. 20.242. 另参如下表述："大大感动"参孙（Samson）的"耶和华的灵"使他完成了超人的行为（Judges 14: 6, 15: 14）。

[52] *Il*. 13.59 ff. 不过，在荷马史诗中以及在一般的希腊信仰中，依靠接触这一物理方式传递力量的情况比较罕见，而相较之下，基督教（以及许多原始文化）赋予"按手礼"（laying on of hands）的重要性就要大得多。

道:"上面的双手和下面的双腿也 μαιμώωσι [急不可耐]。"诗人告诉我们,这是因为神将他的手脚关节变得 ἐλαφρά [轻松灵活]。[53]另一位感通者表达了同样的感受;这种感受使他们确信 menos 具有神圣的起源。[54]那是一种反常的体验。在神圣而激昂的 menos 附体下,人们会做出一定程度上的反常举动。他们可以 ῥέα [不费吹灰之力] 完成最困难的功业[55]——这也是表示神圣力量的传统标志。[56]他们甚至可以像狄奥墨得斯一样,与神作战而毫发无伤[57]——这对于正常人而言是极其危险的行动。[58]事实上,他们在彼时或是超出人性的,也或许是低于人性的。受到 menos 感通的人多次被比作掠食的狮子;[59]对此状态最引人注目的描述在《伊利亚特》卷 15,赫克托尔(Hector)μαίνεται [充满热望],口吐白沫,两眼放光。[60]这些情形离真正 δαιμονᾶν [神灵附体] 的概念只有一步之差,但荷马并没有迈出这步。荷马确实说当赫克托尔披上阿基琉斯的铠甲时,"阿瑞斯(Ares)进入

---

[53] *Il.* 13.61, 75. γυῖα δ' ἔθηκεν ἐλαφρά [将他们的手脚关节变得轻松灵活],是反复被用以修饰 μένος 感通的的程序化用语(5.122, 23.772);另参见 17.211 f.。
[54] 参见里夫(Leaf)对 13.73 处的注释。在 *Od.* 1.323 处,特勒马科斯意识到了力量感通,但是具体方式我们不详。
[55] *Il.* 12.449. 参见 *Od.* 13.387–391。
[56] *Il.* 3.381: ῥεῖα μάλ', ὥστε θεός [对一位女神来说,这是件轻而易举的事情], Aesch. *Supp.* 100: πᾶν ἄπονον δαιμονίων [神灵们事事都容易],等等。
[57] *Il.* 5.330 ff., 850 ff.
[58] *Il.* 6.128 ff.
[59] *Il.* 5.136; 10.485; 15.592.
[60] *Il.* 15.605 ff.

他的心灵，使他全身的各个肢节充满了勇气和力量"。[61]但这里阿瑞斯只是士气的同义词，力量的感通是由宙斯的意愿造成的，神圣的铠甲可能只是起到了辅助作用。诸神确实会为了掩盖身份而以某人的样貌呈现，但这是另一种信仰。神有时呈现为人形，人有时分沾神的力量，但在荷马那儿人性与神性两者间的严格界限从来没有真正模糊。

《奥德赛》针对战斗的描绘更少，力量感通以别的形式呈现。书写"特勒马科斯纪"（Telemachy）的诗人模仿《伊利亚特》的方式是让雅典娜把 menos 放入特勒马科斯（Telemachus）心中，[62]但这里的 menos 是指道德上的勇敢，它能够激励男孩面对傲慢的求婚者。这是一种文学性的改编。与此相比，诗中反复称说游吟诗人的创造力来自神明，这一说法则显得更古老和纯正些。费弥奥斯（Phemius）声称："我自学歌吟技能，神明把各种歌曲灌输进我的心田。"[63]这句话前后两部分并不矛盾：在我看来，他的意思是，他并没有背诵其他游吟诗人的歌曲；作为一个充满创造

---

[61] *Il.* 17.210.

[62] *Od.* 1.89, 320 f.; 参见 3.75 f.; 6.139 f.。

[63] *Od.* 22.347 f. 参见 Demodocus, 8.44, 498；以及 Pindar, *Nem.* 3.9, 这里诗人祈求缪斯（Muse）保证"源源不断的歌曲能够从我自己的思想中涌出来"，正如马凯（Mackay）所指出，"是缪斯而不是传承，才是诗人原创性的源泉"（*The Wrath of Homer*, 50）。查德威克（Chadwick）从拉德洛夫（Radloff）那里转引了一位吉尔吉斯游吟诗人的说法，它恰恰是上述说法的一个更原始的版本："我能歌唱任何曲子，因为神明已将这项天赋种入我心，他把歌曲放入我口，我不必再寻找，没有哪首曲子是我习得，一切都源自我的内在自我。"（*Growth of Literature*, Ⅲ.182）

第一章　阿伽门农的申辩

力的诗人，他的创作全基于六音步诗句，它们会在需要时从未知和不自禁的深处自然而然地涌出。费弥奥斯"受神明启示"歌唱，就像最好的游吟歌者常做的那样。[64] 我会在第三章"癫狂的恩赐"靠后部分再次讨论这一问题。

11 　　《奥德赛》最大的特点，就是人物们将所有心理（还有生理）活动归因为一个无名的、不确定的精灵（daemon）[65]、"神"或"诸神"从中介入。[66] 这些模糊的假想存在就像《伊利亚特》中的神一样，能够于危机中激发人的勇气，[67] 或是夺去人的理智。[68] 但众多我们大致称为"劝诫"（monitions）的东西也归在它们名下。当某人突然产生一个极其明智[69]

---

[64] *Od.* 17.518 f., Hes. *Theog.* 94 f.（=*H. Hymn* 25.2 f.）。参见本书第三章，pp. 80 ff.。
[65] 关于荷马对 δαίμων [神灵、精灵或恶魔]一词的用法以及它和 θεός [神、神明]的关系（这里无法展开讨论），参见 Nilsson in *Arch. f. Rel.* 22（1924）363 ff., 以及 *Gesch. d. gr. Rel.* I.201 ff.；Wilamowitz, *Glaube*, I.362 ff.；E. Leitzke, *op. cit.*, 42 ff.。据尼尔松的看法，δαίμων 最初不仅是不确定的，而且还是非人格化的，它仅仅是"力量（orenda）的显现"。对此看法，我和罗斯（Rose）一样表示怀疑，参见 Rose, *Harv. Theol. Rev.* 28（1935）243 ff.。我们已经指出证据：μοῖρα 从非人格化的"命运"演变为人格化的"命运女神"，而 δαίμων 则朝着相反的方向演化，即从人格化的"分派者"（Apportioner）（cf. δαίω, δαιμόνη [划分、分配]）演变为非人格化的"运气"。两种演变会在某一点交汇，在那一时刻两词实质上是同义词。
[66] 偶尔也归因于宙斯（14.273，等等），但在这种情况下，宙斯就不代表单个的神，而是代表普遍化的神明意志（Nilsson, *Greek Piety*, 59）。
[67] 9.381.
[68] 14.178; 参见 23.11。
[69] 19.10; 19.138 f.; 9.339.

或极其愚蠢[70]的点子时,当他突然认出某人的身份[71]或于刹那间辨识出征兆的含义时,[72]当他记起本很可能忘记的东西[73]或忘记本该记住的东西时,[74]他或者别人就会从中认识到——如果我们仅作字面理解——一种超自然的介入,也即某种无名的超自然存在的介入。[75]无疑对这些存在并不总能作字面理解。例如,奥德修斯未披大衣便在寒冷的夜晚外出,他并没有严格将此归因于精灵的诡计。但是,我们也不单纯是在处理一种"史诗惯例"。因为,说这话的是诗人创造的角色,而非诗人本身。[76]诗人自己的惯例完全不同,他与《伊利亚特》的作者一样,使用的是诸如雅典娜和波塞冬(Poseidon)等形象明确的拟人神,而非无名的精灵。诗人将不同于自己的惯例赋予他的角色,这很可能是因为现实中的人们就是像他的角色那样言说的:诗人在这里是"现实主义的"。

我们确实应该相信,那些坚信每日甚或每时每刻都存在着劝诫的人(或他们的祖先)就是这样言说的。识认、灵感、记忆、绝妙或不合情理的点子,都有这个共同点,即:

---

[70] 2.124 f.; 4.274 f.; 12.295.
[71] 19.485. 参见 23.11,此处一个辨认上的错误,也得到了相似的解释。
[72] 15.172.
[73] 12.38.
[74] 14.488.
[75] 如果那种超自然存在的介入是有害的,那么他通常被称作 δαίμων,而不是 θεός。
[76] 约根森(O. Jørgensen)首次指出了这一区别,*Hermes*,39(1904)357 ff.。关于约根森所说规则的例外情况,参见 Calhoun,*AjP* 61(1940)270 ff.。

突然"进入了人的头脑"。当事人常常知道它们并非由观察和推理导致,但这样他又如何能称它们为"他的"呢?上一刻它们还不在头脑中,现在却在那儿了;必定有除他本人之外的事物将它们放进头脑中,除此之外当事人便一无所知了。因此他含糊其辞,只说那事物是"神明们"或"某个神",或更经常地(尤其是在它导向坏结果时)称它为"恶魔"(daemon)。[77] 推己及人,他也以同样的理由去解释别人那难以理解或出乎意料的想法或行动。《奥德赛》卷 2 中安提诺奥斯(Antinous)的演说很好地体现了这一点。在赞扬佩涅罗佩(Penelope)智慧卓越、举止得体之后,安提诺奥斯声称她拒绝再嫁的想法完全不合宜,并归结说"那是神明们赋予她的"。[78] 同样,特勒马科斯第一次大胆发言回击求婚者时,安提诺奥斯不无讽刺地推测,"神明们亲自把他培养成好吹牛、说话狂妄的家伙"。[79] 诗人和读者都知道,特勒马科斯的教师是雅典娜,[80] 但安提诺奥斯并不知道,因此他说是"神明们"。

《伊利亚特》中也有类似的区分人物所知和诗人所知之

---

[77] 关于 δαίμων 带来不吉和不受欢迎的来访者,参见 10.64, 24.149, 4.274 f., 17.446,且在前两处 δαίμων 被称作是 κακός [邪恶的]。关于 στυγερὸς δαίμων [可怕的神灵] 带来疾病,参见 5.396。至少有这些段落显然不符合恩马克的概括(Ehnmark, *Anthropomorphism and Miracle*, 64),他认为《奥德赛》中的 δαίμονες 只是未被识别的奥林波斯神。

[78] 2.122 ff.
[79] 1.384 f.
[80] 1.320 ff.

处。当透克洛斯（Teucer）的弓弦突然绷断时，他打了个寒颤，惊呼有精灵在挫败自己，而事实上诗人刚告知我们是宙斯绷断了弓弦。[81]有说法认为这些段落中诗人的视角更为古老：诗人仍然沿用"迈锡尼式的"（Mycenaean）神圣机制，而诗人的角色则对此视而不见，转而与诗人的爱奥尼亚同辈（据说他们对古老的拟人神逐渐丧失了信仰）一样运用更模糊的语言。[82]在我看来，如我们接下来会看到的，这几乎完全颠倒了两者事实上的关系。无论如何，能够肯定的是透克洛斯的含糊其辞与怀疑主义毫不相关，而仅仅是他无知的结果。他用精灵一词"表明事实上有更高的力量正在作用"，[83]这就是他所知的全部。如恩马克（Ehnmark）指出，[84]类似的指示超自然事物的模糊语言在各个时期都被希腊人普遍运用，这并不是出于他们的怀疑主义，而只是由于他们无法确定相关神明的身份。原始人也使用这样的模糊语言，这或许是出于同样的原因，也或许是因为他们缺乏拟人神的观念。[85]形容词 daemŏnios 的远古来源正可展现希腊人使用这一语言具有悠久历史：该词起初的含义是"在精灵的训诫下行动"，而在《伊利亚特》中它就已经褪去了原初的含义，

---

[81] *Il.* 15.461 ff.
[82] E. Hedén, *Homerische Götterstudien*.
[83] Nilsson, *Arch. f. Rel.* 22.379.
[84] *The Idea of God in Homer*, chap. v. 另参见 Linforth, "Named and Unnamed Gods in Herodotus", *Univ. of California Publications in Classical Philosophy*, IX.7 (1928)。
[85] 参见，例如，列维·布留尔（Lévy-Bruhl）所引段落, *Primitives and the Supernatural*, 22 f.。

以至于宙斯将该词运用于赫拉（Hera）。[86] 含义受到如此大破坏的语词显然经历了长时间的传播。

至此，我们在时间允许的范围内已对荷马史诗中最常见的超自然介入进行了大致的梳理。总结来说，对于所有反常的人类行为，就像天气或弓弦的反常现象一样，只要它们的原因不能够被当事人自己的意识或他人的观察直接把握，[87] 就都被归之于超自然的主体。非古典学领域的人类学家对这一发现不会感到惊讶，他可以立刻在婆罗洲（Borneo）或中非找到大量的相似案例。但是，这份信念，这种对超自然事物坚固的日常依赖，竟然深深植根于被认为是十分"非宗教性的"诗作《伊利亚特》和《奥德赛》中，还是让人匪夷所思。我们也会自问，像爱奥尼亚人这样文明、头脑清楚和理性的民族，既已消除了他们原始传说中必然存在的对亡者、污染的恐惧和其他的原始恐惧，却为何没有使他们的民族史诗和婆罗洲以及原始的过去撇清关系。我怀疑其他任何欧洲民族（甚至是我那迷信的爱尔兰同胞）的早期文学都不会认定超自然事物会如此频繁或广泛地介入人类行为。[88]

---

[86] *Il.* 4.31. 参见 P. Cauer, *Kunst der Uebersetzung*², 27。

[87] 有一个印证无法解释的事物具有重要性的极佳例子——打喷嚏，之所以极佳是因为它极为琐细，这看似毫无来由也毫无意义的身体颤动，却被许多人认作征兆，包括荷马史诗中的希腊人（*Od.* 17.541），古典时代的希腊人（Xen. *Anab.* 3.3.9），以及罗马时代的希腊人（Plut. *gen. Socr.* 581 f.）。参见 Halliday, *Greek Divination*, 174 ff., 以及 Tylor, *Primitive Culture*, I.97 ff.。

[88] 与 ἄτη 类似的东西或许可以在被称作"怪异的"或"仙女敲击的"（fey or fairy-struck）状态中发现，在凯尔特信仰中，这种状态突然降临于人，"使他们的行为与之前判若两人"（Robert Kirk, *The Secret Commonwealth*）。

我认为，尼尔松（Nilsson）是首个从心理学角度为以上问题寻求严肃解释的学者。在1924年发表的论文中[89]（如今已成经典之作），尼尔松主张荷马英雄的情绪转变异常地快速而强烈；他认为，他们可能遭受着精神不稳定（*psychische Labilität*）。他接着指出，即便在今天，同样性格的人也往往会在情绪转变时对之前所做惊呼："我不是故意的！"这句话离声称"做这事的不是我"只有一步之遥。尼尔松认为，"当事人已经对自己的行为感到陌生，无法理解，行为已经不是他自我（Ego）的一部分"。这个观察是完全正确的，且毫无疑问能够与我们之前讨论的现象相照应。我也相信，尼尔松正确认识到，这一类体验——和其他诸如米诺斯传统中的庇护女神这样的因素一起——在构建身体介入的机制（machinery of *physical* intervention）时起到了作用。这一机制被荷马频繁使用，而对我们来说则常是多余。我们认为它多余是因为对我们来说，神圣机制常常只是对自然的心理因果关系的复制。[90]但难道我们不该说神圣机制是对超自然介入

14

---

[89] "Götter und Psychologie bei Homer", *Arch. f. Rel.* 22.363 ff. 他的结论总结见其著作 *History of Greek Religion*, 122 ff.。

[90] 斯内尔指出（Snell, *Die Entdeckung des Geistes*, 45），许多神明介入都十分"多余"，这一特征表明，介入机制被发明出来不只是为了使诗人摆脱困境（因为即使没有神明介入，事情也照样进行），而是基于一些更古老的信仰基础。考尔认为（Cauer, *Grundfragen*, I.401），荷马史诗中的诸多奇迹所表现出的"自然性"其实是一种不自觉的文雅措辞，它源于奇迹不再被诗人相信的时代。但是，这种不必要的奇迹事实上极具原始特征。参见，例如，E. E. Evans-Pritchard, *Witchcraft, Oracles and Magic among the Azande*, 77, 508；对考尔的批评，可参见 Ehnmark, *Anthropomorphism and Miracle*, chap. iv。

的"复制",也即,将超自然存在以具体形象展现出来吗?这就不是多余,因为唯有通过这种方式,超自然存在才能够在听众的想象中生动地呈现出来。荷马式的诗人们缺乏可以用来完全"讲清楚"纯心理奇迹的精致言辞,因而,还有什么比如下做法更顺理成章的呢?他们将老套乏味的程式化用语如 μένος ἔμβαλε θυμῷ [将力量放入心中] 首先扩充为、其后置换成具有身体形象的神出言劝诫他们所喜爱的人。[91]《伊利亚特》卷1中雅典娜按住阿基琉斯的头发,警告他莫要伤害阿伽门农的著名场景,要比单单一个内心劝诫生动多少倍!雅典娜只对阿基琉斯可见,"其他的人看不见她",[92] 这很显然意味着雅典娜是内心劝诫的投射或形象化表达,[93] 而阿基琉斯自己可能将此劝诫模糊地描述为 ἐνέπνευσε φρεσὶ δαίμων [精灵吹入他胸中]。我认为一般来说,内心劝诫或者突然间感受到的不可名状的力量获得或判断力丧失,就是神圣机制生发的最初胚芽。

将心理事件发生的场所从内心转移到外在世界,其结果就是模糊性被取消了,身份不定的精灵不得不被具体描绘

---

[91] 例如,*Il.* 16.712 ff.,更为频繁的是在 *Il.* 13.43 ff., 13.60 处身体介入与超自然介入同时出现。无疑,战场上的神明现身也有其民间信仰的根基,正是这样的信仰催生出了蒙斯的天使(the Angels of Mons),不过据尼尔松观察,在晚期战场上显现的通常是英雄而非神。

[92] *Il.* 1.198.

[93] 参见 Voit, *Ueberlegung u. Entscheidung…bei Homer*, 54 ff.。通常神是"假扮"成人的模样发布警示的,这可能源自一个更古老的形式,即在神或 δαίμων [精灵] 的劝诫下,人自己提出了建议(Voigt, *idib.*, 63)。

成特定的人格化的神明。在《伊利亚特》卷1中，精灵变成了忠告女神雅典娜；但具体何种形象则留给诗人抉择。历经大量选择后，诗人们必定逐渐构建起了他们的神的个性，如希罗多德（Herodotus）所说，[94]"区分他们的职务和技艺，确定他们的外形"。当然，诗人们不是在发明神（希罗多德也没有这么说）：例如，我们现在有理由相信，雅典娜起先就是一位米诺斯的家神（house-goddess）。但是诗人赋予了神个性，而且也因此——照尼尔松的说法——防止了希腊陷入流行于她东方邻国的那种巫术型宗教。

然而，或许会有人质疑尼尔松全部论断的预设。难道与其他早期史诗中的人物相比，只有荷马史诗中的人物是精神不稳定的吗？尼尔松援引的例证是十分脆弱的。荷马英雄因无关紧要的挑衅陷入厮杀，但挪威和爱尔兰英雄也是如此。赫克托尔有一次陷入狂怒，但挪威英雄则常常如此。荷马人物常比瑞士人或英格兰人更不受拘束地哭泣，但至今所有的地中海人都还是如此。我们能够赞同阿伽门农和阿基琉斯是激情易怒的人（故事要求他们是这样的性格），但奥德

---

[94] Hdt. 2.53. 洛伊（Lowie）观察到，在审美冲动的驱使下，原始艺术家"创造了一种统合当时信仰精髓的新图式，它不与任何具体的信仰相抵触，同时还为原先的图式增添了几笔，但那几笔可能不仅会遮住而且很大程度上还会改变原先的图式。如果事情没什么进展，那么新图像就不过是普遍规范的一种独特版本。但只要这一变体……被奉为圭臬，那么它本身从此就成了民间观念的决定因素"（Lowie, *Primitive Religion*, 267 f.）。这里谈论的是视觉艺术，但若是用在希腊史诗影响希腊宗教的方式上，我也觉得再精准不过了。

修斯和埃阿斯（Ajax）不是也以各自的方式展现了他们众所周知的沉着忍耐形象，正如佩涅罗佩展示了女性的忠贞吗？可这些精神稳定的人物并没有比其他人更少地经历超自然介入。我对尼尔松的这一预设观点整体上持保留态度，而更愿意将荷马人物对超自然介入的信念与另外两种特质结合起来，而这两种特质无疑属于荷马笔下的文化语境。

首先是否定性的特质：荷马人物对我们所说的"灵魂"或"个性"（personality）没有统一的概念（不久前布鲁诺·斯内尔［Bruno Snell］[95]特别关注到了这一事实暗含的含义）。众所周知，荷马似乎认为人只有死后，或者昏厥、将死、受到死亡威胁时才有 psyche［灵魂］。灵魂唯一被记载下的与活人相关的作用就是离开那人。荷马也没有对活人个性的描述。thumos 曾是一种原始的"气息—灵魂"（breath-soul）或"生命—灵魂"（life-soul），但在荷马那里它既不是灵魂也不是（如柏拉图认为）灵魂的一部分。thumos 可大致、笼统地定义为感觉的器官（organ of feeling）。但它有着"器官"一词不能传达的意思，因为我们已受到晚近"有机体"或"有机统一"概念的影响。荷马人物的 thumos 告诉他自己现在必须去吃、喝、杀敌，它在他行动的过程中提出建议，将言辞放入他口中。那人会说，θυμὸς ἀνώγει［thumos 命令］或者 κέλεται δέ με θυμός［thumos 驱使我］。他可以和 thumos 交流，

---

[95] Snell, *Die Entdeckung des Geistes*, chap. i. 另参见 Böhme, *op. cit.*, 76 ff., 以及 W. Marg, *Der Charakter i. d. Sprache der frühgriechischen Dichtung*, 43 ff.。

或者和自己的"心"或"肚子"交流，几乎和人与人的交流如出一辙。有时他责骂这些背离他的实体，κραδίην ἠνίπαπε μύθῳ [他在 thumos 中责骂心灵]；[96] 通常他接受它们的建议，但也会拒绝，并像宙斯有一次那样"未得 thumos 同意"就行动。[97] 在后一种情况中，我们会和柏拉图一样，说那人 κρείττων ἑαυτοῦ [比自己更强]，他控制住了他自己。但是对荷马人物来说，thumos 并不是自我的一部分，而常常是一个独立的内在声音。有时人甚至会听到两个这样的声音，比如奥德修斯"在自己的 thumos 中计划"立刻杀死库克洛普斯（Cyclops），但 ἕτερος θυμός [第二个 thumos] 又阻止了他。[98] 这种"情感动机的客体化"（objectifying emotional drives）、将情感动机视作异己存在的习惯（如果能称这是习惯的话），为超自然介入这一宗教观念敞开了大门。介入常被

---

[96] Od. 22.17.

[97] Il. 4.43：ἑκὼν ἀέκοντί γε θυμῷ [我已主动让了你，尽管 thumos 不愿意]。正如菲斯特（Pfister）所指出（P.-W. XI.2117 ff.），这种情感因素的相对独立性在原始人中很常见（参见，例如，Warneck, *Religion der Batak*, 8）。关于原始人"自我意识"的薄弱性，另参见 Hans Kelsen, *Society and Nature*（Chicago, 1943），8 ff.

[98] Od. 9.299 ff. 这里的"自我"最初认同第一个声音，但后来接受了第二个声音的告诫。类似的多声部以及类似的自我身份转换，似乎也体现在 Il. 11.403–410 这一有趣段落中（参见 Voigt, *op. cit.*, 87 ff.）。陀思妥耶夫斯基《少年》中的一个人物也极好地描述了这种自我与非自我之间的波动关系。"人的第二个自我似乎紧随第一个自我；一个是明智而理性的自我，另一个却始终忍不住要去做毫无意义的事，有时甚至是滑稽的事；你在突然间意识到自己渴望做可笑之事，却不知为何；这就是说，你看似想要违背自己的意志，你竭尽全力抗拒，但你仍然想去做。"

认为并非直接作用于人本身，而是作用于人的 *thumos*[99]或 *thumos* 所在的身体部位，即胸腔或上腹。[100]关于以上思维习惯和宗教观念之间的联系，清晰展现在了狄奥墨得斯对阿基琉斯的评论中："当他胸中的 *thumos* 告诉他，并且天神激励他的时候"，他自会参加战斗。[101]（这里同样是多因素决定的。）

第二种特质与第一种紧密相关，因而作用的方式也相同。这种特质是用知识来解释人物性格或行为的习惯。[102]最熟悉的例子莫过于动词 οἶδα ［我知道］加中性复数宾语的广泛运用，这一搭配不仅能表示技艺的掌握（οἶδεν πολεμήια ἔργα ［他知道战斗的事情］），也能表示一般所说的道德品性或个人情感的持有。阿基琉斯"知道狂暴的事情，像一头狮子"，波吕斐摩斯（Polyphemus）"知道无法无天的事情"，涅斯托尔（Nestor）和阿伽门农"知道相互友

---

[99] 例如，*Il.* 5.676: τράπε θυμὸν ’Αθήνη ［雅典娜使他的 *thumos* 转向］; 16.691: (Ζεὺς) θυμὸν ἐνὶ στήθεσσιν ἀνῆκε ［宙斯鼓起他的 *thumos* ］; *Od.* 15.172: ἐνὶ θυμῷ ἀθάνατοι βάλλουσι ［不死的神明在我 *thumos* 中启示作预言］。因此，θυμός 是进行预言的器官，*Il.* 7.44, 12.228。参见 Aesch. *Pers.* 10: κακόμαντις...θυμός ［*thumos* 里……不吉的预感］; 224: θυμόμαντις ［发自 *thumos* 的预感］。以及 Eur. *Andr.* 1073: πρόμαντις θυμός ［*thumos* 有一种预感］，和 *Trag. Adesp.* fr. 176: πηδῶν δ' ὁ θυμὸς ἔνδοθεν μαντεύεται ［*thumos* 从体内向外蹦跃，做出预言］。

[100] 例如，*Il.* 16.805: ἄτη φρένας εἷλε ［*ate* 攫住了他的心］; *Il.* 5.125: ἐν γάρ τοι στήθεσσι μένος...ἧκα ［把 *menos* 移植到你的胸中］。

[101] *Il.* 9.702 f. 参见 *Od.* 8.44: "神"赋予得摩多科斯歌唱的天赋，他的 θυμός 鼓动他歌唱。

[102] 参见 W. Marg, *op. cit.*, 69 ff.; W. Nestle, *Vom Mythos zum Logos*, 33 ff.。

好的事情"。[103] 这不只是一个荷马"习语",类似的将情感转移到理智层面的例子还有:阿基琉斯有着"冷酷的理智"(νόος),或是特洛亚人"记得逃跑却忘记了抵抗"。[104] 这种解释行为的理智主义(intellectualism)进路持久地印刻在希腊精神中,因而所谓的苏格拉底的悖论"美德即知识",以及"没有人故意行不义"就不是新兴发明,而是对希腊人长久以来根植的思维习惯的一般化、程式化的直白表述。[105] 这一思维习惯必定激发了希腊人对超自然介入的信念。如果品性即知识,那么非知识的东西便不属于品性,而是从外部降临于人。当他的行为有悖于他有意识、"有知识"的性格体系时,那一行为就可能不属于他本人,而是强加于他的。换句话说,非体系化的、非理性的冲动以及由此导致的行为,往往被排除于自我之外,而被归之于一个外在的源头。

显然,这种情况在行为给当事人造成极端耻辱时最有可能发生。我们知道,在我们的社会中,人们常通过幻觉将罪感"投射"到别人身上,来使自己摆脱这种难以忍受的情感。我们可以猜测,荷马人物对 ate 所持有的观念或许也是出于类似的意图:他们的观念使当事人能够笃信不疑地将自

---

[103] *Il.* 24.41; *Od.* 9.189; *Od.* 3.277.

[104] *Il.* 16.35, 356 f.

[105] W. Nestle, *Njbb* 1922, 137 ff., 也表达过同样的观点,他发现苏格拉底的悖论是"真正希腊的"(echt Griechisch),并且认为这些悖论早已蕴含在荷马朴素的心理学中。但我们要注意,这种习惯性的"理智主义"是"理智之人"自觉采取的态度,它不过是缺乏意志概念的必然结果(参见 L. Gernet, *Pensée juridique et morale*, 312)。

己难以忍受的耻感投射到一个外在力量上。我这里说的是"耻感"而非"罪感",因为一些美国人类学家不久前已向我们指出该如何分辨"耻感文化"(shame-cultures)和"罪感文化"(guilt-cultures),[106]而荷马描述的社会无疑属于前一种。荷马人物最高的善并不在于享受良心的安宁,而在于享受 tīmē[公众的尊崇]。阿基琉斯说:"为什么我要战斗,既然胆怯的人和勇敢的人 τιμή[荣誉]同等?"[107]此外,荷马人物所知的最强大的道德力量也并非对神的畏惧,[108]而是对公众意见的 aidōs[敬畏]。赫克托尔在他命运终结的时刻说,αἰδέομαι Τρῶας[我愧对特洛亚男子],最终死不瞑目。[109]ate 概念成了一种反应(response)。这一情形之所以产生,不仅出于荷马人物的冲动,而且出于个体冲动与社会适从性(social conformity)压力二者间的张力,后者是耻

---

[106] 这些术语的简要解释可参见, Ruth Benedict, *The Chrysanthemum and the Sword*, 222 ff.。我们自己就是古老而强大(尽管如今正在衰退)的罪感文化的继承者,这或许就是为什么许多学者难以认可荷马宗教是"宗教"的原因。

[107] *Il.* 9.315 ff., 关于荷马史诗中 τιμή 的重要性, 参见 W. Jaeger, *Paideia*, I.7 ff.。

[108] 参见本书第二章, pp. 29 ff.。

[109] *Il.* 22.105. 参见 6.442, 15.561 ff., 17.91 ff.; *Od.* 16.75, 21.323 ff.; Wilamowitz, *Glaube*, I.353 ff.; W. J. Verdenius, *Mnem.* 12(1944)47 ff.。αἰδώς[敬畏]的制裁措施是 νέμεσις[义愤],即公众的非议:参见 *Il.* 6.351, 13.121 f.;以及 *Od.* 2. 136 f.。运用 καλόν[高贵]与 αἰσχρόν[羞耻]这样的术语来描述行为似乎是耻感文化的典型特征,这些词并不用来指示行为对当事人是利是弊或在神明眼中是对是错,而是用来指示在公众意见看来是"美"还是"丑"。

感文化所特有的特征。[110]在这样的社会中，任何举动，只要它置人于旁人的蔑视与嘲笑之中，令他"丢脸"，都是无法容忍的。[111]这或许解释了为何道德败坏的情形（如阿伽门农丧失自制），以及格劳科斯的失败交易、奥托墨冬对恰当战术的漠视，通通都被"投射"至某个神圣的主体。而另一方面，罪感在之后的时期中逐渐应运而生并成为其时代特征，于是 *ate* 随之转变为惩罚，埃里倪斯转变为复仇使者，宙斯也变为宇宙正义的化身。下一章我会讨论这一发展历程。

我所做的以上工作，旨在通过探讨一种独特的宗教体验来说明"荷马宗教"这一术语背后不仅仅只有关于一堆半嗔半怒的男女神明的人为机制。如果我们轻描淡写地视"荷马宗教"为插科打诨的轻快插曲，而将其置于我们倍感博大精深但其实所知甚少的爱琴海大地宗教（Aegean Earth-religion）与所知更少的"早期俄耳甫斯运动"（early Orphic movement）二者之间的话，那我们的做法就是十分不公的了。

---

[110] 超自然介入的观念一旦植根，就必然会激发冲动的行为。近来的人类学家不再苟同弗雷泽（Frazer）认为原始人相信巫术是因为他们理智不完善这一观点，转而倾向于认为，他们理智不完善是因为他们生活在一个相信巫术的社会中。同样，我们也不应再苟同尼尔松认为荷马史诗中的人相信超自然介入是因为他们冲动任性这一观点，或许我们应该转而认为，他们冲动任性是因为他们生活在一个相信超自然介入的社会中。

[111] 惧怕嘲笑可作为一种社会动机，关于它的重要性，参见 Paul Radin, *Primitive Man as Philosopher*, 50。

第二章 从耻感文化到罪感文化

> 落在永生神的手里，真是可怕的。
> ——《希伯来书》(Hebrews) 10∶31

在第一章中，我讨论了荷马如何将人类行为中的非理性因素阐释为"超自然介入"——非人的主体通过使某物附体来影响人的思想、行动，干预人的生活。本章我将处理那些荷马式观念在古风时代所呈现出的某些新形式。但要使我的论述能被业余人士理解，我必须首先试着至少提纲挈领地辨明古风时代的宗教态度与被认定属于荷马时代的宗教态度之间的某些差异。上一章末我用"耻感文化"和"罪感文化"来描述以上两种态度，但我明白这两个术语并不自明，绝大多数古典学家可能会对它们感到陌生，而且它们本身也容易引起误解。但愿我的用意接下来能够得到展现。在这里，我想先明确两件事：首先，我只将它们作为描述来使用，我不假定任何文化转型理论；其次，我认为二者的区分只是相对的，因为事实上许多具有耻感文化特征的行为模式一直延续至古风及古典时代。转变固然存在，但它是渐进的和不完全的。

当我们从荷马转向古风时代的文学残篇，以及转向古典时代那些仍保有古风世界观的作家时[1]——例如品达（Pindar）、索福克勒斯（Sophocles），尤其是希罗多德，首先震撼我们的是一种对人类不安全和无助（ἀμηχανία）状态的强烈意识。[2] 这一意识与对于神之敌意的感知有着宗教上的关联——那种感知并非认为神灵邪恶，而是认为有一种支配性的力量与智慧始终压制着人类，阻止他超越原本所在的位置。希罗多德将那种感知表述为神灵总是 φθονερόν τε καὶ ταραχῶδες，[3] 我们译为"嫉妒且爱管闲事的"。但这翻译并不好，支配性力量怎么会嫉妒微贱的人类呢？个中含义应为

---

[1] 古风时代通常被划到波斯战争结束为止，对于政治史来说，这是一条明显的分界线，但对于思想史来说，真正的截止时间则要靠后，要到智者运动兴起时，而且即使到这时，编年意义上的分界线也是参差不齐的。即使索福克勒斯的文学手法不属于旧世界，但其思想则完全属于旧世界（或许一直保留到他最晚的剧作中），同样，他的朋友希罗多德在大多数方面也是如此（参见 Wilamowitz, *Hermes*, 34 [1899]; E. Meyer, *Forschungen z. alt. gesch.* II.252 ff.; F. Jacoby, P.-W., Supp.-Band II, 497 ff.）。另一方面，埃斯库罗斯则竭力去阐释古风时代的遗产并将其理性化，他在诸多方面都预言了新时代的到来。

[2] 斯内尔极为出色地阐明了早期抒情诗人所表达的 ἀμηχανία [无助] 感（Snell, *Die Enrdeckung des Geistes*, 68 ff.）。接下来的论述我尤其受益于拉特的杰出论文：Latte, "Schuld u. Sünde i. d. gr. Religion", *Arch. f. Rel.* 20（1920-1921）254 ff.。

[3] 希罗多德笔下的智慧之人都知道这点：Solon, 1.32; Amasis, 3.40; Artabanus, 7.10ε。关于 φθόνος [嫉妒] 一词的含义，参见 Snell, *Aischylos u. das Handeln im Drama*, 72, n. 108; Cornford, *From Religion to Philosophy*, 118；关于它和 ταραχή [麻烦] 的关联，参见 Pind. *Isthm*. 7.39: ὁ δ' ἀθανάτων μὴ θρασσέτω φθόνος [但请不死神明的 φθόνος 不要侵扰我]。Ταράσσειν [扰动、侵扰] 一词通常用来表示超自然介入，例如，Aesch. *Cho*. 289; Plato, *Laws* 865e。

神明厌憎一切成功、一切幸福，因为它们会在某一瞬间将我们必死的命运抬离有朽，从而侵犯神明的特权。

这些观念当然不是新的。《伊利亚特》卷24中，阿基琉斯在他垮掉的敌人普里阿摩斯面前深深动容，道出了整部诗作的悲剧寓意："神们是这样给可怜的人分配命运，使他们一生悲伤，自己却无忧无虑。"阿基琉斯接着描绘了著名的两个土瓶，宙斯从中抽取分发善与恶的礼物。对某些人宙斯给予混合的一份，对另一些人他给予纯粹的恶，这些人因此在大地的表面挣扎逡巡，"既不被天神重视，也不受凡人尊敬"。[4] 至于纯粹的善，我们认为被单独留给了神明。土瓶与正义无关，否则那一寓意就是错的。《伊利亚特》中的英雄主义并不带来幸福，它唯一的、充分的奖赏是荣誉；尽管如此，荷马笔下的王者仍勇敢地主宰他们的世界，他们对神的畏惧只与他们对最高统治者的畏惧相当，甚至知晓未来注定降临死亡，他们也不会屈服，就像阿基琉斯。

至此，我们在古风时代遇到的不是一种不同的信仰，而是对旧信仰的另一种情感反应。听听阿摩尔戈斯的西蒙尼德（Semonides of Amorgos）说的吧："宙斯掌握一切的达成，一切在他的意愿下实现。洞悉之眼不属于人类：我们宛如蜉蝣走兽，受着时日的支配，对神终将降下的后果一无所知。"[5] 或

---

[4] *Il.* 24.525–533.

[5] Semonides of Amorgos, 1.1 ff. Bergk. 关于 ἐφήμεροι [朝生暮死的] 一词的含义，参见 H. Fränkel, *TAPA* 77 (1946) 131 ff.；关于 τέλος [后果] 一词的含义，参见 F. Wehrli, Λάθε βιώσας, 8, n. 4.

者听听忒奥格尼斯（Theognis）所说："居尔努斯（Cyrnus），没有人能掌控自己的毁灭或成功，神才是它们的给予者。没有人能知晓所作所为的因果祸福。……人性在全然黑暗中徒劳地消磨，神明早将一切按心意达成。"[6]人类无助地依赖着某种专制的力量，这一信条并不新奇，但这里出现的是一种新的绝望语调，一种新的对人类目的之徒劳无益的痛苦强调。比起《伊利亚特》，我们更接近《俄狄浦斯王》（*Oedipus Rex*）的世界。

关于神的 *phthŏnos*［嫉妒］的观念也同样不是新事物，埃斯库罗斯称它为"庄严古老的信条"[7]是对的。太多成功会招致超自然的威胁，尤其当人们吹嘘成功时——这种观念分别出现在许多不同的文化中，[8]且在人性中根深蒂固（我

---

[6] Theognis, 133-136, 141-142. 关于人无法知晓自己的处境，另参见 Heraclitus, fr. 78 Diels: ἦθος γὰρ ἀνθρώπειον μὲν οὐκ ἔχει γνώμας, θεῖον δὲ ἔχει［因为凡人没有对性格的知识，神才有］；关于人无法掌控自己的处境，参见 *H. Apoll.* 192 f., Simonides, frs. 61, 62 Bergk；关于上述二者，参见 Solon, 13.63 ff.。这也是索福克勒斯的教导，在他看来，如果从时间和神明的视角来看，那么所有世代的人的生命都毫无意义，ἴσα καὶ τὸ μηδὲν ζώσας［你们的生命，我看什么也算不上］, *O.T.* 1186；如果这么看，那么人类不过是幻影或影子（*Ajax* 125）。

[7] *Agam.* 750.

[8] 这种非道德化的信仰在当今的原始人中普遍流行，参见 Lévy-Bruhl, *Primitives and the Supernatural*, 45. 其道德化的形式曾出现于古代中国，《道德经》（*Tao Te Ching*，公元前 4 世纪？）有云："富贵而骄，自遗其咎，功成身退，天之道也。"《旧约》中也有类似迹象，例如，Isaiah 10: 12 ff., "我必罚……他高傲眼目的荣耀。因为他说，'我所成就的事，是靠我手的能力和我的智慧'……斧岂可向用斧砍木的自夸呢？"关于 κόρος［自满］这一概念，参见 Proverbs 30: 8 f, "使我也不贫穷，也不富足，赐给我需用的饮食。恐怕我饱足不认你，说：'耶和华是谁呢？'"

们在说"但愿好运常在"时也认同了它)。《伊利亚特》忽略了这一观念,也忽略了别的流行迷信,《奥德赛》的诗人则没有忽略,他总是对时下思想更具有包容性,允许卡吕普索(Calypso)抱怨神是世上最嫉妒的——他们吝啬凡人哪怕一丁点的幸福。[9] 但是,荷马人物沉溺于无休止的吹嘘,吹嘘自己对 phthonos[嫉妒]的威胁不以为意,这一点显然意味着对神之 phthonos 的顾虑不存在于耻感文化中。只有在古风时代晚期及古典时代早期 phthonos 观念才成为一种压倒性的威胁,一种宗教焦虑的来源或表达。它体现在梭伦(Solon)、埃斯库罗斯,尤其是希罗多德身上。对希罗多德来说,历史是多因素决定的:表面上它是人类目的的结果,洞穿的双眼却发现到处都是 phthonos 在暗中作用。同理,《波斯人》(*Persae*)中信使将薛西斯(Xerxes)在萨拉米斯的拙劣战术同时归咎于欺骗他的狡猾的希腊人以及借 alastor[邪恶精灵]之手来作用于他的神的 phthonos:[10] 这一事件是双重因素决定的,一方面是自然因素,另一方面是超自然因素。

---

[9] *Od.* 5.118 ff. 参见 4.181 f.; 8.565 f.=13.173 f.; 23.210 ff.。所有这些都是在人物的发言中。有些例子比如 *Iliad* 17.71 则是另一种类型,很难说这是 φθόνος[嫉妒]的真实情况。

[10] *Pers.* 353 f., 362. 严格来说,这并不是一个新发展。我们已经在荷马史诗中看到了一种类似的"多因素决定"(参见本书第一章, pp. 7, 16)。这在当今的原始人中很普遍:例如,埃文斯 – 普里查德告诉我们,在阿赞德人(Azande)中,"相信自然原因导致死亡和相信巫术导致死亡这两种信仰并不相互排斥"(Evans-Pritchard, *Witchcraft, Oracles and Magic*, 73)。

这一时期的作者认为，神的 *phthonos* 有时[11]（但并不总是[12]）会道德化为 *nemesis*［义愤］。在太多成功所引起的最初的冒犯和嫉妒之神对此的惩罚之间，插入了一项道德关联：据说成功会引起 *kŏros*，即成就极大者的自满，自满又会造成 *hubris*，即言辞、行为甚至思想方面的狂妄。经过这一阐释，旧信仰变得更为理性，但压制性却没有减少。在《阿伽门农》（*Agamemnon*）的地毯情节中，每一处对凯旋的彰显都会引起对罪恶的焦虑：*hubris*［狂妄］成了"首恶"（primal evil），它的报应是死亡。这一观念如此普遍，荷马颂歌称狂妄为 *thĕmis*，即人类的既定礼法（established usage），阿尔基洛科斯（Archilochus）甚至认为狂妄是动物的特性。人们明白狂妄对幸福来说是危险的。[13]但是，压制无疑有它裨益的一面。值得注意的是，欧里庇得斯以新时期的怀疑主

---

[11] Solon, fr. 13 Berk（参见 Wilamowitz, *Sappho u. Sim.* 257 ff., Wehrli, *op. cit. supra*, 11 ff., 以及 R. Lattimore, *AJP* 68［1947］161 ff.）; Aesch. *Agam.* 751 ff., 这里与一般观点相反; Hdt. 1.34.1。

[12] 例如，Hdt. 7.10。除了 *El.* 1466, *Phil.* 776, 以及 *Ant.* 613 ff. 所言的一般教义（如果 πάμπολύ γ'［巨大的财富］是正确的话）外，索福克勒斯似乎并没有将这一观念道德化。另参见 Aristophanes, *Plut.* 87–92，这里论证说宙斯必定会对 χρηστοί［好人］怀有一种特殊的嫉妒。

[13] 关于作为 πρῶτον κακόν［首恶］的ὕβρις［狂妄］，参见 Theognis, 151 f.; 关于它的普遍性，*H. Apoll.* 541: ὕβρις θ', ἥ θέμις ἐστὶ καταθνητῶν ἀνθρώπων［狂妄，有死凡人的礼法］; Archilochus, fr. 88: ὦ Ζεῦ...σοὶ δὲ θηρίων ὕβρις τε καὶ δίκη μέλει［宙斯啊，你关心野兽的狂妄和正义］。另参见 Heraclitus, fr. 43 D.: ὕβριν χρὴ σβεννύναι μᾶλλον ἢ πυρκαϊήν［扑灭人之狂妄，胜于扑火］。关于幸福的危险，可参见默里的评论，"在希腊诗歌中，当某个人被称作'幸福之人'时，这往往是个坏兆头"（Murray, *Aeschylus*, 193）。

义笔调,让他的歌队哀悼一切道德标准的崩塌,他们在如下事实中看到了这一崩塌的终极证据:"凡间的人们不再相约努力,提防遭到神的 *phthonos*。"[14]

phthonos 的道德化将我们引入古风时代宗教思想的第二个特征:一种将普遍的超自然存在以及特殊的宙斯形象转变为正义代表的趋势。毋庸多说,无论在希腊还是别处,宗教和道德起初都并非相互依赖,而是有着各自的起源。在我看来,一般地说宗教源自人类与整体环境的关系,道德源自人类与同胞的关系。但在大多数文明中苦难的时代终究会降临,那时人们都将拒斥阿基琉斯"神明高居天国,人间自生苦难"*的观点。人们将自己对社会正义的新要求投射到宇宙,当他自己的声音从天际传来放大的回响,许诺对罪恶的惩罚时,他又听到这声音,并从中得到勇气与确信。

这一阶段在希腊史诗中尚未达到,但我们能够观察到越来越多迈向它的迹象。《伊利亚特》中神最初只关心他们自己的荣誉(τιμή)。可以想见,轻言神明、忽略祭仪或怠慢祭司都会引神发怒。耻感文化中的神和人一样容易从小事产生怨恨。伪誓也同属这类:神明不反对赤裸裸的谎言,但他们确实抵触以他们名义所发的空头誓言。此外,我们还能从多处得到进一步暗示。违逆父母是滔天大罪,需特别对

---

[14] *I.A.* 1089–1097.
* 这句话改编自维多利亚诗人罗伯特·布朗宁(Robert Browning, 1812—1889)的诗剧《皮帕之歌》(*Pippa Passes*),原文为:上帝仍在天堂,人间安然无恙。(God's in his Heaven, all's right with the world.)

待：冥间力量（the underground Powers）会处理这种情况。[15]（这一点我稍后讨论。）还有一次我们看到宙斯对扭曲评判者的暴怒。[16]但这一点我认为是之后时代情况的反映，而由于荷马史诗中常见的疏忽，它窜入了原文，成了文中的一个明喻。[17]因为在整篇《伊利亚特》叙事中，我都无法找出证据说明宙斯关心这样一种正义。[18]

显然宙斯在《奥德赛》中的关注面要广得多。他不仅保护乞援人[19]（他们在《伊利亚特》中并无此保障），而且"一切外乡人和求援者都是宙斯遣来的"。[20]事实上，代表穷人和被压迫者的赫西俄德式的复仇者开始出现了。此外，《奥德赛》中的宙斯对道德批评变得敏感。他抱怨人类总在挑神的错，"他们总说灾祸由我们遣送，其实是他们因自己的恶劣行为，超越命限遭不幸"。[21]这段话放置在全诗开头，

---

[15] *Il.* 9.456 f., 571 f.；参见 *Od.* 2.134 f., 11.280。值得注意的是，前三个段落我们可以认为来自大陆史诗，而第四个则属于"特勒马科斯纪"。

[16] *Il.* 16.385 ff. 关于 387-388 处的赫西俄德特征，参见 Leaf *ad loc.*；但我们无须称这些诗行是"篡入的"（参见 Latte, *Arch. f. Rel.* 20.259）。

[17] 参见 Arthur Platt, "Homer's Similes", *J. Phil.* 24 (1896) 28 ff.。

[18] 有论者持相反观点，在我看来，冒犯神明 τιμή [荣誉]（4.158 ff.），以及冒犯主客神宙斯（Zeus Xeinios）的主客之道（13.623 ff.），都可以归之为伪誓，那种相反观点是将对这些伪誓的惩罚和此处这种正义混淆了。

[19] *Od.* 7.164 f.；9.270 f.；14.283 f. 对照吕卡昂（Lycaon）的相反命运，*Il.* 21.74 ff.。

[20] *Od.* 6.207 f.

[21] *Od.* 1.32 ff. 关于这一争论不休的段落的重要性，可参看近期著作，K. Deichgräber, *Gött. Nachr.* 1940，以及 W. Nestle, *Vom Mythos zum Logos*, 24。即使 1.33 处的 καί 被认为可译作"同时"（also），我也无法苟同维拉莫维茨的说法（Wilamowitz, *Glaube*, II.118）："der Dichter des α hat nichts neues gesagt [《奥德赛》卷一的诗人没说出什么新东西]。"

听起来便如德国人所说，是"规划性的"（programmatic）。这一规划也的确实现了。求婚者的恶行为他们自己招致了毁灭，[22] 而由于听从神的劝诫，奥德修斯战胜了困难：神义得到了确证。

关于之后阶段宙斯的道德教育可通过赫西俄德、梭伦、埃斯库罗斯进行研究，在这里我不能循着这一进程详细展开。但是，我必须提一个具有深远历史意义的复杂问题。希腊人不会那么不现实地自欺欺人，向自己隐瞒恶人正像碧绿的月桂树一样生生不息这一平白的事实。赫西俄德、梭伦、品达都深受此困扰，忒奥格尼斯认为有必要与宙斯在这一主题上开门见山地谈谈。[23] 在如《奥德赛》这样的虚构作品中证实神义易如反掌，正如亚里士多德所说，"诗人讲述这类故事来迎合听众的欲望"；[24] 但要在现实中完成此证明却并不容易。古风时期神的推磨转动得如此缓慢，以致除了虔诚的眼睛，它们的运动对所有人几乎都不可见。为了坚信它们确实在运动，人们必须摆脱死亡设定的自然时限。超越这一

---

[22] *Od.* 23.67：δι' ἀτασθαλίας ἔπαθον κακόν［因为他们罪有应得］，宙斯在 1.34 处的用词与此一致。当然，我们应该记住，《奥德赛》不同于《伊利亚特》，它有诸多魔法故事（fairy-tale）的成分，而且魔法故事中的英雄最后必定会获得胜利。但是诗人所呈现出的那一故事的最终形式似乎有可能强调神义教诲。

[23] Theognis, 373–380, 733 ff. 参见 Hesiod, *Erga* 270 ff., Solon, 13.25 ff., Pindar, fr. 201 B.（213 S.）。忒奥格尼斯那段的真实性已经遭到否认，但否认的理由并不强，参见 W. C. Greene, *Moira*, App. 8, 以及 Pfeiffer, *Philol.* 84［1929］149。

[24] *Poetics* 1453a34.

时限，人们就可以宣称以下二者之一（或全部）：侥幸的罪人其后代会受到惩罚，或者罪人自己会在来世亲自偿还恶债。

这宣称的第二种方案在古风时代晚期才作为一种广泛运用的信条出现，而且它的应用范围可能也极为有限，我在之后的章节再来考察它。第一种则是典型的古风时代信条，它是赫西俄德、梭伦与忒奥格尼斯、埃斯库罗斯与希罗多德共同的教诲。他们看出了这一信条中涉及道德无辜者的受难：梭伦认为 nemesis［义愤］的后继受罚者是 ἀναίτιοι，即"没有责任的"；忒奥格尼斯抱怨这一机制的不公正性，"罪犯逃脱，后继者却受罚"；埃斯库罗斯则指出（如果我理解对的话），祖传的诅咒可被打破以此来缓和不公正性。[25] 然而这些人仍接受祖传罪恶和延迟惩罚的观念，这是因为古风希腊和其他早期社会[26]以及当代许多原始文化[27]一样，信奉家庭

---

[25] Solon, 13.31; Theognis, 731–742. 另参见 Sophocles, *O.C.* 964 ff., 关于此处, 韦伯斯特的说法无疑是错误的, 他认为俄狄浦斯是用祖传罪恶来拒斥这一解释 (Webster, *Introduction to Sophocles*, 31)。关于埃斯库罗斯的态度, 可参见本章下文, pp. 39 f.。希罗多德将这种延迟的惩罚看作独特的 θεῖον［神义］, 而且拿它和人的正义 (τὸ δίκαιον) 作比较, 7.137.2。

[26] 比如, 参见亚干 (Achan) 的例子, 由于某个家庭成员稍微有点宗教罪行, 于是整个家庭甚至包括动物都被毁灭了 (Joshua 7: 24 ff.)。但如此大规模的屠杀其后被禁止, 而且罪恶祖传这一信条遭到了耶利米 (Jeremiah 31: 29 f.) 和以西结的公开谴责 (Ezekiel 18: 20, "儿子必不担当父亲的罪孽", 以及那一整段)。然而, 在 John 9: 2, 它似乎仍是一种流行的信仰, 那里门徒问道: "这人生来是瞎眼的, 是谁犯了罪? 是这人呢? 是他父母呢?"

[27] 某些例子可参见, Lévy-Bruhl, *The "Soul" of the Primitive*, chap. ii, 以及 *Primitives and the Supernatural*, 212 ff.。

团结（family solidarity）。尽管它并不公正，但对他们来说这就好似必须接受的自然法：家庭是一个道德单位体，儿子的生命是父亲生命的延续，[28]因此他必须继承父亲的道德债务，就像继承商业债务一样。债务早晚会索要它那份报应：如皮提亚女祭司（Pythia）告诉克洛伊索斯（Croesus）的，罪与罚之间的因果联结是命分 moira［命运］，甚至神也不能打破它；克洛伊索斯必须完成或实现（ἐκπλῆσαι）五代人之前由他祖先的罪行开启的命运。[29]

宇宙正义的观念代表了对纯粹的专制性神力的改进，也为新的公民道德提供了正式许可；然而它竟与原始的家庭观念相连，则不得不说是希腊人的不幸。因为这意味着宗教情感与宗教律令被用来对抗真正个体观念的兴起，以及个人权利和个人责任观念的兴起。这一观念最终确实在阿提卡的世俗法令中出现了。正如格洛兹（Grotz）在他的鸿篇巨制《希腊的家庭团结》(*La Solidarité de la famille en Grèce*)[30]中所指出，个体从宗族及家庭纽带中解放出来是希腊理性主义的首要成就之一，这一成就必须归功于雅典民主制。但这一解放在法律层面完成之后很久，宗教思想中旧的团结观念却仍阴魂不散。从柏拉图作品中似乎能够看出，直至公元前 4 世纪时承受祖传罪恶的人仍然

---

[28] 参见 Kaibel, *Epigr. Graec.* 402; Antiphon, Tetral. II.2.10; Plutarch, *ser. vind.* 16, 559d。

[29] Hdt. 1.91：参见 Gernet, *Recherches sur le développement de la penseé juridique et morale en Grèce*, 313, 他生造了 "chosisme" 一词来描述 ἁμαρτία［错误］的概念。

[30] 尤其参见 pp. 403 ff., 604 ff.。

受到指责，且要向 cathartes［涤罪者］付一笔钱从而得到仪式上的宽慰。[31] 虽然柏拉图认可世俗法领域的革命，但他自己也在某些地方承认宗教罪恶的世袭。[32] 一个世纪之后，包律斯铁涅斯的拜昂（Bion of Borysthenes）仍认为有必要指出，神为父亲的罪行而惩罚儿子就像医生通过给儿子服药来治疗父亲；而虔诚的普鲁塔克（Plutarch）引用这句妙语则试图为旧信条进行辩护，以印证世袭罪恶是经验事实。[33]

回到古风时代，另一项不幸是道德化了的超自然力量其功能主要（如果不是完全的话）是惩罚性的。我们听过太多的祖传罪恶，却几乎没有听到过祖传的无辜；听过太多罪人死后在地狱或炼狱受难，却没有听到过德性能够得到延迟的赏赐。被强调的总是惩处问题。这无疑反映了彼时的司法观念；刑法先于民法，且城邦的首要职能是压制性的。此外，神法和早期人法一样，不关心动机也不认可人性弱点；神法中不存在希腊人称为 ἐπιείκεια［公正］或 φιλανθρωπία［仁慈］的人道特征。那个时期流行的谚语"一切德性都包含在正义

35

---

[31] *Theaet.* 173d, *Rep.* 364bc. 另参见［Lys.］6.20; Dem. 57.27; 以及 Isocrates, *Busiris* 25 所暗含的批评。

[32] *Laws* 856c, πατρὸς ὀνείδη καὶ τιμωρίας παίδων μηδενὶ συωέπεσθαι［父亲背负的责骂不会带来对子女的报复］。但也有例外（856d）。而且宗教罪恶的可继承性被认为与祭司职位有关（759c），也与亵渎行为有关（854b，我认为此处指的是提坦神的罪恶，参见本书第五章注释［133］）。

[33] Plut. *ser. vind.* 19, 561c ff. 如果我们能够相信 Diog. Laertius（4.46），那么拜昂完全有理由挖苦罪恶世袭这一信条：由于其父犯了罪，他和他的所有家人都被变卖为奴。他的家庭团结归谬法（*reductio ad absurdum*）在实际生活中有类似情况：参见 Lévy-Bruhl, *The"Soul"of the Primitives*, 87，以及 *Primitive Mentality*, 417。

中"[34]对神与对人一样适用：无论神那里还是人那里都没有怜悯的位置。《伊利亚特》中并不是这样的，那里宙斯怜悯难逃厄运的赫克托尔和萨尔佩冬（Sarpedon），他怜悯为失去帕特罗克洛斯而哀恸的阿基琉斯，甚至怜悯为御者哀伤的阿基琉斯的骏马。[35]宙斯在《伊利亚特》卷21中说：μέλουσί μοι, ὀλλύμενοί περ，"我关心他们，尽管他们要毁灭"。但是，在转为宇宙正义化身的过程中，宙斯失去了他人性的一面。因此，以道德化形式呈现的奥林波斯主义（Olympianism）逐渐成为一种恐惧的宗教（a religion of fear）。这一趋势反映在了宗教语汇中。《伊利亚特》中没有词表示"敬畏神明的"，但在《奥德赛》中，θεουδής [畏惧神的] 已经成为一项重要德性，它在散文中的同义词 δεισιδαίμων [敬畏神明的] 作为一个褒义词则一直沿用到亚里士多德时代。[36]而另一方面，对神的爱

---

[34] Theognis, 147; Phocyl., 17. 正义是宙斯的女儿（Hesiod, *Erga* 256; Aesch. *Sept.* 662）或他的 πάρεδρος [后代]（Pindar, *Ol.* 8.21; Soph. *O. C.* 1382）。前苏格拉底时期对于作为 δίκη [正义] 的自然法的解释，参见如下研究：H. Kelsen, *Society and Nature*, chap. v, 以及格雷戈里·沃拉斯托斯（G. Vlastos）极富穿透力的论文，*CP* 42（1947）156 ff.。这种对正义、人类、自然或超自然的强调，似乎是罪感文化的明显特征。心理关联的本质已经得到了玛格丽特·米德（Margaret Mead）的说明，她在1948年的"国际心理健康大会"（the International Congress on Mental Health）上说道，"刑法给予经证实的罪行以适当的惩罚，它是父母权威在政治上的对应物，那种权威能够促进父母形象的内化，从而有助于罪感的产生"。或许值得注意的是，在《伊利亚特》中，δίκαιος 一词出现了三次，可能只有一次意为"正义的"。

[35] *Il.* 15.12; 16.431 ff.; 19.340 ff.; 17.441 ff.

[36] 参见 Rohde, *Kl. Schriften*, II.324; P. J. Koets, Δεισιδαιμονία, 6 ff.。公元前6世纪以后，Δεισίθεος 在阿提卡就是一个专有名称（Kirchner, *Prosopographia Attica*, s.v.）。直到公元前4世纪，Φιλόθεος 都未得到证实（*Hesperia* 9 [1940] 62）。

戴则从旧的希腊词汇表中消失了，[37]φιλόθεος［敬爱神的］再次出现是在亚里士多德著作中。事实上，在奥林波斯主神中或许只有雅典娜激发过一种能够算得上是爱的情感。《大伦理学》（*Magna Moralia*）中说，"任何宣称爱宙斯的人都是古怪的"。[38]

由此我们将进入最后一点我想强调的一般特征——对污染（miasma）的普遍恐惧，以及相应地对涤罪或净化（catharsis）仪式的普遍渴求。同样，这里荷马与古风时代的区分是相对而非绝对的，因为不可否认两部史诗中存在着些许涤罪的内容。[39]但是，朴素的、由普通人担任的荷马式涤罪活动与古风时代专业的、具有繁复程序的 *cathartai*［涤罪仪式］是不可同日而语的。同样地，前者是特勒马科斯轻易接受了一位自认是凶手的人作为船员，后者是在公元前5

---

[37] 利德尔和斯科特（以及 Campbell Bonner, *Harv. Theol. Rev.* 30 [1937] 122）错误地将 Isocrates, 4.29 处的 θεοφιλῶς 认作主动态。那里说的是德墨忒尔（Demeter）爱雅典，πρὸς τοὺς προγόνους ἡμῶν εὐμενῶς διατεθείσης［她向我们的祖先表示善意］(28)。

[38] *M.M.* 1208b30: ἄτοπον γὰρ ἂν εἴη εἴ τις φαίη φιλεῖν τὸν Δία［人若爱宙斯将会是奇怪的］。人与神之间出现 φιλία［友爱］的可能性也被亚里士多德否认，*E.N.* 1159a5 ff. 但我们几乎不会怀疑雅典人爱他们的女神，参见 Aesch. *Eum.* 999: παρθένου φίλας φίλοι［爱处女神雅典娜的亲爱的人们］，以及 Solon 4.3 f.《奥德赛》中雅典娜与奥德修斯之间存在着同样绝对信任的关系（尤其参见 *Od.* 13.287 ff.）。无疑，这在根本上是源自其最初作为迈锡尼王的保护女神所拥有的功能（Nilsson, *Minoan-Mycenaean Religion*², 491 ff.）。

[39] 荷马熟知巫术 κάθαρσις［净化］这一观点遭到了施坦格尔（Stengel, *Hermes*, 41.241）以及其他人的否定。但 *Il.* 1.314 和 *Od.* 22.480 ff. 处所描述的净化被认为是巫术意义上的净化（cathartic）这似乎是极为明显的，一处是对 λύματα［污秽］的处理，另一处是对作为 κακῶν ἄκος［去晦］的硫黄的描述。参见 Nilsson, *Gesch.* I.82 f.。

第二章 从耻感文化到罪感文化

世纪晚期，一位谋杀案被告以他乘坐的船的安全靠岸为证明自己清白的假定证据，[40] 这两者之间的差距则更为巨大。如果比较一下荷马版本的俄狄浦斯传说与我们熟悉的索福克勒斯版本，我们会对这一鸿沟有进一步把握。后一版本中俄狄浦斯成为被污染的流放者，"大地、圣洁的雨露和阳光都无法接受"的罪行将他压垮。但在荷马所知的故事中，俄狄浦斯在他罪行败露之后继续统治着忒拜，最终战死沙场，葬礼尽享尊贵荣耀。[41] 显然，是之后的大陆史诗《忒拜纪》(Thebais)创造了索福克勒斯式的"忧患之子"(man of sorrows)。[42]

荷马史诗中没有任何相信污染可传染或可世袭的迹象。古风时代对两者皆信奉，[43] 自此便诞生了对污染的恐惧：人们怎么能确认自己没有在哪次偶然接触中感染邪恶，也没有从哪个遥远的祖先那里继承了几被忘却的罪行？他们找不到一个能够被识别与被对付的肇因，极度的不确定性使这种

---

[40] *Od.* 15.256 ff.; Antiphon, *de caede Herodis* 82 f. 关于更古老的看法，另参见 Hesiod, fr. 144。

[41] *Od.* 11.275 f.; *Il.* 23.679 f. 参见 Aristarchus, ΣA on *Iliad* 13.426 和 16.822; Hesiod, *Erga* 161 ff.; Robert, *Oidipus*, I.115。

[42] 参见 L. Deubner, "Oedipusprobleme", *Abh. Akad. Berl.* 1942, No. 4。

[43] μίασμα [污染] 的传染特征首先得到了赫西俄德的证实（*Erga* 240）。库列涅的"圣法"(the *Leges sacrae* of Cyrene) 对个案的范围有着更多细致的描述（Solmsen, *Inscr. Gr. Dial.*⁴ No. 39）；关于阿提卡的法律，参见 *Dem.* 20.158。在古典时代这也是普遍被接受的，比如：Aesch. *Sept.* 597 ff., Soph. *O. C.* 1482 f., Eur. *I. T.* 1229, Antiph. *Tetr.* 1.1.3, Lys. 13.79。欧里庇得斯反对它，*Her.* 1233 f., *I.T.* 380 ff.。但柏拉图依然禁止任何自愿接触——哪怕是轻微接触——过不洁之人的个人参加宗教活动或公共活动，直到他被涤净（*Laws* 881de）。

焦虑更为惹人不安。从这些信仰中辨认出古风时期负疚感（sense of guilt）*起源的做法或许太过简单化，但无疑信仰表达了负疚感，正如基督徒萦绕心头的对犯死罪（mortal sin）的恐惧表达了他们的负疚感。当然，两种情形之间的区别在于，罪（sin）是意志状态，是人内在意识的疾病，而污染是行动的自动结果，属于外在事件构成的世界；污染对待人的动机铁面无情，正如伤寒病毒对待人的动机一样。[44] 严格来说，古风时代负疚感转变为罪感（sense of sin）仅仅是卡迪纳（Kardiner）[45] 所说的良知"内化"的结果。良知内化是一种后世隐约出现在希腊世界的现象，直到世俗法开始承认动机的重要性之后很久它才得到普遍化。[46] 纯洁（purity）观念

---

[44] 罗德首次阐明了这一区别，参见 Rohde, *Psyche*（英译本），294 ff.。μίασμα［污染］的机械性质显然并不仅由于其可传染性，而且还由于能够避免它的幼稚手法：参见 Soph. *Ant.* 773 ff. 以及杰布（Jebb）的注释，雅典执行死刑是用自定的毒芹。

[45] *The Psychological Frontiers of Society*, 439.

[46] 参见扎克（F. Zucker）饶有趣味的讲座，*Syneidesis-Conscientia*（Jenaer Akademische Reden, Heft 6, 1928）。我认为重要之处在于，与古老的表示宗教罪恶的客观词（ἄγος［污染］, μίασμα）一道，我们在公元前5世纪后期首次遇到了表示对这种罪恶的意识的词（无论是犯罪时良心上的不安，还是犯罪后的懊悔自责）。这个词是 ἐνθύμιον［耿耿于怀］（或 ἐνθυμία, Thuc. 5.16.1），它长期用来描述"给精神施压"的事物，但在希罗多德、修昔底德、安提丰、索福克勒斯和欧里庇得斯那里，它专用来表示宗教罪恶感（Wilamowitz on *Heracles* 722; Hatch, *Harv. Stud. in Class. Phil.* 19.172 ff.）。德谟克利特用来表示宗教罪恶感的词是 ἐγκάρδιον［在心中］(fr. 262)。事实上这种独特的用法只限于这个特定的时代；正如维拉莫维茨所说，伴随旧信仰的消亡，以及与之相关的心理学含义的消亡，这种用法也消失了。

* sense of guilt 一般可等同于罪感，如"罪感文化"（guilt-culture）中的用法；这里为与 sense of sin 适当区分暂译作负疚感。

从巫术转移至道德领域同样是后世的发展，直至公元前5世纪末，我们才听到不仅双手要干净，而且心灵也必须纯洁的明确说法。[47]

即便如此，我们也不应该生硬地建立时间轴，通常一个观念在被清晰陈述前早已在宗教行为中隐微地发生。我认为菲斯特（Pfister）的观察没错，旧希腊词 ἄγος（形容最严重的 miasma［污染］）已经暗示污染、诅咒、罪恶观念在早期就一起传播了。[48] 此外，尽管古风时期的 catharsis［涤罪］往往不过是机械地完成仪式义务，但自动的、拟物的（quasi-physical）净化概念则可以悄无声息地转变为更深刻的赎罪观念。[49] 例如，

---

[47] Eur. *Or.* 1602-1604, Ar. *Ran.* 355, 以及泰奥弗拉斯托斯曾引用过的著名的埃披道洛斯铭文（Epidaurian inscription, 公元前4世纪早期？），Theophrastus, *apud* Porph. *abst.* 2.19, 此铭文将 ἁγνεία［纯洁］定义为 φρονεῖν ὅσια［思虑神圣之物］。（我略去了 Epicharmus, fr. 26 Diels, 因为我怀疑它的真实性。）正如罗德所指出（Rohde, *Psyche*, ix, n. 80），Eur. *Hipp.* 316-318 处表明了立场的转变，菲德拉使用的 μίασμα φρενός 意为不纯洁的想法，而奶妈则将其理解成巫术性的攻击（诅咒能够造成 μίασμα，例如，Solmsen, *Inscr. Gr. dial.*⁴ 6.29）。手与心之间的对立事实上最初有可能只是指外在身体器官和内在身体器官之间的对立，但由于后者是意识的载体，于是其身体污染的含义同时也就变成了道德污点的含义（Festugière, *La Sainteté*, 19 f.）。

[48] Art. κάθαρσις, P.-W., Supp.-Band Ⅵ（在我看来，这篇论文对与净化有关的宗教观念给出了最好的分析）。关于"客观"方面与"主观"方面最初混而不分其后才区分开来这一观点，另参见 Gernet, *Pensée juridique et morale*, 323 f.。

[49] 比如，在狄俄西亚节（Diasia）献给易于应允的宙斯（Zeus Meilichios）的涤罪祭上，我们知道献祭完全不是"在悔罪的精神状态下"，而是在感觉到神的敌意从而造成的"忧郁的氛围中"（μετά τινος στυγνότητος, Σ Lucian, *Icaromen.* 24）。

有充分记载表明，后一种思想体现在非同一般的罗克里斯祭品（Locrian Tribute）中。[50]那里的人们为了替远古祖先赎罪，甘愿年复一年、世复一世地贡献来自他们最尊贵家族中的两名童女，把她们带到边远的土地杀害，好一些的情况也不过是让她们活着当神庙奴隶。可以推测，这些人不仅必定遭受过一种危险的污染所引起的恐慌，而且体验过深刻的世袭罪感，这种罪感要求必须被充分赎补。

我会在后面章节再回到 catharsis［涤罪］主题。现在，我们要回到之前已研究过的荷马史诗中的超自然介入概念，并探求在古风时代迥异的宗教语境下它又扮演了什么角色。最简便的方案是关注 ate（或它在散文中的同义词 θεοβλάβεια）以及 daemon 在后荷马时期的一些用法。我们会发现，一定程度上可以说史诗传统在复制中具有极高的稳定性。ate 仍然代表非理性，区别于理性的、有目的行为：例如，歌队得知菲德拉（Phaedra）不愿进食，便询问这是由于 ate 还是想寻死。[51] ate 的位置仍然是在 thumos 或 phrēnes［上腹］；[52]引发 ate 的主体也与荷马史诗中相当一致：基

---

［50］关于罗克里斯祭品的证据，以及关于那一证据的早期讨论，参见 Farnell, *Hero Cults*, 294 ff.。另参见 Parke, *Hist. of the Delphic Oracle*, 331 ff.。将罪人"供奉"（δεκατεύειν）给阿波罗这种实践来自类似的观念背景。这意味着奴役他们，没收他们的土地；公元前 6 世纪克利撒（Crisa）曾有过这种实践，而且这种实践在公元前 479 年和公元前 404 年也分别威胁过亲波斯的人（Medizers）和雅典。（参见 Parke, *Hermathena*, 72［1948］82 ff.。）

［51］Eur. *Hipp.* 276.

［52］θυμός, Aesch. *Sept.* 686, Soph. *Ant.* 1097; φρήν, φρένες, Aesch. *Supp.* 850, Soph. *Ant.* 623.

本是无名的精灵或一位神或神明们，很少是某位具体的奥林波斯神；[53]正如荷马史诗中一样，偶尔是埃里倪斯[54]或 *moira*；[55] 和《奥德赛》中一样，有一处是酒精。[56]

当然，这些概念也得到了重要发展。首先，*ate* 往往（尽管并不总是）被道德化并以惩罚的形式呈现。这种情形在荷马那里只出现过一次，在《伊利亚特》卷9，然后在赫西俄德那儿出现过，他将 *ate* 呈现为对 *hubris*［狂妄］的惩罚，并意味深长地评论说，"甚至家财万贯的富人"也无法逃脱。[57]和其他超自然惩罚一样，如果"恶债"没有在罪人的此生偿还，它就会落到其子孙头上。[58]从 *ate* 的这一惩罚义衍生出了该词更广泛的含义。它不仅能表示罪人的心理状态，还能表示由心理状态带来的客观灾难：因此，萨拉米斯战役中的波斯人经历了"海战失败"（marine *atai*），被屠宰的羊群则是埃阿斯的 *ate*。[59]如此一来，*ate* 便获得了一般意义上的"毁

---

[53] Aesch. *Cho.* 382 f.（宙斯）；Soph. *Aj.* 363, 976（雅典娜所降的癫狂被称作 ἄτη）。

[54] Aesch. *Eum.* 372 ff. 参见 Soph. *Ant.* 603，以及阿提卡咒语（*defixio*）中的 'Ερινύες ἠλιθιῶναι ［埃里倪斯将人愚弄］（ἠλιθίους ποιοῦσαι ［使人变得愚钝］），Wünsch, *Defix. Tab. Att.* 108。

[55] 或可参见 Soph. *Trach.* 849 f.。另参见希罗多德史书中的灾难性决定这一概念，那种决定早就由做决定之人的命运预先判定了，9.109.2：τῇ δὲ κακῶς γὰρ ἔδει πανοικίῃ γενέσθαι, πρὸς ταῦτα εἶπε Ξέρξῃ κτλ.［由于她和她的全家注定要遭到惨祸，于是她就对薛西斯说，等等］；1.8.2, 2.161.3, 6.135.3。

[56] Panyassis, fr. 13.8 Kinkel.

[57] *Erga* 214 ff.

[58] Thognis, 205 f.

[59] Aesch. *Pers.* 1037, Soph. *Aj.* 307.

灭"含义，与 κέρδος［得益］或 σωτηρία［得救］相对；[60]尽管我认为在文学作品中毁灭仍然是由超自然力量决定的。在一更宽泛的用法中，ate 有时也表示神怒发作的手段或体现：因此，特洛亚木马是 ate，安提戈涅（Antigone）与伊斯墨涅（Ismene）是克瑞昂（Creon）的"两个害人精"（a pair of atai）。[61] 这种用法基于情感而非逻辑：它表达的是一种埃斯库罗斯称为 μένος ἄτης［ate（灾难）的狂怒］的意识，是对联结起罪与罚的神秘动态关系的意识，所有处在这一灾难共同体中的因素都可广义地称为 ate。[62]

与 ate 这一模糊化发展相对的是一种精确理论阐释的产生，其中 ate 不仅是导致物质灾难的惩罚，而且是故意的欺骗，它引诱当事人犯下新的智识或道德错误来加速自己的毁灭——正所谓 quem deus volt perdere, prius dementat［神明要谁灭亡，必先让他疯狂］。《伊利亚特》卷 9 中阿伽门农称他的 ate 为宙斯的邪恶骗计（ἀπάτη）就是对此的暗示（9.21）；但对于这一信条的一般陈述，荷马和赫西俄德作品

---

[60] Thegnis, 133, Aesch. *Cho.* 825 f., Soph. *O. C.* 92; Soph. *Ant.* 185 f. 在多利安法律中，ἄτη 似乎已完全世俗化为表示一切法律制裁的术语：*leg. Gortyn.* 11.34（*GDI* 4991）。

[61] Eur. *Tro.* 530（参见 Theognis, 119）；Soph. *Ant.* 533.。Soph. *O. C.* 532 处则不一样，这里俄狄浦斯称自己的女儿为 ἄται 是因为她们是他自己 γάμων ἄτα［造成毁灭的婚姻］的产物（526）。

[62] 对照 ἀλιτήριος、παλαμναῖος、προστρόπαιος 这些词的扩展用法，它们不仅指罪人，也指惩罚罪人的超自然存在。(参见 W. H. P. Hatch, *Harv. Stud. in Class. Phil.* 19［1908］157 ff.）——μένος ἄτης, Aesch. *Cho.* 1076.

中并未出现。演说家吕库古（Lycurgus）[63]认为这一信条属于他未注明的"某些旧诗人"，并从他们那里引用了一段抑扬格诗句："当精灵的怒火施凌于人时，他首先会夺其心智，使其判断力变得糟糕，因而意识不到自己的错误。"同样地，忒奥格尼斯[64]认为许多追寻"德性"与"利益"的人其实都会受到精灵故意的误导，他们因此颠倒善恶，不分盈亏。这里精灵的行为完全不是道德化的：他似乎只是一个诱人堕入厄运的邪恶精灵。

古风时代的人们十分恐惧这种邪恶精灵，《波斯人》中信使的话证实了这一点，我在另一处阐发中引用过：薛西斯受到了"*alastor*［邪恶精灵］"的蛊惑。但埃斯库罗斯本人更清楚：就如大流士（Darius）的鬼魂事后解释的，蛊惑是对 *hubris* 的惩罚；[65]这在视野片面的活人看来是恶魔的举动，

---

[63] *In Leocratem* 92. 参见索福克勒斯所引的同样匿名的 γνώμη［判断］, *Ant.* 620 ff.。

[64] Thegnis, 402 ff.

[65] Aesch. *Pers*. 354（参见 472, 724 f.）；对照 808, 821 f.。因此，对埃斯库罗斯来说，神明的 ἀπάτη［骗计］便是 δικαία［正义］(fr. 301)。柏拉图谴责那些将罪恶归因于神的人，其中就包括埃斯库罗斯，柏拉图谴责描述尼俄柏（Niobe）的言辞的力量：θεὸς μὲν αἰτίαν φύει βροτοῖς, ὅταν κακῶσαι δῶμα παμπήδην θέλῃ［我们一定要禁止他们把这些痛苦说成是神的意旨，如果要这么说，一定他们举出这样说的理由］（fr. 156, *apud* Pl. *Rep*. 380a）。但柏拉图引文略去了 δέ 从句，正如我们从尼俄柏莎草纸文献（the *Niobe* papyrus）中得知（D. L. Page, *Greek Literary Papyri*, I.1, p. 8），那一从句中还说要警惕 ὕβρις［狂妄］, μὴ θρασυστομεῖν［不要口出狂言］。因此，埃斯库罗斯在这里和别处一样，极为谨慎地承认人会促成自己的命运。

但在有更宽广眼界的死者看来则是宇宙正义的构成部分。《阿伽门农》中同样展现了以上两个面向的阐释。诗人（歌队为其代言人）能够甄别出宙斯压倒性的意志（παναιτίου, πανεργέτα）[66]是通过道德铁律实现的，而诗人笔下的人物却只能看到一个萦绕着邪恶力量的精灵世界。这让我们想起了我们在史诗中所看到的诗人视角和他笔下人物视角之间的区别。卡珊德拉（Cassandra）将埃里倪斯认作一群噬人血的精灵。在克吕泰墨涅斯特拉（Clytemnestra）亢奋的想象中，埃里倪斯和 ate 都是人格化的恶魔，而她正是将自己的丈夫作为人祭供给了她们；有一时刻她甚至感觉自己的人格消融湮没在那 alastor 的品格中，她成了他的代理者与工具。[67]关于最后一点，我认为它不仅例证了一般的"附体"（possession）概念，而且证实了列维·布留尔所说的"参与"（participation）概念，也即某种场合下感觉人或物不再是其本身而是别的什么东西：我应将《波斯人》中作为 alastor 的"狡猾的希腊人"与希罗多德史书中的女祭司悌摩（Timo）比较一下，那个女人引诱米尔提亚戴斯（Miltiades）渎神，关于此人阿波罗宣称"犯错误的并不是悌摩，是米尔提亚戴斯命中注定要遭到凶死的命运，一个幻影曾引导他遇到了这些不吉利的事情"[68]——也就是说，悌摩在此事中并不代表一个人，而是代表一个超自然目的的主体。

---

[66] Aesch. *Agam.* 1486；参见 160 ff., 1563 f.。
[67] *Ibid.*, 1188 ff., 1433, 1497 ff.
[68] Hdt. 6.135.3.

埃斯库罗斯的人物在这一挥之不去的压抑气氛下活动。在我们看来,这里的空气比《伊利亚特》中神和人呼吸的澄明空气要古老得多。这就是为何格洛兹称埃斯库罗斯为"这迈锡尼的幽灵"(ce revenant de Mycènes,尽管他补充说埃斯库罗斯也是他本身所处时代的人);这也是为何近日有德国作家认为他"复兴了一个精灵的,尤其是邪恶精灵的世界"。[69] 但是我认为这样说完全误解了埃斯库罗斯的意图及其生活时代的宗教氛围。埃斯库罗斯用不着复兴精灵的世界:那就是他出生的世界。埃斯库罗斯的意图也不是引领他的同胞返回精灵世界,而是相反,是带领他们穿过和走出那个世界。他的做法不同于欧里庇得斯,后者利用理智和道德论证来质疑那个世界的真实性,而前者则向人们展示那个世界能够通向更高的阐释,并且,在《报仇神》(*Eumenides*)中,他借由雅典娜展示了精灵世界可以转化为一个具有理性正义的新世界。

不同于神明,精灵一直以来都在希腊民间信仰中起着重要作用,现在仍然如此。如我们在第一章所说,《奥德赛》中的人们将生活中的许多身心事件归于无名的精灵,可我们感觉他们并没有一直那么严肃地看待它们。但是,从《奥德赛》至《奥瑞斯提亚》(*Oresteia*)的时代,精灵似乎来到了近处:他们的形象变得更为稳定持久,更为鬼鬼祟祟,更为阴险。从我的上述引文可看出,忒奥格尼斯与他的同代

---

[69] Glotz, Solidarité, 408; K. Deichgräber, *Gött. Nachr.* 1940.

人确实严肃地对待引诱人陷入 ate 的精灵。在民间，这一信仰在埃斯库罗斯的时代之后很久都一直存在。《美狄亚》（*Medea*）中的奶妈深知 ate 是由愤怒的精灵引起，她还将此与古老的 phthonos 观念相连，认为家室越大，ate 越可怕，只有微贱的人才可以躲过一劫。[70] 一直到公元前 330 年，演说家埃斯基涅斯（Aeschines）仍然认为某个在近邻同盟会议（Amphictyonic Council）上打断他演说的粗鲁家伙做出这样不合宜的举动是因为受到了"某种精灵力量"（δαιμονίου τινὸς παραγομένου）的鼓动。[71]

与这种 ate 主体十分相近的是人身上的非理性冲动，它们违背人的意愿对人进行蛊惑。忒奥格尼斯称希望和恐惧为"危险的精灵"，索福克勒斯称爱欲（Eros）的力量能够"使公正者的心变得不公正，使他毁灭"，[72] 但我们不能把它们当作"拟人形象"，这背后其实有着古老的荷马式情感：既然它们不受人的意识控制，那它们就不是真正的自我的一部

---

[70] Eur. *Med.* 122-130. 菲德拉也将自己的状态归之于 δαίμονος ἄτη [精灵的 ate]，*Hipp.* 241. 而且我们从希波克拉底文集中的一篇论文得知（*Virg.* 1, Ⅷ.466 L.），精神错乱呈现在关于愤怒精灵的梦中或幻觉中。

[71] Aeschin. *in Ctes.* 117. 埃斯基涅斯知道自己生活在一个新奇的、陌生的时代，旧日的权力中心已经让位给新的权力中心（*ibid.*, 132），而且这使得他和希罗多德一样，在任何地方都能看见神明之手。因此，他将忒拜人说成是 τήν γε θεοβλάβειαν καὶ τὴν ἀφροσύνην οὐκ ἀνθρωπίνως ἀλλὰ δαιμονίως κτησάμενοι [他们的盲目和愚蠢不是属人的，而是由神造成的]（*ibid.*, 133）。

[72] Theognis, 637 f.; Soph. *Ant.* 791 f. 关于 'Ελπίς，参见 Wehrli, Λάθε βιώσας, 6 ff.。

分；它们有着自己的生命和能量，可以强迫人做出他所陌生的举动，就像外力强迫一样。在后面的章节中，我们可以看到这种阐释激情的方式甚至在欧里庇得斯和柏拉图那里都有明显体现。

从特定人类处境投射出的精灵属于另一种类型。法兰克福（Frankfort）教授综合参考别的古代民族，认为"邪恶精灵通常只不过被认为是极大的且富有力量的恶本身"。[73] 正因如此，希腊人把饥荒和鼠疫称为"神明"，[74] 现代雅典人仍然坚信在仙女山（the Hill of the Nymphs）上有一条裂缝，那里居住着名叫霍乱、天花和瘟疫的三位精灵。被这些强大力量攫住的人是孤立无援的，而神性就是力量。也正因如此，世袭污染持久的力量与压迫可以具象化为埃斯库罗斯式的 δαίμων γέννης ［先祖的精灵］，更具体来说就是从血罪（blood-guilt）情形中投射出了埃里倪斯形象。[75] 正如我们已经看到的，这些形象不完全外在于相应的人类主体和承受者：索福克勒斯就有过"头脑中的埃里倪斯"的说法。[76] 但

---

[73] H. and H. A. Frankfort, *The Intellectual Adventure of Ancient Man*, 17.

[74] Sem. Amorg. 7.102；Soph. *O. T.* 28. 另参本书第三章注释［14］，关于印度人的类似信仰，参见 Keith, *Rel. and Phil. Of Veda and Upanishads*, 240。

[75] 关于现代雅典人的观点，参见 Lawson, *Modern Greek Folklore and Ancient Greek Religion*, 21 ff. 关于将血罪投射为埃里倪斯，参见 Aesch. *Cho.* 283：προσβολὰς Ἐρινύων ἐκ τῶν πατρῴων αἱμάτων τελουμένας ［埃里倪斯的袭击终将通过父系血脉实现］，以及 Verrall *ad loc.*; *ibid.*, 402; Antiphon, *Tetral.* 3.1.4。

[76] Soph. *Ant.* 603. 另参动词 δαιμονᾶν ［受精灵造访］，既可以用在"闹鬼的"地方（*Cho.* 566），也可以用在"神灵附体的"人身上（*Sept.* 1001, *Phoen.* 888）。

他们的确是客观的，因为他们代表着血债血偿的客观法则；只有欧里庇得斯[77]和艾略特（T. S. Eliot）先生将他们内化为心理层面良知的谴责。

第三种精灵首次出现在古风时代。通常从人出生起他就附着于特定的个人，完全或部分地主宰着其个体命运。他最先出现在赫西俄德与福西尼德（Phocylides）的作品中。[78] 他代表荷马所说的个人 moira 或"命分"，[79] 但为了迎合时下想象，就采取了人格化形象。通常而言，他不过是人的"运

---

[77] Eur. *Or.* 395 ff. 假定《书信七》和《书信八》为真的话，那么甚至柏拉图都相信那种惩罚血罪的客观存在，Ⅶ.336b：ἤ πού τις δαίμων ἤ τις ἀλιτήριος ἐμπεσών [我猜是某个神灵或是某个复仇精灵袭击]（参见326e）；Ⅷ.357a：ξενικαὶ ἐρινύες ἐκώλυσαν [埃里倪斯乔装成外乡人阻止我]。

[78] Hesiod, *Erga* 314：δαίμονι δ' οἶος ἔησθα, τὸ ἐργάζεσθαι ἄμεινον [无论你命运如何（有什么样的精灵），劳作都是最好的]，以及 Phocylides, fr. 15。

[79] 参见本书第一章，p. 6。与更加人格化的 δαίμων 一道，荷马式的个人 μοῖρα 概念依然继续存在于而且普遍存在于悲剧中。参见 Archilochus, fr. 16：πάντα τύχη καὶ μοῖρα, Περίκλεες, ἀνδρὶ δίδωσιν [伯里克利啊，运气和命运给人一切]，Aesch. *Agam.* 1025 ff., *Cho.* 103 f., 等等；Soph. *O. T.* 376, 713 等等；Pind. *Nem.* 5.40：πότμος δὲ κρίνει συγγενὴς ἔργων περὶ πάντων [生来的命运决定一切]，以及 Plato, *Gorg.* 512e：πιστεύσαντα ταῖς γυναιξὶν ὅτι τὴν εἱμαρμένην οὐδ' ἂν εἷς ἐκφύγοι [相信女人们的说法，没有人能逃离命运]。荷马的短语 θανάτου (-οιο) μοῖρα [死亡的命运] 重现在 Aeschylus, *Pers.* 917, *Agam.* 1462。μοῖρα 和 δαίμων 有时又一并出现，Ar. *Thesm.* 1047：μοίρας ἄτεγκτε δαίμων [硬心肠的命运精灵]（悲剧式戏仿），Lys. 2.78：ὁ δαίμων ὁ τὴν ἡμετέραν μοῖραν εἰληχώς [给我们分配命运的那个精灵]。

气"或命运，[80]但这一运气并没有被认为是外在偶然，而是和美貌或天资一样属于人的自然禀赋。忒奥格尼斯曾叹息，比起性格来，人的命运要更受其精灵决定：如果你的精灵品质低劣，空有机敏的判断力也于事无补，你终将一事无成。[81]赫拉克利特"性格即命运"（ἦθος ἀνθρώπῳ δαίμων）的说法是徒劳无效的，他无法消灭上述迷信。κακοδαίμων［不幸的］和δυσδαίμων［倒霉的］似乎是公元前5世纪的新造词，而εὐδαίμων［有福的］则可追溯至赫西俄德。对于国王和将军——坎道列斯（Candaules）和米尔提亚戴斯——的命运，希罗多德不认为是外在偶然或性格使然，而认为是"命中必然"——χρῆν γὰρ Κανδαύλῃ γενέσθαι κακῶς［因为坎道列斯命中注定要遭到不幸］。[82]虔诚的品达将这一流行的宿命论与神明意愿调和了起来，他说，"是宙斯的伟大计划驱使着他所喜爱的人的精灵"。[83]最后，柏拉图拾起了这一观念，并将其彻底转化，正如他处理众多民间信仰中的

---

[80] δαίμων（宗教性的解释）和 τύχη（世俗的或中立的观点）并不让人觉得互相排斥，而且事实上它们经常一并出现，Ar. *Av.* 544：κατὰ δαίμονα καί ⟨τινα⟩ συντυχίαν ἀγαθήν［根据精灵和某种好的偶然］，Lys. 13.63：τύχη καὶ ὁ δαίμων［运气和精灵］，[Dem.] 48.24, Aeschin. *in Ctes.* 115, Aristotle, fr. 44。但欧里庇得斯将它们区别了开来（fr. 901.2）。在 θεία τύχη［神圣的运气］这一概念中（Soph. *Phil.* 1362，以及在柏拉图那里经常出现），偶然又重新获得了原始思想归之于它的宗教价值（本书第一章注释〔25〕）。

[81] Theognis, 161–166.

[82] Hdt. 1.8.2，另参本章注释〔55〕。

[83] Pindar, *Pyth.* 5.122 f. 但是他并不总是因此就将流行信仰道德化。参见 *Ol.* 13.105，这里 γένος［家族］的"运气"被投射为 δαίμων。

因素那样：精灵变成了高贵的灵魂导师，或弗洛伊德意义上的超我，[84] 在《蒂迈欧》（*Timaeus*）中，精灵又被等同于纯粹的人类理性。[85] 这一光鲜打扮使精灵赢得了道德和哲学上的敬仰，使他后来在斯多亚学派（Stoics）、新柏拉图主义者（Neoplatonists）甚至中世纪基督教作家那里又焕发生机。[86]

以上这些就是在公元前5世纪的宗教遗产中占据一席的精灵们。我完全没有打算描绘出那一幅遗产的全貌，当然后面章节还会涉及其中一些部分。但在继续论述之前，我们有必要停下来自问一个问题，它可能已在读者心中积蓄良久。这个问题是：我们如何看待刚刚一直在讨论的"罪感文化"和我们第一章处理的"耻感文化"之间的关系？是什么历史力量决定了它们之间的区别？我已经试着说明过，这种区别不像某些学者认为的那么绝对。从荷马到残缺难辨的古风时代存在着诸多脉络，顺着这些脉络我们一直穿越到公元

---

[84] 斯多亚学派的 δαίμων 要比柏拉图的 δαίμων 更加接近于弗洛伊德的概念：正如朋霍费尔指出（Bonhöffer, *Epiktet*, 84），他是"与经验人格正相对立的理想人格"，他的主要功能之一在于惩罚犯了肉欲罪的自我（参见 Heinze, *Xenokrates*, 130 f.; Norden, *Virgil's Aeneid* VI, pp. 32 f.）。阿普列乌斯使得精灵 ipsis penitissimis mentibus vice conscientiae［和意识一样，同处于心灵的最深处］（Apuleius, *d. Socr.* 16）。

[85] *Phaedo* 107d; *Rep.* 617de, 620de（这里柏拉图使灵魂自己选择向导，从而避免了流行观念中的宿命论）；*Tim.* 90a–c（后面第七章将会探讨, pp. 213 f.）。

[86] 参见 M. Ant. 2.13, 以及法夸尔森（Farquharson）的注释；Plut. *gen. Socr.* 592bc; Plot. 2.4; Rohde, *Psyche*, XIV, n. 44; J. Kroll, *Lehren des Hermes Trismegistos*, 82 ff. 诺登（Norden, *loc. cit.*）说明了这一观念是如何被基督教作家接收的。

前5世纪，其中的不连续性不是绝对的。但是，荷马世界的宗教观事实上甚至迥异于索福克勒斯世界的宗教观，即便后者被称为最荷马式的诗人。那么，我们是否有可能猜测这一差异背后的原因呢？

我们不能指望对这样的问题给出一个单一简明的答案。一方面，我们不是在处理一段连续的历史演变过程，即一种宗教观会逐渐地被另一种取代。我们的确没必要采纳荷马宗教不过是诗人的发明这一极端看法，认为"荷马宗教就像人造的荷马语言一样远离现实生活"。[87] 但我们有理由认为，史诗诗人们忽略或精简了许多当时存在却没有得到其庇护者们赞许的信仰和实践。例如，公元前6世纪爱奥尼亚践行着古老的用来涤罪的替罪羊巫术，那种巫术可能由第一代殖民者传入爱奥尼亚，因为阿提卡也有同样的仪式。[88]《伊利亚特》和《奥德赛》的诗人们一定经常看到那种巫术实践。但他们并未将其写进诗里；他们剔除了许多在他们以及他们的上层听众看来显得野蛮的内容。史诗诗人呈现给我们的不是与传统信仰毫无关联的东西，而是传统信仰的摘录，迎合贵族式军事文化的摘录，就如同赫西俄德给我们呈现的是迎合农人文化的摘录。除非我们考虑到这一点，否则比较两个时

---

[87] Fr. Pfister, P.–W., Supp.–Band Ⅵ, 159 f. 参见他的 *Religion d. Griechen u. Römer* (Bursian's Jahresbericht, 229 [1930]), 219。

[88] 关于 φαρμακοί [替罪羊] 的证据，默里的辑录极为便利 (Murray, *Rise of the Greek Epic*, App. A)。关于用来涤罪的主要仪式，我追随德布纳 (Deubner, *Attische Feste*, 193 ff.) 以及希腊人自己。至于其他观点的综述，参见 Nilsson, *Gesch.* I.98 f.。

期的文化时就会感到一种过于夸张的历史断裂。

然而,就算我们把所有这样的考虑都加进去,仍然有一项重要的差异保留了下来,它似乎不是对同一文化的不同摘录,而是真正的文化转型。尽管证据极微,我们还是可以在古风时代内追踪到某些文化发展的轨迹。例如,甚至菲斯特都辨认出"希腊宗教演变中的焦虑与恐惧感毫无疑问在增长"。[89] 的确,污染、净化以及神的 *phthonos* 的概念很可能都是原始印欧遗产的一部分。但将俄狄浦斯和奥瑞斯特斯(Orestes)的故事重新改编成可怕的血罪故事是在古风时代;使得净化成为当时最大的宗教机构德尔斐神谕所(the Oracle of Delphi)的主要关切是在古风时代;也是在古风时代,*phthonos* 的重要性被放大,直到它成为希罗多德整部《历史》的潜在模式。这是我们需要解释的事情。

我不妨先承认自己无法提供完整的解释,而只能做一些片面的猜想。无疑,一般的社会环境是很大一方面因素。[90] 对于希腊大陆(这里我们主要关注大陆传统)而言,古风时代是个体遭受极度不安全感的时代。狭小拥挤的城邦刚刚费力摆脱由多利安人入侵造成的痛苦与贫瘠局面,就又陷入了新的困境:所有阶层都遭到公元前7世纪经济大危机的毁灭性打击,紧接着又是公元前6世纪剧烈的政治冲突,经济危机由此转入血腥的阶级斗争。社会阶层的剧变很可能

---

[89] P.-W., Supp.-Band Ⅵ, 162.
[90] 参见 Nilsson, *Gesch.* I.570 ff., 以及 Diels, "Epimenides von Kreta", *Berl. Sitzb.* 1891, 387 ff.

使原本潜藏于混合群体的元素成为主流元素，并进而激发一直未被普通民众完全抛却的旧文化模式的复兴。[91]此外，动荡的生活环境使人们只能无助地依赖无常力量，它本身也会助长精灵信仰的发展。这转而又会激发人们进一步乞灵于巫术程序；因为按照马林诺夫斯基（Malinowski）的看法，[92]巫术的生物性功能就是缓解郁积的、没有理性出口的沮丧感。还有一种可能（这也是我之前提过的），即另一种迥异的观点认为，人遭受了太多人间不义之后可能会转而补偿性地相信正义在天上。赫西俄德是第一个鼓吹神义的希腊人这绝非偶然，因为他自己正是"不公评判"的受害者，国王克列欧美涅斯（Cleomenes）称他为"奴隶的诗人"（the helots' poet）。[93]同

---

[91] 有些学者将与荷马宗教相对的古风时代的特征归之为前希腊时代"米诺斯"观念的复兴。在某些例子上，这一说法有可能确实是对的。但本章中我所强调的大部分特征似乎有其印欧文明的根基，因此，我认为在此背景下，我们应该慎提"米诺斯宗教"这一说法。

[92] 正如马林诺夫斯基所说，当人在实际情况中感到自己无能为力时，"无论他是野蛮人或文明人，也无论他拥有巫术或对巫术一无所知，被动不作为这唯一受理性控制的东西是他所能默许的最后的东西。他的神经系统和整个有机组织驱使他采取某种替代行动，……在替代行动中，激情找到了自己的发泄口，替代行动是由于无能为力，它在主观上具有真实行动所具备的一切美德，如果不受到阻碍，情感就会自然地导致替代行动"（*Magic, Science and Religion*）。有证据表明，同样的原则对社会也是有利的：例如，林登（Lindon）报告说（in A. Kardiner, *The Individual and His Society*, 287 ff.），马达加斯加岛（Madagascar）上塔纳拉（Tanala）的某些部落爆发了一场严重的经济危机，其所造成的影响之一便是盲目的恐惧感日益增加以及恶魔信仰的出现，而这在之前是没有的。

[93] Plut. *Apophth. Lac.* 223a.

样，有钱有势之人常被厄运所笼罩成为这个时代诗人的流行歌题[94]，这也绝非偶然——这与荷马时代形成了惊人的反差，荷马时代如默里（Murray）所说，富人往往十分有德性。[95]

比我更为审慎的学者或许会停留在这些稳妥的概述上。至此为止，我认为它们还是合理的，但要解释古风时代宗教情感更为具体的发展，尤其是罪感的发展，这些论断就不能让我完全信服。我将冒险另辟蹊径，通过着眼于家庭，而非更大的社会来补充（而非取代）这些结论。家庭是古风时代社会结构的基石，是首要的组织单位，也是法律的首要领域。就像所有印欧社会中的情况一样，家庭的组织形式是父权制，它的法律是父权（patria potestas）。[96]一家之主就是家的王（ὅικοιο ἄναξ），直到亚里士多德，家长的地位仍相应地被比作国王。[97]在早期，家长对子女的权威是无限

---

[94] 例如，Hesiod, *Erga* 5 f.; Archilochus, fr. 56; Solon, frs. 8, 13.75; Aesch. *Sept.* 769 ff., *Agam.* 462 ff.; 等等。

[95] Murray, *Rise of the Greek Epic*⁴, 90; 参见 *Il.* 5.9, 6.14, 13.664, 以及 *Od.* 18.126 f.。这是耻感文化中可以想见的态度，财富带来 τιμή ［荣誉］（*Od.* 1.392, 14.205 f.）。赫西俄德的时代也是如此，虽然他意识到随之而来的危险，但依然用这一事实来增强其著作中的信念，*Erga* 313: πλούτῳ δ' ἀρετὴ καὶ κῦδος ὀπηδεῖ ［德性和名誉紧随财富而来］。

[96] 相关证据参见 Glotz, *Solidarité*, 31 ff.。

[97] Arist. *Pol.* 1.2, 1252b20: πᾶσα γὰρ οἰκία βασιλεύεται ὑπὸ τοῦ πρεσβυτάτου ［因为整个家庭被最年长的人统治］。参见 *E.N.* 1161a18: φύσει ἀρχικὸν πατὴρ υἱῶν...καὶ βασιλεὺς βασιλευομένων ［父亲天然就是儿子的统治者……国王对臣民也是如此］。柏拉图使用了更强的术语，他说年轻人的恰当地位在于 πατρὸς καὶ μητρὸς καὶ πρεσβυτέρων δουλείαν ［臣服于父母和长者］（*Laws* 701b）。

的：他可以任意抛弃处于婴儿期的子女，子女成年后如果犯错或忤逆父亲，他也可以把他们驱逐出共同体，就像忒修斯（Theseus）驱逐希波吕托斯（Hippolytus），俄纽斯（Oeneus）驱逐提丢斯（Tydeus），斯特洛菲俄斯（Strophios）驱逐皮拉德斯（Pylades），也像宙斯从奥林波斯山扔出与母亲站在一边的赫菲斯托斯（Hephaestos）。[98] 而对于父亲，儿子没有权利只有义务；只要父亲在世，儿子永远都处于卑位。在雅典，这一情形一直延续到公元前6世纪梭伦设立保护条例为止。[99] 家庭具有司法权的传统甚至在梭伦之后两个多世纪仍然很强大，以致柏拉图这个显然不赞同家庭的人都不得不在他的立法中让与家庭一席之地。[100]

只要家庭团结的古老观念没有被撼动，这一体系就必定运转下去。儿子对父亲的无条件遵从，以后他也同样会从自己的子女那里得到。但是一旦家庭的纽带松垮，一旦个人权利和个人责任的呼声高涨，我们就会看到，西方社会家庭生活中一直存在的内在紧张就要爆发了。从梭伦的立法介入我们可以推断，事实上这些张力在公元前6世纪就已经相当明显。还有许多例子间接证实了这些张力的潜在影响：如希腊人对违逆父亲有着特殊的恐惧，他们还认为违逆者会遭

---

[98] Eur. *Hipp.* 971 ff., 1042 ff.（希波吕托斯渴望死而不是放逐）; *Alcmaeonis*, fr. 4 Kinkel (apud [Apollod.] *Bibl.* 1.8.5); Eur. *Or.* 765 ff.; *Il.* 1.590 ff.。神话暗示了放逐在古代是 ἀποκήρυξις [公开宣称拒认子女] 的必然结果，柏拉图想恢复这一原则（*Laws* 928e）。

[99] 参见 Glotz, *op. cit.*, 350 ff.。

[100] Plato, *Laws* 878de, 929a–c.

到特殊的宗教制裁；这些都表明了他们强烈的心理压抑。[101]那些讲述父亲的诅咒如何酿出可怕后果的故事就是这样，例如福尼克斯（Phoenix）的故事，希波吕托斯的故事，佩洛普斯（Pelops）与儿子的故事，还有俄狄浦斯与儿子的故事；所有这些故事似乎都创作于相对较晚的时期，[102]那时父亲的地位已不再具有绝对的稳固性了。以另一种形式表明这种心理压抑的是古风时代希腊的克洛诺斯（Kronos）与乌拉诺斯（Ouranos）神话，它可能是从赫梯（Hittite）文明中借来的蛮族故事。这个故事赤裸裸地展现了无意识欲望的神话学投射。柏拉图可能正是察觉出这一点，才说这个故事只适合对极少数人讲述，并且要在举行 μυστήριον［秘密仪式］后再讲述，更要竭尽所能防止年轻人听到。[103]但在心理学家

---

[101] 在义务的序列上，畏惧神明之后便是尊敬父母：Pind. *Pyth.* 6.23 ff. and Σ *ad loc.*；Eur. fr. 853；Isocr. 1.16；Xen. *Mem.* 4.4.19 f.，等等。关于对冒犯父母的那种独特的超自然惩罚，参见 *Il.* 9.456 f.；Aesch. *Eum.* 269 ff.；Eur. frs. 82, 852；Xen. *Mem.* 4.4.21；Plato, *Euthyphro* 15d；*Phaedo* 114a；*Rep.* 615c；*Laws* 872e，尤其是 880e ff.；以及 Paus. 10.28.4；Orph. fr. 337 Kern。关于无意中弑父母后的感受，参见阿尔泰梅内斯（Althaimenes）的故事（Diod. 5.59），但要注意，和俄狄浦斯一样，他最后也被英雄化了。

[102] 福尼克斯的故事就像他在《伊利亚特》卷九中的言辞（*Il.* 9.432–605）一样，似乎反映的是后来大陆的情况，参见本书第一章，p. 6。其余故事都是后荷马时代的。俄狄浦斯的诅咒首次出现在《忒拜纪》中（*Thebais*, frs. 2 and 3 K.；参见 Robert, *Oidipus*, I.169 ff.）。柏拉图仍然相信父母诅咒的效力，*Laws* 931c, e。

[103] Plato, *Rep.* 377e–378b. 正如我们可以想见的，在诸多文化中都有与克洛诺斯神话相似的类型；但有一个相似类型即胡里安 – 赫梯的库马尔比史诗（Hurrian-Hittite Epic of Kumarbi），与克洛诺斯神话是如此接近而且在细节上类似，这强烈暗示了克洛诺斯神话借用了（转下页）

看来，有关那种心理压抑最重要的证据则来自古典时代的作家。典例之一是阿里斯托芬（Aristophanes）所描绘的"云中布谷城"（Cloudcuckooland）；在那个生活愉快、心想事成的梦幻国度，抽打父亲会赢得众人的敬仰：它是καλόν［高贵的］而非αἰσχρόν［耻辱的］。[104] 柏拉图用来描述理性不起控制作用的最典型例证就是俄狄浦斯之梦；索福克勒斯的作品也印证了柏拉图的这一说法，他笔下的伊奥卡斯特（Jocasta）说这种梦是司空见惯的；希罗多德也讲过类似的

（接上页）它，参见 E. Forrer, *Mél. Cumont*, 690 ff.; R. D. Barnett, *JHS* 65［1945］100 f.; H. G. Güterbock, *Kumarbi*［Zurich, 1946］, 100 ff.。但这并没有削弱克洛诺斯神话的意义：我们必须追问，既然如此，那是什么样的情感促使希腊人在其神话中给予那一可怕的东方幻想核心地位？通常的观点——或许是对的——认为，乌拉诺斯从盖娅（Gaia）"分离"出来，这只是将那种认为天空原本与大地合为一体其后才从大地分离出来的物理想象给神话化了，参见 Nilsson, *Hist. of Greek Religion*, 73。但在这样的神话中，阉割父亲的动机几乎不是一个自然的，而且确实也不是一个必要的成分。我发现赫梯和希腊神谱中的这种情况很难得到解释，除非解释成它反映了人类无意识的欲望。要确证这一观点或许可以参照阿芙洛狄忒诞生于旧神生殖器的故事（Hesiod, *Theog.* 188 ff.），那一故事可以被解读成象征了儿子铲除父亲从而获得了性自由。可以肯定的是，在古典时代，克洛诺斯的故事经常被当作不孝行为的先例：参见 Aesch. *Eum.* 640 ff.; Ar. *Nub.* 904 ff., *Av.* 755 ff.; Plato, *Euthyphro* 5e—6a。

［104］ πατραλοίας［弑父者］这一形象似乎非常吸引古典时代的想象：阿里斯托芬亲自将他带上了舞台（*Av.* 1337 ff.），而且让他为自己辩护（*Nub.* 1399 ff.）；对柏拉图来说，他是邪恶的典型实例（*Gorg.* 456d, *Phd.* 113e *fin.*, 等等）。如果从中能看到不止反映了公元前5世纪后期的智者式争论或特定的"代际冲突"，那么这就极为吸引人，虽然那些现象无疑也有助于将πατραλοίας推到前台。

梦。[105]我们从这些一致的表现中推断出它们有相似的原因，这一点并非荒谬，而且可以得出结论说，和今天的家庭状况一样，古希腊的家庭状况诱发了许多幼儿时期的冲突，其影响一直存在于成年后的无意识思绪中。随着智者运动（the Sophistic Movement）的兴起，许多家庭中的冲突变成了完全有意识的冲突：年轻人开始宣称他们拥有违抗父亲的"自然权利"。[106]但是，可以合理地猜测，这一冲突很可能早在个人主义萌芽而尚未登上社会舞台的时候就已经存在于人的无意识层面，而家庭团结在那时的社会中仍被视作天经地义。

读者或许已知道接下来要说什么。心理学家告诉我们罪感是如何从不被认可的潜在压抑欲望中产生的；这些欲望虽然被逐出意识领域，只保留在梦境或幻想中，却仍会在自

---

[105] Plato, *Rep.* 571c; Soph. *O.T.* 981 f.; Hdt. 6.107.1. 露骨的俄狄浦斯之梦后来也同样普遍，而且那些梦的意义也引起了 ὀνειροκριτικοί［释梦作家们］的诸多争论，阿特米多鲁斯记录了有关他们的令人不快的细节讨论（Artemidorus, 1.79）。或许有人会认为，这暗示了某种对乱伦欲望的压制，但其深度和力度要小于我们当今社会中通常的压制。然而，柏拉图不但明确证实了乱伦被普遍认为是 αἰσχρῶν αἴσχιστον［不耻中的大不耻］，而且证实了大多数人对任何乱伦冲动都毫无意识（*Laws* 838b）。看来我们应该这么说，对被禁止的冲动的必要掩饰，不是在梦中达成，而是通过一系列的解释来达成，那些解释给它提供了一种无害的象征含义。然而，古代作家们确实也提到过我们如今称之为伪装的俄狄浦斯之梦的东西，例如，梦见跳入水中（Hipp. περὶ διαίτης 4.90, Ⅵ.658 Littré）。

[106] 参见 S. Luria, "Väter und Söhne in den neuen literarischen Papyri", *Aegyptus*, 7（1926）243 ff., 这篇论文收集了关于古典时代家庭关系的有趣证据，但在我看来，它夸大了智识影响的重要性，尤其是夸大了智者安提丰的重要性。

我中引发一种深深的道德不安感。今天这一不安感通常是以宗教形式来表达的；而如果设想古风时代的希腊人也有同样的感觉，那他们自然也会采取这种形式。证据首先在于，早在远古时代人类的父亲就已经在神界有了对应角色，例如天父宙斯（Zeus pater）及其在拉丁语和梵语中的同等形象都属于印欧文明遗产。卡尔霍恩（Calhoun）指出，荷马笔下宙斯的地位与行为源自荷马时代的家长（ὄικοιο ἄναξ）。[107] 宗教信仰中展现的宙斯也是超自然的一家之主：作为父亲（Patroos）保护他的家庭，作为护宅者（Herkeios）保护他的家宅，作为护产者（Ktesios）保护他的家产。子女对生身父亲有着自己也不敢承认的好奇、复杂的情感，他们将这种情感投射给天神父亲是非常自然的。这十分恰当地解释了古风时代的宙斯为何时而高深莫测，或赐福于人，或降祸于人；时而心怀嫉恨，对他孩子心中的欲望怀恨在心；[108]时而又

---

[107] G. M. Calhoun, "Zeus the Father in Homer", *TAPA* 66（1935）1 ff. 与此相反，后来的希腊人认为正确的做法在于视父母"为神明"：θεὸς μέγιστος τοῖς φρονοῦσιν οἱ γονεῖς［对明智的人来说，父母是最大的神明］（Dicaeogenes, fr. 5 Nauck）；νόμος γονεῦσιν ἰσοθέους τιμὰς νέμειν［习俗要求敬父母如敬神］（Menander, fr. 805 K.）。

[108] 关于神明 φθόνος［嫉妒］的教义通常被认为是对反抗显赫人物但招致失败而产生的愤恨感的一种简单投射（可参见雷纳夫［Ranulf］详细但偏颇的著作）。毫无疑问，这一理论在某种程度上是对的。神的 φθόνος 和人的 φθόνος 确实有不少共同之处，比如，都会通过邪恶之眼（Evil Eye）来发挥作用。但在我看来，有些段落，诸如 Hdt. 7.46.4: ὁ δὲ θεὸς γλυκὺν γεύσας τὸν αἰῶνα φθονερὸς ἐν αὐτῷ εὑρίσκεται ἐών［因此，神终究是嫉妒人的，他只是让我们尝到一点生活的甜味］，却指向了一个完全不同的方向。它们令人想起皮亚杰（Piaget）的观察，"有时（转下页）

是铁面公正的骇人法官,无情地惩处自以为是的首宗罪——*hubris*[狂妄]之罪。(最后这一点符合当时家庭关系的发展,父亲的权威开始需要依靠道德上的认可,"你要这么做因为我这样要求"的说法让位给了"你要这么做因为这是对的"。)第二个证据在于,古风希腊的文化遗产与意大利、印度[109]一样,包含着一系列关于不洁的宗教观念。这些观念为被压抑的欲望所产生的罪感提供了自然的解释。遭受罪感的古风时代希腊人确信自己一定感染了某种 *miasma*[污染],或背负着承袭自他祖先的宗教罪恶,于是他能够赋予罪感以具体的形式。更重要的是,他还能通过举行涤罪仪式来消解罪感。根据这些,我们难道不能推断出 *catharsis*[涤罪]观念在希腊文化中所起到的作用吗?我们难道不能看出,循着它,一方面会逐渐发展出犯罪与赎罪概念,另一方面则会发展出亚里士多德的心理净化,即通过沉思投射到艺术作品中的不愉快的感受可以消解我们的不愉快感受吗?[110]

(接上页)儿童所认为的和他们所想要的正相反,似乎现实使得他们的欲望落空"(转引自 A. R. Burn, *The World of Hesiod*, 93,他用自己的经历证实了这一说法)。这样一种心理状态是罪感文化的典型副产品,在这种文化中,家教是严苛而压抑的。这种心理状态在成年之后或许容易维持,而且可以用准宗教的术语来表述。

[109] 罗德提醒我们注意希腊人和早期印度人在关于污染和洁净的观念上具有相似性(Rohde, *Psyche*, chap. ix, n. 78)。参见 Keith, *Religion and Philosophy of Veda and Upanishads*, 382 ff., 419 f.;关于意大利,参见 H. J. Rose, *Primitive Culture in Italy*, 96 ff., 111 ff., 以及 H. Wagenvoort, *Roman Dynamism*(英译本, 1947), chap. v。

[110] 我也倾向于认为在悲剧主题上亚里士多德之所以偏好 ἐν ταῖς φιλίαις[在友谊中]所做的可怕行为(*Poet.* 1453b19),以及偏好(转下页)

我要暂停我的猜测了。那些猜测显然无法得到直接证明。它们顶多能被间接确证,前提是社会心理学在更易开展细节研究的文化领域中也得到同样的发展。目前这方面的工作已经开始了,[111]但现在还不是概括其成果的时候。与此同时,我也不会抱怨那些否定上述评论的古典学者。为了避免误解,我以强调两件事做结。首先,我不指望仅靠我这一把钥匙,或任一把钥匙就能够打开所有的门。文化演变极为复杂,任何单一的方法都不可能将它解释殆尽,无论是经济学的还是心理学的,马克思的还是弗洛伊德的。我们必须抵制简单化的诱惑,以防把不简单的事情看简单。其次,解释起源问题并不是通过解释来消解价值。我们应该提防低估刚刚所讨论的观念的宗教意义,即便它们有相悖于我们的道德观念的地方,比如神的蛊惑这一信条。[112]我们也不应该

(接上页)那些在最后一刻被 ἀναγνώρισις[意识]阻止的犯罪行为的故事(1454a4),这是由于它们极为有助于宣泄罪感,因而不知不觉中就决定了亚里士多德的偏好——尤其是第二个偏好和他关于悲剧的基本观点截然对立。关于作为宣泄的净化,参见本书第三章,pp. 76, 78。

[111] 尤其参见 Kardiner, *The Individual and His Society* and *The Psychological Frontiers of Society*;另参见 Clyde Kluckhohn, "Myths and Rituals: A General Theory", *Harv. Theol. Rev.* 35(1942)74 ff.,以及 S. de Grazia, *The Political Community*(Chicage, 1948)。

[112] 参见拉特的杰出评论,Latte, *Arch. f. Rel.* 20.275 ff.。正如他所指出,宗教意识不仅仅能够容忍道德悖论,而且通常还能够在其中深刻领略到生活的悲剧意味。我们或许要注意,这种独特的悖论在基督教信仰中发挥了重要作用:保罗相信"神要叫谁刚硬,就叫谁刚硬"(Rom. 9: 18),主祷文中有着这样的祈求,"不要让我们陷入诱惑"(μὴ εἰσενέγκῃς ἡμᾶς εἰς πειρασμόν)。参见鲁道夫·奥托的评论,"对信仰《旧约》(转下页)

忘记，古风时代的罪感文化孕育了一些迄今为止人类所创作的最为深刻的悲剧诗歌。尤其是索福克勒斯，这最后一位古风世界观的伟大刻画者，他以未经软化的、未经道德化的形式表达了古老宗教主题的全部悲剧意义——那是人类面对神性奥秘、面对觊觎一切人类成就的 ate 时强烈的无助感；他使得这些思想成了西方人文遗产的一部分。《安提戈涅》（*Antigone*）远比我更好地描绘了古老信仰的美丽与恐怖，那就让我援引其中一段抒情诗来结束本章吧。[113]

> 没尝到过苦难的人是幸运的。
> 一个人家一旦收到神怒的震撼，
> 灾祸就会没完没了
> 落到这家一代又一代人身上，
> 就像波浪，受到色雷斯来的海风
> 有力的驱赶，搅向幽暗的海底，

（接上页）的人来说，神的忿怒非但不会削弱他的神性，而且似乎还是神性的自然表达，它是'神圣'（holiness）自身的一个要素，而且是必不可少的要素"（Rudolph Otto, *The Idea of the Holy*, 18）。我相信对索福克勒斯这样的人来说也是如此。古风时代和古典时代早期艺术中的神身上同样可以见到这种令人敬畏的"神圣"。正如罗宾逊（C. M. Robertson）教授最近在其就职演讲中所说（London, 1949），"他们的确被想象成具有人形，但他们的神性却是具有某种可怕差异的人性，普通人之于这些长生不老的造物来说，就像苍蝇之于顽童，而且这种品质体现在他们的雕像上，至少延续到公元前5世纪"。

[113] Soph. *Ant.* 583 ff. 以下译文试图再现反复出现的关键词 ἄτη 的显要位置以及某些韵律效果，但无法再现原文那种阴沉的壮丽。有几处措辞受惠于我极富才华的学生柯林伍德（R. C. Collingwood）小姐。

从深处卷起黑色的泥沙，
可以听到深长的哀号声发自
面对风浪受到击打的海岬。

我看见拉布达科斯子孙的家里，
古来的灾祸一代又一代地发生。
儿子的死赎不了父亲的罪恶，
这是一位神的打击，
这家族无法解脱。
如今俄狄浦斯家最后长出的根苗
给这个家族带来的最后一线希望，
哎呀，又要被地下神祇的镰刀——
言语的愚蠢、心灵的疯狂——割断了。

宙斯啊，哪一个凡人无礼的
干涉能限制你的权力？
连诱捕众生的睡眠
和众神的不倦岁月，
也都无法控制你。
啊，你，居住在光辉壮丽的
奥林波斯山顶，
时间不能使你变老的统治者。
正如以往一样，
无论最近的还是遥远的将来，

这条规律不变：
凡人过度的行为会带来祸殃。

那迷人心智的希望，
虽然对许多人有益，
但对许多人又只是
轻率欲望的一个骗局。
粗粗一看，不觉有害，
闯入了烈火才知道上当。
可见前人的名言
不是没有智慧的：
一个人的心智被神引入迷途，
或迟或早他会把祸当成福。
只是暂时还没遭到灾难罢了。

第三章　癫狂的恩赐

> 创作状态中的人是脱离自我的。如同将吊桶投入自己潜意识的深井，提上时他得到了日常无法企及之物。
>
> ——福斯特（E. M. Forster）

《斐德若》（*Phaedrus*）中的苏格拉底说："我们最大的恩赐以癫狂的形式降临我们。"（τὰ μέγιστα τῶν ἀγαθῶν ἡμῖν γίγνεται διὰ μανίας.）[1]无疑这是一个有意为之的悖论。它必定会使公元前 4 世纪的雅典读者感到吃惊，就像我们感到吃惊一样。因为它暗示了深层的信息，即在柏拉图时代大多数人都认为癫狂（madness）是不光彩的，是一种ὄνειδος [耻辱]。[2]但是这里，西方理性主义之父并非是在主张癫狂比理智更好、患病比健康更好这样的一般性命题。他为悖论加了限定词：θείᾳ μέντοι δόσει διδομένης，"如果癫狂是来自神

---

[1] Plato, *Phaedrus* 244a.
[2] *Ibid.*, 244b：τῶν παλαιῶν οἱ τὰ ὀνόματα τιθέμενοι οὐκ αἰσχρὸν ἡγοῦντο οὐδὲ ὄνειδος μανίαν [很久以前给它们命名的人们并不认为癫狂是可耻的，也不是骂人话]，这暗示了当时的人们确实认为它是 αἰσχρόν [可耻的]。希波克拉底谈到了癫痫患者所感到的 αἰσχύνη [羞耻]（Hippocrates, *morb. sacr.* 12）。

的礼物的话"。接着柏拉图区分了四种"神圣的癫狂",他说,它们得以产生,是"由于神对我们习传的社会规范进行了彻底更改"(ὑπὸ θείας ἐξαλλαγῆς τῶν εἰωθότων νομίμων)。[3]那四种癫狂是:

1. 预言式的(prophetic)癫狂,其庇护神是阿波罗;

2. 秘仪的(telestic)或宗教仪式的癫狂,其庇护神是狄奥尼索斯;

3. 诗歌的(poetic)癫狂,由缪斯激起;

4. 爱欲的(erotic)癫狂,由阿佛洛狄特和爱若斯(Eros)引起。[4]

最后一种我会在后面章节再讲,[5]这里暂不讨论。但前面三种或许值得我们在这里以全新的眼光来审视,我们不求对证据做一穷尽的研究,只需关注有助于我们解答以下两个问题的方面。第一个是历史问题:柏拉图的这一分类所依据的信仰是如何在希腊形成的,在理性主义进步思潮的影响下,希腊人又在多大程度上对这些信仰进行了改造?第二个是心理学问题:柏拉图所说的"预言式的"和"宗教仪式的"癫狂所呈现的心理状态,多大程度上可认为和现代心理学与人类学中确知的心理状态一致?两个问题都很棘手,许多地方我们不得不做出"情况不明"(non liquet)的裁定。但我仍然认为它们是有价值的问题。要尝试做出解答,我,

---

[3] *Ibid.*, 265a.
[4] *Ibid.*, 265b. 参见对前三种类型更完整的描述,244a–245a。
[5] 参见后面第七章,p.218。

以及我们当然都要站在罗德（Rohde）的肩膀上，因为他的巨著《灵魂》（*Psyche*）已对这一领域进行了较为详细透彻的研究。这本书现在有了德文版和英文版，也很容易找到，因此这里不再重述其中的论点。但是，我需要提出一两处异议。

在进入柏拉图的四种"神圣的癫狂"前，我首先要说一下柏拉图对"神圣的"癫狂和由疾病造成的普通癫狂的大致区分。这个区分当然早于柏拉图。在希罗多德那里，克列欧美涅斯（Cleomenes）的癫狂在许多人看来是神对他渎神行为的惩罚，而他自己的同胞则认为那是过度饮酒的后果。[6]尽管希罗多德不认同克列欧美涅斯事例中的这个乏味解释，但在刚比西斯（Cambyses）故事中他又倾向于把刚比西斯的癫狂归因于先天性癫痫，并十分在理地评论说，如果一个人的身体得了这样的重病，则他的精神也会受到这种病的影响，这一点不是不可想象的。[7]于是，希罗多德鉴定了至少两种癫狂，一种具有超自然起源（尽管它来者不善），另一种则出于自然原因。据说恩培多克勒（Empedocles）及其学派也区分了由灵魂污秽（*ex purgamento animae*）引发的癫狂和由身体疾病导致的癫狂。[8]

然而，这是相对先进的观念。我们怀疑在此之前任何

---

[6] Hdt. 6.84（参见 6.75.3）。

[7] Hdt. 3.33. 另参见 Xen. *Mem.* 3.12.6。

[8] Caelius Aurelianus, *de morbis chronicis*, 1.5=Diels, *Vorsokr.* 31 A 98. 参见 A. Delatte, *Les Conceptions de l'enthousiasme chez les philosophes présocratiques*, 21 ff.。但不能确定这一学说是否可追溯到恩培多克勒本人。

这样的区分都不存在。世上的原始人普遍相信一切精神失常都是由超自然干预引起的。这一信仰很普遍，不足为怪。我认为它来自当事人自己的叙述，或是保留在了他们的叙述中。当今最普遍的妄想症症状就是患者相信他与超自然存在或力量有着联系，甚至相信他就是那种存在或力量本身，而古代的情况想必也不外于此。公元前 4 世纪确实有一例这样的情况：医生梅涅克拉特斯（Menecrates）相信他本人就是宙斯，这件事的某些细节被保存了下来，还成了奥托·魏因赖希（Otto Weinreich）一项精彩研究的主题。[9]此外，癫痫患者常感觉受到不可见物的棒打；他们发病的骇人症状，如突然倒地、肌肉痉挛、牙齿打颤、舌头外伸，都必定在一定程度上促成了附体观念的流行。[10]毫不奇怪，希腊人认为癫痫是典型的"圣疾"，将其说成是 ἐπίληψις［侵袭］——就像我们说"敲击"（stroke）、"攫住"（seizure）、"攻击"

---

[9] O. Weinreich, *Menekrates Zeus und Salmoneus* (Tübinger Beiträge zur Altertumswissenschaft, 18).

[10] 关于各个时代的民间观念中对于癫痫和附体的混淆，参见特姆金（O. Temkin）详赡的史学专著，*The Falling Sickness*（Baltimore，1945），15 ff.，84 ff.，138 ff.。中世纪和文艺复兴时期许多对于"魔鬼附体"（demoniacs）的夸张描述都类似癫痫病的症状，比如，舌头伸出来"就像一个象鼻"，"又大又长，从口中悬挂下来"；"全身紧绷僵硬，脚触到头"，"弯曲犹如一张弓"；发作最后还伴有尿失禁（T. K. Oesterreich，*Possession, Demoniacal and Other*，Eng. Trans.，1930，pp. 18，22，179，181，183）。作为理性主义者的希腊医生知道这些症状都是癫痫病的症状，参见 Aretaeus，*de causis et signis acutorum morborum*，p. 1 ff. Kühn（他也提及了感觉被击打）。

(attack)——这暗示了精灵的介入。[11]但是,我猜想真正的附体和单纯的超自然干预不同,前者归根结底是源自第二人格或置换人格,如莫顿·普林斯(Morton Prince)所研究的著名的波尚小姐(Miss Beauchamp)案例。[12]它导致一种全新的人格突然占据机体,这一人格往往和原先的人格相当不同,无论是性格、知识面还是声音、面部表情。这一新人格以第一人称称呼自己,用第三人称称呼原先的人格。真正的附体案例在现代欧洲与美洲相对较少,在不高级的民族中更

---

[11] 参见 Hdt. 4.79.4: ἡμέας ὁ θεὸς λαμβάνει [神攫住了我们],以及形容词 νυμφόληπτος [被神女附体],θεόληπτος [被神附体],等等;Cumont, *L' Égypte des astrologues*, 169, n. 2。但是 ἐπίληπτος [得癫痫病] 已经用在了《论圣疾》(*de morbo sacro*)中而且无宗教含义。癫痫为何被称作 ἱερὰ νόσος [圣疾],阿莱泰乌斯给出了四个原因(Aretaeus, *op. cit.*, 73 K.):(a)δοκέει γὰρ τοῖσι ἐς τὴν σελήνην ἀλιτροῖσι ἀφικνεῖσθαι ἡ νοῦσος [因为癫痫似乎来自月亮,它作为惩罚发作在那些不虔敬者身上](一个希腊化时代的理论,参见 Temkin, *op. cit.*, 9 f., 90 ff.);(b)ἢ μέγεθος τοῦ κακοῦ· ἱερὸν γὰρ τὸ μέγα [抑或由于癫痫的严重程度,而重大即意味着神圣];(c)ἢ ἴησιος οὐκ ἀνθρωπίνης ἀλλὰ θείης [抑或由于癫痫的治愈源自神而非人](参见 *morb. sacr.* 1, VI.352.8 Littré);(d)ἢ δαίμονος δόξης ἐς τὸν ἄνθρωπον ἐσόδου [抑或由于病人表现出的体征,他看上去像是被神灵附体]。最后一个很可能是最初的原因,但民间思想在这种事情上总是混乱模糊的。柏拉图并不相信癫痫病的超自然特征,但他仍然为 ἱερὰ νόσος [圣疾] 这一术语进行辩护,理由是圣疾会影响到头部,头部是人身上的"神圣"部分(*Tim.* 85ab)。在阿尔萨斯(Alsace),它依然被称作"圣疾"(heiliges Weh)。

[12] Morton Prince, *The Dissociation of a Personality*. 另参见 P. Janet, *L' Automatisme psychologique*; A. Binet, *Les Altérations de la personnalité*; Sidis and Goodhart, *Multiple Personality*; F. W. H. Myers, *Human Personality*, chap. ii。这些案例对于理解古代附体观念的重要性已经为贝文所强调(E. Bevan, *Sibyls and Seers*, 135 f.),也已经为罗德所察觉(Rohde, *Psyche*, App. viii)。

多；[13]在今天更少，在古代更常见。这些案例我们稍后再讨论。附体概念极易从以上情形引申到癫痫患者和妄想狂案例中；到最后，所有种类的精神失常，包括梦游和发高烧时的谵妄状态在内[14]都会被认为是由精灵主体所引起。并且，人们一旦接受了这一信念，自然就会通过自我暗示来创造新的证据以支撑自己的信念。[15]

一直以来我们都认为荷马史诗中没有附体观念，甚至有时还推测最古老的希腊文化中也没有。但我们能在《奥德赛》中发现一些如下模糊信念的踪迹，即相信精神疾病的起源是超自然的。诗人自己没有提到那一信念，但有一两次他笔下人物所使用的语言暴露了它。墨兰托（Melantho）嘲讽乔装的奥德修斯 ἐκπεπαταγμένος [真是失去理智]，[16]也就

[13] 参见 Seligman, *JRAI* 54（1924）261："在我所熟知的那些较为原始的人们中间……，我观察到他们或多或少都有一个普遍倾向，即随时准备人格分离。"
[14] 《论圣疾》中提到了梦游（c. 1, VI.354.7 Littré），在巫医看来，梦游是由赫卡忒和死者所引起的（*ibid.*, 362.3）；鬼魂附到了活人身上，在睡眠时，那一身体的主人是离开的。参见 *trag. adesp.* 375: ἐνύπνον φάντασμα φοβῇ χθονίας θ' Ἑκάτης κῶμον ἐδέξω [你因梦中的景象而害怕且遇到冥神赫卡忒的伴侣的造访]。关于高烧的超自然起源，可参考高烧精灵（fever-daemons）：Ἠπιάλης, Τῖφυς, Εὐώπας（Didymus *apud* Σ Ar. *Vesp.* 1037）；罗马的高烧神（Febris）神庙，Cic. *N.D.* 3.63, Pliny, *N.H.* 2.15; and *supra*, chap. ii, n. 74。
[15] 参见 Oesterreich, *op. cit.*, 124 ff.。
[16] *Od.* 18.327. 另一方面，在《伊利亚特》中，ἐκ δέ οἱ ἡνίοχου πλῆγη φρένας [御者被恐惧击中]（13.394）这样的表述并没有暗示任何超自然的东西：御者暂时惊慌恐怖的状况有其正常的人为原因。在 *Il.* 6.200 ff., 柏勒洛丰（Bellerophon）或许被认为受到了由众神造成的心理折磨，但那里的用词是十分含糊的。

是说他疯了，她用的词语起初可能有着精灵介入的暗示，尽管对她而言那一语词可能仅剩下我们所说的"有点神经质"（a bit touched）的意思。这一情节之后，求婚者中的一位又嘲讽奥德修斯，说他是 ἐπίμαστον ἀλήτην［发疯的游荡人］。ἐπίμαστος（源自 ἐπιμαίομαι）不见于别处，它的含义也备受争议；但是一些古代学者提出的"被触中"（touched）也即发疯的意思是所有含义中最自然的，也是最切合文中语境的。[17] 我认为这一例仍然暗示了超自然的"触击"（touch）。最后还有一处，波吕斐摩斯（Polyphemus）放声呼喊的时候，其他的独目巨人（Cyclopes）问他情况，得知"无人杀害他"，他们就回应道"伟大的宙斯降病患却难免除"，且虔诚地劝他求助波塞冬。[18] 我想他们是认定波吕斐摩斯疯了，因此才将他抛弃，任由命运摆布。通过这些文段我们似乎可以放心地说，相信精神疾病有着超自然的起源在荷马时代甚至远早于荷马时代的民间思想中十分常见，尽管当时的史诗诗人对此信念不感兴趣，更没有选择信奉它；我们甚至可以说它在今天的希腊民间思想中也十分常见。[19] 在古典时代，知识分子可能将"神圣的癫狂"限制在几种类型内。有一些

---

[17] *Od.* 20.377. Apoll. Soph. *Lex. Hom.* 73.30. 贝克（Bekker）将 ἐπίμαστος 释读成 ἐπίπληκτος［遭击的］，而赫西基奥斯（Hesychius）则将其释读成 ἐπίληπτος［得癫痫病］。参见 W. Havers, *Indogerm. Forschungen*, 25（1909）377 f.。

[18] *Od.* 9.410 ff. 参见 5.396：στυγερὸς δέ οἱ ἔχραε δαίμων［某个怀恨的神袭击了他］（在明喻中）；然而，这里的疾病似乎是身体方面的疾病。

[19] 参见 B. Schmidt, *Volksleben der Neugriechen*, 97 f.。

人，例如公元前5世纪晚期著述《论圣疾》(de morbo sacro)的作者，甚至极端化地否认一些疾病比另一些更"神圣"，他认为每种疾病都可作为神圣秩序的一部分而是"神圣的"，但每种疾病也都有人类理性能够发现的自然原因——πάντα θεῖα καὶ πάντα ἀνθρώπινα[既都神圣又都属人]。[20]但民间信仰不大可能受这种观念很大影响，至少在远离少数几个重要文化中心的地区是如此。[21]即使在雅典，大众仍然对精神病患者唯恐避之不及，那些患者就像被神诅咒的人，一旦触碰他们就会遭殃：人们向他们扔石头以让其走开，或向他们吐口水以保持最低限度的提防。[22]

---

[20] Hipp. *morb. sacr.* 18 (Ⅵ.394.9 ff. Littré)。参见 *aer. aq. loc.* 22 (Ⅱ.76.16 ff. L.)，这或许也是希波克拉底的著作(Wilamowitz, *Berl. Sitzb.* 1901, i.16)；以及 *flat.* 14 (Ⅵ.110 L.)。但在这一问题上，甚至医学观点也并不完全一致。希波克拉底学派的《预后症状书》(Hippocratic *Prognostikon*)一书的作者似乎相信某些疾病具有"神圣性"(c. 1, Ⅱ.112.5 L.)。Despite Nestle, *Griech. Studien*, 522 f, 这似乎与《论圣疾》的观点不同："神圣的"疾病属于某个特殊的种类，医生识别出那一种类很重要（因为人为的手段治愈不了它们）。对于癫痫病的巫术治疗事实上从未消失：比如 [Dem.] 25.80 提到了它；而且在古代晚期，特拉里斯的亚历山大(Alexander of Tralles)说，护身符和巫术处方被"某些人"用来治疗这种疾病，也不是没有成功过(I.557 Puschmann)。

[21] 奴隶的问题, Ar. *Vesp.* 8：ἀλλ' ἢ παραφρονεῖς ἐτεὸν ἢ κορυβαντιᾷς[你真是失去理智了，还是在庆祝科律班忒斯仪式]；或许暗示了"自然的"癫狂和"神圣的"癫狂之间的区别。但 παραφρονεῖν[失去理智]和 κορυβαντιᾶν[科律班忒斯式发狂]之间的区别或许仅仅只是程度上的差别，较轻的精神失常被归因于科律班忒斯(Corybantes)(*infra*, pp. 77 ff.)。

[22] Ar. *Aves* 524 f. (参见 Plautus, *Poenulus* 527); Theophr. *Char.* 16 (28 J.) 14; Pliny, *N.H.* 28.4.35, "despuimus comitiales morbos, hoc est, contagia regerimus"[我们向癫痫病人吐口水，就这样，我们阻止了传染]；以及 Plautus, *Captivi* 550 ff.。

然而，如果疯癫者受到了回避，他们也就得到了敬畏（如今他们在希腊仍然如此）。[23]他们和超自然世界相通，还偶尔能显示出常人没有的能力。癫狂状态中的埃阿斯使用了"只有神，不是任何凡人能教给"的恶狠语言；[24]俄狄浦斯狂乱中得到了神灵的指点，冲向伊奥卡斯特尸体的所在之处。[25]我们明白了为何柏拉图在《蒂迈欧》中说疾病是促使超自然力量出现的条件之一。[26]事实上，我们很难在通常的精神错乱和预言式的癫狂之间划清界限。现在我们就来讨论预言式的癫狂。

柏拉图（以及一般而言的希腊传统）认为阿波罗是预言式癫狂的庇护神。在柏拉图给出的三个例子中，有两

---

[23] "在我看来，精神错乱在希腊农民中间极为普遍，它会使得患者不仅脱离同伴，而且在某种意义上还凌驾于他们。他们带着某种敬畏接受他所说的话，而且只要那些话是可理解的，那么就会被当作预言。"（Lawson, *Mod. Greek Folklore and Anc. Greek Religion*, 299）关于被归之于癫痫患者的预言天赋，参见 Temkin, *op. cit.*, 149 ff.。

[24] Soph. *Ajax* 243 f. 原始人普遍相信，心理状态反常的人会说某种特殊的"神圣"语言；参见，例如，Oesterreich, *op. cit.*, 232, 272; N. K. Chadwick, *Poetry and Prophecy*, 18 f., 37 f.。同时对照某些无意识论者（automatists）和宗教狂热分子所说的虚拟语言（pseudo-languages），他们就像埃阿斯一样，据说是从"神灵们"那里习得了那种语言（E. Lombard, *De la glossolalia chez les premiers chrétiens et les phénomènes similaires*, 25 ff.）。

[25] Soph. *O.T.* 1258: λυσσῶντι δ' αὐτῷ δαιμόνων δείκνυσί τις [在他愤怒时，某个神向他显明]。报信人接着说，俄狄浦斯已经"被领到了"正确的地方（1260, ὡς ὑφηγητοῦ τινος [如同某个引领者]）；换句话说，他从超自然源头处获得了暂时的视力。

[26] Plato, *Tim.* 71e. 参见 Aristotle, *div. p. somn.* 464a24: ἐνίους τῶν ἐκστατικῶν προορᾶν [一些精神错乱的人能预见未来]。

例——皮提亚（Pythia）和西比尔（Sibyl）——的启发来自阿波罗，[27]第三例中多多那（Dodona）神庙的女祭司则属于宙斯。但如果我们相信罗德[28]（仍然有许多人相信他[29]），那么柏拉图就完全搞错了。据罗德论述，在狄奥尼索斯被引入之前，预言式癫狂在希腊不为人所知，是狄奥尼索斯赋予了德尔斐的皮提亚这种能力，而在此之前阿波罗宗教"对任何具有迷狂性质的事物都充满敌意"。罗德列出了拒绝预言式癫狂为希腊传统的两大理由，一是荷马史诗中没有提及任何神启预言；二是他的朋友尼采（Nietzsche）划分出了"理性的"阿波罗宗教和"非理性的"狄奥尼索斯宗教，这一对照深入人心。但我认为罗德错了。

首先，他混淆了柏拉图小心加以区分的两件东西：阿

---

[27] Heraclitus, fr. 92 D.: Σίβυλλα δὲ μαινομένῳ στόματι ἀγέλαστα καὶ ἀκαλλώπιστα καὶ ἀμύριστα φθεγγομένη χιλίων ἐτῶν ἐξικνεῖται τῇ φωνῇ διὰ τὸν θεόν［西比尔疯狂的舌头倾吐着阴郁的、无华的与乏味的事情，就这样穿越了一千年的时间，因为神的作用］。通过普鲁塔克著作中所引残篇的上下文（*Pyth. or.* 6, 397a）几乎可以确定 διὰ τὸν θεόν 这几个词是引文的一部分，而且可以确定这里的神是阿波罗（参见 Delatte, *Conceptions de l' enthousiasme*, 6, n. 1）。

[28] *Psyche*（英译本），260, 289 ff.。

[29] 罗德的观点仍然被认为是对的，Hopfner in P.-W., *s.v.* μαντική; E. Fascher, Προφήτης, 66; W. Nestle, *Vom Mythos zum Logos*, 60; Oesterreich, *Possession*, 311。对照: Farnell, *Cults*, Ⅳ.190 ff.; Wilamowitz, *Glaube der Hellenen*, Ⅱ.30; Nilsson, *Geschichte*, I.515 f.; Latte, "The Coming of Pythia", *Harv. Theol. Rev.* 33（1940）9 ff.。帕克教授倾向于认为（Parke, *Hist. of the Delphic Oracle*, 14），阿波罗接替皮提亚在德尔斐发布原始的大地神谕（Earth-oracle），理由是这可以说明皮提亚的性别（我们应该认为阿波罗有一位男祭司）；但我认为，拉特的论证更为充分。

波罗式的通灵（mediumship）旨在知识，无论是关于未来的还是隐藏于当下的知识；而狄奥尼索斯式的体验则追求那种体验本身或充当心理治疗的手段，预言的或通灵的因素在这种体验中完全阙如或相当次要。[30] 通灵是赋予被选中的个人的稀有能力，而狄奥尼索斯式的体验本质上是集体性的、群众性的——θιασεύεται ψυχάν［人们全身心地参加酒神祭］，因而它绝非稀罕的才能，而是可以高度传染的。它们目的不同，并且方式也不同：两大狄奥尼索斯的技能——酒的运用和宗教舞蹈的运用——在阿波罗式迷狂的入会仪式中根本找不到。这两者是如此天差地别，一者绝不可能源自另一者。

此外，我们知道迷狂式预言很早就在西亚得到了实践。一份公元前11世纪的埃及文献证明它在腓尼基出现过；甚至在此前三个世纪，赫梯国王穆尔西里二世（Mursili Ⅱ）就在祈求一位"神人"做德尔斐祭司常要做的事——向人们揭示是什么罪恶导致他们感染了瘟疫。[31] 第二个例子至

---

[30] 欧里庇得斯忒瑞西阿斯宣称，除其他方面外，狄奥尼索斯还是一位司迷狂预言的神（*Ba.* 298 ff.）；Hdt. 7.111 处提到了他，那位女灵媒（trance-mediumship）事实上就活动在他在萨塔尔（Satrae）地区的色雷斯神谕所（参见 Eur. *Hec.* 1267，这里他被称作 ὁ Θρῃξὶ μάντις［色雷斯的预言家］）。但在希腊，他发现已经有了一位预言神，因此他似乎放弃了这一职能，或者至少是让这一职能退居幕后。在罗马时代，他在波奇司（Phocis）的安菲克莱亚（Amphikleia）有一座神谕所（有一位男祭司），Paus. 10.33.11，*IG* Ⅸ.1.218；但这一点以前没有得到证实，而且崇拜仪式显示出具有东方化的特征（Latte, *loc. cit.*, 11）。

[31] 腓尼基：Gressmann, *Altorientalische Texte u. Bilder zum A.T.* I.225 ff.。赫梯：A. Götze, *Kleinasiatische Forschungen*, I.219；O. R. Gurney, "Hittite Prayers of Mursili Ⅱ", *Liverpool Annals*, XXVII。参见 C. J.（转下页）

关重要，如果我们和尼尔松（Nilsson）一样同意赫罗兹尼（Hrozný）的猜想，认为作为瘟疫遣送者与治愈者的阿波罗不过是赫梯门神（Apulunas）的话。[32]但无论如何，《伊利亚特》的文本证据有理由让我断定阿波罗具有某种亚洲起源。[33]并且我们发现，亚洲的迷狂式预言和希腊大陆的一样，都和阿波罗崇拜有关。据说阿波罗靠近科洛彭（Colophon）的克拉罗斯（Claros）神谕所和米利都（Miletus）城外的布朗奇达伊（Branchidae）神谕所在爱奥尼亚殖民以前就存在，[34]而这两处神谕所似乎早就在践行迷狂式的预言。[35]

（接上页）Gadd, *Ideas of Divine Rule in the Ancient East*（Schweich Lectures, 1945）, 20 ff.。我们也拥有一批始于以撒哈顿（Esarhaddon）统治时期的亚述神谕文献，在其中，女神伊什塔（Ishtar）通过一位有名姓的（迷狂的？）女祭司之口说话：参见 A. Guillaume, *Prophecy and Divination among the Hebrews and Other Semites*, 42 ff.。就像柏拉图对话中的 θεομάντεις［神启预言家］一样（*Apol.* 22c），这样的预言家据说"会说出他们所不知道的东西"，A. Haldar, *Associations of Cult Prophets among the Ancient Semites*, 25。加德（Gadd）认为，迷狂的预言术要比占卜术更古老（"神谕和预言趋向于固化为正式的占卜实践"）；哈利德也持同样观点（Halliday, *Greek Divination*, 55 ff.）。

[32] Nilsson, *Greek Popular Religion*, 79, 他追随 B. Hrozný, *Arch. Or.* 8（1936）171 ff.。但不幸的是，虽然赫罗兹尼（Hrozný）声称已经破译了赫梯象形文字铭文中的"Apulunas"（门神），但他的释读遭到了其他权威赫梯学家的质疑：参见 R. D. Barnett, *JHS* 70（1950）104。

[33] 参见 Wilamowitz, "Apollon", *Hermes*, 38（1903）575 ff.；*Glaube*, I.324 ff.；不能阅读德文的读者，可参见他在牛津论阿波罗的演讲稿（1908），演讲稿由默里译出。

[34] 克拉罗斯，Paus. 7.3.1；布朗奇达伊（狄杜玛［Didyma］），*ibid.*, 7.2.4。参见 C. Picard, *Ephèse et Claros*, 109 ff.。

[35] 参见法内尔（Farnell）的讨论, *Cults*, IV.224。古代证据收集在 *ibid.*, 403 ff.。

关于这最后一点的证据诚然来自后世作家；不过在吕西亚（Lycia）的帕塔拉（Patara）——有人认为这里是阿波罗的发源地，而且它的确是阿波罗崇拜的早期中心——据希罗多德说，女祭司夜晚会被锁在庙宇中与神进行神秘的结合。显然，女祭司既充当了阿波罗的灵媒（medium），又是他的新娘，就像卡珊德拉（Cassandra）本会成为的那样；据库克（Cook）和拉特（Latte）猜测，皮提亚最初也担当这样的角色。[36]这显然表明迷狂式的预言存在于帕塔拉，而这里是极不可能受到德尔斐影响的。

综上，我认为在希腊，预言式癫狂的历史至少和阿波罗宗教的历史一样古老，甚至可能更古老。如果希腊人将μάντις［预言家］和μαίνομαι［发狂］关联起来是正确的话（许多语言学家确实这么认为[37]），那么预言与癫狂的联系就属于整个印欧思想体系。荷马史诗中不存在这样的例子，但这并不构成反驳，因为之前我们就看到过，荷马可以选择适时保持沉默。此外，我们注意到，在这一主题以及别的主题上，相较于《伊利亚特》，《奥德赛》所体现出的史诗般的庄重和威严其标准不是那么严格。《伊利亚特》中的占卜只是对征兆的归纳，而《奥德赛》的诗人则禁不住会引入一些更精妙的东西——类似苏格兰人所称作的第二视力

---

[36] Hdt. 1.182. 参见 A. B. Cook, *Zeus*, II.207 ff., 以及 Latte, *loc. cit.*。
[37] 比如库尔提乌斯（Curtius），梅耶（Meillet），布萨克（Boisacq），霍夫曼（Hofmann）。参见 Plato, *Phaedrus* 244c, 以及 Eur. *Ba.* 299。

(second-sight)。[38] 卷20中阿波罗的世袭先知特奥克吕墨诺斯（Theoclymenus）的象征性幻觉（symbolic vision）就属于这种心理学范畴，正如《阿伽门农》中卡珊德拉的象征性幻觉一样，还有阿波罗的阿尔戈斯女祭司的幻觉也是如此。据普鲁塔克记载，一天，阿尔戈斯女祭司冲到大街上，惊呼她看到整个城市遍布尸体和鲜血。[39] 以上是一种古老的预言式癫狂，但由于其自发性和不可预料性，因而它并不是常见的神谕癫狂。[40]

显然，在德尔斐以及大多数阿波罗神谕所，阿波罗依靠的不是特奥克吕墨诺斯等人的幻觉，而是原初意义和字面意义上的"狂热"（enthusiasm）。* 与现代灵媒（spirit-

---

[38] *Od.* 20.351 ff. 我不同意尼尔松的说法（Nilsson, *Gesch.* I.154），他认为这一场景"来自一种诗学的视角而不是所谓的第二视力"。门罗注意到这一场景和凯尔特人的象征性幻觉类似（Monro *ad loc.*），这似乎不可能是偶然。另参见 Aesch. *Eum.* 378 ff.：τοῖον ἐπὶ κνέφας ἀνδρὶ μύσους πεπόταται, καὶ δνοφεράν τιν' ἀχλὺν κατὰ δώματος αὐδᾶται πολυστόνος φάτις［这样，因血污而产生的滚滚黑云笼罩在他头顶，流言也悲戚地诉说着他屋檐下的黑暗］，关于血的象征性幻觉，参见 Hdt. 7.140.3，以及下一条注释中所引的普鲁塔克作品段落和 *Njals Sage*, c. 126。

[39] Plut. *Pyrrh.* 31：ἐν τῇ πόλει τῶν Ἀργείων ἡ τοῦ Λυκείου προφῆτις Ἀπόλλωνος ἐξέδραμε βοῶσα νεκρῶν ὁρᾶν καὶ φόνου κατάπλεω τὴν πόλιν［在阿尔戈斯人的城中，阿波罗的女祭司从神庙中跑出，呼喊着说她看到城中尸横遍野，杀人如麻］。

[40] 只有在固定的时间和季节通过使用类似于中世纪的"水晶球"这样的器物才可能获得。或许在吕西亚一个叫作 Κυανέαι［库阿尼阿］的小阿波罗神谕所有这一活动，泡萨尼阿斯认为这是有可能的，ἔσω ἐνιδόντα τινὰ ἐς τὴν πηγὴν ὁμοίως πάντα ὁπόσα θέλει θεάσασθαι［向水中看去，能看到你想看到的一切］（Pausanias, 7.21.13）。

* enthusiasm 来自希腊词 ἐνθουσιασμός，后者由 ἐν、θεός、οὐσία 构成，字面义为"神的本质进入体内"，也即神附体。"狂热"在古典语境下一般指皮提亚受到阿波罗神启以及酒神的伴侣受到狄奥尼索斯神启时的迷狂、癫狂状态。

mediumship)所谓的"控制"一模一样,皮提亚被神附体（*entheos*, *plena deo*）:[41]神进入她的身体,运用她的嗓子,仿佛那是神本人的器官。正因如此,阿波罗的德尔斐神谕总以第一人称而非第三人称发布。的确,后来有些人认为神进入凡人体内这有损神的尊严,他们和我们今天的心灵研究者一样,更愿意相信一切预言式癫狂都是由灵魂本身的内在官能引起的。这一官能在特定条件下发生作用,如睡眠、入迷、宗教仪式,它们会将内在官能从肉体干扰与理性控制的双重桎梏中解放出来。这一观点散见于亚里士多德、西塞罗以及普鲁塔克的著作;[42]在下一章我们还会看到公元前5世

---

[41] ἔνθεος［神灵附体的］从不意指灵魂脱离了身体,也从不意指灵魂"在神里面"(in God),如同罗德似乎好几处所暗示的那样,而是一直都意指身体里面有一位神,正如ἔμψυχος［活的］意指身体里面有一个ψυχή［灵魂］（参见 Pfister in *Pisciculi F. J. Doelger dargeboten*［Münster, 1939］, 183）。我也不赞同认为皮提亚变成 ἔνθεος［神灵附体的］仅仅是指"仪式完成故而蒙受神恩"以及她的"神启的迷狂"只是柏拉图的创造这一观点,正如阿曼德利（P. Amandry）最近在其一部谨慎而博学的专著中所主张的那样,很遗憾,他的著作出版较晚,我在写作此章时未及参考, *La Mantique apollinienne à Delphes*（Paris, 1950）, 234 f.。阿曼德利正确地拒绝了卢坎（Lucan）所说的"迷狂的"皮提亚及其流俗传统,但他的论证因其预设而大打折扣,那一预设认为"附体"必定指一种歇斯底里的亢奋状态,许多从未见过入迷状态中的"灵媒"的人依然普遍相信这一预设。阿曼德利似乎也误解了 *Phaedrus* 244b,这里的确并不意指除了入迷时皮提亚在清醒状态下（σωφρονοῦσα）也发布一些（较低劣的）神谕,而仅仅意指除了灵媒能力,皮提亚并没有特别的天赋（参见后面注释［53］）。

[42] Ar. *apud* Sext. Emp. *adv. dogm.* 3.20 f.=fr. 10 Rose（参见 Jaeger, *Aristotle*, Eng. trans., 160 f.); *Probl.* 30, 954a34 ff.; R. Walzer, "Un frammento nuovo di Aristotele", *Stud. ital. di Fil. Class.* N.S. 14 (1937) 125 ff.; Cic. *de divin.* 1.18, 64, 70, 113; Plut. *def. orac.* 39 f., 431e ff.。参见 Rohde, *Psyche*, 312 f.。

纪的人们用它来解释预言式梦境。和前一种古老的预言式癫狂一样，这种预言式癫狂在野蛮人中也存在着大量类似的案例；我们或可称它为"萨满式的"观念，与神灵附体的观念正相对立。[43] 可是，作为对皮提亚能力的一种解释，这种预言式癫狂似乎只是一种学术理论，是哲学或神学反思的产物；毫无疑问，皮提亚的能力最初来源于神灵附体，这一直是古代世界的普遍观念，即使基督教神父也不会质疑。[44]

预言式附体并非只限于官方的神谕发布者。不仅传说人物卡珊德拉、巴奇司（Bakis）和西比尔都被认为在神灵附体状态下发布过预言，[45] 而且柏拉图也屡次称神启预言家

---

[43] 有些学者（例如，Farnell, *Greece and Babylon*, 303）似乎认为"萨满教"和"附体"是同义的。但是，萨满教的典型特征不是外在神灵进入萨满体内，而是萨满灵魂的解放，他的灵魂离开身体，进行一次精神之旅或"灵魂之旅"。超自然存在会起到辅助作用，不过起决定性作用的是他自己的人格。参见 Oesterreich, *op. cit.*, 305 ff., 以及 Meuli, *Hermes*, 70（1935）144. 萨满式的希腊预言家在后面第五章会讨论。

[44] 参见 Minuc. Felix, *Oct.* 26 f., 以及坦布尼诺（Tambornino）所收集的段落，*de antiquorum daemonismo*（*RGVV* Ⅶ, 3）。

[45] 在谈及一部古罗马悲剧很可能是恩尼乌斯的《亚历山大》（*Alexander of Ennius*）时，西塞罗说（*de divin.* 1.67），"Deus inclusus corpore humano iam, non Cassandra, loquitur［已经不是卡珊德拉，而是附体于凡人躯体的天神在说话］"。埃斯库罗斯将卡珊德拉呈现为一个女千里眼（clairvoyante）而不是灵媒，但有一处很接近附体观念（*Agam.* 1269 ff.），那里卡珊德拉突然发现自己脱下先知的饰物（1266 f.），犹如阿波罗亲自脱下一般。阿波罗附体西比尔以及仙女附体巴奇司，参见 Rohde, *Psyche*, ix, n. 63. 罗德假设巴奇司最初是一个描述类别的名称，就像 σίβυλλα［西比尔］(*ibid.*, n. 58)，我很怀疑这一假设是否正确。亚里士多德说，Σίβυλλαι καὶ Βακίδες καὶ οἱ ἔνθεοι πάντες［西比尔、巴奇司以及所有被神附体的人］(*Probl.* 954a36), 普鲁塔克说，Σίβυλλαι αὗται καὶ Βακίδες［那些西比尔和巴奇司］(*Pyth. or.* 10, 399a), 他们（转下页）

为常见的当代类型。[46] 尤其是古典时代实践着某种私人的通灵术，很久以后它仍由叫作"腹语者"（belly-talkers）的人来实践，再之后是由"皮同"（pythons）来实施。[47] 那些"腹语者"中有一位叫作欧律克勒斯（Eurycles），他十分有名，阿里斯托芬和柏拉图都提到过。[48] 我本可对"腹语者"有更多了解，但就现有的直接信息，我们只知道那些人的体内有另一个声音（second voice），那个声音会和他们对话，[49] 会预知未来，人们相信它来自一个精灵。那些"腹语者"常

（接上页）很可能意指"像西比尔和巴奇司一样的人"。Εὐρυκλεῖς［腹语者］这一术语用途也类似（Plut. *def. orac.* 9, 414e; Σ Plato *Soph.* 252c）；但欧律克勒斯确实是一个历史人物。菲勒塔斯在区分三种不同的Βακίδες［巴奇司］时（Philetas, *apud* Σ Ar. *Pax* 1071），他仅仅使用了亚历山大里亚学者所常用的权宜方法将关于同一人物的各种不一致的说法调和起来。在其他地方巴奇司都是指一个作为个人的预言家。

[46] 柏拉图称他们为θεομάντεις和χρησμῳδοί（*Apol.* 22c, *Meno* 99c），或者χρησμῳδοί和μάντεις θεῖοι（*Ion* 534c）。他们陷入ἐνθουσιασμός［迷狂］，并且（在入迷状态中？）说出他们并不知道的真理，因此他们就不仅和那些"相信鸟"的μάντεις［预言家们］（*Phil.* 67b），而且也和那些只会援引或解释古老神谕的χρησμολόγοι［神谕阐释者］明显区别了开来。柏拉图从未暗示他们拥有官方职位。参见Fascher, Προφήτης, 66 ff.。

[47] Plut. *def. orac.* 9, 414e, τοὺς ἐγγαστριμύθους, Εὐρυκλέας πάλαι, νυνὶ Πύθωνας προσαγορευομένους［以前欧律克勒斯指腹语者，如今皮提亚指倾吐预言者］: Hesych., s.v. ἐγγαστρίμυθος· τοῦτόν τινες ἐγγαστρίμαντιν, οἱ δὲ στερνόμαντιν λέγουσι...τοῦτον ἡμεῖς Πύθωνα νῦν καλοῦμεν［腹语者；有人认为我们今天说的皮提亚是腹语者，还有人认为是胸语者……］。στερνόμαντις［胸语者］这一更尊贵的术语来自索福克勒斯的Αἰχμαλωτίδες［《被俘的女人》］（fr. 59 P）。关于古代晚期的私人灵媒，参见本书附录二，pp. 295 ff.。

[48] Ar. *Vesp.* 1019, 以及 schol.; Plato, *Soph.* 252c, 和 schol.。

[49] ἐντὸς ὑποφθεγγόμενον, Plato, *loc. cit.* 利德尔和斯科特认为ὑποφθεγγόμενον意思是"低沉地说话"，但康福德所采纳的另一种意思更贴合上下文。

被等同于现代意义上的腹语术者（ventriloquists），但事实绝非如此。[50] 普鲁塔克似乎在一处暗示过精灵的声音——大概就是沙哑的"腹语"——是通过人的嘴唇发出的；另一方面，一位柏拉图研究者似乎认为那声音不过是人的内心劝诫。[51] 然而，学者们忽略了如下证据，它既排除了腹语术（ventriloquism），又强烈暗示了入迷：那是一本古老的希波克拉底病案集——《流行病论》（*Epidemiae*），书中比较了心脏病人和"被称作腹语者的女人"的呼吸噪声。腹语术者呼吸时不会发出鼾声，但现代的"入迷灵媒"通常都会。[52]

即便是皮提亚的心理状态我们也所知甚少。人们可能想知道，首先皮提亚是如何挑选出来的，是如何为她的要职做

---

[50] 正如斯塔基所指出（Starkie *ad loc.*），Ar. *Vesp.* 1019 未必是指我们所说的腹语术，而有些人则明确排除了这一含义。参见皮尔逊（Pearson）论 Soph. fr. 59。

[51] Plut. *def. orac.*, *loc. cit.*, 这里他们的附体状态可以和通常被归之于皮提亚的附体状态相比较，但是并不清楚比较到什么程度。Schol. Plato, *loc. cit.*, δαίμονα...τὸν ἐγκελευόμενον αὐτῷ περὶ τῶν μελλόντων λέγειν [召唤精灵来对他诉说未来]。苏伊达斯说他们召唤死者的灵魂，这一说法并不可信：苏伊达斯的说法来自 I Sam. 28（隐多珥的巫婆），而不是像哈利德所声称的那样来自斐洛考鲁斯（Philochorus）。

[52] Hipp. *Epid.* 5.63 (=7.28), ἀνέπνεεν ὡς ἐκ τοῦ βεβαπτίσθαι ἀναπνέουσι, καὶ ἐκ τοῦ στήθεος ὑπεψόφεεν, ὥσπερ αἱ ἐγγαστρίμυθοι λεγόμεναι [他呼吸的方式就像浸在水中，发出的声音就像来自胸中，正如那些腹语被发出的方式一样]。一位敏锐的观察员在报告著名的"灵媒"派珀太太（Mrs. Piper）时说，在完全的入迷状态中，"呼吸要比平时慢一半，而且鼾声很大"，然后又说，"这种呼吸时的深度变异，伴随着血液氧化的减少……，当事人很可能是借助它来使正常的意识停止活动"（Amy Tanner, *Studies in Spiritualism*, 14, 18）。

第三章 癫狂的恩赐

准备的；但实际上我们确知的全部信息不过是普鲁塔克时代的皮提亚是贫苦农民的女儿，她被正直地抚养成人，过着正经的生活，但几乎未受教育，对世界也鲜有经历。[53]人们还想知道，皮提亚从入迷状态中恢复过来后她是否还记得自己刚刚说了什么，也就是说，她的"附体"是一种梦游状态还是清醒状态。[54]据明确记载，多多那的宙斯女祭司不记得自己所说的话，但对于皮提亚我们就没有确切的记载了。[55]不过，据普鲁塔克，我们知道皮提亚受感的方式并不总是一样，[56]偶尔也会出现相当糟糕的情况，就如现代的降神会

---

[53] Plut. *Pyth. orac.* 22, 405c. 埃利乌斯·阿里斯提得斯说（Aelius Aristides, *orat.* 45.11 Dind.），皮提亚们在正常状态下并不拥有独特的ἐπιστήμη[知识]，而且进入入迷状态时，他们也并不使用自己所拥有的那种知识。塔西佗（Tacitus）说，克拉罗斯的神启预言家 *ignarus plerumque litterarum et carminum*[一般来说不了解文学和诗歌]（*Annals* 2.54）。

[54] 这两种类型都会在降神术的附体状态中出现（参见本书附录二，p. 297）。公元4世纪的约翰·卡西安（John Cassian）知道这两种类型，他观察到，"有些着魔之人是如此亢奋，以至于都不知道自己在做什么或说什么，但是其他人知道而且事后也记得"（*Collationes patrum*, 7.12）。这两种类型也会出现在野蛮人的附体状态中以及灵媒身上。

[55] 关于多多那的女祭司，埃利乌斯·阿里斯提得斯的证据清楚明确：ὕστερον οὐδὲν ὧν εἶπον ἴσασιν[事后她们对自己所说的事情全然不知]（*orat.* 45.11）。而他关于皮提亚们的说法则不那么明确：τίνα ἐπίστανται δή που τέχνην τότε（sc. ἐπειδὰν ἐκστῶσιν ἑαυτῶν）, αἵ γε οὐχ οἷαί τέ εἰσι φυλάττειν οὐδὲ μεμνῆσθαι[我猜测她们至少在当时（在她们进入迷狂时）具备某种技艺，可事后她们没法确保自己不遗忘]（45.10）。严格来说，这仅仅是暗示了她们不能记得自己为何说自己做过什么。关于皮提亚们，其他作家的用语太含糊，因而无法保证可靠的推测。

[56] Plut. *def. orac.* 51, 438c: οὔτε γὰρ πάντας οὔτε τοὺς αὐτοὺς ἀεὶ διατίθησιν ὡσαύτως ἡ τοῦ πνεύματος δύναμις[因为这种呼吸的力量并不能影响所有人，也不能一直以同样的方式影响同样的人]，这是一个笼统说法，但正如上下文所表明的，它必定包括了皮提亚。

（seances）上发生的那样。普鲁塔克记录了当时一个兆头不祥的案例，那位皮提亚不情愿地、沮丧地进入入迷状态。起初她发出沙哑的声音，显得十分沮丧，似乎被"一个喑哑的恶灵"充斥着全身；[57] 最后她尖叫着冲向门并跌倒在地，把所有在场的人甚至神谕解释者（Prophetes）都吓跑了。当人们回头扶起那位皮提亚时，她的神志已经恢复，[58] 不过没几日她就死了。我们没有理由怀疑这则故事的真实性，它在别的文化中也有相似版本。[59] 普鲁塔克或许是从他的一位私交神谕解释者尼坎德（Nicander）那儿直接听来的，后者亲眼目睹了那可怕的一幕。这则故事十分重要，它不仅表明普鲁塔克时代仍然存在真正的入迷，而且表明入迷仪式可以被神谕解释者、

[57] *Ibid.*, 438b：ἀλάλου καὶ κακοῦ πνεύματος οὖσα πλήρης［呼吸变得十分喑哑和难听］。"哑"神是指那些拒绝说出自己名字的神灵们（Lagrange on Mark 9：17；Campbell Bonner,"The Technique of Exorcism", *Harv. Theol. Rev.* 36［1943］43 f.）。"哑的呼吸"（Flacelière）几乎没有意义。

[58] ἀνείλοντο...ἔμφρονα［神智恢复］。这是对现存的所有手抄本的释读，而且很合理。先前在援引这段时（*Greek Poetry and Life：Essays Presented to Gilbert Murray*，377），我太粗心因而接受了维滕巴赫（Wyttenbach）的ἔκφρονα［出神］这一读法。

[59] 我亲眼见过一位业余灵媒在入迷时出现过类似的失败，虽然并没有遭到同样的恶果。关于导致死亡的附体案例，参见 Oesterreich, *op. cit.*, 93, 118 f., 222 ff., 238。完全不必像弗拉切耶尔（Flacelière）那样假设皮提亚的死亡必定是由于吸入了有毒的"蒸汽"（如果"蒸汽"真的致命，那么很可能当场就毒死皮提亚，而且必定至少会伤害其他在场的人）。卢坎对早先皮提亚之死的想象图景（Lucan, *Phars.* 5.161 ff.），或许反映在普鲁塔克所记录的事件中，那一事件可定在公元57—62年（J. Bayet, *Mélanges Grat*，I.53 ff.）。

某些神职人员（Hosioi）甚至求神谕者围观。[60]普鲁塔克在别处还偶尔提到变声是"狂热"状态的一个普遍特征。后世对附体的描述以及现代对灵媒的描述中仍常常提到变声。[61]

我十分确定皮提亚的入迷和今天的灵媒入迷一样，都是通过自我暗示诱导出来的。入迷前有着一系列仪式活动：皮提亚可能先在卡斯塔利亚（Castalia）沐浴，然后从圣泉中饮水。接着她通过阿波罗的圣树月桂树来与神建立联系——她或是手持月桂树枝，如公元前5世纪的一幅瓶画中皮提亚

---

[60] 或许可以这么说，严格来讲，文本仅仅证明了祭司和求神谕者都处在听力可及的范围内（R. Flacelière, "Le Fonctionnement de l'Oracle de Delphes au temps de Plutarque", *Annales de l' École des Hautes Études à Gand* [*Études d' archéologie grecque*], 2 [1938] 69 ff.）。但是并没有提供积极的证据来支持弗拉切耶尔的如下观点，即皮提亚通过一扇门或一张门帘和他们隔开。而且 δίκην νεὼς ἐπειγομένης [（她没有回应）提问，而看上去像一条被（风浪）紧驱着的船]，这一短语表示的是视觉印象；她像是一条在暴风雨中颤抖的船。关于早期德尔斐神谕所的程序，我无法给出确信的判断：文学方面的证据要么极为含糊，要么就无法与考古发现相符。塔西佗的记述表明（*Ann.* 2.54），扬布里柯（Iamblichus）也明确说到（*de myst.* 3.11），在克拉罗斯，神启的预言家是不可见的。但在波奥提亚（Boeotia）阿波罗的普托司（Ptoan）神谕所，求神谕者本人能够听到神启的 πρόμαντις [预言家] 说话并且会把那些话记录下来（Hdt. 8.135）。

[61] Plut. *Q. Conv.* 1.5.2, 623b: μάλιστα δὲ ὁ ἐνθουσιασμὸς ἐξίστησι καὶ παρατρέπει τό τε σῶμα καὶ τὴν φωνὴν τοῦ συνήθους καὶ καθεστηκότος [迷狂完全改变了身体和声音，使其和他平常的体质大相径庭]。"神灵附体者"说话时的声调是一种征兆，καθαρταί [净化者] 可据此推断出附体的神灵（Hipp. *morb. sacr.* 1, Ⅵ.360.15 L.）。在全世界所有地方，"神灵附体者"都被说成是以变声来说话：参见 Oesterreich, *op. cit.*, 10, 19-21, 133, 137, 208, 247 f., 252, 254, 277。著名的派珀太太也是如此，当被某个男性"操控者"附体时，她就会"以明显的男声"来说话，"但是非常沙哑"（*Proc. Society for Psychical Research*, 8.127）。

的祖先忒弥斯（Themis）所做的；或是如普鲁塔克所言，她点燃月桂树叶熏香全身；或是依卢奇安（Lucian）所说，有时她也咀嚼树叶。最后，皮提亚坐上三角鼎，那是宗教仪式中阿波罗的座位，从而与神进一步建立了联系。[62]所有这些都是常见的巫术程序，它们或许极有助于自我暗示，但不会造成任何生理反应。厄斯特莱希（Oesterreich）教授曾出于科学兴趣咀嚼了大量的月桂树叶，但他颇为失望地发觉自己并没有比平时更加多一点灵感。[63]这对我们所知的别处阿波罗神谕所的程序也同样适用。在克拉罗斯神谕所，皮提亚要饮圣泉，在布朗奇达伊神谕所可能也是如此，但在阿尔戈斯神谕所，皮提亚则要饮牲血。[64]至于著名的"蒸汽"（vapours），人们曾一度坚信皮提亚的神启要归因于它，但在我看来，正如维拉莫维茨（Wilamowitz）第一个指出，它不

---

[62] 参见 Parke, *Hist. of the Delphic Oracle*, 24 ff., 以及 Amandry, *op. cit.*, chaps. xi-xiii, 这里讨论了关于这些要点的古代证据。与某位神的圣树接触可以使得那位神显灵，这一方法可以追溯到米诺斯文明时期（B. Al, *Mnemosyne*, Ser. III, 12 [1944] 215）。关于古代晚期为导致入迷而使用的技术手段，参见本书附录二，pp. 296 f.。

[63] Oesterreich, *op. cit.*, 319, n. 3.

[64] 关于克拉罗斯，参见 Maximus Tyrius, 8.1c, Tac. *Ann.* 2.54, Pliny, *N.H.* 2.232。普林尼评论说，饮用那种水会缩短饮水者的寿命，这很可能只是对那种认为与超自然事物接触过的人会早死这一普遍信仰的一个理性化的解释。布朗奇达伊神谕所的程序尚不明确，但是目前一处铭文已经证实了具有预言性能的圣泉的确存在（Wiegand, *Abh. Berl. Akad.* 1924, Heft 1, p. 22）。关于据说能够导致精神错乱的其他圣泉，参见 Halliday, *Greek Divination*, 124 f.。关于阿尔戈斯神谕所极为原始的程序，参见 Paus. 2.24.1；野蛮人那里也有与之非常类似的程序，参见 Oesterreich, *op. cit.*, 137, 143 f.; Frazer, *Magic Art*, I.383。

过是希腊化时期的杜撰。[65]知晓真相的普鲁塔克看到了"蒸汽说"的问题所在,最后他似乎整个抛弃了这一理论。但正如斯多亚学派的哲学家们一样,19世纪的学者心安理得地采纳了一种坚实的唯物主义解释。法国团队开展的考古挖掘表明,今天根本没有蒸汽存在,也不存在当时可让蒸汽溢出的"地缝"(chasm),自此之后"蒸汽说"就少有耳闻了。[66]其实这种解释纯属多余;如果现今还有一两位学者坚持这种解释的话,[67]那只是因为他们没有关注人类学和变态心理学方面的证据。

---

[65] Wilamowitz, *Hermes*, 38 (1904) 579; A. P. Oppé, "The Chasm at Delphi", *JHS* 24 (1904) 214 ff.

[66] Oppé, *loc. cit.*; Courby, *Fouilles de Delphes*,Ⅱ.59 ff.。我猜想神庙地下存在裂缝的信仰要比蒸汽说古老得多,而且很可能是理性主义者在寻求解释时提出了蒸汽说。在 Cho. 953 处,埃斯库罗斯笔下的歌队称呼阿波罗 μέγαν ἔχων μυχὸν χθονός [居住在大地广阔的峡谷中],而且 807 处相应的措辞 ὦ μέγα ναίων στόμιον [居住在宽阔、建造精美的(大地的)口中]在我看来必定也指的是阿波罗。如果诗人只想到了普雷斯托斯(Pleistos)峡谷,那么上述措辞就显得不自然;神庙不在峡谷中,而在峡谷上。看起来那更像是一个传统用语,可以追溯到大地神谕的时代。关于那一用语的含义,参见 Hes. *Theog.* 119: Τάρταρά τ' ἠερόεντα μυχῷ χθονός [大地深渊下阴暗的塔尔塔罗斯], Aesch. *P. V.* 433: Ἄιδος...μυχὸς γᾶς [哈得斯……大地的深渊], Pind. *Pyth.* 4.44: χθόνιον Ἄιδα στόμα [大地的口哈得斯]。στόμιον 后来被解释成蒸汽通道(Strabo, 9.3.5, p. 419: ὑπερκεῖσθαι δὲ τοῦ στομίου τρίποδα ὑψηλόν, ἐφ' ὃν τὴν Πυθίαν ἀναβαίνουσαν δεχομένην τὸ πνεῦμα ἀποθεσπίζειν [在口之上放着一个高高的三角鼎,皮提亚坐上去后,吸入蒸汽,做出预言]),我认为它最初被想象成一条通向梦的大道。

[67] 例如, Leicester B. Holland, "The Mantic Mechanism of Delphi", *AJA* 1933, 201 ff.; R. Flacelière, *Annales de l' École des Hautes Études à Gand*, 2 (1938) 105 f.。对照 E. Will, *Bull. Corr. Hell.* 66–67 (1942–1943) 161 ff., 以及 Amandry, *op. cit.*, chap. xix。

认为皮提亚的入迷是由于吸入毒性气体的学者自然会得出这样一个结论，即皮提亚迷狂中的"胡言乱语"和最终呈现给求神谕者的回答之间基本没有关系；回答必然是有意识的、故意欺诈的产物，德尔斐神庙的名声也必然既依靠它出色的智性服务，又依靠它那大批量事后伪造的神谕。但是有一处证据（不论它是真是假）说明，在早期时候，回答的确是基于皮提亚的话语。如果希罗多德所说信实，那么克列欧美涅斯就曾收买神谕所来给他自己想要的回答，他的使者没有去求神谕解释者或任何一个神职人员，而是直接问了皮提亚本人，之后他的确得到了想要的回答。[68]而如果像普鲁塔克描述的那样，后世的求神谕者可以（至少是在某些场合可以）听到入迷的皮提亚实际所讲的话，那么神谕解释者就几乎不能彻底篡改她所说的话了。不过，我们也不得不赞同帕克（Parke）教授，他认为"德尔斐的历史充分证实了一项政策可以持续实施，这项政策使人相信在某些时刻人类理智可以起到决定性作用"。[69]将皮提亚的言语条理化，把那

---

[68] Hdt. 6.66；参见 Paus. 3.4.3。同样，普雷斯托阿那克斯（Pleistoanax）后来也指控那位皮提亚收受贿赂（Thuc. 5.16.2）。修昔底德可能说得较为笼统，但希罗多德则不是，因为他提到了皮提亚的名字。不过，持怀疑态度的人可以说，希罗多德不过是呈现了"编辑过的"德尔斐故事。阿曼德利忽略了这些段落，他倾向于认为皮提亚仅仅是一个同谋（Amandry, *op. cit.*, 120 ff.）。

[69] Parke, *op. cit.*, 37. 法舍对比了希腊预言和犹太预言，他怀疑"在一个制度框架内，真实的预言是否有可能出现"（Fascher, *op. cit.*, 59）。就回应大众关心的事情而言，那一怀疑似乎是正当的。但回答私人求神谕者可能较少受到制度政策的影响，在所有时代私人求神谕者必定都占大多数，虽然很少有实例保存下来。

些言语和求神谕者的询问关联起来，以及——有时但并不总是[70]——把那些言语转换成诗句，这些措施的必要性显然为人类理智的介入提供了充足的空间。尽管我们无法得知德尔斐祭司的心理活动，但如果笼统地将这样的篡改归为有意识的、玩世不恭的欺诈，我怀疑这一说法失之过简。熟悉现代唯灵论历史的人都知道，信众们满怀虔敬地编造出了数量惊

---

[70] 普鲁塔克的时代已经不再用诗歌形式来回应了，那一形式确实相当古老，有些人甚至坚决认为六音步诗句是在德尔斐发明的（Plut. *Pyth. orac.* 17, 402d; Pliny, *N.H.* 7.205, 等等）。斯特拉波（Strabo）声称皮提亚本人有时会说 ἔμμετρα［韵文］（9.3.5, p. 419），塔西佗也说克拉罗斯的神启预言家亦然（*Ann.* 2.54）。斯特拉波和塔西佗的这些说法已经遭到质疑（比如最近的 Amandry, *op. cit.*, 168），但绝非完全不可靠。劳森熟知一位现代希腊的预言家，认为他"毫无疑问是癫狂的"，而且拥有"一种非同寻常的能力，可以用押韵的语言进行交谈，即使不是高度诗化的语言"（Lawson, *op. cit.*, 300）。美国传教士纳维斯（Nevius）也听说过一位"神灵附体"的中国妇女可以连续几小时即兴创作诗歌，"她说出的所有语言都是有节奏的诗句，而且都以稳定的语调来吟唱……，这种极为匀称的快速而持久的话语在我们看来似乎不可能仿制伪造或预先准备"（J. L. Nevius, *Demon Possession and Allied Themes*, 37 f.）。在古代闪米特人中间，"背诵诗句和顺口溜是某人已和神灵交流过的标志"（A. Guillaume, *Prophecy and Divination among the Hebrews and Other Semites*, 245）。事实上在任何地方，无意识的或神启的发言都会趋向于韵律的形式（E. Lombard, *De la glossolalie*, 207 ff.）。但通常情况下，毫无疑问，皮提亚的发言必定被其他人改成了诗歌形式。斯特拉波说，诗人们因此受到雇用（Strabo, *loc. cit.*），普鲁塔克提到，有人怀疑古代诗人们所做的事有时会超出他们的职责（Plutarch, *Pyth. orac.* 25, 407b）。在布朗奇达伊，公元前2世纪存在着 χρησμογράφιον（一个负责草拟、记录或回复的官职？）可以得到铭文确证（*Rev. de Phil.* 44 [1920] 249, 251）。在克拉罗斯，προφήτης（灵媒？）和 θεσπιῳδῶν（诗歌润色者？）的职能是明确的，至少在罗马时代是如此（Dittenberger, *OGI* II, no. 530）。埃德温·贝文（Edwyn Bevan）对这整个问题的有趣讨论，可参见 *Dublin Review*, 1931。

人的虚假伪作。

尽管如此，罗马时代之前公开怀疑德尔斐的做法却是极为罕见的。[71]神谕所的声誉必然已经深入人心，以至于它在希波战争期间的丑恶行径都没能损坏这一名声。阿波罗在当时既没有展示出预见力，也没有显示出爱国精神，可人们仍然没有厌弃他；相反，人们似乎不假思索就接受了他企图掩盖行迹和食言的拙劣尝试。[72]我认为个中原因必须到上一章所描述的社会和宗教环境中去寻找。在罪感文化中，人们对来自超自然存在的保证和超越人类的权威似乎有着无法抗拒的强烈需求。但是，希腊既没有《圣经》也没有教堂，[73]于是阿波罗就充当了天父在人间的教区牧师，[74]因此就填补

---

[71] 希腊人充分意识到在特定情况下很有可能会出现欺骗行为，神的工具是会出错的。但这并没有动摇他们相信神启存在这一信仰。甚至赫拉克利特也接受这一信仰（fr. 93），虽然他极为蔑视当时宗教中的迷信成分；苏格拉底也被刻画成一位虔诚的信徒。关于柏拉图的态度，参见后面第七章，pp. 217 f., 222 f.。亚里士多德及其学派虽然拒斥归纳式的占卜，但是赞成 ἐνθουσιασμός [迷狂]，斯多亚学派亦然。认为它是 ἔμφυτος [天生的] 或由蒸汽导致的那种理论并没有否定它的神性。

[72] 这种情况是第一次；德尔斐的神得到允诺将会分得通敌者的罚金（Hdt. 7.132.2），而且普拉提亚战役后也获得了十分之一的战利品（*ibid.*, 9.81.1）；在阿波罗亲自下达的神谕所的命令下，被入侵者污染的家灶重新点燃了火（Plut. *Aristides* 20）。

[73] 值得注意的是，超越单个城邦、最为类似教会组织的是 ἐξηγηταὶ πυθόχρηστοι [皮提亚神谕解释者] 制度，他们在雅典，毫无疑问也在别处解释阿波罗的神圣法律（参见 Nilsson, *Gesch.* I.603 ff.）。

[74] Aesch. *Eum.* 616 ff.：οὐπώποτ' εἶπον μαντικοῖσιν ἐν θρόνοις...ὃ μὴ κελεύσαι Ζεὺς Ὀλυμπίων πατήρ [我从未在预言宝座上说任何东西……除了在奥林波斯之父宙斯的命令之下]。

了这项空白。没有德尔斐，希腊社会根本无法经受它在古风时代所遭受的张力。让人窒息的无知感和不安全感，对神之 *phthonos*［嫉妒］的恐惧，对 *miasma*［污染］的恐惧——如果没有一位全知全能的神圣参谋给他们保证，告诉他们看似混乱的表面背后其实屹立着知识和目的，那么日积月累下所有这一切压力将会让人无法承受。阿波罗说，"我知道沙粒的数量和大海的尺寸"，另一位神对他的人民也说，"你头上所有发丝的数量我都有数"。凭借神圣知识阿波罗会在你焦虑或恐惧时为你指点迷津；他知道神与人眼花缭乱的周旋游戏背后的规则；他是至高无上的 ἀλεξίκακος，"邪恶终结者"（Averter of Evil）。希腊人相信神谕，这不是因为他们是迷信的傻瓜，而是因为他们无法不相信它。同理，我怀疑德尔斐的地位在希腊化时代衰落的主要原因也不是——如西塞罗所认为的那样——人们变得更有怀疑精神，[75]而是他们找到了其他形式的宗教保证。

关于预言式的癫狂就说这么多，柏拉图所说的其他癫狂形式我可以处理得简单些。关于柏拉图称为"秘仪的"或宗教仪式的癫狂，近来林福斯（Linforth）教授的两篇重要论

---

[75] Cic. *de divin.* 2.117: "quando ista vis autem evanuit ? an postquam homines minus creduli esse coeperunt ?［但是何时那种力量消失了？还是人们开始变得不那么轻信了？］"关于宗教信仰发生变化的社会根基，参见 Kardiner, *Psychological Frontiers of Society*, 426 f.。值得注意的是，晚期帝国日益加剧的社会矛盾和不断增长的神经焦虑伴随着对神谕的兴趣的恢复，参见 Eitrem, *Orakel und Mysterien am Ausgang der Antike*。

文已经贡献良多，[76]我无须再重复他已经说出且比我说得更好的东西。我也无须重复自己先前已发表的观点，[77]即仪式癫狂的原型为狄奥尼索斯式的 ὀρειβασία [山间舞蹈]。不过，我想对一个更一般化的特征做些评论。

如果我对早期狄奥尼索斯仪式理解正确的话，那么他的社会功能本质上就是心理学意义上的净化：[78]净化那些染上非理性冲动的个体。和其他文化中的情况一样，非理性冲动压抑并积蓄到一定程度就会导致舞蹈狂症以及类似的集体性歇斯底里的爆发。狄奥尼索斯仪式的作用，就是为冲动提供一个仪式性的发泄口来缓解冲动。如果是这样，那么在古风时代狄奥尼索斯就和阿波罗一样是一种社会需要，他们各有一套特有的纾解罪感文化焦虑的方式。阿波罗承诺安全："明白你作为人所处的位置，做神让你做的事，日后你自会安然无恙。"狄奥尼索斯提供自由："忘记差异，你就能找到认同；加入 θίασος [狂欢]，你当下就会获得幸福。"狄奥尼索斯本质上是欢乐之神，赫西俄德称其为 πολυγηθής [无比欢乐

---

[76] Ivan M. Linforth, "The Corybantic Rites in Plato", *Univ. of Calif. Publ. in Class. Philology*, Vol. 13 (1946), No. 5; "Telestic Madness in Plato, Phaedrus 244de", *ibid.*, No. 6.

[77] "Maenadism in the Bacchae", *Harv. Theol. Rev.* 33 (1940) 155 ff. 参见本书附录一。

[78] 参见 Eur. *Ba.* 77, 以及 Varro *apud* Serv. ad Virg. *Georg.* 1.166: "Liberi patris sacra ad purgationem animae pertinebant [与净化灵魂相关的酒神仪式]." 或许我们应该将这与 Διόνυσος ιατρός [医神狄奥尼索斯] 的崇拜联系起来，据说德尔斐的神向雅典人推荐了那一崇拜（Athen. 22e，参见 36b）。

的], 荷马称其为 χάρμα βροτοῖσιν [凡人的欢乐]。[79] 他的欢乐可为所有人共享, 甚至包括奴隶以及那些被禁止参加古老的异教仪式的自由人。[80] 从成为赫克托尔的庇护神时起到册封(canonised)贵族运动员时止, 阿波罗只在最好的人群中流连; 而狄奥尼索斯在任何时期都是 δημοτικός [平民的], 他是民众之神。

狄奥尼索斯的欢乐具有相当广泛的种类, 既包括乡野伧父在打蜡的羊皮酒囊上跳吉格舞的简单乐趣, 又包括迷狂的酒神伴侣 ὠμοφάγος χάρις [吃美味生肉的快乐]。在这两个层面以及两者之间的任何层面上, 狄奥尼索斯都是 Lusios, 即"解放者", 他能通过相当简易或稍复杂一些的手段使人暂时地脱离自我从而获得自由。我认为, 这就是狄奥尼索斯在古风时代具有如此大吸引力的奥秘: 不仅因为那时的生活经常是一件避之不及的事情, 而且更具体地说是因为——如现代世界所了解的那样——个人在当时开始第一

---

[79] Hesiod, *Erga* 614, *Theog.* 941; Hom. *Il.* 14.325. 另参见 Pindar, fr. 9.4 Bowra (29 S.): τὰν Διωνύσου πολυγαθέα τιμάν [狄奥尼索斯的欢乐荣耀], 以及 Eur. *Ba.* 379 ff. 处对于狄奥尼索斯的功能的定义, θιασεύειν τε χοροῖς μετά τ' αὐλοῦ γελάσαι ἀποπαῦσαί τε μερίμνας, κτλ [他参与跳舞, 和着笛声大笑, 结束忧虑, 等等]。

[80] 参见 Eur. *Ba.* 421 ff., 以及我的注释(*ad loc.*)。因此, 可以赞成狄奥尼索斯崇拜来自佩利安多洛斯(Periander)和佩西斯特拉图斯家族(Peisistratids); 或许也是因此, 故而荷马对它兴趣不大(虽然他很熟悉酒神的伴侣, *Il.* 22.460), 赫拉克利特也蔑视它(fr. 14 已经足够明确地表明了态度, 无论 fr. 15 的意思是什么)。

次从古老的家庭团结中脱胎而出,[81]他们发觉个人责任带来的压力前所未有,难以承受。而狄奥尼索斯恰好能够为个人解除重负。狄奥尼索斯是魔幻的大师,他可以让船板上生出葡萄藤,更宽泛地说,可以让他的崇拜者看到世界不存在的那一面。[82]据希罗多德记载,斯库提亚人(Scythians)说,"狄奥尼索斯使人发狂",这既可以意指"尽情放纵自我",也可以表示"神灵附体"。[83]狄奥尼索斯崇拜的目的是迷狂(ecstasis),这同样既可以意指"出离自我",也可以表示人格的彻底转变。[84]它的心理学功能是满足和缓解

---

[81] 参见本书第二章,p. 46;关于 Λύσιος [吕西亚],参见本书附录一,p. 273。"狄奥尼索斯式的"集体性歇斯底里与无法忍受的社会状况之间的关联在诺曼(E. H. Norman)的论文中已经得到了很好的阐述,"Mass Hysteria in Japan", *Far Eastern Survey*, 14(1945)65 ff.。

[82] 参见 *H. Hymn* 7.34 ff.。我认为,作为幻觉大师(Master of Illusions),狄奥尼索斯成为了新艺术即戏剧艺术的庇护神。戴上面具是使某人不再是他自己的最简易的方式(参见 Lévy-Bruhl, *Primitives and the Supernatural*, 123 ff.)。戏剧对于面具的使用可能源自面具的巫术用途:公元前 6 世纪狄奥尼索斯成为戏剧之神是因为长久以来他就是一位乔装之神。

[83] Herodotus, 4.79.3. 关于 μαίνεσθαι [发狂]的含义,参见 Linforth, "Corybantic Rites", 127 f.。

[84] ἔκστασις [迷狂]、ἐξίστασθαι [受到迷狂]最初并不包含像罗德所说的那种灵魂脱离身体的观念,菲斯特已经说明了理由;古典时代的作家们普遍使用那两个词来表示心理或情绪的突然转变(Pfister, "Ekstasis", *Pisciculi F. J. Doelger dargeboten*, 178 ff.)。伯里克利对雅典人说, ὁ αὐτός εἰμι καὶ οὐκ ἐξίσταμαι [我就是同样的人,也不会改变](Thuc. 2.61.2);米南德(Menander)说, τὰ μηδὲ προσδοκώμεν' ἔκστασιν φέρει [意料之外的事带来了心理转变](fr. 149);在普鲁塔克的时代,人们可以将自己描述成 ἐκστατικῶς ἔχων,这仅仅意指他感觉到如我们所说的"出离"或"不再是自己"(Plut. *gen. Socr.* 588a)。另参见 Jeanne Croissant, *Aristote et les mystères*, 41 ff.。

人们拒绝承担责任的冲动，这一冲动普遍存在于每一个人，在一定社会条件下它能够化为不可抗拒的强烈欲望。从墨兰波斯（Melampus）的故事中我们可以看出这一顺势疗法（homoeopathic cure）的神话学原型，故事中的墨兰波斯"凭借仪式性的号喊和一种神灵附体般的舞蹈"治愈了阿尔戈斯妇女们的狄奥尼索斯式的癫狂。[85]

随着狄奥尼索斯崇拜被公民宗教所吸收，这一功能逐渐被其他功能覆盖了。[86]在一定程度上，这一净化传统似乎已被私人的狄奥尼索斯团体所继承。[87]但在古典时代，治

---

[85] [Apollod.] *Bibl.* 2.2.2. 参见 Rohde, *Psyche*, 287; Boyancé, *Le Culte des Muses chez les philosophes grecs*, 64 f.。从罗德开始，学者们通常认为，在 *Phaedr.* 244de 处，柏拉图想到的是墨兰波斯（Melampus）的故事；对照 Linforth, "Telestic Madness", 169。

[86] 布扬塞（Boyancé, *op. cit.*, 66 ff.）甚至试图在阿提卡的狄奥尼索斯节日中找到那位神最初的净化功能（他正确地强调了这一功能的重要性）的残留。但是他的论证猜测过多。

[87] 这出现在柏拉图对话中（*Laws* 815cd），他在那里描述并且拒斥那些"野蛮的"（οὐ πολιτικόν）、"酒神式的"摹仿舞蹈，那种舞蹈摹仿仙女（Nymphs）、潘神（Pans）、西勒诺斯（Sileni）以及萨图尔（Satyrs），上演是 περὶ καθαρμούς τε καὶ τελετάς τινας [为了涤罪与某种秘仪]。另参见 Aristides Quintilianus, *de musica* 3.25, p. 93 Jahn: τὰς Βακχικὰς τελετὰς καὶ ὅσαι ταύταις παραπλήσιοι λόγου τινὸς ἔχεσθαί φασιν ὅπως ἂν ἡ τῶν ἀμαθεστέρων πτοίησις διὰ βίον ἢ τύχην ὑπὸ τῶν ἐν ταύταις μελῳδιῶν τε καὶ ὀρχήσεων ἅμα παιδιαῖς ἐκκαθαίρηται [那些参与相似仪式的人们说酒神信徒被禁止说任何话，以便那些生来或因偶然而变得愚钝的人的激情可以通过和孩子们载歌载舞而得到净化]（摘自 Jeanne Croissant, *Aristote et les mystères*, 121）。在其他那些和这方面有关而且不时会被引用的段落中，βακχεία [狂欢] 这一术语可用来隐喻所有亢奋状态：例如，Plato, *Laws* 790e（参见 Linforth, "Corybantic Rites", 132）; Aesch. *Cho.* 698, 我认为指的是 Ἐρινύες [埃里倪斯] 的 κῶμος [狂欢队伍]（*Agam.* 1186 ff., 参见 *Eum.* 500）。

疗患者主要是靠其他崇拜仪式。我们可以将公元前 5 世纪晚期民间观念中认为和精神失常或身心失常有关的力量列为两类，值得注意的是，狄奥尼索斯不属于其中任一类。这两类中的一类出现在《希波吕托斯》(*Hippolytus*) 中，另一类出现在《论圣疾》中。[88] 两类中都包括了赫卡忒 (Hecate) 和"大母神"或"山母"库柏勒 (Cybele)；欧里庇得斯增加了潘神 (Pan) [89] 和科律班忒斯 (Corybantes)，希波克拉底增加了波塞冬、畜牧神阿波罗 (Apollo Nomios) 以及阿瑞斯，还有"英雄们"（这里仅指跟随赫卡忒的尚未安息的亡灵）。以上这些都被认为是会引起精神问题的神灵。一般来说，神可以治愈他所引起的疾病，只要他的怒气被适当地平息下去。不过到公元前 5 世纪，至少科律班忒斯已经发展出了一种专门治疗癫狂的特别仪式。似乎大母神库柏勒也发展出了类似的仪式（如果当时的库柏勒崇拜和科律班忒斯崇拜确实有所

---

[88] Eur. *Hipp*. 141 ff.; Hipp. *morb. sacr.* 1, Ⅵ.360.13 ff. L.
[89] 人们相信潘神不仅可以引起恐慌 (Πανικὸν δεῖμα [潘神式的恐慌])，而且还会造成昏厥和崩溃 (Eur. *Med.* 1172 and Σ)。人们很可能会猜测，最初的阿卡狄亚牧羊人将中暑的后果归因于牧羊神的忿怒，而且由于突然的惊恐有时会传染到兽群，因此牧羊神也被认为会引起恐慌 (Tambornino, *op. cit.*, 66 f.)。参考苏伊达斯将恐慌定义为 ἡνίκα αἰφνίδιον οἵ τε ἵπποι καὶ οἱ ἄνθρωποι ἐκταραχθῶσι [人群和马匹突然骚动的时刻]，以及斐洛德穆 (Philodemus) 的观察，π. θεῶν, col. 13 (Scott, *Fragm. Herc.* no. 26)，认为动物遭受的 ταραχαί [骚动] 要比人更严重。在阿波罗那里 Νόμιος [牧羊神] 和 μανία [癫狂] 联合在一起或许有着类似的根源。

第三章　癫狂的恩赐　　**105**

不同的话），[90] 赫卡忒可能也是如此；[91] 但关于这些我们就没有更具体的信息了。我们对科律班忒斯的疗法略知一二，林福斯的详细探讨也已拨开了关于它的重重迷雾，以下只就我关注的问题做几点强调。

1. 首先，我们要注意科律班忒斯疗法本质上与古老的狄奥尼索斯疗法很相似：二者都声称净化的方式在于采用一种传染性的"狂欢"舞蹈并伴以同样"狂欢的"音乐，音乐采用笛子与铜鼓（kettledrum）奏出的弗里吉亚（Phrygian）

---

[90] 欧里庇得斯似乎说这二者是不同的（Eur. *Hipp.* 143 f.），正如 Dion. Hal. *Demosth.* 22。但科律班忒斯们最初是库柏勒的随从；和他们一样，库柏勒也有治病的功能（Pind. *Pyth.* 3.137 ff.; Diog. trag. 1.5, p. 776 N.²; Diodorus, 3.58.2）；这一能力包括能治愈 μανία ［癫狂］（狄奥尼索斯本人就曾被瑞亚－库柏勒"涤除了"癫狂，[Apollod.] *Bibl.* 3.5.1）。我认为完全有理由猜测，在品达的时代，这两种仪式即使不是完全一致，至少也是类似的，因为品达提到了 ἐνθρονισμοί ［入座者］（Suidas, s.v. Πίνδαρος），它一方面关联到柏拉图所描述的关于 θρόνωσις 或 θρονισμός ［入座］的科律班忒斯仪式（Plato, *Euthyd.* 277d, 以及 Dio Chrys. *Or.* 12.33, 387 R.），另一方面也关联到品达自己创立的母神崇拜（Σ Pind. *Pyth.* 3.137; Paus. 9.25.3）。如果是这样，那我们或许就可以推测，科律班忒斯仪式脱胎于库柏勒崇拜，它接管了库柏勒女神的治病功能，并且逐渐发展为一种独立的仪式（参见 Linforth, "Corybantic Rites", 157）。

[91] 关于埃吉纳（Aegina）一年一度的赫卡忒 τελετή ［秘仪］，虽然我们只能依赖后世作家的证据（证据见 Farnell, *Cults*，Ⅱ.597, n. 7），但它无疑是古老的：据说它是由俄耳甫斯创立（Paus. 2.30.2）。它的功能很可能是净化和驱邪（Dio Chrys. *Or.* 4.90）。但是认为那些功能专门用来治愈 μανία ［癫狂］的观点似乎仅仅依赖洛贝克（Lobeck）的解释，他将 διέπλευσεν εἰς Αἴγιναν ［航行穿越爱琴海］（Ar. *Vesp.* 122）解释为是指这种 τελετή ［秘仪］（*Aglaophamus*, 242），这至多只是一个似是而非的猜测。

调式。[92] 我们可以保险地推断，两种仪式都针对类似的心理类型，产生的心理反应也相似。遗憾的是我们没有关于那些反应的精确描述，不过它们显然十分骇人。据柏拉图描述，οἱ κορυβαντιῶντες［科律班忒斯们］的体征包括阵发性抽泣、心跳狂乱，[93] 并伴有精神失常。舞蹈者和酒神的伴侣一样"丧失心智"，显然是陷入了某种入迷状态。[94] 我们不禁想起

---

[92] Ar. *Vesp.* 119; Plut. *Amat.* 16, 758f; Longinus, *Subl.* 39.2. 参见 Croissant, *op. cit.*, 59 ff.; Linforth, "Corybantic Rites", 125 f.; 以及本书后面附录一。这两种仪式本质上的相似性可以解释柏拉图为何能够将 συγκορυβαντιᾶν［加入科律班忒斯］和 συμβακχεύειν［加入巴科斯仪式］作为同义词来使用（*Symp.* 228b, 234d），以及为何能够将他描述为 αἱ τῶν ἐκφρόνων βακχειῶν ἰάσεις［治疗酒神迷狂的事物］又说成是 τὰ τῶν Κορυβάντων ἰάματα［治疗科律班忒斯迷狂的事物］(*Laws* 790de)。

[93] Plato, *Symp.* 215e: πολύ μοι μᾶλλον ἢ τῶν κορυβαντιώντων ἥ τε καρδία πηδᾷ καὶ δάκρυα ἐκχεῖται［我的反应比参与科律班忒斯仪式的人们更强烈得多，我心脏狂跳，眼泪直流］。我同意林福斯，这里涉及的是仪式的效果，尽管无意识的附体状态都会出现类似的效果（参见 Menander, *Theophoroumene* 16—28 K.）。

[94] Plato, *Ion* 553e: οἱ κορυβαντιῶντες οὐκ ἔμφρονες ὄντες ὀρχοῦνται［参与科律班忒斯仪式的人们失去理智时会起舞］, Pliny, *N.H.* 11.147: "Quin et patentibus dormiunt (oculis) lepores multique hominum, quos κορυβαντιᾶν Graeci dicunt［的确野兔和很多人都是睁着眼睛睡觉，希腊人称他们在举行科律班忒斯仪式］."后面这段引文几乎没有涉及日常睡眠，像林福斯所认为的那样（Linforth, "Corybantic Rites", 128 f.），这是因为，（a）正如普林尼必定已经知道，这一说法很可能是假的；（b）很难理解为何睁眼睡觉这一习惯应该被当作是神灵附体的证据。我同意罗德（Rohde, *Psyche*, ix, n. 18），普林尼这里指的是"一种与催眠术有关的状态"，迷狂的仪式舞蹈很可能会导致敏感之人进入这样一种状态。卢奇安（Lucian, *Jup. Trag.* 30）在早期预言式入迷的征兆中提到了 κίνημα κορυβαντῶδες［科律班忒斯式的动作］。关于类似的狄奥尼索斯仪式的效果，参见 Plut. *Mul. Virt.* 13, 249e（本书附录一, p. 271）。

泰奥弗拉斯托斯（Theophrastus）说过，听觉是所有感官中最易受到感染的（παθητικωτάτην），柏拉图也认为光音乐就可以产生道德影响。[95]

2. 柏拉图认为，科律班忒斯最擅长治愈的疾病是"病态的精神状况所导致的恐惧症或焦虑感（δείματα）"。[96]这个描述相当模糊。因而林福斯认为在古代没有任何特定的"精神狂乱"（Corybantism）病这一点无疑是正确的。[97]如果我们相信阿里斯提得斯·昆提利安（Aristides Quintilianus）或是其逍遥学派的（Peripatetic）前辈，那么狄奥尼索斯仪式所缓解的症状正与此十分相仿。[98]确实有人曾试图根据外在

---

[95] Theophrastus, fr. 91 W.; Plato, Rep. 398c–401a. 参见 Croissant, op. cit., chap. iii; Boyancé, op. cit., I, chap. vi. 关于笛音的情感意义，在流传至今的两个怪病例中以一种奇特的方式得到了阐明。盖伦（Galen）报告了其中一个病例（Ⅶ.60 f. Kühn），一个原本正常的病人被致幻的笛手所迷惑，于是他日日夜夜都会看到和听到那些笛手（参见 Aetius, Ἰατρικά 6.8, 以及 Plato, Crito 54d）。在另一个病例中，一个病人在聚会中听到笛音后，他惊慌失措（Hipp. Epid. 5.81，Ⅴ.250 L.）。

[96] Laws 790e：δείματα δι' ἕξιν φαύλην τῆς ψυχῆς τινα [恐惧是由于灵魂的某种不良状态]。参见 H. Orph. 39.1 ff., 这里科律班忒斯的精灵被称作 φόβων ἀποπαύστορα δεινῶν [驱除可怕恐惧的精灵]。

[97] "Corybantic Rites", 148 ff.

[98] 参见前面注释[87]。阿里斯提得斯在别处告诉我们，通常的 ἐνθουσιασμοί [迷狂]，如果得不到恰当的治疗，就极易产生 δεισιδαιμονίας τε καὶ ἀλόγους φόβους [对神的恐惧和毫无来由的恐惧]（de musica, p. 42 Jahn）。夸桑小姐（Mlle Croissant）已经证明可以认为这些说法来自逍遥学派，而且很可能是来自泰奥弗拉斯托斯（op. cit., 117 ff.）。可以观察到，在希波克拉底的论文中（de morbis, 2.72，Ⅶ.108 f. L.），"焦虑"（φροντίς）被认为是一种特殊的病态。也可以观察到，宗教焦虑，尤其是对 δαίμονες [精灵们] 的恐惧，出现在了临床描述中，例如，Hipp. virg. 1（Ⅷ.466 L.）和 [Galen] XIX.702。夸大责任的幻想也已经（转下页）

体征来区分不同种类的"神灵附体",《论圣疾》中就有这样的例子。[99]但真正的区分似乎在于病人对某一特定仪式的反应：如果 X 神的仪式能够刺激他并产生净化作用，那就表明他的毛病是由 X 引起的；[100]如果他毫无反应，那么原因就在别处。就像阿里斯托芬滑稽模仿剧（parody）中的老绅士，如果他对科律班忒斯没反应，那么他可能会去试试赫卡忒，或者回头求助全科医生阿斯克勒皮奥斯（Asclepius）。[101]柏拉图在《伊翁》(Ion) 中说，οἱ κορυβαντιῶντες [科律班忒斯们]"只对附到自己身上的那个神的乐调敏感，歌和舞随之油然而生，对其他乐调却毫不留意"。我不能确定他这里所说的 οἱ κορυβαντιῶντες 是作为一个一般术语用来泛指试

（接上页）为人所知，比如盖伦（Ⅷ.190），他提到那些把自己等同于阿特拉斯（Atlas）的忧郁症患者，而且特拉里斯的亚历山大也描述了自己的一个病人，那位病人很担心如果自己弯下中指那个世界就会崩塌（I.605 Puschmann）。对于心理学家或心理医生而言，这里有着极为有趣的研究领域，可以获得关于古代世界的知识，也可以理解他的领域的社会意义。

[99] *Loc. cit. supra*, n. 88.
[100] 正如林福斯所指出（Linforth, *op. cit.*, 151），没有哪处明确说到科律班忒斯们所治愈的毛病是他们自己引起的。但在希腊和其他地方，巫医的一般原理在于，只有引起疾病的人才知道如何治愈那种疾病（ὁ τρώσας καὶ ἰάσεται）；因此重点就在于要查明附体力量的身份。关于净化的效果，参见阿莱泰乌斯对于 ἔνθεος μανία [神灵附体式的癫狂] 的有趣说明（Aretaeus, *morb. chron.* 1.6 *fin.*），在那种病症中，患者们会划伤自己的肢体，θεοῖς ἰδίοις ὡς ἀπαιτοῦσι χαριζόμενοι εὐσεβεῖ φαντασίῃ [在虔诚的幻想中取悦自己的神，仿佛他们正要求的那样]，在这之后，他们便会 εὔθυμοι, ἀκηδέες, ὡς τελεσθέντες τῷ θεῷ [变得欣喜，无忧无虑，就像受到神的引领]。
[101] Ar. *Vesp.* 118 ff. 参见前面注释[91]。

了一种又一种仪式的"处于焦虑状态中的人们",还是特指"参加科律班忒斯仪式的人们";如果是后一种,那么出于诊断的目的,科律班忒斯的表演中必定包含着不同种类的宗教音乐。[102]但不管怎么说,这段话说明了诊断是基于病人对音乐的反应。诊断在所有"神灵附体"案例中都是核心问题:一旦病人知道是哪位神引起了自己的毛病,他就能用适

---

[102] Plato, *Ion* 536c. 正文中给出的两种观点,第一个大体上与林福斯的观点一致(Linforth, *op. cit.*, 139 f.),虽然他可能不会接受"焦虑状态"这一术语,第二个可以追溯到雅恩(Jahn, *NJbb* Supp.–Band X [1844] 231)。正如林福斯所说,"很难接受在同一个宗教仪式中有两种归属这样的观念"。然而雅恩的理论不仅会得到柏拉图对话中其他地方的支持,那些地方用到了κορυβαντιᾶν[参与科律班忒斯仪式],而且我认为也会得到 *Laws* 791a 处的支持,这里显然涉及 τὰ τῶν Κορυβάντων ἰάματα[治疗科律班忒斯的事物](790d),柏拉图将被治愈的病人说成是 ὀρχουμένους τε καὶ αὐλουμένους μετὰ θεῶν οἷς ἂν καλλιεροῦντες ἕκαστοι θύωσι[与神共同载歌载舞,每一个获得吉兆的人都会向神供奉牺牲]。林福斯论证说,这里有一个过渡,"从特殊过渡到一般,从起初的科律班忒斯仪式过渡到所有包含着癫狂的仪式"(Linforth, *op. cit.*, 133)。但对这两段更自然的解释应该将二者合在一起,于是科律班忒斯仪式包括:(1)一个音乐方面的诊断;(2)每一位病人向他所响应其音乐的那位神献祭,以及观察征兆;(3)祭品被接受的人跳舞,人们相信得到满足的神灵(或许由祭司扮演?)会参与进来。这样的解释也会使 *Symp.* 215c 处所用的奇特措辞获得一个更为精确的含义,我们知道,那里被归之于奥林珀斯(Olympos)或马尔苏亚(Marsyas)的曲调"自身[也就是无须伴之以舞蹈,参见 Linforth, *op. cit.*, 142]就能够导致神灵附体以及启发那些需要诸神和仪式的人(τοὺς τῶν θεῶν τε καὶ τελετῶν δεομένους,似乎同一批人在215e处又被称为 τῶν Κορυβαντιώντων[充满科律班忒斯迷狂的人们])"。按照前面所建议的观点,这些人大概就是 *Ion* 536c 处被称作 οἱ κορυβαντιῶντες[参与科律班忒斯仪式的人们]的那种人,而且以上两处所涉及的情形大概就是科律班忒斯仪式的第一个步骤或诊断的步骤。

当的祭品来平息神的愤怒。[103]

3. 科律班忒斯疗法的整个过程及其所依据的预设都相当原始。但我们不能把它看作一种神秘的复古现象或几个精神病人的奇思异想从而打发掉它，这也是我想强调的最后一点。柏拉图不经意间使用的一个句子[104]似乎暗示了苏格拉底本人曾参加过科律班忒斯仪式；当然，正如林福斯所指出，它也表明贵族家庭中天分高的年轻人也会参加仪式。我们尚不能确定柏拉图本人是否认可这种仪式的全部宗教内涵，这一问题留待之后讨论；[105]但显然他和亚里士多德都认为科律班忒斯仪式至少是保障社会精神卫生的有益机构，他们相信它能够起到一定作用，并且是对参与者有好处的作用。[106]事实上，类似的疗法在希腊化和罗马时代似乎也被一般民众用来治疗某些精神病。公元前4世纪甚至更早，毕达哥拉斯学派就运用了某种音乐净化的方法；[107]

---

[103] 在希腊化时代和基督教时代，诊断（通过强迫侵入身体的神灵显示自己的身份）就类似于一次成功的驱邪仪式的准备工作，参见 Bonner, *Harv. Theol. Rev.* 36（1943）44 ff.。关于通过献祭来治愈癫狂，参见 Plaut. *Men.* 288 ff., 以及 Varro, *R.R.* 2.4.16。

[104] Plato, *Euthyd.* 277d: καὶ γὰρ ἐκεῖ χορεία τίς ἐστι καὶ παιδιά, εἰ ἄρα καὶ τετέλεσαι [因为那儿也有合唱舞蹈与游戏，如果那人已进入迷狂的话]（林福斯也讨论过，参见 Linforth, *op. cit.*, 124 f.）。在我看来，诉诸 τετελεσμένος [进入迷狂] 的体验几乎不可能通过进入迷狂的人的口述而自然保存下来。

[105] 参见本书第七章，p. 217。

[106] Plato, *Laws* 791a; Arist. *Pol.* 1342a7 ff. 参见 Croissant, *op. cit.*, 106 f.; Linforth, *op. cit.*, 162。

[107] Aristoxenus, fr. 26 Wehrli; 参见 Boyancé, *op. cit.*, 103 ff.。

而逍遥学派则似乎第一个从情感生理学和情感心理学的角度来研究科律班忒斯仪式。[108]泰奥弗拉斯托斯和柏拉图一样，认为音乐有助于缓解焦虑状态。[109]公元前1世纪，罗马的一位时髦医生阿斯克列皮阿德斯（Asclepiades）运用"和声"（symphonia）来治疗精神病人；安东尼时代的索拉努斯（Soranus）提到当时用笛乐来治疗抑郁症以及我们今天所说的歇斯底里症的方法。[110]这样，古老的巫术宗教中的净化仪式最终褪去了其宗教内涵而被运用到了普通精神病疗法（psychiatry）的领域中，并和希波克拉底派的医生所用的纯生理疗法互为补充。

最后还剩下柏拉图所说的第三种"神圣的"癫狂，也就是"被缪斯附体（κατοκωχή）"，他声称这种癫狂是诞生最好诗歌的必要因素。那么，这一说法有多久的历史，诗人和缪斯最初的关系又是什么呢？

---

[108] Theophrastus, fr. 88 Wimmer（=Aristoxenus, fr. 6），似乎描述了亚里士多塞诺斯（Aristoxenus）所施行的音乐治疗（通过笛音），虽然那里的含义由于文本朽坏而模糊不清。另参见 Aristoxenus, fr. 117, 及 Martianus Capella, 9, p. 493 Dick: "ad affectiones animi tibias Theophrastus adhibebat... Xenocrates organicis modulis lymphaticos liberabat [泰奥弗拉斯托斯使用阿夫洛斯管影响情绪……，色诺克拉底用乐律解除癫狂]。"

[109] Theophrastus, *loc. cit.* 他也宣称，如果他的报告可靠的话，音乐有助于致幻，会加剧理智的丧失、坐骨神经痛（!）以及癫痫病。

[110] Censorinus, *de die natali* 12（参见 Celsus, Ⅲ.18）; Caelius Aurelianus(i.e., Soranus), *de morbis chronicis* 1.5. 古代关于精神错乱及其治疗的医学理论辑录在海伯格（Heiberg）极为便利的小册子中，*Geisteskrankheiten im klass. Altertum*。

众所周知，其中一种关联可追溯到史诗传统。缪斯因为喜爱得摩多科斯（Demodocus），于是夺去了他的肉眼视力，赐予他更好的吟唱天赋。[111] 赫西俄德说，诗人承蒙缪斯的恩赐，国王承蒙宙斯的恩赐。[112] 这话后来成为正式赞美词中的套语，但我们可以放心地认定在这里它还不是套语，而有着一定的宗教含义。一定程度上来说，这一含义是相当明确的：就像一切并非完全凭借人类意志达成的成就，诗歌创作也包含了这样一种因素，它不是"被选择"的，而是"被赐予"的；[113] 而在希腊古老的虔敬观念中，"被赐予"就标志着"被神赐予"。[114] 尽管我们不是很清楚"被赐予"的因素中究竟包括了什么，但是从《伊利亚特》诗人祈求缪斯帮助的情境来看，可以认为那一因素是有关内容而非形式的。诗人通常询问缪斯他该说什么，而不是以什么方式说；他问的事情也总是事实性的。有几次他询问了重要战役的信息，[115]

---

[111] *Od.* 8.63 f. 缪斯也会使得塔米里斯（Thamyris）失去能力，*Il.* 2.594 ff.。如果学者们正确地将 μοῦσα［缪斯］与 mons［山林］联系起来并且认为她们最初是山中仙女，那么遭遇缪斯的危险便是可以理解的，因为人们一直认为遇到仙女是很危险的。

[112] Hesiod, *Theog.* 94 ff.

[113] *Il.* 3.65 f.: οὔ τοι ἀπόβλητ' ἐστὶ θεῶν ἐρικυδέα δῶρα / ὅσσα κεν αὐτοὶ δῶσιν· ἑκὼν δ' οὐκ ἄν τις ἕλοιτο［神的光荣礼物不能被弃置一旁；所有他们给的礼物，人们自己想要也抓取不到］。

[114] 参见 W. Marg, *Der Character in der Sprache der frühgriechischen Dichtung*, 60 ff.。

[115] *Il.* 11.218, 16.112, 14.508. 亚历山大里亚的学者和现代批评家都认为最后这段是后来加入的。以上三段都使用了传统的程式。即使祈求本身是传统的，但它出现的时机却为"灵感"的最初含义提供了一个重要的线索。同样，费弥奥斯（Phemius）也声称他从诸神那里（转下页）

另一次他以最详尽的祈祷乞求缪斯告诉他军队名录——"你们是天神,当时在场,知道一切,我们则是传闻,不知道"。[116]这段怅然若失的话语显得挺真诚;第一个说出它的人必定深知传统的可错性并深受其扰;他渴求第一手证据。但是在一个没有书写文献的时代,怎么可能得到第一手证据呢?人们只有通过接触比自己的知识面更宽广的知识,才有可能获取关于未来的真理,也只有通过同样的方式才能保存关于过去的真理。作为人类的真理宝库,诗人和先知一样拥有技术资源,也受过专业训练;可即便如此,看见过去与洞察未来仍然是一种神秘的官能,它只部分受官能所有者的控制,最终需要倚赖神的恩典。受到恩典后,诗人和先知便都拥有了常

(接上页)得到的不仅是诗歌天赋而且还有故事本身(*Od.* 22.347 f.,参见本书第一章,p. 10)。正如玛格正确地说道(Marg, *op. cit.*, 63),"神的礼物就体现在已经获得的东西,也就是实质性的ἔργον[作品]上"。这与伯纳德·贝伦森(Bernard Berenson)的观点一致,他认为,"灵盘上的乩板,通常要比使用它的人知道得更多、更好"。

[116] *Il.* 2.484 ff. 缪斯们是记忆女神的女儿,她们在某些地方被称作 Μνεῖαι [记忆女神](Plut. *Q. Conv.* 743d)。但我认为这里诗人所祈求的不仅仅只是精确的记忆(因为这虽然非常必要,但再精确的记忆也仅仅只是对于一个不精确的κλέος[名声]的记忆),而是可以补充κλέος的关于过去的一个真实景象。这样的景象源自不可知的心灵深处,必定如同某个立即"被给予"的东西一样被一次性感受到,而且由于它的即时性,因而也就比口头传统更可靠。因此,当奥德修斯发现得摩多科斯吟唱特洛亚战争时,"仿佛他曾经参加过或听哪个见证者说过",最后奥德修斯得出结论,必定是缪斯或阿波罗"教会了"他(*Od.* 8.487 ff.)。在这一主题上也有一个κλέος(8.74),但它显然不足以解释得摩多科斯对细节的精确把握。参见 Latte, "Hesiods Dichterweihe", *Antike u. Abendland*, II(1946), 159;关于其他文化中诗人们真实的灵感,参见 N. K. Chadwick, *Poetry and Prophecy*, 41 ff.。

人不具备的知识。[117] 这两种专长在荷马史诗中是截然不同的，但我们有充分理由相信它们曾一度被结合了起来，[118] 并且至今仍能体会到二者之间的类似。

由此可见，缪斯赐予人的礼物（或礼物之一）便是说真话的能力。缪斯告诉在赫利孔（Helicon）山上邂逅她们的赫西俄德的正是这一点，尽管她们也承认有时候会把假话说得跟真的一样。[119] 我们不知道她们所言的假话具体是什么；她们可能是在暗示，讲述英雄事迹的真正灵感已沦为我们在《奥德赛》的晚期片段中所看到的那种凭空杜撰。不过，赫西俄德从缪斯那里寻求的始终是具体的事实性真理，但它是一种新的事实，它允许诗人拼合不同的神明传统，也允许他在必要时填补故事中名字与人物关系的空白。赫西俄德对命名抱有极大的热情，当他想到一个新名字时，他不会认为是

---

[117] 和专门技能一样，特殊的知识也是荷马史诗中诗人的一个明显标志：他是"受神眷顾而歌唱，知道令人愉悦的故事"的人（*Od.* 17.518 f.）。另参见梭伦对于诗人的描述（Solon, fr. 13.51 f. B.），ἱμερτῆς σοφίης μέτρον ἐπιστάμενος［知道令人向往的智慧的尺度］。

[118] 好几种印欧语言对于"诗人"和"先知"都用同一个词表示（拉丁语 *vates*，爱尔兰语 *fili*，冰岛语 *thulr*）。"很显然，古代北欧语言普遍认为，诗歌、口才、信息（尤其是关于古代的知识以及预言等具有紧密的关联。"（H. M. and N. K. Chadwick, *The Growth of Literature*, I.637）赫西俄德在诉诸缪斯时，他似乎保留着一点这种原初的统一性（*Theog.* 38），而且他宣称（*ibid.*, 32），荷马归之于卡尔卡斯（Calchas）的那种"有关现在、将来和过去事物"的知识（*Il.* 1.70）其实是同一种知识。正如查德威克所说，这一套语无疑是"对先知的一个永远适用的描述"（Chadwick, *ibid.*, 625）。

[119] Hesiod, *Theog.* 22 ff. 参见本书第四章，p. 117，以及前面所提及的拉特的有趣论文（注释［116］）。

自己刚创造了它；我想他会认为那是缪斯刚告诉他的，他知道或希望那是"真的"。事实上，他是在用传统的信仰模式来解释许多后来的作家所共有的一种感觉，[120]即创造性思考并非自我（ego）的功用。

同样，品达向缪斯求索的也是真理。"赐予我一条神谕吧"，他说，"我将会说出你要说的（προφατεύσω）"。[121]品达用的词语是德尔斐的术语，这暗示了诗歌与占卜的古老类比。但需要注意的是，这里是缪斯而非诗人担任了皮提亚的角色；诗人自己不请求"被附体"，只请求担任入迷的缪斯的解释者。[122]这

---

[120] 歌德（Goethe）说，"诗歌创造了我，而不是我创造了诗歌"；拉马丁（Lamartine）说，"并不是我在思考，而是我的思想在替我思考"；雪莱（Shelley）说，"创造中的心灵就像一块褪色的木炭，它的无形的力量，就像不定的风，不时唤醒短暂的光明"。

[121] Pindar, fr. 150 S.（137 B.）：μαντεύεο, Μοῖσα, προφατεύσω δ' ἐγώ [预言吧，缪斯，我将担任你的解释者]。参见 Paean 6.6（fr. 40 B.），这里他称自己为 ἀοίδιμον Πιερίδων προφάταν [被传唱的皮埃里的神谕解释者]，以及 Fascher, Προφήτης, 12。关于品达关注真理，参见 Norwood, Pindar, 166。缪斯会揭示隐藏的真理，类似的观念体现在恩培多克勒的祈祷文中，他说缪斯传授给他 ὧν θέμις ἐστὶν ἐφημερίοισιν ἀκούειν [正适合凡人聆听的东西]（Empedocles, fr. 4；参见 Pindar, Paean 6.51 ff.）。维吉尔（Virgil）无疑属于这一传统，他乞求缪斯向他揭示自然的奥秘，Geo. 2.475 ff.。

[122] 同样的关系体现在 Pyth. 4.279，αὔξεται καὶ Μοῖσα δι' ἀγγελίας ὀρθᾶς [缪斯因正确解释的信息而倍添荣光]：诗人是缪斯的"使者"（参见 Theognis, 769）。我们不能将这种说法与柏拉图的诗人概念混淆起来，柏拉图是说，ἐνθουσιάζοντες ὥσπερ οἱ θεομάντεις καὶ οἱ χρησμῳδοί [入迷的人就像神谕解释者和唱诵神谕的人]（Apol. 22c）。在柏拉图看来，缪斯事实上就在诗人体内，Crat. 428c：ἄλλη τις Μοῦσα πάλαι σε ἐνοῦσα ἐλελήθει [别的某个自很久以来就住在我们体内的缪斯，而你却没有注意]。

似乎就是诗人与缪斯最初的关系。史诗传统展现的是诗人的超自然知识来自缪斯,但诗人自己并没有陷入迷狂,也没有被缪斯女神附体。

我们似乎可以将诗人在"迷狂"状态下创作的观念追溯至公元前5世纪,当然它本身可能更早,毕竟柏拉图称它为一个古老的故事(παλαιὸς μῦθος)。[123] 我自己推测它可能是狄奥尼索斯运动的副产品,该运动强调异常心理状态不仅能通向知识,而且本身也有价值。[124] 不过就我们所知,第一位提到诗性迷狂的是德谟克利特(Democritus),他说最好的诗歌是那些"在灵感与神圣吐息中"(μετ' ἐνθουσιασμοῦ καὶ ἱεροῦ πνεύματος)创作的诗歌,并否认任何没有体验过癫狂(sine furore)的诗人能够成为伟大的诗人。[125] 近来已有学者强调,[126] 可能是德谟克利特而非柏拉图将以下观念引入

---

[123] *Laws* 719c.

[124] 按照传统的观点,诗歌的灵感理论直接和狄奥尼索斯有关,最优秀的诗人会在酒中寻觅并找到灵感。关于这一观点的经典说法体现在被归之于克拉提努斯(Cratinus)的诗句中:οἶνός τοι χαρίεντι πέλει ταχὺς ἵππος ἀοιδῷ, ὕδωρ δὲ πίνων οὐδὲν ἂν τέκοι σοφόν [酒如同一匹狂飙的骏马迫近优雅的诗人,饮水却不能生出任何智慧](fr. 199 K.)。其后又传到贺拉斯(Horace, *Epist.* 1.19.1 ff.),他使得这一观点成为文学传统中的老生常谈。

[125] Democritus, frs. 17, 18. 他似乎引荷马为例(fr. 21)。

[126] 参见狄莱特的细致研究(Delatte, *Les Conceptions de l'enthousiasme*, 28 ff.),他极为巧妙地尝试把德谟克利特的灵感观和他的心理学的其他方面关联起来。另参见 F. Wehrli, "Der erhabene und der schlichte Stil in der poetisch-rhetorischen Theorie der Antike", *Phyllobolia für Peter von der Mühll*, 9 ff.。

了文学理论，即诗人有着异常的内在体验，因而迥异于常人，[127]诗歌是远离理性又高于理性的启示。事实上，柏拉图对这些论断的态度绝对至关重要，不过我们留待后面的章节再讨论。

---

[127] 关于诗人们根据这一理论而装腔作势起来，参见 Horace，*Ars poetica*，295 ff.。有人认为人格方面的古怪是比技艺方面的能力更为重要的品质，这一观点当然是对德谟克利特理论的扭曲（参见 Wehrli, *op. cit.*, 23）；但它并不一定是随意的扭曲。

第四章　梦模式和文化模式

如果我们的眼睛可以清晰地看到别人的意识，那我们就可以根据他的所思所想来很好地判断这个人。

——维克多·雨果（Victor Hugo）

只有人类和少数高级哺乳动物才拥有生活在两个世界的奇妙权利。人类每天都可以享受在两种截然不同的体验之间转换的乐趣。这两种体验，希腊人称为 ὕπαρ［醒］和 ὄναρ［梦］。二者各有其逻辑，也各有其限度；人没有显著的理由认为一者比另一者更重要。如果说清醒的世界其优势在于可靠性与连续性强，那么社会机遇被严格限制则是它的劣势。一般而言，我们在清醒的世界中只能碰见周边的人，但梦中的世界却让我们得以与远朋、死去的亲人和神明晤面，即便接触转瞬即逝。对于普通人来说，只有做梦才能逃离时间与空间那无穷无尽的恼人羁绊。因此，我们不用讶异人们为何迟迟不愿将真实性（reality）单独归属给一个世界，而视另一个世界为纯粹的幻象。在古代只有极少数知识分子达到了这个境地；而即便在今天，也有许多原始民族认为某些梦境和现实生活同样可信，只是种类不同。[1]这一朴素观念引来了19世纪传教士同情的微笑，但是今天我们发现，从原则上来说，原始人要比传教士更接近真理。现在看来梦终究是十分重要的；古老的解梦术（oneirocritice）再度为聪明人提供了有利可图的生计，引得我们当中那些文化程度最高的人也和古代迷信的泰奥弗拉斯托斯一样，迫不及待地把自己的梦汇报给解梦专家。[2]

有了这样的历史背景，重新审视希腊人对梦体验的态度似乎就不无价值，因此我打算花一章的篇幅来讨论这个主题。审视过去文化所记载的梦体验有两条途径：我们可以试着通过做梦者本人的视角来看待梦，尽可能地重构梦对他们清醒意识的意义；或者我们可以试着利用现代的释梦原则来剖析梦的显义（manifest content）背后的隐义（latent content）。显然后一途径很有风险：它预设了一个尚未证实的前提即梦的象征（dream-symbols）具有普遍性，而我们没法靠做梦者的联想来把捉那种普遍性。诚然，我愿意相信技术精湛且操作审慎的人会通过这一途径取得很有意思的成果，但我肯定不会上当去尝试。我主要的关切不是希腊人的梦体验，而是他们对梦体验的态度。但是，这样界定了主题之后，我们仍然必须记住，希腊人与现代人对待梦的不同态度可能不仅反映了他们对同一种梦体验有着不同的解释，而

---

[1] 关于原始人对梦体验的态度，参见 L. Lévy-Bruhl, *Primitive Mentality*（英译本，1923），chap. iii，以及 *L' Expérience mystique*，chap. iii。
[2] Theophrastus, *Char.* 16 (28 J.).

且反映了他们的梦体验本身就特点各异。近来关于当代原始人的梦的研究表明，除了我们所熟悉的人所共有的焦虑之梦和愿望达成之梦以外，还存在其他一些梦，它们的显义是由当地的文化模式决定的。[3]我这里不单单指的是现代美国人梦见坐飞机旅行，原始人则梦见乘着鹰升天这样的事；我是说在许多原始社会中，有些梦结构依赖社会[4]灌输的信仰模式，当社会不再抱有那种信仰时，相应的梦结构也就消失了。不仅梦的象征的选择遵照固定的传统模式，而且梦自身的本质似乎也遵照那一模式。这样的梦显然和神话高度相关，有句话说得很好：神话是民众的梦，而梦就是个人的神话。[5]

---

[3] 参见 Malinowski, *Sex and Repression in Savage Society*, 92 ff., 尤其是 J. S. Lincoln, *The Dream in Primitive Cultures* (London, 1935)。另参见 Georgia Kelchner, *Dreams in Old Norse Literature and Their Affinities in Folklore* (Cambridge, 1935), 75 f.。

[4] 荣格会认为这样的梦是基于由假定的种族记忆所传递的"原型意象"（archetypal images）。但是，正如林肯所指出（Lincoln, *op. cit.*, 24），这样的梦会随着文化的消亡而消失，这就表明那些意象在文化意义上是可以传递的。荣格本人也报告了一位巫医极有意义的亲口坦白（Jung, *Psychology and Religion*, 20），那位巫医"向我承认，他不再做任何梦，因为地区行政长官现在已经换了，他说，'自从英国人来到这里，我们就不再做任何梦，那个长官知道战争和疾病方面的所有事情，也知道我们所住的地方的一切'"。

[5] Jane Harrison, *Epilegomena to the Study of Greek Religion*, 32. 关于梦与神话之间的关系，另参见 W. H. R. Rivers, "Dreams and Primitive Culture", *Bull. of John Rylands Library*, 1918, 26; Lévy-Bruhl, *L' Exp. Mystique*, 105 ff.; Clyde Kluckhohn, "Myths and Rituals: A General Theory", *Harv. Theol. Rev.* 35 (1942) 45 ff.。

记住这一点，然后让我们来考察一下荷马史诗中描述了什么样的梦，以及诗人又是如何呈现那些梦的。罗斯（H. J. Rose）教授在他精彩的短著《希腊的原始文化》（*Primitive Culture in Greece*）中辨别出三种前科学地看待梦的方式：1."将梦中幻象视作客观事实"；2."认为梦是灵魂或某一个灵魂看到的幻象，由于暂时脱离肉体，这个幻象发生的场景是精神世界或类似的地方"；3."用多多少少有点复杂的象征符号来解释梦"。[6]罗斯教授认为这三种方式是三个连续的"递进的阶段"；逻辑上说当然如此，但它们事实上的发展与逻辑发展并不合拍。例如，罗斯的第一和第三"阶段"在荷马两部史诗中都能看到，我们并未感觉它们彼此不和谐，而罗斯的第二"阶段"却完全找不到（这一"阶段"在现存的公元前5世纪之前的希腊文学作品中都阙如，它首次亮相是在品达一首著名的诗作残篇中）。[7]

在荷马史诗吟唱者对梦的大多数描述中，他们似乎将梦中所见视作"客观事实"。[8]那些梦通常采取如下形式，即一个梦幻形象（dream-figure）光顾睡着的男人或女人（荷马史诗中的 *oneiros* 一词几乎总是指梦幻形象而非梦

---

[6] *Primitive Culture in Greece*, 151.
[7] Pindar, fr. 116 B.（131 S.）.参见后面第五章，p. 135。
[8] 目前对荷马史诗中的梦最新、最全面的研究要数 Joachim Hundt, *Der Traumglaube bei Homer*（Greifswald, 1935），从中我所获颇丰。他用"Aussenträume"这一术语来表示"客观的"梦，与之相对的术语是"Innenträume"，这是指纯粹的心理体验，虽然这种体验很可能是由外部原因所导致。

体验)。[9]那种梦幻形象可以是神明、鬼魂、原始的传梦使者或专为那一场合创造的"幻象"(*eidōlon*);[10]无论是哪一种,它都客观存在于空间中,独立于做梦者。它从门框栓隙溜入(荷马笔下的寝室既没有窗户也没有烟囱),站定在床头传达讯息,事毕沿着同一路径撤回。[11]与此同时,做梦者几乎完全是被动的:他看见了形象,听到了声音,这就是实际上的全部了。的确,做梦者有时会在沉睡中回答,还有一次伸出双臂想要抓住梦幻形象。[12]但这些都是客观的身体活动,和人们睡着时的举动并无二致。做梦者并不认为自己在床之外的什么地方,事实上他知道自己正在熟睡,因为梦幻形象特意向他指出了这一点:《伊利亚特》卷2中邪恶的传梦使者说,"你是在睡着,阿特柔斯之子";帕特罗克洛斯的魂灵说,"你是在睡着,阿基琉斯";《奥德赛》中的"幻象"

---

[9] 作为梦体验的 ὄνειρος 在荷马史诗中似乎只出现在 ἐν ὀνείρῳ [在梦中] 这一短语中(*Il.* 22.199,*Od.* 19.541,581=21.79)。
[10] 鬼魂,*Il.* 23.65 ff.;神,*Od.* 6.20 ff.;梦的信使,*Il.* 2.5 ff.,这里宙斯派给 ὄνειρος [梦] 一件差事就如他在别处派给伊里斯(Iris)一样;专门创造的 εἴδωλον [幻象],*Od.* 4.795 ff.。在《伊利亚特》卷2和《奥德赛》的两个梦中,梦的形象都伪装成一个活人(参见 *infra*, p. 109);但我认为没有理由和洪特(Hundt)一样认为事实上是那个人的"灵魂"(Bildseele)或魂影拜访做梦者的"灵魂"(参见 Böhme 的批评,*Gnomon*, 11 [1935])。
[11] 从门框栓隙出入,*Od.* 4.802, 838;στῆ δ' ἄρ' ὑπὲρ κεφαλῆς [站在头顶],*Il.* 2.20, 23.68, *Od.* 4.803, 6.21;参见 *Il.* 10.496,这里作为真实的梦无疑是有问题的。
[12] *Il.* 23.99.

说,"你是在睡着,佩涅洛佩"。[13]

所有这些都和我们自己的梦体验大相径庭,因而学者倾向于把它们和荷马史诗中许多别的情形一样草草归为"诗学发明"或"史诗机制"。[14]毕竟它们和反复出现的程式化用语一样,是高度程式化的。我很快会回到这一点。同时我们也注意到,在任何时期希腊人描述任何梦所使用的语言似乎暗示了那些梦属于同一种类型:做梦者是客观幻象的被动接受者。希腊人从不和我们一样说做了一个梦,而总是说看见一个梦——ὄναρ ἰδεῖν, ἐνύπνιον ἰδεῖν。这种措辞只适用被动类型的梦,但我们发现,即便做梦者本人就是梦中活动的主角,他们也还是用这种措辞。[15]同样,梦不仅被描述为"光顾"做梦者(φοιτᾶν, ἐπισκοπεῖν, προσελθεῖν, 等等),[16]而且被描述为"站在"他"上方"(ἐπιστῆναι)。后一用法在希罗多德那里尤其常见,人们认为它会让人想起荷马的说法:στῆ δ' ἄρ' ὑπὲρ κεφαλῆς [梦站在他头顶]。[17]但是,这一用法也出现在埃披道洛斯和林多斯神庙档案(Epidaurian and Lindian Temple Records)中,还出现在从伊索克拉底

---

[13] *Il.* 2.23, 23.69; *Od.* 4.804. 参见 Pindar, *Ol.* 13.76: εὕδεις, Αἰολίδα βασιλεῦ [你正在睡觉,艾奥利斯的王];Aesch. *Eum.* 94: εὕδοιτ' ἄν [她在睡觉]。

[14] 参见 Hundt, *op. cit.*, 42 f., 以及 G. Björck, "ὄναρ ἰδεῖν: De la perception de la rêve chez les anciens", *Eranos*, 44 (1946) 309。

[15] 参见 Hdt. 6.107.1, 以及比约克(Björck)所引的其他例子,*loc. cit.*, 311。

[16] φοιτᾶν, Sappho, *P. Oxy.* 1787; Aesch. *P. V.* 657 (?); Eur. *Alc.* 355; Hdt. 7.16β; Plato, *Phaedo* 60e; Parrhasios *apud* Athen. 543f. ἐπισκοπεῖν, Aesch. *Agam.* 13; πωλεῖσθαι, Aesch. *P. V.* 645; προσελθεῖν, Plato, *Crito* 44a.

[17] Hdt. 1.34.1; 2.139.1, 141.3; 5.56; 7.12: 参见 Hundt, *op. cit.*, 42 f.。

（Isocrates）至《使徒行传》（the Acts of the Apostles）的无数后世作品中，[18]这就难以用刚才的方式进行解释。似乎客观性的、视觉性的梦在文学传统以及大众想象中都扎下了深根。而且这一结论某种程度上也可以从神话和关于虔敬之梦的传说那里得到证实，那些梦会在醒后留下一个记号物件——我们时代的唯灵论者习惯称它为"显灵物"（apport）——以证明梦的客观性。最著名的例子便是品达所讲述的柏勒罗丰（Bellerophon）在潜思（incubation）中所做的梦，那个梦的显灵物是一副金马勒。[19]

让我们回到荷马。我刚才描述的程式化的、客观的梦并不是史诗诗人们唯一熟悉的梦。从以下这个著名的比喻来看，《伊利亚特》的作者和我们一样熟知常见的焦虑之梦："有如人们在梦中始终追不上逃跑者，一个怎么也逃不脱，另一个怎么也追不上，阿基琉斯也这样怎么也抓不着逃跑的赫克托尔，赫克托尔怎么也躲不过阿基琉斯。"[20]诗人并没

---

[18] ἰάματα, nos. 4, 7, 等等（参见本章注释[55]）; *Lindian Chronicle*, ed. Blinkenberg, D 14, 68, 98; Isocrates, 10.65; Acts 23: 11。关于这一用法的其他例子辑录在 L. Deubner, *de incubatione*, pp. 11 and 71.

[19] Pindar, *Ol.* 13.65 ff. 另参见 Paus. 10.38.13，这里阿斯克勒皮奥斯的梦幻形象留下了一封信。古斯堪的纳维亚的潜思之梦以同样的方式证明了其客观性，参见，例如，Kelchnet, *op. cit.*, 138。埃披道洛斯人的梦中手术（operation-dream）是这同一主题的变种。关于降神术中的"显灵物"，参见本书附录二注释[126]。

[20] *Il.* 22.199 ff. 阿里斯塔克斯（Aristarchus）似乎已经拒斥了这些诗行，但他在评注中给出的理由——它们"在风格和思想方面是低劣的"，以及"有悖于阿基琉斯的敏捷形象"——显然是愚蠢的，某些现代学者的拒斥也不够有力。里夫（Leaf）认为 v. 200 是"同义反复而又（转下页）

有把这可怕的梦魇分派给他笔下的英雄们，但他完全知道它们是什么样的，并绝妙地用这种体验来表达沮丧感。同样，《奥德赛》卷19中佩涅洛佩有关老鹰与鹅的梦就是一个简单的借用象征来表示愿望达成的梦，它体现了弗洛伊德所说的"凝缩"（condensation）和"置换"（displacement）：正当佩涅洛佩在为老鹰杀死她美丽的鹅[21]而哭泣的时候，老鹰突然开口说话，说它就是奥德修斯。这是荷马史诗中唯一一个解释了象征含义的梦。对此我们难道要说，这一文段是后人所作，体现了从罗斯所谓的第一原始阶段到第三先进阶段的智性飞跃吗？我很怀疑。《奥德赛》卷4中出现了一个原始的"客观的"梦，可任何有关《奥德赛》成书的可信理论都很难赞成卷19要比卷4晚得多。此外，《伊利亚特》卷5的作者也知道如何解释梦的象征，因为那里提到一位解梦人（oneiropolos）没能为他奔赴特洛亚战场的两个儿子解梦，而一般认为卷5是全诗最古老的篇章之一。[22]

（接上页）笨拙的"，但他没有注意到在描述沮丧感时重复词句极富表现力。参见 H. Fränkel, *Die homerischen Gleichnisse*, 78, 以及 Hundt, *op. cit.*, 81 ff. 维拉莫维茨发现现有文本中的明喻虽然绝妙，但"令人厌烦"（Wilamowitz, *Die Ilias u. Homer*, 100）；在我看来，他的分析过于吹毛求疵。

[21] *Od.* 19.541 ff. 学者们已经发现这个梦有一处缺陷，佩涅洛佩为自己的鹅而感到伤心，但清醒时她并没有为那些鹅所象征的求婚者而感到伤心。不过这样的"效果倒错"（inversion of effect）在现实的梦中极为常见（Freud, *The Interpretation of Dreams*, 2nd Eng. ed., 375）。

[22] *Il.* 5.148 ff. 这里的 ὀνειροπόλος［解梦人］只是一个解释者（ἐκρίνατ' ὀνείρους）。但这个词在荷马史诗中仅有的另一处出现的地方，*Il.* 1.63, 或许是指特别受欢迎的解梦人（参见 Hundt, *op. cit.*, 102 f.），这可以证实"求来的"梦在希腊非常古老。

我认为，真正的解释不在于排列出对待梦体验本身的"早期"态度和"晚期"态度，而在于区分出不同种类的梦体验。对于希腊人来说，正如对于其他古代人来说一样，[23] 最根本的区分在于有意义的梦和无意义的梦的区分。这一区分出现在荷马史诗中——在象牙之门和牛角之门那一段落——并贯穿整个古代。[24] 但在有意义的梦内部也要辨别出若干不同种类。有一种分类方式得到了阿特米多鲁斯（Artemidorus）、马可洛比乌斯（Macrobius）以及其他后世作家的传播，不过它的起源要早得多；根据这一分类，共有三种不同的有意义的梦。[25] 第一种是象征性的梦，它"用隐喻

---

[23] 参见 Sirach 31（34）: 1 ff.; *Laxdaela Saga*, 31.15; 等等。正如比约克所指出（Björck, *loc. cit.* 307），如果有意义的梦与无意义的梦毫无差别，那么 ὀνειροκριτική ［解梦术］这一技艺便根本不可能维持下来。如果在弗洛伊德之前曾有这么一个时代，人们认为所有的梦都是有意义的，那么这一技艺早就被抛之脑后了。"原始人并不无差别地相信所有的梦，某些梦值得相信，而其他的梦则不值得相信。"（Lévy-Bruhl, *Primitive Mentality*, 101）

[24] *Od.* 19.560 ff.; 参见 Hdt. 7.16; Galen, περὶ τῆς ἐξ ἐνυπνίων διαγνώσεως ［关于梦中景象的体验］（VI.832 ff. R）; 等等。Aesch. *Cho.* 534 处所暗示的区分，我认为我们应该和维罗尔（Verrall）一样强调，οὔτοι μάταιον᾽ ἀνδρὸς ὄψανον πόλει: "它并不只是一个噩梦，它是一个人的象征性幻觉。"阿特米多鲁斯（Artemidorus）和马可洛比乌斯（Macrobius）识别出了 ἐνύπνιον ἀσήμαντον ［无象征性的梦］以及另一种叫作 φάντασμα 的无意义的梦，在马可洛比乌斯看来，它包括，(a)噩梦（ἐφιάλτης）; (b)出现在某些人半睡半醒状态中的朦胧幻觉，亚里士多德首次对它进行了描述（*Insomn.* 462a11）。

[25] Artemid. 1.2, p. 5 Hercher; Macrobius, *in Somn. Scip.* 1.3.2; ［Aug.］ *de spiritu et anima*, 25（P. L. XL.798）; Joann. Saresb. *Polycrat.* 2.15（P. L. CXCIX.429A）; Nicephoros Gregoras, *in Synesium de insomn.*（P. G. CXLIX.608A）。德布纳辑录了这些段落并且讨论了它们之间的关系（Deubner, *de incubatione*, 1 ff.）。正文中所引的定义来自马可洛比乌斯。

伪装自己，如同谜语，没有解释就猜不透含义"。第二种是 *horama*["幻象"]，它是对未来事件的直接预演，就像邓恩（J. W. Dunne）在他别出心裁的书中所描述的那些梦一样。第三种是 *chrematismos*["神谕"]，"做梦者的家长或别的受他尊敬、令他印象深刻的角色，如祭司甚或神，在做梦者熟睡时直白地、不带象征地向他揭示什么会发生、什么不会发生，什么该做、什么不该做"。

我想这最后一种梦体验对我们来说绝对不常见，但有大量证据表明古人非常熟悉这种梦。它也出现在了古代其他的分类体系中。卡西狄乌斯（Chalcidius）的分类体系就不同于其他体系，[26] 他称这种梦为"劝诫"（admonitio），是"天使般的善给我们的指点与告诫"，并引用了《克力同》（*Crito*）和《斐多》（*Phaedo*）中苏格拉底的梦作为例证。[27] 此外，老医学作家希罗菲勒斯（Herophilus，公元前 3 世纪早期）区分了"神赐"的梦和源自心灵"天生的"预见力、源自偶然或源自愿望达成的梦，他的前一种梦可能就是我们这里所说的类型。[28] 古代文学中这种"神赐"之梦比比皆是，

---

[26] 瓦辛克（J. H. Waszink）已经表明了这点，*Mnemosyne*，9（1941）65 ff.。卡西狄乌斯的分类糅合了柏拉图主义和犹太教思想；瓦辛克猜测他或许经由波菲利（Porphyry）而取自努米纽斯（Numenius）。直接与神交谈也出现在波西多纽斯（Posidonius）的分类中，Cic. *div.* 1.64。

[27] Chalcidius, *in Tim.* 256，引用了 *Crito* 44b 和 *Phaedo* 60e。

[28] Aetius, *Placita* 5.2.3: Ἡρόφιλος τῶν ὀνείρων τοὺς μὲν θεοπέμπτους κατ' ἀνάγκην γίνεσθαι· τοὺς δὲ φυσικοὺς ἀνειδωλοποιουμένης ψυχῆς τὸ συμφέρον αὐτῇ καὶ τὸ πάντως ἐσόμενον· τοὺς δὲ συγκραματικοὺς ἐκ τοῦ αὐτομάτου κατ' εἰδώλων πρόσπτωσιν...ὅταν ἃ βουλόμεθα βλέπωμεν，（转下页）

例如在荷马史诗中，某个梦幻形象会向沉睡者现身，并传达预言、建议或警示。一个 oneiros［梦幻形象］"站在"克洛伊索斯（Croesus）头顶，警告他将来的灾祸；希帕尔科斯（Hipparchus）看见"一个身量高而姿容美好的男子"对他说出神谕诗，正如那位"白衣丽人"引用荷马诗句向苏格拉底揭示他死亡的日期；亚历山大看见的"一位庄严可敬的白发老人"同样也引用了荷马，而且在亚历山大看来，那人事实上就是荷马本人。[29]

但是，我们不会完全依赖这些文学证据，因为它们惊人的一致性自然很可能是由于希腊文学传统的保守性。在希

（接上页）ὡς ἐπὶ τῶν τὰς ἐρωμένας ὁρώντων ἐν ὕπνῳ γίνεται［希罗菲勒斯（认为）神赐的梦来自必然，而由产生幻象的心灵呈现出的自然之梦则来自他经历的事，无疑还有未来的事。杂糅了自身各种意愿的混杂的梦会以幻象的形式降临……所梦即所思，就像我们爱什么，梦里就来什么］。这一表述的最后部分造成了诸多困惑（参见 Diels ad loc., Dox Gr. 416）。我认为"混杂的"梦（συγκραματικούς）就是梦见怪物的梦（φαντάσματα），按照德谟克利特的理论，它们源自 εἴδωλα［幻象］的偶然结合，ubi equi atque hominis casu convenit imago［当人的幻象和马的幻象偶然结合］（Lucr. 5.741）。但是梦见所爱之人的梦并不是这种或别种意义上的"混杂的"梦。盖伦用的是 συγκριματικούς，韦尔曼（Wellmann）将其解释成"有机的"（Arch. f. Gesch. d. Med. 16［1925］70 ff.）。但这并不符合 κατ' εἰδώλων πρόσπτωσιν［以幻象的形式降临］。我认为 ὅταν ἃ βουλόμεθα κτλ［任何所想的东西，等等］说的是第四种梦，一种源自 ψυχῆς ἐπιθυμία［灵魂的欲望］的梦（参见 Hippocrates, περὶ διαίτης, 4.93），提及它的文本已经散佚了。

[29] Hdt. 1.34.1, 5.56; Plato, Crito 44a; Plutarch, Alex. 26（依据 Heraclides）。德布纳已经指出文学传统的一致性（Deubner, de incubation 13），他援引了诸多其他例子。这种类型在早期基督教文学和异教文学中都极为常见（Festugière, L'Astrologie et les sciences occultes, 51）。

腊和其他地方，一种常见的"神赐"之梦会要求人们举行供奉或其他宗教活动。[30] 无数的铭文中提到，它们的作者"依据一个梦"或"因为看见了一个梦"而举行供奉，这实实在在地证明了以上说法的确是实际情况。[31] 铭文中很少涉及细节，但其中有一篇说到，萨拉皮斯（Sarapis）在一位祭司的梦中要求他为自己建造一所专属房屋，因为萨拉皮斯神厌倦了寄人篱下的日子。另一篇据说描述了宙斯托梦的铭文详细记录了梦中得来的关于如何管理祷告所的条例。[32] 几乎所有铭文证据都来自希腊化或罗马时代，但这可能只是碰巧，因为柏拉图在《法律》（Laws）中提到过遵照梦或醒时幻觉而举行供奉的人，"特别是所有妇女，以及生病的、处于危险

---

[30] 例如，Paus. 3.14.4，早期斯巴达国王的妻子 κατὰ ὄψιν ὀνείρατος [根据梦中所见] 建造了一座忒提斯神庙。关于崇拜雕像的梦，ibid., 3.16.1, 7.20.4, 8.42.7; Parrhasios apud Athen. 543f。索福克勒斯由于一个梦而奉献了一个神龛（Vit. Soph. 12, Cic. div. 1.54）。

[31] 迪滕伯格提供了如下例子（Dittenberger, Sylloge³）：κατ' ὄναρ [依据梦]，1147，1148，1149; κατὰ ὄνειρον [依据梦]，1150; καθ' ὕπνους [依据睡眠]，1152; ὄψιν ἰδοῦσα ἀρετὴν τῆς θεοῦ（Athene）[在梦中看到女神的神力]，1151。1128 处的 καθ' ὅραμα [依据所见] 和 1153 处的 κατ' ἐπιταγήν [依据（神谕）要求] 很可能也涉及梦。557 处阿尔忒弥斯的 ἐπιφάνεια [神显] 或许是清醒时的幻觉。另参见 Edelstein, Asclepius, I, test. 432, 439—442，关于源自清醒时幻觉的崇拜，infra, p. 117，以及 Chron. Lind. A 3: ...τὸ ἱερὸ]ν τᾶς Ἀθάνας τᾶς Λινδίας...πολλοῖς κ[αὶ καλοῖς ἀναθέμασι ἐξ ἀρχαιοτ]άτων χρόνων κεκόσμηται διὰ τὰν τᾶς θεοῦ ἐπιφάνειαν [林多斯的雅典娜神庙依据女神神显的指示，陈有许多精美古老的供品]。

[32] Syll.³ 663; 985. 另参见 P. Cair. Zenon I.59034，佐伊鲁斯（Zoilus）的梦（他似乎是一个建筑承包商，因此总是梦见萨拉皮斯需要一座新神庙）。阿里斯提得斯的梦规定了献祭或其他崇拜活动。

或困境中的男人，或者是交了好运的男人"。同样，柏拉图在《厄庇诺米斯》(*Epinomis*)中也说到，"诸多神明的崇拜仪式已经建立，而且还要继续建立，因为梦中会遇到许多超自然存在、征兆、神谕以及临终幻象"。[33]柏拉图本人几乎不相信梦具有超自然特征，正因如此，他频繁提到这类事就更能说明问题。

鉴于这些证据，我认为，我们必须认识到"神梦"或*chrematismos*[神谕]的程式化并不完全是文学意义上的。这是一种我在本章开头所定义的"文化模式"意义上的梦，它属于人们的宗教体验，尽管自荷马以降诗人们都视它为一个文学主题，用它来为自己的写作目的服务。这种梦也在其他古人的生活中扮演了重要角色，今天许多民族的生活仍然很受其影响。亚述、赫梯和古代埃及文学中所记载的梦大多数都是"神梦"，梦中神向沉睡者现身并向他传达直白的信息，这一信息或是对未来的预言，或是索求崇拜仪式。[34]我们知道，君主制社会中做这种梦意味着特权，做梦者往往是国王（这在《伊利亚特》中也有体现）；[35]一般人只能做普通的象

---

[33] Plato, *Laws* 909e–910a, *Epin.* 985c. 柏拉图说有一种人会由于梦而举行供奉，诸多铭文可以证实这一说法；那些供奉大多数是献给医神（阿斯克勒皮奥斯、许吉亚[Hygieia]、萨拉皮斯）的，或者是由妇女献出的。
[34] Gadd, *Ideas of Divine Rule*, 24 ff.
[35] *Il.* 2.80 ff. 处似乎暗示了国王的梦体验要比一般人的梦体验更可信（参见 Hundt, *op. cit.*, 55 f.）。后来的希腊人认为 σπουδαῖος[优秀的人]享有做有意义的梦的特权（Artemidorus, 4 *praef.*；参见 Plutarch, *gen. Socr.* 20, 589b），这与原始人给予作为解梦人的巫医特殊地位相一致，希腊人的那一观点很可能是基于毕达哥拉斯的思想（参见 Cic. *div.* 2.119）。

第四章 梦模式和文化模式

征性的梦，需借助解梦书来解释梦的含义。[36]当代原始人也会做一种相当于希腊人之 *chrematismos*［神谕］的梦，他们通常会赋予这种梦特别重要的意义。梦幻形象是神还是祖先自然要取决于当地的文化模式。有时他只是一个声音，就像上帝对撒母耳（Samuel）说话；有时他是一个无名的"高大男人"，就像我们在希腊人的梦中看见的。[37]在某些社会中，他常被认为是做梦者的亡父；[38]而在另一些社会中，心理学家则可能倾向于认为他是剔除了家长式劝诫与引导功能的父亲的替代形象。[39]如果上述观点是对的，那么马可洛比乌斯的措辞或许就别有深意——"家长或其他受他尊敬、令他印象深刻的角色"。我们还可以进一步推测，只要古老的家庭团结还在延续，那么在梦中与父亲形象保持沟通，相比于我们更为个体化的社会中的情况而言，就要具有更为深刻的情感意义以及更无可置疑的权威。

然而，希腊人的梦的"神圣性"似乎并不完全取决于梦幻形象的表面身份，梦幻形象所传信息的直白性（*enargeia*）也十分重要。荷马史诗中多次出现过神或 *eidolon*［幻象］

---

[36] Gadd, *op. cit.*, 73 ff.
[37] 声音，例如，Lincoln, *op. cit.*, 198，参见 I Samuel 3: 4 ff.；高大的人，例如，Lincoln, *op. cit.*, 24，参见 Deubner, *op. cit.*, 12。荣格的病人们也报告了一些梦，说在梦中能听到一些神谕般的声音，要么来自无形，要么就"来自一个威严的形象"；荣格称它是"一个基本的宗教现象"（Jung, *Psychology and Religion*, 45 f.）。
[38] 参见 Seligman, *JRAI* 54 (1924) 35 f.; Lincoln, *op. cit.*, 94。
[39] Lincoln, *op. cit.*, 96 f.

在做梦者面前伪装成一位活着的友人的情形，[40]或许在现实生活中希腊人也是用这种方式来解释梦中与熟人的相遇的。当埃利乌斯·阿里斯提得斯（Aelius Aristides）在珀伽蒙（Pergamum）的阿斯克勒皮奥斯神庙内寻求治疗时，他的仆从做了一个关于另一位病人的梦，那位病人是罗马执政官撒尔维乌斯（Salvius），他在仆从的梦中与他讨论了其主人阿里斯提得斯的文学作品。这对阿里斯提得斯来说已经是足够好的兆头了，他确信那个梦幻形象就是"幻化成撒尔维乌斯模样"的神本人。[41]当然，这一例的情况稍有不同，但即便做梦者并不是求梦者本人，它也是一个"求来"的梦（a "sought" dream）：一切在阿斯克勒皮奥斯神庙内体验到的梦都被认为是由神遣送的。

在许多社会中，激发人们热切渴求的这种"神圣"之梦的技巧以前和现在一直都在使用。这些技巧包括隔离、祷告、斋戒、自残、睡在动物牺牲的毛皮上、与其他圣物接触，以及潜思（也就是在圣地睡觉），或以上几者的某种结合。古代世界主要依靠潜思，今天的希腊农民仍采取这一做法。不过我们也不乏其他做法的证据。例如，在某些求梦神谕所要进行斋戒，比如小亚的"卡戎洞穴"（Charon's cave）、奥洛波斯（Oropus）的阿姆披亚拉欧斯（Amphiaraus）

---

[40] *Il.* 2.20 ff.（涅斯托尔，一个理想的父亲替身！）； *Od.* 4.796 ff., 6.22 f.（几乎不是母亲替身，因为她们和做梦者是 ὁμήλικες［同龄人］）。
[41] Aristides, *orat.* 48.9（Ⅱ.396.24 Keil）；参见 Deubner, *op. cit.*, 9, 以及基督教的例子, *ibid.*, 73, 84。有些原始人不那么容易满足：参见，例如，Lincoln, *op. cit.*, 255 f., 271 ff.。

英雄圣殿；[42] 在后一个地方，人们还要睡在公羊牺牲的毛皮上；[43] 厄庇美尼德（Epimenides）和毕达哥拉斯的传说中提到，为了寻求梦中的智慧要隐居在圣穴中。[44] 甚至还有一种奇特的方法，类似于印第安人削掉一节手指的做法。[45] 古代晚期也有一些不那么痛苦的获得神谕之梦的方式：解梦书建议睡觉时要在枕头下放一根月桂树枝；巫术莎草纸文献（the magical papyri）上记载的尽是咒语和私人仪式；还有罗马的犹太人会以几便士的售价向人们兜售他们想要的任何梦。[46]

荷马没有提到以上任何技巧，更不用说潜思。[47] 但正如我们已经看到，依据荷马的沉默来下结论尤其危险。在埃及，潜思至少早在公元前15世纪就已经出现，我很怀疑米诺斯人竟会对它一无所知。[48] 当潜思在希腊首次出现的时候，

---

[42] Strabo, 14.1.44; Philostratus, *vit. Apoll.* 2.37. 其他例子见 Deubner, *op. cit.*, 14 f.。

[43] Paus. 1.34.5. 其他例子见 Deubner, *op. cit.*, 27 f.。另参见 Halliday, *Greek Religion*, 131 f., 他列举了盖尔人（Gaelic）奇特的"塔海姆"（Taghairm）潜思仪式，仪式中求梦者会裹着一张牛皮。

[44] 参见本书第五章, pp. 142, 144。

[45] 参见本章注释[79]。

[46] 月桂树枝, Fulgentius, *Mythologiae*, 1.14（依据安提丰及其他人）。咒语, Artemidorus, 4.2, pp. 205 f. H.。售梦, Juv. 6.546 f.。关于莎草纸文献中的ὀνειραιτητά [解梦术], 参见 Deubner, *op. cit.*, 30 ff.。

[47] 有人认为，多多那的Σελλοὶ ἀνιπτόποδες χαμαιευ̂ναι [不沐腿、睡光地的祭司]（*Il.* 16.233 ff.）就是在践行潜思；但如果他们在践行，荷马知道吗？

[48] 参见 Gadd, *op. cit.*, 26（阿蒙诺菲斯二世 [Amenophis II] 和托特麦斯四世 [Thothmes IV] 的神庙潜思使得神同意他们登基）。关于米诺斯人，我们没有直接证据，但是克里特岛上的佩特索法（Petsofa）所发现的陶俑（*BSA* 9.356 ff.），表现了人的肢体，而且带有供悬挂的穿孔，确实很像是在医神庙供奉的还愿品。关于很可能是早期美索不达米亚的一个潜思案例，参见 *Ztschr. f. Assyr.* 29（1915）158 ff. 和 30（1916）101 ff.。

它通常是与大地女神及死者的崇拜仪式相关，这些仪式似乎都是前希腊时期的。传统说法或许是对的，即德尔斐最初的大地女神神谕所是求梦神谕所。[49]在历史上，潜思会在英雄（死者或冥府精灵）的神殿进行，也会在被认为是冥界入口处（*necyomanteia*）的峡谷中进行。奥林波斯神并不光顾潜思者（这或许充分解释了荷马的沉默）；除了柏勒罗丰故事中的雅典娜，[50]不过那一故事中的雅典娜可能是前奥林波斯宗教中雅典娜形象的残余。

无论潜思是否曾在希腊广泛实践过，我们发现历史上它主要有两大特殊目的：一是从死者那里得到预言之梦，二是医疗。对于前一种目的，最广为人知的例子就是佩利安多洛斯（Periander）派使者在一个 *necyomanteia* ［冥界入口处］向他的亡妻梅里莎（Melissa）询问一件事务，而这时梅里莎的"幻象"出现在使者面前，她证实了自己的身份，规定了自己的崇拜仪式，并表示在这一仪式没有完成之前不会做出

---

[49] Eur. *I. T.* 1259 ff. (参见 *Hec.* 70 f.：ὦ πότνια χθών, μελανοπτερύγων μῆτερ ὀνείρων［大地女神啊，长有黑色羽翅的睡梦的母亲］)。这一传统的权威性已经遭到质疑，但其他的神谕方式有这么大的可能吗？就我们所知而言，无论是神启预言还是抽签占卜都不适合于大地神谕；而 *Od.* 24.12 处的作者似乎已经将梦视作冥府的（参见 Hundt, *op. cit.*, 74 ff.）。

[50] Pindar, *Ol.* 13.75 ff. 参见出自雅典卫城的一篇铭文，*Syll.*³ 1151：Ἀθηνάᾳ...ὄψιν ἰδοῦσα ἀρετὴν τῆς θεοῦ［雅典娜……在梦中看到女神的神迹］（并不一定是一个求梦，但女神的态度很重要）；关于梦中雅典娜的显灵（很可能是虚构的），参见 Blinkenberg, *Lindische Tempelchronik*, 34 ff.。

回答。[51]这个故事没有什么真正出奇之处,不过不管真假,它似乎都反映了一套古老的文化模式。在一些社会中,唯灵论就是从这套模式中发展出来的。但在希腊,荷马时代的哈得斯信仰以及古典时代的怀疑主义必定抑制了这一发展,以至于从死者那里得到的预言之梦事实上似乎只在古典时代起了一点相当微小的作用。[52]毕达哥拉斯派和斯多亚学派后来将哈得斯的位置转移到空中,死者因而也被带到了生者的近处,自此以后这种预言之梦可能就在希腊化时期的各个圈子中获得了重要地位。至少,我们在亚历山大·波里希斯托(Alexander Polyhistor)的作品中读到,"整个空中都充满着灵魂,他们被尊崇为精灵和英雄,也正是他们为人类遣送梦和

---

[51] Hdt. 5.92η. 梅里莎是一个 βιαιοθάνατος [被杀害的人],这或许使得她的 εἴδωλον [幻象] 更容易得到商讨。她抱怨冷或可与一则挪威故事相比较,在那个故事中,一个梦中显现的人说他的脚感到冷,而那人尸体的脚趾一直就没被盖上(Kelchner, op. cit., 70)。

[52] 在佩利阿斯(Pelias)的(不是求来的)梦中,福利克斯(Phrixos)的灵魂请求带它回家(Pindar, Pyth. 4.159 ff.),这很可能反映了古风时代晚期人们对于遗骨转移的焦虑,因此可以划归为"文化模式的"梦。在其他种类的梦中,死者大都体现为图谋报仇的死者(例如,埃里倪斯[Erinyes] 的梦,Aesch. Eum. 94 ff., 或泡赛尼阿斯[Pausanias] 求来的梦,Plutarch, Cimon 6, Paus. 3.17.8 f.),或者心存感恩的死者(例如,西蒙尼德[Simonides] 的梦,Cic. div. 1.56)。碑铭偶尔也记录了刚刚过世的死者在梦中向他们在世的亲人显现,这可以视作他们继续存在的证据(参见 Rohde, Psyche, 576 f.; Cumont, After Life in Roman Paganism, 61 f.)。这样的梦在任何社会中当然都是自然而然的,但是(除了荷马史诗中的阿基琉斯之梦),我认为,这种类型被记录下来的例子主要还是属于后古典时代。

征兆";波西多纽斯（Posidonius）也描述过相似的理论。[53] 但是秉持此观点的那些人没有理由在特定的地点求梦，因为死者无处不在；这样一来，necyomanteia［冥界入口处］就不可能在古代世界继续保留下去了。

而另一方面，随着公元前5世纪末阿斯克勒皮奥斯崇拜仪式突然成了一项重要的泛希腊仪式，医疗性潜思也得到了一次光辉复兴。阿斯克勒皮奥斯崇拜仪式直到异教徒时代最末期都一直保有这一地位，我会在之后的章节再讨论它的广泛含义。[54] 眼下我们只关注神遣送给病人的梦。自1883年埃披道洛斯神庙档案[55]发表以来，这些梦就一直受到广泛讨论；从一批学者的观点中，可以看出我们对人类体验中非理性因素的一般态度正在逐渐转变。早期评注家满足于视神庙档案为祭司故意伪造的赝品，或是勉强推论说那些病人是被灌了迷药或催了眠，抑或不知出于什么原因将睡梦当成了清醒，因而将身着华丽服饰的祭司认成了神圣的医

---

[53] Alexander Polyhistor *apud* Diog. Laert. 8.32（=Diels，*Vorsokr.*⁵，58 B 1a）；Posidonius *apud* Cic. *div.* 1.64，在韦尔曼看来（*Hermes*，54［1919］225 ff.），亚历山大的描述可以追溯到公元前4世纪的思想资源，它反映了老毕达哥拉斯派的观点。但另参见 Festugière，*REG.* 58（1945）1 ff.，费斯图吉耶将那一或那些思想资源定在了公元前3世纪并且给出了理由，而且还将文献与老学园派（the Old Academy）和卡里斯托斯的狄奥克勒（Diocles of Carystus）的观点联系了起来。

[54] 参见本书第六章，p. 193。

[55] ἰάματα τοῦ Ἀπόλλωνος καὶ τοῦ Ἀσκλαπιοῦ［阿波罗和阿斯克勒皮奥斯的治疗］，*IG* IV²，i.121-124。赫佐格有个独立编本：R. Herzog，*Die Wunderheilungen von Epidaurus*（*Philol.* Suppl. Ⅲ.3）；破损较少的部分其复件及译文见 Edelstein，*Asclepius*，Ⅰ，test. 423。

生。[56]现在可能没有人会对他们这些粗陋的解释感到满意了。三位学者——魏因赖希（Weinreich）、赫尔佐克（Herzog）、埃德尔斯坦（Edelstein）——已为当代争论做出了三份重要贡献；[57]从他们的贡献中我们可以看出，那种体验所具有的真正的宗教特征正在得到越来越多的强调。在我看来，这是完全正当的。但是，在关于记录的起源问题上仍然存在着意见分歧。赫尔佐克认为，那些记录部分基于病人敬献的石板真迹（不过它们可能在合编过程中得到了修饰和扩充），部分基于一种习惯于从众多素材中吸纳奇迹故事的神庙传统。而埃德尔斯坦则认为，铭文记录在某种程度上是对病人体验的忠实复录。

起源问题上的确定性很难企及。但是，梦或幻觉依赖某种文化模式这一理念或许可以帮助我们进一步理解埃披道洛斯神庙档案等文献的起源。梦体验反映了某种信仰模式，这种模式通常为做梦者及其周围所有人接受；信仰决定了体验的形式，体验形式又会反过来巩固信仰，因此体验会变得越来越程式化。泰勒（Tylor）早已指出，"这是一个恶性循

---

[56] 阿里斯托芬《财神》（*Plutus*）中的场景已经被用来支持这最后一个观点。但我怀疑诗人是否想暗示第676行的祭司就是后面出现的"那个神"。卡罗（Cario）的叙述似乎并不代表阿里斯托芬的实际想法，而是代表一般病人熟睡时所想象的事情。

[57] O. Weinreich, *Antike Heilungswunder* (*RGVV* VIII.i), 1909; R. Herzog, *op. cit.*, 1931; E. J. and L. Edelstein, *Asclepius: A Collection and Interpretation of the Testimonies* (2 vols., 1945)。玛丽·汉密尔顿（Mary Hamilton）为非专业人士提供了一个十分易读的普及本，*Incubation* (1906)。

环：做梦者相信的，他就会看到；他看到的，就会相信"。[58] 可是如果他没能看到梦中神迹呢？这种情况在埃披道洛斯必定经常发生：第欧根尼（Diogenes）在谈到敬献给另一位神祇的石板时说，"如果没有被神拯救的人也敬献了石板的话，那么它们的数目就会多得多"。[59] 但是除了对于个人而言之外，没看见梦中神迹根本不说明什么，因为神的意志高深莫测——"他要怜悯谁，就怜悯谁"。普劳图斯（Plautus）作品中一位得病的皮条客说，"我决定即刻离开神庙，因为我已经领会了阿斯克勒皮奥斯神的决定——他根本不在乎我，也不想救我"。[60] 必定有许多病人说了类似的话。但真正的信徒无疑保持着无限的耐心：我们知道原始人是如何不厌其烦地等待神迹，[61] 也知道人们是如何一趟又一趟地前往卢尔

---

[58] E. B. Tylor, *Primitive Culture*, II, 49. 参见 G. W. Morgan, "Navaho Dreams", *American Anthropologist*, 34（1932）400："神话会影响梦，这些梦反过来也有助于维持礼仪的效力。"

[59] Diog. Laert. 6.59.

[60] Plautus, *Curc.* 216 ff.（=test. 430 Edelstein）. 在后来的虔敬观念中，失败被说成是神的道德谴责，比如亚历山大·塞维鲁（Alexander Severus）的例子（Dio Cass. 78.15.6 f.=test. 395），以及斐洛斯特拉图斯（Philostratus）著作中的醉酒青年（*vit. Apoll.* 1.9=test. 397）。但也有神庙铭文记录了鼓励失望之人的例子（ἰάματα 25）。埃德尔斯坦认为这些必定只占少数（Edelstein, *op. cit.*, II.163）；但是卢尔德（Lourdes）以及其他医神庙的历史表明这样的假设是没有必要的。劳森在谈论如今希腊教堂中的潜思活动时说，"如果什么都没有发生，那么他们回家时希望虽然减弱了，但信仰并没有动摇"（Lawson, *Modern Greek Folklore and Ancient Greek Religion*, 302）。

[61] 参见，例如，Lincoln, *op. cit.*, 271 ff.；关于埃披道洛斯神庙的拖延，参见 Herzog, *op. cit.*, 67。在中世纪的一些对于潜思的描述中，病人会等上一年（Deubner, *op. cit.*, 84），而且劳森也谈到如今的农民也会等上几个星期甚至几个月。

德（Lourdes）。*事实上病人经常只能得到间接的启示：我们已经看到，一个非求梦者本人的关于执政官的梦在必要时也可拿来充数。不过，阿里斯提得斯相信自己也体验过神本人的降临，而且他的描述术语很值得我在此引用。[62]他说，"就像要触碰到他了，有种意识知道神本人就在那儿；仿佛处在半梦半醒中，想要睁开眼睛，又担心神会过早离去；可以听并听到声音，有时像在梦中，有时又像醒着；感到毛骨悚然；哭泣，但觉得幸福；内心膨胀，但不觉得虚荣。[63]有哪个人可以把这种体验诉诸语言？但是，任何体验过的人都会知道我在说什么，也会知道我当时的心境"。这里描述的是一种自我催生出来的入迷状态，病人内心有着强烈的神明降临的感觉，最后他听到了神的声音，尽管那声音只部分被客观化。可能许多对神的详细描绘都源自病人在这一状态下的体验，而非源自实际上的梦。

阿里斯提得斯的体验相当主观，但偶尔也会有客观因

---

[62] Aristides, *orat.* 48.31 ff.（=test. 417）. 推罗的马克西姆（Maximus of Tyre）声称曾在清醒时看到过阿斯克勒皮奥斯的幻象（9.7: εἶδον τὸν Ἀσκληπιόν, ἀλλ' οὐχὶ ὄναρ［我看到了阿斯克勒皮奥斯，但不是在梦中］）。而且扬布里柯也认为（Iamblichus, *myst.* 3.2, p. 104 P.），半睡半醒的状态特别有利于看到神明的幻象。

[63] γνώμης ὄγκος ἀνεπαχθής［不具冒犯性的知识带来的自豪感］。ὄγκος 通常是傲慢的标志，因此会冒犯（ἐπαχθής）诸神。

* 卢尔德为法国西南部小镇，因其能治愈疑难杂症的天然圣泉而著名。它是法国的宗教圣地，据说泉水的神奇医疗作用与圣母玛利亚的神迹有关。每年那里举行盛大宗教仪式的时候，都可以看到排着长队寻求奇迹的病人。

素介入。埃披道洛斯神庙档案中提到，有一个人日间在神庙外睡着了，一条驯化的神蛇舔舐了他疼痛的脚趾；醒来后他发现自己"痊愈"了，并说自己梦见一位英俊的青年在他的脚趾上贴敷料。这使我们想起阿里斯托芬《财神》（*Plutus*）中的场景；在那篇喜剧中，病人看到神的幻象后，为他疗伤的正是蛇。我们也读到过由神庙犬进行疗伤的例子，那些狗在病人十分清醒的时候舔舐患处。[64] 如果不强调"治疗"的持久效果，那么这些事情就不足为奇，因为狗的习性和唾液的疗效是众所周知的。狗和蛇在神庙治疗中的使用都相当真实。一份公元前4世纪的雅典铭文中记载了向神犬敬献糕点的命令；普鲁塔克也写过一个故事，其中一条机灵的神庙犬发觉了正在偷窃供品的贼，于是它被奖励余生都可以享受公款晚餐。[65] 神庙的蛇曾在赫罗达斯（Herodas）的拟剧作品中出现过，他写到，前来朝拜的妇女们不忘"毕恭毕敬地"

---

[64] ἰάματα 17; Ar. Plut. 733 ff.; ἰάματα 20, 26. 关于狗舔舐的功效，参见 H. Scholz, *Der Hund in der gr.-röm. Magie u. Religion*, 13。雅典国家博物馆一块公元前4世纪的浮雕（no. 3369）已经得到了赫佐格的解释（Herzog, *op. cit.*, 88 ff.），他认为它与ἰάματα 17类似。心怀感恩的潜思者向医疗英雄阿姆披亚拉欧斯献祭，浮雕同时表现了（a）阿姆披亚拉欧斯亲自（梦？）治愈受伤的肩膀，（b）蛇舔舐受伤的肩膀（客观事件？）。

[65] *IG* II², 4962（=test. 515）; Plutarch, *soll. anim.* 13, 969e; Aelian, *N. A.* 7.13（=test. 731a, 731）. 关于供养"狗和狗主人（κυνηγέταις）"，参见 Farnell, *Hero Cults*, 261 ff.; Scholz, *op. cit.*, 49; Edelstein, *op. cit.*, II.186, n. 9。柏拉图戏谑地将那一措辞改用在了一句粗鄙的双关语中（fr. 174.16 K），很可能是在暗示某些雅典人就像我们一样发觉那种供养很搞笑。"狗主人"或"狗头目"是将狗领到相应的病人那里的精灵吗？在我看来，他们无论如何都不是"猎人"或"猎神"：Xen. *Cyneg.* 1.2 并不能证明阿斯克勒皮奥斯曾经狩猎。

舀一些粥放在蛇的洞口。[66]

夜间受神探视的人们会在早晨讲述他们的体验。这里我们必须考虑到弗洛伊德所说的"二次校正"(secondary elaboration);据他所说,它的作用在于,"使梦褪去荒诞与杂乱无章的外表,向一种可被理解的体验模式靠拢"。[67]这样,二次校正就可以在不带刻意欺骗的情况下,使梦或幻象更加贴近传统的文化模式。例如,在脚趾疼的那人的梦中,梦幻形象具有神样的美貌,这就是人们在二次校正阶段极易附加上去的传统[68]相貌特征。除此之外,我认为在许多情形中我们还必须假定祭司或病友(后者可能更为常见)会进行第三次校正(tertiary elaboration)。[69]每一条关于治愈的传言都会为绝望的人们点燃新的希望,它会被满怀期待的病患紧紧抓住并夸张放大。那群病患联系紧密,阿里斯提得斯告诉我们,他们的集体感比学校团体或船员团体要强得多。[70]

---

[66] Herodas, 4.90 f. (=test. 482). 他确实是一条真蛇,而不是青铜蛇。青铜蛇不会待在洞里,τρώγλη[洞]并不是指"口"(如同埃德尔斯坦所言,*loc. cit.* and II.188, 他重复了诺克斯[Knox]的错误),而且功德箱似乎也不可能被称作 τρώγλη(如同赫佐格所言,*Arch. f. Rel.* 10 [1907] 205 ff.)。泡萨尼阿斯证实了一个自然的解释,Paus. 2.11.8 (=test. 700a)。

[67] *The Interpretation of Dreams*, 391.

[68] 参见 ιάματα 31, 诸多例子可参见 Deubner, *op. cit.*, 12。

[69] 正如赫佐格所指出,ιάματα 1 是一个明显例子。另参见 G. Vlastos, "Religion and Medicine in the Cult of Asclepius", *Review of Religion*, 1949, 278 ff.。

[70] Aristides, *orat.* 23.16 (=test. 402): οὔτε χοροῦ σύλλογος πρᾶγμα τοσοῦτον οὔτε πλοῦ κοινωνία οὔτε διδασκάλων τῶν αὐτῶν τυχεῖν, ὅσον χρῆμα καὶ κέρδος εἰς Ἀσκληπιοῦ τε συμφοιτῆσαι καὶ τελεσθῆναι τὰ πρῶτα τῶν ἱερῶν[无论是歌队、船员还是教师的集体活动都比不上它盛大,以比肩于供奉阿斯克勒皮奥斯、共同朝拜以及参与宗教仪式等神庙的首要事务]。

阿里斯托芬精确捕捉到了他们的心理，他描述说，一群病人把财神团团围住，恭贺他恢复视力，他们过于兴奋而难以入睡。[71] 我们应该认为，埃披道洛斯神庙档案中的民间故事成分，以及神在熟睡的病人身上进行外科手术这样的荒诞故事，都是受到了这一氛围的影响。值得注意的是，阿里斯提得斯完全不了解当时的外科治疗，但仍坚信它"在现任祭司祖父辈的时代"就已经被频繁使用。[72] 即使是在埃披道洛斯或珀伽蒙，故事的生成也需要时间。

关于医疗目的的潜思我再说最后一点。埃披道洛斯神庙档案中的治愈大都呈现为瞬间发生的，[73] 或许它们中的某些的确如此。至于治疗的疗效有多持久则是与此不相干的问题，只要病人"在离开时疾病痊愈了"（ὑγιὴς ἀπῆλθε）就已足够。痊愈的人数也无须很多：就像卢尔德的情况一样，就算治疗成功比例极低，但只要少数几个治愈案例具有轰动性，那么那处医疗圣地便仍可保有名声。至于梦中开出的处方，它们的质量自然参差不齐，因为它们既与做梦者的医学知识水平有关，又与做梦者本人对自己疾病的潜意识态度有

---

[71] Ar. *Plut.* 742 ff.

[72] Aristides, *orat.* 50.64（=test. 412）。对睡着的病人进行外科手术也出现在克里特岛莱比那（Lebena）阿斯克勒皮奥斯神庙所发现的档案残篇中（*Inscr. Cret.* I.xvii.9=test. 426），手术执行者被认为是圣斯马斯（Sts. Cosmas）和达米安（Damian）（Deubner, *op. cit.*, 74）。关于古斯堪的纳维亚的手术之梦，参见 Kelchner, *op. cit.*, 110。

[73] 瞬间治愈也出现在基督教的潜思中（Deubner, *op. cit.*, 72, 82），这是通常而言的野蛮人医术的特征（Lévy-Bruhl, *Primitive Mentality*, 419 f. [Eng. trans.]）。

关。[74]有些处方相当合理（尽管它们不完全是原创性的），比如神圣的智慧（Divine Wisdom）叮嘱喉咙痛要漱口，便秘要吃蔬菜。得到这一启示的人说，"我满怀感激，因为离开时我的疾病痊愈了"。[75]更多情况下，神的药典则纯粹是巫术性的。他令病人吞食蛇毒或祭坛中的灰烬，要么则用白公鸡的血涂抹眼睛。[76]埃德尔斯坦正确地指出，这些疗法在江湖医术中仍然占据较大比重。[77]但是一个重要的区别在于，

---

[74] 埃德尔斯坦正确地强调了第一点（Edelstein, *op. cit.*, II.167, "人们在梦中会使得神相信他们所依赖的一切"）；但他忽略了第二点。较旧的观点将痊愈归因于祭司的医术，而且试图将阿斯克勒皮奥斯神庙理性化为疗养院（参见 Farnell, *Hero Cults*, 273 f., Herzog, *op. cit.*, 154 ff.），埃德尔斯坦正确地抛弃了这一观点。正如他所指出，埃披道洛斯以及其他地方没有多少真正的证据可以证明医生或受过医学训练的祭司在神庙治疗活动中扮演任何角色（Edelstein, *op. cit.*, II.158）。科斯（Cos）的阿斯克勒皮奥斯神庙曾被认为是一个例外，不过那里发现的医疗器具很可能是医生们供奉的还愿品。（但是，参见 Aristides, *orat.* 49.21 f., 这里阿里斯提得斯梦见了药膏，而且是由 νεωκόρος［神庙庙监］提供的；以及参见 *JHS* 15［1895］121 中的一篇铭文，这里病人同时感谢了医生和神）。

[75] *IG* IV².i.126（=test. 432）. 参见 Aristides, *orat.* 49.30（=test. 410）: τὰ μὲν (τῶν φαρμάκων) αὐτὸς συντιθείς, τὰ δὲ τῶν ἐν μέσῳ καὶ κοινῶν ἐδίδου (ὁ θεός)［医神提供了一些药物，有的是他自己的，有些是民众常用的］，以及辛格勒（Zingerle）对于开给格拉尼努斯·鲁弗斯（Granius Rufus）的药方的研究，*Comment. Vind.* 3（1937）85 ff.。

[76] 蛇毒, Galen, *Subfig. Emp.* 10, p. 78 Deichgräber（=test. 436）; 灰烬, *Inscr. Cret.* I.XVII.17（=test. 439）; 公鸡, *IG* XIV.966（=test. 438）。参见 Deubner, *op. cit.*, 44 ff.。

[77] 参见 Edelstein, *op. cit.*, II.171 f.；对照 Vlastos, *loc. cit.*（上文注释［69］），282 ff.。由于赞赏希腊医术的理性原理，哲学家和历史学家一直以来都倾向于忽略或跳过古代医生（事实上直到最近的所有医生）所采用的诸多疗法中的非理性特征。关于化学分析发展成熟之前药物测试方面的困难，参见 Temkin, *The Falling Sickness*, 23 f.。然而，我们仍然（转下页）

在医学院中，它们至少会在原则上受到理性的批判，而在梦中，诚如亚里士多德所说，评判（τὸ ἐπικρῖνον）因素是完全不存在的。[78]

做梦者的潜意识态度所产生的影响能够从阿里斯提得斯的梦中处方看出来。他记录了很多处方；据他自己描述，"处方和人们预期的完全相反，它们恰恰是人们最会本能避开的东西"。所有处方的共同特点是产生疼痛感，包括催吐、隆冬时节下河沐浴、光脚在霜雪中奔跑，以及主动制造船难、割下手指作为牺牲[79]（这一象征的含义弗洛伊德已经解释过了）。这些梦看上去像是在表达自我惩罚这一根深蒂固的欲望。阿里斯提得斯通常都遵从它们，除了在献祭手指一事上他的潜意识强烈反抗，要求用指环作为敬献的替代品。然而，阿里斯提得斯还是经受住了他自己的种种处方；正如坎贝尔·邦纳（Campbell Bonner）教授所说，阿里斯提得斯

（接上页）必须同意沃拉斯托斯的说法，"希波克拉底的医术和阿斯克勒皮奥斯的疗法在原理上是相互对立的两极"。

[78] Aristotle, *Insomn.* 461b6.
[79] Aristides, *orat.* 36.124；47.46-50，65；48.18 ff.，27，74 ff.。困扰阿里斯提得斯的罪感也在两个奇怪的段落中暴露出来（Aristides, *orat.* 48.44 和 51.25），他在那里将朋友的死解释成是替他而死，这样的想法与其说是冷漠无情的自我中心主义的表现，不如说是根深蒂固的神经症的表征。关于梦见献祭手指（*orat.* 48.27=test. 504），参见 Artemidorus, 1.42。原始人会为了各种目的而真的献祭手指（Frazer on Paus. 8.34.2）。一个目的是为了获得有意义的梦或幻觉，参见 Lincoln, *op. cit.*, 147, 256, 那一实践在这里被解释成对父亲形象的幽灵的抚慰，他渴求一个象征自我阉割的行为。

必定有着慢性病人的刚强体质。[80]遵从这种梦确实很有可能会使神经症症状暂时减轻。但从广义上来说,一种医疗体系竟然放任病人受自己的潜意识冲动摆布,还将这一冲动伪装成神的诫谕,我们显然对此无话可讲。我们很可能会就此接受西塞罗冷峻的评价,"阿斯克勒皮奥斯几乎不会带给病人健康,希波克拉底才会"。[81]而且我们也不应该允许现代反叛理性主义的势力模糊以下这点,即人类真正亏欠的对象是早期希腊医生,他们规定了理性疗法的原则以对抗诸多如我们这里所讨论的那种古老迷信。

既然提到了和阿斯克勒皮奥斯崇拜仪式有关的自我催生的幻象,我不妨再大体说说醒时的幻象或幻觉。它们在过去可能比今天更为常见,因为相对来说它们似乎在原始人身上发生得更频繁些;而在我们身上,它们比我们通常以为的要罕见得多。[82]它们和梦有着大致相同的起源和心理结构,也和梦一样反映了传统的文化模式。在希腊人中,最常见的幻觉类型是看见神的幻象,或是听到神命令或禁止做出某些

---

[80] Campbell Bonner, "Some Phases of Religious Feeling in Later Paganism", *Harv. Theol. Rev.* 30 (1937) 126.

[81] Cic. *N.D.* 3.91 (=test. 416a). 参见 Cic. *div.* 2.123 (=test. 416)。关于对医治之梦的依赖所造成的危害,可参见索拉努斯(Soranus)的要求:护士不应该是迷信的,"以免梦、征兆或对传统仪式的信仰导致她忽略恰当的治疗"(1.2.4.4, *Corp. Med. Graec.* Ⅳ.5.28)。

[82] 英国心理研究学会所组织的"幻觉普查"(*Proc. S. P. R.* 10 [1894] 25 ff.) 似乎表明,每个人一生中大概会有十次幻觉不是由于生理或心理疾病。该学会最近的调查(*Journ, S. P. R.* 34 [1948] 187 ff.) 也已证实了这一发现。

行为的声音。根据卡西狄乌斯对梦和幻觉的分类,这种幻觉叫作"神显"(spectaculum),他给出的例子是苏格拉底的 *daemonion*[精灵]。[83] 在考虑了文学传统对固定程式之形成的全部影响后,或许我们可以得出以下结论,即幻觉体验曾一度相当普遍,而且它在历史上仍时不时会发生。[84]

拉特教授认为,[85] 赫西俄德告诉我们缪斯在赫利孔山上向他说话,[86] 这并不是寓言故事或诗意的修饰,而是诗人用文学语言传达真实体验的尝试。我相信拉特的观点是正确的。此外,我们有理由认为菲力皮得斯(Philippides)在马拉松战役前看到了潘神的幻象在历史上确有其事,这一事件

---

[83] Chalcidius, *in Tim.* 256: spectaculum, ut cum vigilantibus offert se videndam caelestis potestas clare iubens aliquid aut prohibens forma et voce mirabili[显灵,就好像天神的力量以神奇的外形和声音清楚地向醒着的人展现自己,来命令或制止某事]。这些显灵是否真的发生过这一问题是希腊化时代激烈争论的主题(Dion. Hal. *Ant. Rom.* 2.68)。关于对同一个神明形象被一个做梦之人和另一个清醒之人同时感知到的体验的细致描述,参见 *P. Oxy.* XI.1381.91 ff.。

[84] 参见 Wilamowitz, *Glaube*, I.23;Pfister in P.–W., Supp. IV, s.v. "Epiphanie", 3.41。正如菲斯特所说,我们不能怀疑大多数古代显灵故事都与古代宗教体验中的某些东西相对应,虽然我们几乎不能确定或完全不能确定任何特定的故事都有其历史根基。

[85] K. Latte, "Hesiods Dichterweihe", *Antike u. Abendland*, II (1946) 154 ff.

[86] Hesiod, *Theog.* 22 ff. (参见本书第三章,p. 81)。赫西俄德并没有声称他看见了缪斯,只是声称他听到了她们的声音;她们很可能 κεκαλυμμέναι ἠέρι πολλῇ[由层层雾气遮蔽](*Theog.* 9)。某些手稿(MSS)和引文将第 31 行的那个词读成 δρέψαι,这就使得那里的意思变成缪斯折下一根月桂树枝送给他,而这就会将幻象划归到"显灵"故事中(上文注释[19])。但我们或许更应该偏向于将那个词读成较模糊的 δρέψασθαι,"她们准许他自己折下"一根圣树枝——这一象征性的行为表示他接受了"召唤"。

促使雅典建立了潘神崇拜仪式。[87]我们或许也有理由认为品达在幻觉中看见了大母神的石像，这件事同样促使了崇拜仪式的建立，尽管这一例中仪式崇拜的主体（大母神）并不是一位当代出现的神祇。[88]有趣的是，上述三人的体验有一点是共通的：它们都发生在偏僻的山区——赫西俄德在赫利孔山上，菲力皮得斯在帕尔铁尼昂山（Mount Parthenion）的山间野路上，品达也是在电闪雷鸣的山中。这可能并非偶然。今天的探险家、登山运动员、飞行员有时也会遭遇离奇的经历，一个著名的例子就是沙克尔顿（Shackleton）和他的同伴们在南极洲时总是感到被某种存在包围着。[89]事实上，古希腊的一位医生曾描述过这种病态，"当人们置身于荒无人烟的旅途中时，恐惧会使他产生幻觉"。[90]不要忘了，希腊大部分国土曾经是、现在仍然是小规模的、分散的定居点，它们被绵延不绝的荒山野岭分隔开来，零星的农舍（ἔργα ἀνθρώπων）在其中根本就是不起眼的。那种孤独的心理影

---

[87] Hdt. 6.105. 这里的体验或许也是纯粹听觉方面的，虽然有 106 处左右同样用到了 φανῆναι［现身］。

[88] Aristodemus, *apud* Schol. Pind. *Pyth.* 3.79（137）；参见 Paus. 9.25.3，以及本书第三章注释〔90〕。

[89] Sir Ernest Shackleton, *South*, 209.

[90] Hippocrates, *Int.* 48（Ⅶ.286 L.）：αὕτη ἡ νοῦσος προσπίπτει μάλιστα ἐν ἀλλοδημίῃ, καὶ ἤν κου ἐρήμην ὁδὸν βαδίζῃ καὶ ὁ φόβος αὐτὸν λάβῃ ἐκ φάσματος· λαμβάνει δὲ καὶ ἄλλως［这种病最常在荒野中发作，尤其是走在空旷的路上时，恐惧会使他出现幻觉。当然也会有别的表现形式］。野外环境对希腊宗教的影响已经得到了维拉莫维茨的有力强调（Wilamowitz, *Glaube*, I.155, 177 f., 以及其他地方），但他似乎没有注意到这一段落。

响绝不能被低估。

最后，让我们简要回顾一下希腊知识分子是如何逐步形成对梦体验的更加理性的态度的。依据我们零碎的信息，第一个明确指出梦的正确本质的是赫拉克利特，他认为，在睡梦中每个人都退回到了自己的世界。[91] 这一论述不仅排除了梦的"客观性"，而且似乎还暗含着对一般梦体验之可靠性的否定，因为赫拉克利特的原则就是"遵循我们的共同点"。[92] 此外，色诺芬尼（Xenophanes）似乎也否认梦体验的可靠性，因为据说他拒绝一切形式的占卜，其中必定包括那种反映真实情况的梦。[93] 但就我们所知，这些早期的怀疑主义者并没有解释梦如何或者为何会产生，而且他们的观点也迟迟没有被人接受。有两个例子可以说明旧式的思维方式或至少旧式的表达方式在公元前5世纪末期依然存在。希罗多德笔下的怀疑论者阿尔塔巴诺斯（Artabanus）向薛西斯（Xerxes）指出，大多数梦就是人们白天所想的那些东西，然而他仍然以古老的"客观"方式来描述梦，说它们"游荡在人们身边"。[94] 德

---

[91] Heraclitus, fr. 89 D.；参见 fr. 73 和 Sext. Emp. *adv. dogm.* 1.129 f.(=Heraclitus, A 16)。Fr. 26 似乎也涉及梦体验，但它太残破、太模糊因而不能为据（参见 O. Gigon, *Untersuchungen zu Heraklit*, 95 ff.）。我也不能过多依赖卡西狄乌斯所描述的"赫拉克利特和斯多亚学派"关于预言术的观点（*in Tim.* 251=Heraclitus, A 20）。

[92] Fr. 2.

[93] Cic. *div.* 1.5; Aetius, 5.1.1 (=Xenophanes, A 52).

[94] Hdt. 7.16β, ἐνύπνια τὰ ἐς ἀνθρώπους πεπλανημένα [萦绕着人的幻象]。参见 Lucr. 5.724, "rerum simulacra vagari [游荡着事物的影像]"（来自德谟克利特？）。关于梦会反映白天所想，另参见 Empedocles, fr. 108。

谟克利特用原子理论来解释梦，他认为梦是人和物体不断发射出来的 *eidola*［影像］，它们从做梦者身体的孔隙中渗入体内，进而影响做梦者的意识。这一解释显然是在尝试为客观性的梦提供一个机械论的根据；它甚至保留了荷马描绘客观的梦幻形象的语词。[95]该理论显然主张心灵感应式的梦，因为它宣称，*eidola* 携带着产生它们的人的心理活动的印记（ἐμφάσεις）。[96]

然而，我们认为到公元前5世纪末，由于传统神祇的信仰已经干枯，[97]那种传统的"神梦"也不再频繁出现了，其重要性也有所降低——当然，除了民间的阿斯克勒皮奥崇拜仪式。有证据表明，其他看待梦的方式实际上正是在这一时期前后才更为流行。根据其时的宗教观念，人们往往认为有意义的梦会显示灵魂本身固有的力量；当睡眠将灵魂从身体的纠缠中解放出来时，灵魂便能发挥它的作用。这一宗教观念是在我们通常称为"俄耳甫斯教"思想的大背景下发展出来的，我会在

---

[95] 比约克已指出这点，他在德谟克利特的理论中发现了一处知识分子将流行观念体系化的例子（*Eranos*，44 [1946] 313）。但那一例子依然试图通过给出一个机械论解释从而将"超自然的"梦自然化（Vlastos, *loc. cit.*, 284）。

[96] Fr. 166，和 Plut. *Q. Conv.* 8.10.2, 734 F (=Democritus, A 77)。参见 Delatte, *Enthousiasme*, 46 ff., 以及我的论文，见 *Greek Poetry and Life: Essays Presented to Gilbert Murray*, 369 f.。

[97] θεόπεμπτος［神遣的］这样的术语在流行用法中渐渐失去了其大部分宗教意味：阿特米多鲁斯说，在他的时代，任何料想不到的事情都被俗称为 θεόπεμπτον（Artemidorus, 1.6）。

下一章讨论俄耳甫斯教。[98]与此同时，有迹象表明 oneirocritice [解梦术]在当时很流行，那是一种解释私人的象征性之梦的技艺。阿里斯托芬作品中有个奴隶说花两个奥波尔即可雇佣一个解梦师；据说正义者阿里斯提德（Aristides the Just）有个孙子就是靠解梦术谋生的，他当时还借助了一个 πινάκιον [参照表]。[99]那些 πινάκια [参照表]后来演变成了希腊最早的解梦书，它们中最早的可以追溯至公元前5世纪末期。[100]

---

[98] 参见本书第五章，p. 135。

[99] Ar. *Vesp.* 52 f.; Demetrius of Phaleron apud Plut. *Aristides* 27. 另参见 Xen. *Anab.* 7.8.1，这里读作 τὰ ἐνύπνια ἐν Λυκείῳ γεγραφότος [那个在吕克昂画壁画的人的梦] 可能是稳妥的（Wilamowitz, *Hermes*, 54 [1919] 65 f.）。早期喜剧诗人马格涅斯（Magnes）提到过 ὀνειρομάντεις [解梦人]（fr. 4 K.），阿里斯托芬在《特尔米索斯人》(*Telmessians*) 中似乎也嘲讽过他们。S. Luria, "Studien zur Geschichte der antiken Traumdeutung", *Bull. Acad. des Sciences de l' U. R. S. S.* 1927, 1041 ff., 他或许正确区分了古典时代的两个释梦学派，一个是保守的、虔敬的，另一个是伪科学的，但我无法同意他所有细节方面的结论。对技艺的信仰并不局限于大众，埃斯库罗斯和索福克勒斯都承认释梦是 μαντική [预言术] 的一个重要分支（*P. V.* 485 f.; *El.* 497 ff.）。

[100] ὁ τερατοσκόπος [看到征兆者；占卜师] 安提丰很可能是西塞罗和阿特米多鲁斯所引用的解梦书的作者（参见 Hermogenes, *de ideis*, 2.11.7=*Vorsokr.* 87 A 2, ὁ καὶ τερατοσκόπος καὶ ὀνειροκρίτης λεγόμενος γενέσθαι [那个人成了占卜师和解梦人]），他是苏格拉底的同时代人（Diog. Laert. 2.46=Aristotle, fr. 75 R.=*Vorsokr.* 87 A 5）。根据赫摩格尼斯（Hermogenes, *loc. cit.*）和苏伊达斯，他通常被认定为是智者安提丰，但这不容易被接受。(a) 很难相信"不信神的"、περὶ ἀληθείας [论真理] 的作者会敬重梦和征兆（*Vorsokr.* 87 B 12；参见 Nestle, *Vom Mythos zum Logos*, 389）；(b) 阿特米多鲁斯和苏伊达斯都说解梦书的作者是雅典人（*Vorsokr.* 80 B 78, A 1），而色诺芬著作中的苏格拉底则使用 παρ' ἡμῖν [照我们看来]一词（Xen. *Mem.* 1.6.13），在我看来这暗示了那个智者是外邦人（这同时禁止将智者和修辞家混为一谈）。

希波克拉底在《摄生论》(On Regimen, περὶ διαίτης)——耶格尔(Jaeger)将其定在公元前4世纪中叶[101]——中做了一次理性化 oneirocritice [解梦术] 的有趣尝试,他试图将大量不同种类的梦和做梦者的生理状态关联起来,并将它们看作对医生来说至关重要的症状。[102]同时,希波克拉底也承认预知性的"神圣"之梦,还承认许多梦都不加掩饰地展现了愿望的达成。[103]但是作为一位医生,吸引他的只有那些以象征形式表达生理病态的梦。他认为这种梦源自灵魂的医学预见力:在睡眠时,灵魂"成为了自己的女主人",能够专心致志地审视它的肉体寓所[104](这显然受到了"俄耳甫

---

[101] Jaeger, Paideia, Ⅲ.33 ff. 先前的学者普遍将 περὶ διαίτης [《摄生论》] 划归到公元前5世纪晚期。

[102] 希波克拉底全集中别的地方已经认识到梦可以作为疾病的显著症兆 (Epidem. 1.10, Ⅱ.670 L.; Hum. 4, Ⅴ.480; Hebd. 45, Ⅸ.460)。特别是焦虑的梦可以被视作心理障碍的重要症兆,Morb. 2.72, Ⅶ.110; Int. 48, Ⅶ.286。亚里士多德说,大多数名医都相信对梦的严肃解释 (div. p. somn. 463a4)。但 περὶ διαίτης 的作者把这一本质上可靠的原则弄得极为冗长。

[103] περὶ διαίτης 4.87 (Ⅵ.640 L.): ὁκόσα μὲν οὖν τῶν ἐνυπνίων θεῖά ἐστι καὶ προσημαίνει τινὰ συμβησόμενα...εἰσὶν οἳ κρίνουσι περὶ τῶν τοιούτων ἀκριβῆ τέχνην ἔχοντες [许多幻象都是神圣的,能够预见事情的结果……那些掌握了技艺的人能对这些事做出精确判断],以及 ibid., 93: ὁκόσα δὲ δοκέει ὁ ἄνθρωπος θεωρέειν τῶν συνήθων, ψυχῆς ἐπιθυμίην σημαίνει [人似乎能看到许多司空见惯的事物的幻象,它们展现了灵魂的欲望]。

[104] Ibid., 86: ὁκόταν δὲ τὸ σῶμα ἡσυχάζῃ, ἡ ψυχὴ κινευμένη καὶ ἐπεξέρπουσα τὰ μέρη τοῦ σώματος διοικέει τὸν ἑωυτῆς οἶκον κτλ [当肉体平息的时候,灵魂开始运动,它钻入肉体的寓所,成为了自己的女主人]。参见本书第五章,p.135,以及盖伦的观察,"在睡眠时,灵魂似乎潜入到身体的深处,离开了外部的感知对象,因而开始意识到身体的状况"(περὶ τῆς ἐξ ἐνυπνίων διαγνώσεως, Ⅵ.834 Kühn)。"俄耳甫斯教的"观念对于 περὶ διαίτης 4.86 的影响已经由帕姆(A. Palm)指出,Studien zur Hippokratischen Schrift π. διαίτης, 62 ff.。

斯教"观点的影响)。从这一观点出发,希波克拉底进而构建了一系列外在世界与人体、宏观世界与微观世界之间的类比(它们或多或少是花哨的空想),借此证明许多传统解释的正当性。在他的类比中,大地代表做梦者的肉躯,河流代表血液,树代表生殖系统;梦见地震象征生理变化,而关于死者的梦则指向所吃食物,"因为养分、生长和种子都来自死者"。[105] 这样一来,希波克拉底便预示了弗洛伊德的原则,即梦总是以自我为中心的(egocentric),[106] 尽管他将该原则仅应用于生理学领域。希波克拉底没有宣称自己的解释具有原创性,我们也知道其中的一些说法有更古老的起源;[107] 但他说以往的解释者没能为自己的观点提供理据,而且开出的

---

[105] *Ibid.*, 90, 92. 关于宏观世界和微观世界在细节上的对应, *cf. Hebd.* 6 (IX.436 L.)。

[106] Freud, *op. cit.*, 299:"每一个梦都涉及做那个梦的人。"

[107] 关于作为生育象征的树,参见 Hdt. 1.108 和 Soph. *El.* 419 ff.;某些古斯堪的纳维亚的解梦书中也可以发现类似的象征手法(Kelchner, *op. cit.*, 56)。π. διαίτης [《摄生论》] 和古代印度梦书中的类似解释导致人们认为古希腊医学作家或其所使用的古希腊解梦书受到了来自东方的影响(Palm, *Studien zur Hipp. Schrift* π. διαίτης, 83 ff., followed by Jaeger, *Paideia*, Ⅲ.39。其他人基于同样的理由将早期希腊的解梦书假定为阿特米多鲁斯和《摄生论》(π. διαίτης)共同的思想来源(C. Fredrich, *Hippokratische Untersuchungen*, 213 f.)。但这样的推测是站不住脚的。ὀνειροκριτική [解梦术] 这一技艺过去是(现在也是)一种发现类似之处的技艺(Arist. *div. p. somn.* 464b5),越明显的类似之处就越不容易被漏掉。罗斯教授已经指出阿特米多鲁斯的体系和现今中非正流行的体系在细节方面的相似性(*Man*, 26 [1926] 211 f.)。另参见 Latte, *Gnomon*, 5.159。

治疗处方除了祈祷外别无其他，这在他看来是不够的。[108]

在《蒂迈欧》中，柏拉图提供了一种对预言之梦的奇特解释：那些梦源自理性灵魂的洞察力，又被非理性灵魂感知为投射在肝脏光滑表面上的影像，因此它们是模糊的、象征性的，必须依赖解释。[109]因此，柏拉图承认梦体验和真实有着间接的关系，尽管他似乎并没有把它看得很高。在《论梦》(*On Dreams*)与《论睡眠中的征兆》(*On Divination in Sleep*)两篇短文中，亚里士多德提供了更为重要的解释。他处理这一问题极度理性化但不流于形式，并且时而展现出高明的洞见，例如，他识别出梦、病人的幻觉以及清醒者的错觉（例如错将陌生人当成我们心里想见的人）具有共同的起源。[110]他否认梦是由神遣送的（θεόπεμπτα）：如果神想传授知识给人，那么他会选择在白天进行，而且会在精心挑选的人身上进行。[111]然而，梦尽管不神圣，却可以说是神秘的（daemonic），"因为自然就是神秘的"。弗洛伊德认为，这句话如果解释得当就会体现出深刻的内涵。[112]和弗洛伊

---

[108] *Ibid.*, 87；参见 Palm, *op. cit.*, 75 ff.。泰奥弗拉斯托斯笔下的迷信之人每当梦到 τίνι θεῷ ἢ θεᾷ προσεύχεσθαι δεῖ [被要求向神或女神祈祷] 时都要请求 ὀνειροκρίται [解梦人]（*Char.* 16）。

[109] Plato, *Tim.* 71a–e.

[110] *Insomn.* 458b25 ff., 460b3 ff.

[111] *Div. p. somn.* 463b15 ff., 464a20 ff.

[112] *Ibid.*, 463b14；参见 Freud, *Interpretation of Dreams*, 2。我无法同意布扬塞的观点（Boyancé, *Culte des Muses*, 192），他认为当亚里士多德称梦为 δαιμόνια [神秘的] 时所想到的是毕达哥拉斯的（？后亚里士多德的）学说，那一学说认为梦是由空中的 δαίμονες [精灵]（转下页）

德一样，亚里士多德在文中讨论反映真实的梦时相当谨慎，不置可否。他不再像自己罗曼蒂克的青年时代一样论述灵魂固有的预言能力，[113] 也拒绝了德谟克利特的原子 *eidola* ［影像］理论。[114] 他认为有两种梦可被理解为是预知性的：一种梦会预告做梦者的健康状况，对此合理的解释是清醒时忽略的病症在梦中更易被意识察觉；另一种梦会告知做梦者行动方案，醒来后做梦者照此执行。[115] 除这两种以外，梦如果反映了真实，那么他会认为这可能是机缘巧合（σύμπτωμα）；如果没有，那么他就以可传导扰动的水或空气作譬，[116] 用一种波纹推进说（theory of wave-borne stimuli）来解释。他对这一问题的整个处理方法都是科学性的而非宗教性的；事实上，人们或许会质疑现代科学在这一问题上是否远远超过了亚里士多德。

可以确定的是，古代晚期无人超过亚里士多德。梦的宗教性观念在斯多亚学派那里得到复兴，最后甚至被逍遥学派接受，如西塞罗的友人克拉提普斯（Cratippus）。[117] 西塞

（接上页）引起的（参见注释［53］）。而且布扬塞认为亚里士多德无条件地相信预言式的梦，这也无疑是错的。

[113] περὶ φιλοσοφίας, fr. 10. 参见 Jaeger, *Aristotle*, 162 f., 333 f. (Eng. ed.)。
[114] *Div. p. somn.* 464a5.
[115] *Ibid.*, 463a4 ff., 27 ff.
[116] *Ibid.*, 464a6 ff. 亚里士多德进一步提出，当心灵空虚而又被动时，就会像某些类型的精神错乱一样，如此微小的刺激就会引起最适反应（464a22 ff.）；他也进一步提出，梦中必定存在选择性因素，因为真实的梦通常关系到朋友，而不是陌生人（464a27 ff.）。
[117] 参见 Cic. *div.* 1.70 f.。西塞罗甚至将这一宗教观归之于亚里士多德的学生狄卡尔库斯（Dicaearchus）（*ibid.*, 1.113, 2.100）；但这不容易和已知的狄卡尔库斯的其他观念相调和，因而很可能是一个误解（F. Wehrli, *Dikaiarchos*, 46）。

罗经深思熟虑后，认为"梦的庇护"下的哲学家们已经为延续迷信做了不少事，可这一迷信的唯一效用只是增加人们的恐惧与焦虑感。[118]但西塞罗的抗议犹如石沉大海：解梦书持续不断地增多；马可·奥勒留（Marcus Aurelius）皇帝对梦中赐赠他医疗建议的神明们感恩有加；普鲁塔克由于做过某些梦因而拒不吃鸡蛋；狄奥·卡西乌斯（Dio Cassius）撰述史书是因为梦中受到神启；就连极为开明的外科医生盖伦（Galen）都由于梦中指令而准备进行一台手术。[119]不论是出于梦毕竟和人的内在生命有关联这一直观理解，还是出于我在本章开头所提出的简单理由，在整个古代，人们都不满足于只拥有象牙之门，而是坚信牛角之门也在某时以某种方式存在着。

---

[118] Cic. *div.* 2.150. *de divinatione*，Book 2 结尾这段中的文明的理性主义，几乎没有被充分理解。

[119] 如今已近散佚的论 ὀνειροκριτική［解梦术］的权威著作其令人敬畏的目录清单可参见，Bouché-Leclercq, *Hist. de la Divination*, I.277。解梦书在希腊仍然有诸多研究（Lawson, *op. cit.*, 300 f.）。马可·奥勒留列举了自己欠神的债务，其中包括 τὸ δι' ὀνειράτων βοηθήματα δοθῆναι ἄλλα τε καὶ ὡς μὴ πτύειν αἷμα καὶ μὴ ἰλιγγιᾶν［从梦中获得疗方，尤其是使我不再吐血和眩晕的疗方］（1.17.9）；另参见 Fronto, *Epist.* 3.9.1 f.。关于普鲁塔克依赖梦中的建议，参见 *Q. Conv.* 2.3.1，635e；关于盖伦依赖梦中的建议，参见他对 Hipp. περὶ χυμῶν 2.2 的评注（XVI.219 ff. K.）。狄奥·卡西乌斯在梦中受到自己 δαιμόνιον［精灵］的命令，从而写下了他的史书，72.23。

第五章　希腊萨满和清教主义的起源

就让不朽的灵魂钻入那人的体内吧!

——赫尔曼·麦尔维尔（Herman Melville）

在上一章我们看到，除了相信客观的神明使者会在梦中或幻觉中与人交流这一古老信仰之外，古典时代某些作家的作品中还出现了一种新的信仰，它相信梦体验或幻觉体验与人类自身固有的神秘力量有关。品达说："每个人的身体都听从死亡的号令，死亡主宰一切；然而有一幅生命的影像（αἰῶνος εἴδωλον）却始终存留不息，因为只有它来自神；它在人肢体活动的时候沉睡，却常在人沉睡的时候以梦来预示必将来临的欢欣或厄运。"[1]色诺芬以平实的散文体表述了这

---

[1] Pindar, fr. 116 B. (131 S.). 罗德正确地强调了这一残篇的重要性（Rohde, *Psyche*, 415），尽管他将残篇中的某些观念错误地追溯到了荷马（*ibid.*, 7）。参见 Jaeger, *Theology of the Early Greek Philosophers*, 75 f.——认为梦中的经验主体是一个不变的"深层"自我这一观念自然也会顺带表明，一个早已逝去甚至被遗忘的过去能够在睡梦中得到复现。正如一位现代作家所说，"在睡梦中，我们不仅可以摆脱通常的时空限制，而且也可以回到我们的过去甚或有可能走向我们的未来，那一明显体验到这些奇特经历的自我是一个无关年龄的、更加本质的自我"（J. B. Priestley, *Johnson over Jordan*）。

段话，并且补足了诗歌有权省略的那些逻辑关联。他说："正是在沉睡时灵魂（psyche）最好地展现了它的神圣本质；也正是在沉睡时灵魂能够洞察未来，这显然是因为它在沉睡时最自由。"接着，色诺芬推断死后灵魂可能更为自由，因为沉睡是最接近死亡的生命体验。[2] 类似的说法也出现在柏拉图对话以及亚里士多德一部早期作品的残篇中。[3]

一直以来，人们都认为这种观点标志着一种全新的文化模式，展现了先前希腊作家所不知的关于人之本质和命运的新观念。讨论这种模式的起源和历史以及它对古代文化的影响很可能轻易就会花掉整个系列讲座的时间，或是花掉整卷篇幅。我在这里只能做到简述这种模式的某些方面，它们关键性地影响了希腊人对于人类体验中的非理性因素的解

---

[2] Xen. *Cyrop.* 8.7.21.
[3] Plato, *Rep.* 571d ff.：当灵魂中的 λογιστικόν［理性］部分沉睡时，灵魂 αὐτὸ καθ' αὑτὸ μόνον καθαρόν［本身独自依凭自身存在，不被玷污］（但情况并不总是如此），它能感知到之前并不知道的东西，无论是过去的、现在的还是未来的，而且 τῆς ἀληθείας ἐν τῷ τοιούτῳ μάλιστα ἅπτεται［在这样的状况中能最好地把握真理］。Aristotle, fr. 10=Sext. Emp. *adv. Phys.* 1.21：ὅταν γὰρ ἐν τῷ ὑπνοῦν καθ' αὑτὴν γίγνεται ἡ ψυχή, τότε τὴν ἴδιον ἀπολαβοῦσα φύσιν προμαντεύεταί τε καὶ προαγορεύει τὰ μέλλοντα. τοιαύτη δέ ἐστι καὶ ἐν τῷ κατὰ τὸν θάνατον χωρίζεσθαι τῶν σωμάτων［因为当灵魂只依凭自身存在时，它本身的自然就恢复过来，能够预知和预言未来。灵魂在人死时脱离肉体就是这样一种情形。］，参见 Jaeger, *Aristotle*, 162 f.。另参见前面第四章注释〔104〕所引，Hipp. περὶ διαίτης, 4.86；以及 Aesch. *Eum.* 104 f.，这里诗人将古老的、"客观的"梦和心灵自身在睡梦中获得预言这一观点结合了起来，这似乎源自一种不同的信仰模式。关于毕达哥拉斯学派对梦的重视，参见 Cic. *div.* 1.62；Plut. *gen. Socr.* 585e；Diog. L. 8.24。

释。但即便着眼于此,我也不得不穿越这样一片土地,争论不休的学者们曾在此踏下沉重的脚步,留下的是整片深厚险滑的泥泞。这片土地还遍布着死去理论的残骸,它们尚未得到安葬,步履匆忙的人很可能会跌跟头。因此,当我们穿越这片土地时,必须明智而缓慢,小心翼翼地拾步而前。

首先我们需要一探究竟的是那一全新信仰模式中新的部分是什么。它当然不是继续存活(survival)观念,因为在希腊乃至世界上大部分地区,[4]这一观念都十分古老。如果从爱琴海地区的墓葬品来看,那么我们就会发现,该地区的居民自新石器时代以来就感到人类对衣食和娱乐服侍的欲求并不会随着死亡的降临而终止。[5]我特意用了"感到"一词而非"相信",因为供养死者这样的行为似乎是对情感驱动的直接反应,没必要借助任何理论。我认为,人们供养死者和小姑娘喂养洋娃娃事出同因;而且和小姑娘一样,他们拒绝诉诸现实标准来打破自己的幻想。古风时代的希腊人将液体顺着喂食管注入腐尸苍白的口中,对此,我们只能说,他们有充分理由拒绝认知自己的所作所为,或者更抽象地说,他们无视尸体与鬼魂的区别,他们认为二者是"同质的"(consubstantial)。[6]

---

[4] "人死后他的有意识的人格是否继续存在,对于这一问题,几乎所有民族的人的回答都是肯定的。在这一问题上,怀疑论者或不可知论者几乎——如果不是全部的话——闻所未闻",参见 Frazer, *The Belief in Immortality*, I, 33。

[5] 考古证据可参见约瑟夫·维斯纳(Joseph Wiesner)极为便利的收集和整理,*Grab und Jenseits*(1938),尽管他某些推测的可靠性很可疑。

[6] 参见 Lévy-Bruhl, *The "Soul" of the Primitive*, 202 f., 238 ff., (转下页)

准确、清晰地构建那一区别，将鬼魂与尸体分离开来，这当然是诗人荷马的功劳。两部史诗中都有段落表明，诗人们为自己的成就而感到自豪，并且完全清楚那一成就的新颖之处和重要性。[7]他们确实有权感到自豪，因为正是在死亡的话题上，清醒思想才会遭遇到来自无意识的最强烈抵抗。但是，我们不能认为，区别一旦构建出来它就会被普遍接受甚或被全盘接受。考古证据表明，至少在希腊大陆地区，照料死者的葬俗及其所暗含的尸体与鬼魂等同的观念一直就在暗中延续着，甚至（或即便）在一度流行火葬之时也存续了下来。[8]在阿提卡，那一葬俗是如此奢靡浪费，以至于梭伦

（接上页）以及 *L' Exp. Mystique*, 151 ff.。继续存活这一信仰最初并不是通过任何逻辑思考的过程而得出（如泰勒和弗雷泽所假定的那样），而是通过拒绝思考而得出，即无意识中就会对不受欢迎的证据视而不见，目前许多人类学家都同意这一观点：参见，例如，Elliot Smith, *The Evolution of the Dragon*, 145 f.; Malinowski, *Magic, Science and Religion*, 32 f.; K. Meuli, "Griech. Opferbräuche", in *Phyllobolia für Peter von der Mühll* (1946); Nilsson in *Harv. Theol. Rev.* 42 (1949) 85 f.。

[7] *Il.* 23.103 f.; *Od.* 11.216–224. 杰林斯基已经正确地强调了这些段落的重要性及其所蕴含的新颖性（Zielinski, "La Guerre à l' outretombe", in *Mélanges Bidez*, II.1021 ff., 1934），尽管他走得有点远，他将荷马诗人视作宗教改革家，认为他们在真诚方面可以和希伯来先知相提并论。

[8] 不仅供养的对象（object-offerings），而且实际的喂食管，即使在火葬中也都可以发现（Nock, *Harv. Theol. Rev.* 25〔1932〕332）。在奥林托斯（Olynthus），公元前6世纪至前4世纪的近600处墓葬已经得到勘察，可以发现事实上供养的对象在火葬中最为普遍（D. M. Robinson, *Excavations at Olynthus*, XI.176）。这必定意味着以下两种情况中的一种：要么如罗赛所认为，归根结底，火化尸体不是为了将鬼魂与尸体分离；要么就是那种古老的、无理性的服侍习惯太根深蒂固，以至于不会受到任何此类措施的扰乱。穆利指出（Meuli, *loc. cit.*），在德尔图良（Tertullian）的时代，人们继续供养被火化的死者（*carn.*〔转下页〕

和法勒隆的德米特里乌斯（Demetrius of Phaleron）不得不相继立法对之进行管控。[9]

这样一来便不存在"建立"继续存活观念的问题了。继续存活的观念就暗含在古老的墓葬习俗中，该习俗认为坟墓中的死者既是鬼魂也是尸体；这一观念在荷马史诗中变得更为明显，但史诗认为哈得斯中的虚影只是鬼魂。其次，死后赏罚的观念也不是新的。在我看来，《伊利亚特》已经提到某些冒犯神明的行为会遭到死后惩罚，[10]《奥德赛》则毫无疑问描述了这种惩罚。而且很可能早在公元前7世纪，厄琉息斯秘仪（Eleusis）就已经开始向入会信徒承诺死后的优待。[11]我认为，现在没有人会相信《奥德赛》中出现的"大罪人们"（great sinners）是"俄耳甫斯教的篡入"（Orphic

---

[接上页] resurr. 1, [vulgus] defunctos atrocissime exurit, quos post modum gulosissime nutrit[（民众）最为野蛮地火化死者，然后贪婪地喂养他们]）；而且，尽管最初教会反对，但喂食管的使用在巴尔干半岛几乎一直持续到今天。另参见 Lawson, *Mod. Gr. Folklore*, 528 ff.；关于这整个问题，参见 Cumont, *Lux Perpetua*, 387 ff.。

[9] Plut. *Solon* 21；Cic. *de legg.* 2.64–66. 另参见柏拉图反对奢侈的葬礼（*Laws* 959c），以及拉巴亚达（Labyadae）的法律尤其禁止给尸体穿戴昂贵的寿衣（Dittenberger, *Syll.*² II.438.134）。但对于尸魂的幻想当然仅仅只是一种在奢侈的葬礼中找到满足的感觉（参见 Nock, *JRS* 38 [1948] 155）。

[10] *Il.* 3.278 f., 19.259 f. 为了将来世论上的（eschatological）一致性强加于荷马（或任何其他人）而进行修改增删或扭曲语词的平实含义，这是极不明智的。《伊利亚特》中的誓约程式（这种古老的程式并不存在创新）保存着一种比荷马所描述的中性的哈得斯还要更加古老的信仰，而且有着更强大的生命力。

[11] *H. Dem.* 480 ff. 关于此颂诗（可排除任何"俄耳甫斯教的"影响的可能性）的可能日期，参见 Allen and Halliday, *The Homeric Hymns*², 111 ff.。

interpolation），[12] 或厄琉息斯秘仪的承诺是"俄耳甫斯教改革"（Orphic reform）的结果。此外，在埃斯库罗斯悲剧中，对某些罪人的死后惩罚与传统的"未成文法"以及埃里倪斯、阿拉斯托尔（Alastor）的传统功能紧密相关，因此我十分怀疑是否可以打碎这整个结构并为其中某一因素贴上"俄耳甫斯教的"标签。[13] 这些都是特例，但它们足以说明当时就存在死后赏罚的观念；而新的运动似乎不过是在推广这一观念罢了。而且在新的构建中，我们时不时就能辨识出旧观念的回响。例如，品达以一幅幸福的死后图景来安慰其失去亲人的顾主，他向他担保天国既有骏马也有跳棋。[14] 这些都不是新的承诺：帕特罗克洛斯的葬礼柴堆中有马，迈锡尼国王的墓穴中有跳棋。数个世纪以来，天国几乎未易陈设，它依旧是对我们所知的唯一世界的理想复制。

最后，将 psyche［灵魂］等同于活人的人格也不是新运动的贡献，爱奥尼亚显然早就率先出现了这一观念。诚然，荷马认为 psyche 对于生者而言其功能仅仅在于离他而去，psyche 的"存在"（esse）似乎只是指"超存在"（superesse）。

---

［12］ 维拉莫维茨在其鲁莽的青年时期坚持这一观点（Wilamowitz, *Hom. Untersuchungen*, 199 ff.）；但后来放弃了（*Glaube*, Ⅱ.200）。

［13］ Aesch. *Eum*. 267 ff., 339 f.; *Suppl*. 414 ff. 参见 Wehrli, Λάθε βιώσας, 90。在古典时代，对死后惩罚的恐惧并不局限于"俄耳甫斯教的"或毕达哥拉斯派的圈子，而是很可能萦绕于任何有罪感的良心，德谟克利特（Democritus, frs. 199 and 297）和柏拉图（Plato, *Rep*. 330d）似乎暗示了这一点。

［14］ Pindar, fr. 114 B.（130 S.）. 关于马，参见 *Il*. 23.171 和 Wiesner, *op. cit*., 136^3, 152^{11}, 160, 等等；关于 πεσσοί［跳棋］，参见 Wiesner, 146。

但阿那克列昂（Anacreon）却可以对他的爱侣说，"你是我的 *psyche* 的主人"；西蒙尼德（Semonides）也可以说，"让他的 *psyche* 享受逸乐"；公元前 6 世纪的埃瑞特里亚（Eretria）墓志中也可以出现这样的抱怨：桨手这一职业"几乎不能使 *psyche* 得到满足"。[15] 这里的 *psyche* 是指活着的自我，更具体地说，是指欲望的自我；它取代了荷马的 *thumos* 的功能，但没有取代荷马的 *noos* 的功能。这一意义上的 *psyche* 和 *sōma*［身体］之间并不存在根本性的对立，*psyche* 只是 *soma*［身体］在心理层面的对应项。在阿提卡希腊语中，这两个词都可以意指"生命"：雅典人会不加区别地说，ἀγωνίζεσθαι περὶ τῆς ψυχῆς［为 *psyche* 而斗争］或 περὶ τοῦ σώματος［为 *soma* 而斗争］。在某些合适的语境下，这两个词又都可以表示"人称"：[16] 因此，索福克勒斯笔下的俄狄浦斯在一个段落中可以用"我的 *psyche*"指代自己，在另一个段落中又可以用"我的 *soma*"指代自己，其实这两处他都可以直接说"我"。[17] 甚至荷马对尸体与鬼魂所做的区分也变得模糊了：不仅早期阿提卡铭文中提到 *psyche* 的死去，而且更惊人的是，就连品达也说，哈得斯用他的魔杖将死者的 *somata*［身

---

[15] Anacreon, fr. 4; Semonides of Amorgos, fr. 29.14 D.（=Simonides of Ceos, fr. 85 B.）; *IG* XII.9.287（Friedländer, *Epigrammata*, 79）。希波纳克斯（Hipponax）对于 ψυχή［灵魂］一词有着类似用法，fr. 42 D.（43 B.）。

[16] G. R. Hirzel, "Die Person", *Münch. Sitzb.* 1914, Abh. 10.

[17] Soph. *O. T.* 64 f., 643. 但是，尽管每个措辞都可以用人称代词来替代，但它们并不是（如希瑟尔［Hirzel］所表明的那样）可互换的；σῶμα［身体］一词就不能在第 64 行，ψυχή［灵魂］一词也不能在第 643 行。

第五章　希腊萨满和清教主义的起源

体］引向"空旷之城"。这里尸体与鬼魂又重新获得了古老的同质性。[18]我认为我们必须承认,在公元前5世纪,普通希腊人所使用的心理学语汇其实极为混乱,正如通常所是的情况那样。

但这一混乱中所出现的一个事实对我们的探讨来说却极为重要。伯内特(Burnet)已在他著名的演讲"苏格拉底的灵魂学说"(The Socratic Doctrine of the Soul)中指出了那一事实,[19]因此我们不必再费太多口舌。公元前5世纪的阿提卡作家和他们的爱奥尼亚前辈一样,对他们来说,*psyche*一词所表示的"自我"通常是指情感自我,而非理性自我。*psyche*可以说是勇敢、激情、怜悯、焦虑以及动物性欲望所在的位置,但在柏拉图之前,它唯独不是或极少是理性所在的位置。它涵盖的范围与荷马的 *thumos* 大致相当。当索福克勒斯说要检验一个人的 ψυχήν τε καὶ φρόνημα καὶ γνώμην［*psyche*、*phrŏnēma* 和 *gnōmē*］时,[20]他将一系列

---

[18] *IG* I².920（=Friedländer, *Epigrammata*, 59）, ψυχ［ὴ］ὄλετ'ἐ［ν δαΐ］［灵魂在战争中凋败］（约500 B.C.）；参见 Eur. *Hel.* 52 f., ψυχαὶ δὲ πολλαὶ δι' ἐμέ...ἔθανον［许多灵魂因我……而死］,以及 *Tro.* 1214 f., ψυχὴν σέθεν ἔκτεινε［杀害了你的灵魂］。Pindar, *Ol.* 9. 33 ff.: οὐδ' Ἀΐδας ἀκινήταν ἔχε ῥάβδον, βρότεα σώμαθ' ᾇ κατάγει κοίλαν πρὸς ἄγυιαν θνασκόντων［哈得斯也挥动着权杖,他凭此引领凡人的躯体走上空空的死亡之路］（参见 Virg. *Geo.* 4.475=*Aen.* 6.306）。

[19] The Hertz Lecture, 1916, *Proc. Brit. Acad.* VII. L.–S., s.v. ψυχή［灵魂］,没有受益于伯内特的研究。关于悲剧,词典材料辑录在 Martha Assmann, *Mens et Animus*, I（Amsterdam, 1917）。

[20] Soph. *Ant.* 176. 参见707 f., 这里 ψυχή 与 φρονεῖν 正相反,以及 Eur. *Alc.* 108。

性格要素从情感（psyche）到理智（gnōmē）依次进行排列，而中间项 phrŏnēma 则兼具情感与理智。伯内特进一步主张，psyche "保留了一些神秘而诡谲的成分，它们与我们的正常意识大相径庭"。这一结论很容易引起争论。不过，我们可以注意到，psyche 偶尔也呈现为良知（conscience）所在的器官，而且它拥有某种非理性的直觉力。[21]一个孩童可能会在他的 psyche 中领悟到什么，但理智上他并不知道。[22]赫勒诺斯（Helenus）有着"神圣的 psyche"，这并非因为他比别人更聪明或更有德性，而是因为他是先知。[23]人们想象 psyche 寓居在人体深处，[24]它能够从幽冥深处发出自己的声音，并传达给自己的主人。[25]上述方面中的绝大多数都再次表明 psyche 与荷马的 thumos 一脉相承。

当公元前5世纪的雅典大众吐出 psyche 一词的时候，他们唇齿间可能尚留有一丝淡淡的神秘感——无论这是真是假，psyche 都绝不可能携带哪怕一丁点清教主义（puritanism）或形而上的意味。[26]"灵魂"不是身体中的顽抗囚徒，它

---

[21] 例如，Antiphon, 5.93; Soph. *El.* 902 f.。
[22] 我倾向于同意伯内特，这必定就是 Eur. *Tro.* 1171 f. 处的含义；除了将 σῇ ψυχῇ [你的灵魂] 与 γνούς [知晓] 放在一起理解，其他任何解释几乎都是不自然的。
[23] Eur. *Hec.* 87.
[24] 参见如下措辞：διὰ μυχῶν βλέπουσα ψυχή [你的灵魂从角落窥视], Soph. *Phil.* 1013, 以及 πρὸς ἄκρον μυελὸν ψυχῆς [朝向灵魂的最深处], Eur. *Hipp.* 255。
[25] Soph. *Ant.* 227.
[26] 从 ψυχῇ τῶν ἀγαθῶν χαριζόμενος [为高贵者的灵魂所取悦]（Sem.[转下页]

是身体的生命或精神,[27]它在身体中非常自在。正是在这一层面上,新的宗教模式做出了重大贡献:它赋予人类一个具有神圣起源的隐秘自我(occult self),从而将灵魂与身体对立起来。这样一来,这一模式就为欧洲文化引入了一种对人类存在的全新解释,我们将这一解释称为清教主义式的(puritanical)。这种观念是从哪里来的呢?罗德曾称它为"流淌在希腊人血管中的一滴外族血液",[28]自此以降,学者们就一直在搜寻这滴外族血液的来源。他们中的大多数人都将目光朝向了东方,朝向小亚或更远。[29]但就我个人而言,

---

[接上页] Amorg. 29.14),ψυχῇ διδόντες ἡδονὴν καθ' ἡμέραν[每天都为灵魂赋予欢欣](Aesch. Pers. 841),βορᾶς ψυχὴν ἐπλήρουν[进食至心满意足](Eur. Ion 1169)这样的句子明显可以看出,ψυχή[灵魂]一词并不带有清教意味。而且它在日常语言中也极为远离宗教意涵或形而上学意涵,这可以从虔敬的色诺芬的一段话中看出(如果那段话是他说的话):当他着手为无创意之人提供一份合适的狗名单时,他第一个想到的名字就是 Ψυχή[灵魂](Cyneg. 7.5)。

[27] 就像 H. Apoll. 361 f. 处的 θυμός[激情或血气]一样,ψυχή[灵魂;生命]有时也被认为寄寓在血液中:Soph. El. 785, τοὐμὸν ἐκπίνουσ' ἀεὶ ψυχῆς ἄκρατον αἷμα[不停吮吸我的生命的纯净的血],以及 Ar. Nub. 712, τὴν ψυχὴν ἐκπίνουσιν(οἱ κόρεις)[(虱子)吮吸我的生命的鲜血]。这是很流行的用法,并不是如恩培多克勒著作中那样的哲学思考(fr. 105)。但正如我们自然应该想到的,医学作家们同时也强调心灵和身体之间相互依存的紧密关系,以及心灵和身体的生活中情感因素的重要性。参见 W. Muri, "Bemerkungen zur hippokratischen Psychologie", Festschrift Tièche(Bern, 1947)。

[28] E. Rohde, "Die Religion der Griechen", 27 (Kl. Schriften, II.338).

[29] 格鲁普(Gruppe)关于小亚俄耳甫斯教起源的论点最近已经得到了齐格勒(Ziegler)的确证,P.-W., s.v. "Orphische Dichtung", 1385。但那一例子的弱点在于,后来的俄耳甫斯教的确有亚洲根源,不过其中的神——厄利克帕奥(Erikepaios)、米萨(Misa)、希帕塔(Hipta)、(转下页)

我倾向于在另一块地区展开搜寻。

我们在开头所引的品达与色诺芬的话表明，那种清教式的对立其缘由之一或许是因为人们观察到"灵魂的"活动与身体的活动恰成反比：psyche 最活跃的时候，身体或是沉睡，或是如亚里士多德所补充的，正濒临死亡。这就是我把 psyche 称作"隐秘"自我的原因。这种信仰是萨满文化的核心要素。萨满文化如今在西伯利亚仍然存在，且有迹象表明，它在过去遍布甚广，从斯堪的纳维亚延伸至欧亚大陆板块另一端的印度尼西亚，构成了一个巨大的弧形覆盖区域。[30] 广泛的分布证明了萨满文化历史悠久。萨满通常被描

（接上页）柯罗诺斯（Chronos）——在早期俄耳甫斯教文学中显然并不存在，他们很可能是后来的舶来品。希罗多德认为轮回理论源自埃及，这是不可信的，因为埃及人没有这样的理论（参见 Mercer, *Religion of Ancient Egypt*, 323, 以及拉斯曼［Rathmann］所援引的权威, *Quaest. Pyth.* 48）。认为源自印度，这也是未经证明的，而且本质上也不可能（Keith, *Rel. and Phil. of Veda and Upanishads*, 601 ff.）。不过可能的情况似乎在于，印度人和希腊人的信仰或许有着同样的终极来源，参见下文注释〔97〕。

[30] 关于萨满文化的特征及流布，参见 K. Meuli, "Scythica", *Hermes*, 70 (1935) 137 ff., 这篇论文极为精彩，我在此章中的观点受益于此文颇多; G. Nioradze, *Der Schamanismus bei den Sibirischen Völkern* (Stuttgart, 1925); 以及查德威克夫人（Mrs. Chadwick）尽管可再商榷但颇为有趣的著作, *Poetry and Prophecy* (Cambridge, 1942)。关于对萨满的细致描述，参见 W. Radloff, *Aus Sibirien* (1885); V. M. Mikhailovski, *JRAI* 24 (1895) 62 ff., 126 ff.; W. Sieroszewski, *Rev. de l'hist. des rel.* 46 (1902) 204 ff., 299 ff.; M. A. Czaplicka, *Aboriginal Siberia* (1914), 此书列出了完整的参考书目; I. M. Kasanovicz, *Smithsonian Inst. Annual Report*, 1924; U. Holmberg, *Finno-Ugric and Siberian Mythology* (1927)。匈牙利学者纳吉（Nagy）注意到了斯库提亚人和乌拉尔－阿尔泰人的（Ural-Altaic）宗教观念之间的关联，明斯（Minns）接受了这一观察（*Scythians and Greeks*, 85）。

述为精神不稳定的人，因为他受到了宗教生活的召唤。受召唤之后，他要经受一段时间的严酷训练，通常包括独居与禁食，可能还包括心理变性。经过这一宗教"静修"（retreat）后，萨满会获得一种随意进入出神状态的能力，这可能是真的，也可能是自称的。[31]人们认为，和皮提亚或现代灵媒不同，出神状态下的萨满并不是被外在的神灵附体，而是他自己的灵魂离开了身体，游历到远方，通常是神灵的世界。事实上，萨满可以同时出现在不同地方，他拥有分身的能力。萨满会在自己的即兴歌唱中提到这些经历。这些经历让萨满获得了占卜、创作宗教诗歌以及行巫医的技能，这些技能又奠定了萨满的重要社会地位。萨满成了超凡智慧的储备者。

在斯库提亚（Scythia），也可能是在色雷斯，希腊人与受到这种萨满文化影响的民族产生了交往。瑞典学者穆利（Meuli）在1935年刊载于《赫尔墨斯》（*Hermes*）的一篇重要论文中已经充分讨论了这一点。在那篇论文中，穆利还进一步说到，那一交往的结果就是一大批 ιατρομάντεις［先知、巫医和宗教导师］出现了。希腊传统认为他们中有些人

---

[31] 似乎在某些现代萨满教的形式中，出离仅仅只是一种幻想（参见 Nioradze, *op. cit.*, 91 f., 100 f.; Chadwick, *op. cit.*, 18 ff.）。后者可能是较古老的类型，前者通常会摹仿后者。奥尔马克（A. Ohlmarks）断言（*Arch. f. Rel.* 36 [1939] 171 ff.），真正的萨满式入迷只限于北极地区，而且是由于"北极歇斯底里症"（arctic hysteria），不过可另参见埃利亚德（M. Eliade）的批评，*Rev. de l' hist. des rel.* 131（1946）5 ff.。灵魂也可能离开生病的身体（Nioradze, *op. cit.*, 95; Mikhailovski, *loc. cit.*, 128），以及离开处于日常睡眠状态的身体（Nioradze, *op. cit.*, 21 ff.; Czaplicka, *op. cit.*, 287; Holmberg, *op. cit.*, 472 ff.）。

与北方（the North）有关联，而他们所有人都会表现出某些萨满特征。[32] 据说，阿巴里斯（Abaris）骑着箭[33]从北方来，而如今的西伯利亚人似乎仍认为灵魂是这样飞行的。[34] 阿巴里斯拥有极为高超的禁食技艺，他可以完全不吃人的

---

[32] 关于这些"希腊萨满"，另参见 Rohde, *Psyche*, 299 ff. 和 327 ff., 大多数相关证据都收集在这里并有所讨论；H. Diels, *Parmenides' Lehrgedicht*, 14 ff.; 以及 Nilsson, *Gesch.* I.582 ff., 他接受了穆利的观点。或许有人会论证说，萨满式行为根植于人的心理构造，因此某些那样的行为出现在希腊人中就不是因为受到了外来影响。但是反驳这一论证可以提出如下三点：（1）经证实，那样的行为开始出现在希腊人中恰在他们殖民黑海之后不久，而不是在之前；（2）最早的有记录的"萨满"，其中之一是斯库提亚人阿巴里斯（Abaris），另一个是游历过斯库提亚的希腊人阿里斯提亚斯（Aristeas）；（3）古代希腊—斯库提亚萨满教和现代西伯利亚萨满教在具体细节上存在着充分的一致性，这就使得"趋同"（convergence）假设看起来不太可能：斯库提亚和西伯利亚都有萨满转换性别的例子（Meuli, *loc. cit.*, 127 ff.），都强调箭矢在宗教上的重要性（下文注释[34]），以及宗教静修（注释[46]），妇女地位（注释[59]），支配鸟兽（注释[75]），通过冥府之旅来复活灵魂（注释[76]），两个灵魂（注释[111]），净化方法上的类似（注释[118]和[119]）。在这些例子中，有些很可能只是巧合；单个来看，它们中没有哪一个是决定性的；但合起来看，我认为它们的分量是极为可观的。

[33] 这一传统虽然只见于后世作家的著作中，但它看起来要比希罗多德的理性化版本更加古老，在希罗多德的版本中，阿巴里斯只是携带着箭矢（他这么做的动机并未得到解释）。参见 Corssen, *Rh. Mus.* 67（1912）40，以及 Meuli, *loc. cit.*, 159 f.。

[34] 在我看来，这暗含在布里亚特（Buryat）萨满对于箭矢的使用中，他们用箭矢召回病人的灵魂，而且在葬礼上也使用（Mikhailovski, *loc. cit.*, 128, 135）。萨满也会通过观察箭矢的飞行来占卜（*ibid.*, 69, 99）；而且据说鞑靼（Tatar）萨满的"外在灵魂"有时就驻留在箭矢上（N. K. Chadwick, *JRAI* 66 [1936] 311）。其他萨满还能够骑着"马杖"在空中飞行，就像女巫骑着扫帚（G. Sandschejew, *Anthropos*, 23 [1928] 980）。

食物。[35] 他还可以驱逐瘟疫、预言地震、创作宗教诗歌以及传授北方神祇——希腊人称其为极北的阿波罗（Hyperborean Apollo）——的崇拜仪式。[36] 这位阿波罗神还命令一位来自马尔马拉海（Sea of Marmora）的希腊人阿里斯提亚斯（Aristeas）前往北方，他归返后在诗中描述了自己的奇妙经历，这一经历可能正是以北方萨满的神游为原型的。我们不清楚阿里斯提亚斯的游历究竟是肉身性的还是精神性的，但无论如何，正如阿尔夫迪（Alföldi）已经指出的，阿里斯提亚斯所描述的独眼种族阿里玛斯波伊人（Arimaspians）以及他自己的护宝兽（treasure-guarding）狮鹫确实就是中亚民间传说中的形象。[37] 传

---

[35] Hdt. 4.36.

[36] 关于"极北的阿波罗"，参见 Alcaeus, fr. 72 Lobel（2 B.）; Pindar, *Pyth.* 10.28 ff.; Bacchyl. 3.58 ff.; Soph. fr. 870 N.; A. B. Cook, *Zeus*, II.459 ff.。克拉佩（A. H. Krappe）已经尽可能表明（*CPh* 37 [1942] 353 ff.），这位神的起源要到欧洲北部去寻找：他与一种北方特产即琥珀以及一种北方鸟类即大天鹅有关；而且他的"古老花园"坐落在北风的后面，因为"Hyperborean"（极北的）其明显的词源毕竟很可能是意指后边。看来似乎是希腊人从阿巴里斯那样的传教士那里听说了那位神，于是他们便将他等同于他们自己的神阿波罗（这很可能是因为名字类似，如果克拉佩的猜想正确的话）；他猜想他是一位阿波罗斯 [Abalus] 的神，阿波罗斯是"苹果岛"，即中世纪的阿瓦隆 [Avalon]），并且通过把他加到提洛（Delos）神庙铭文中来证明他的身份（Hdt. 4.32 ff.）。

[37] Aristeas, frs. 4 and 7 Kinkel; Alföldi, *Gnomon*, 9（1933）567 f. 我还可以补充，埃斯库罗斯剧中永远看不见阳光的"天鹅般的盲少女"（*P.V.* 794 ff., 或许来自阿里斯提亚斯），也极类似于中亚信仰中的"天鹅少女"，"天鹅少女"生活在黑暗中，有着一双死者的眼睛（N. K. Chadwick, *JRAI* 66 [1936] 313, 316）。至于阿里斯提亚斯的旅行，希罗多德的描述语焉不详（4.13 f.），或许反映了他想将那一故事理性化的企图（Meuli, *loc. cit.*, 157 f.）。在推罗的马克西姆看来（38.3），阿里斯提亚斯的灵魂的确以萨满教的方式游历了极北地区。然而希罗多德 4.16 处的细节描述却表明那是一段真实的游历。

统进一步赋予了阿里斯提亚斯萨满式的出神与分身的能力。他的灵魂呈鸟形，[38]可以随意离开身体。他在家死亡或入迷，但人们却在基齐库斯（Cyzicus）看到了他，多年之后他又出现在了远西（Far West）地区的麦塔庞顿（Metapontum）。另一位小亚希腊人克拉佐门尼的赫尔摩底谟（Hermotimus of Clazomenae）也拥有同样的能力，他的灵魂游历至四面八方，看到了远土正在发生的事，然而他的身体却纹丝不动地躺在家中。这一类关于萨满消失又复现的故事在雅典可谓司空见惯，因而索福克勒斯在《厄勒克特拉》（Electra）中说到他们时根本无须提及姓名。[39]

事实上，除了传说，这些人什么也没留下，尽管传说的模式也具有重要意义。关于克里特先知厄庇美尼德（Epimenides）的一些故事就重复了这一模式。此人曾为雅典因侵犯圣所的庇护权而造成的危险污染举行过净化仪式。不过，自从狄尔斯（Diels）考证出厄庇美尼德的确切活动日

---

[38] Hdt. 4.15.2; Pliny, *N.H.* 7.174. 比较雅库特（Yakut）和通古斯（Tungus）部落的灵魂之鸟（Holmberg, *op. cit.*, 473, 481）；西伯利亚萨满在进行萨满活动时所穿的鸟服（Chadwick, *Poetry and Prophecy*, 58 and pl. 2）；以及认为最初的萨满是鸟的那种信仰（Nioradze, *op. cit.*, 2）。灵魂之鸟分布甚广，但不确定早期希腊人是否知道它们（Nilsson, *Gesch.* I.182 f.）。

[39] Soph. *El.* 62 ff., 这里的语调是理性化了的，体现了他的朋友希罗多德对他的影响；他无疑知道像希罗多德所说的撒尔莫克西斯（Zalmoxis）那样的故事（4.95），那一故事将色雷斯的萨满教理性化了。拉普人（Lapps）曾一度相信他们的萨满死后会"行走"（Mikhailovski, *loc. cit.*, 150 f.）；1556年，英国旅行家理查德·约翰逊（Richard Johnson）亲眼看到一位撒摩耶（Samoyed）的萨满"死了"，然后又活着出现了（Hakluyt, I.317 f.）。

期[40]以及他长达5页的残篇之后,他的面貌就趋向于一个凡人了——尽管在狄尔斯看来,厄庇美尼德所有的残篇都出自他人之手,包括《提多书》(the Epistle to Titus)中所引的一篇。厄庇美尼德来自克诺索斯(Cnossos),他的盛名或许相当一部分要归功于这一事实,作为一个在米诺斯王宫脚下长大的人,他很可能宣称自己有着更为古老的智慧,特别是此人还在克里特的神秘之神(mystery-god)的洞穴中沉睡了57年。[41]可是,传统却将厄庇美尼德同化成了一名北部萨满。他同样精通神游,也和阿巴里斯一样是一位禁食大师。他从仙女(Nymphs)那里学到了完全以蔬菜制品为生的秘诀,而且不知出于什么原因他习惯于将蔬菜制品储存在牛蹄中。[42]

---

[40] H. Diels, "Ueber Epimenides von Kreta", *Berl. Sitzb.* 1891, I.387 ff. 残篇现在是 *Vorsokr.* 3 B (之前是 68 B)。另参见 H. Demoulin, *Épiménide de Crète* (Bibl. de la Fac. de Phil. et Lettres Liège, fasc. 12)。维拉莫维茨的怀疑似乎太过了(Wilamowitz, *Hippolytos*, 224, 243 f.),虽然厄庇美尼德的神谕有些的确是伪造的。

[41] 古风时代克里特的 καθαρταί [主持涤净仪式者] 的声望可用阿波罗的传说来证实,相传阿波罗杀死皮同(Python)之后,克里特人卡玛诺尔(Karmanor)给他举行了净化仪式(Paus. 2.30.3, 等等);另参见公元前7世纪克里特人泰勒塔斯(Thaletas)为斯巴达人被除了瘟疫(Pratinas, fr. 8 B)。关于克里特的洞穴崇拜,参见 Nilsson, *Minoan-Myc. Religion*², 458 ff.。厄庇美尼德被称作 νέος Κούρης [小库瑞斯](Plut. *Sol.* 12, Diog. L. 1.115)。

[42] 神游这一传统很可能经由阿里斯提亚斯传到厄庇美尼德;苏伊达斯以几乎相同的术语分别来给他们配置能力。同样,厄庇美尼德的死后幽灵(Proclus, *in Remp.* II.113 Kr.)或许就是摹仿阿里斯提亚斯的。但仙女食物这一传统似乎更加古老,如果仅仅是因为牛蹄无法解释的话。关于它的说法最早可追溯到希罗多罗斯(Herodorus, fr. 1 J.)——雅各比(Jacoby)将他定在公元前400年左右,而且柏拉图似乎也提到过它(Plato, *Laws* 677e)。很容易就会将仙女食物和以下两点联系起来:(a)厄庇美尼德极为长寿这一传统;(b)色雷斯人"逃避死亡的秘方"(下文注释[60])。

关于他的传说中还有一点很奇异，即据说他死后身体上布满了纹身。[43] 这一点十分奇异，因为希腊人只用纹身来标记奴隶。纹身可能是厄庇美尼德献身为 *servus dei*［神的奴隶］的标志；但不管怎样，对于一个古风时代的希腊人来说，它更可能是一个色雷斯的标志，因为那里所有的上流社会人士都有纹身，尤其是萨满。[44] 至于超长的睡眠（Long Sleep），这

---

[43] τὸ δέρμα εὑρῆσθαι γράμμασι κατάστικτον［发现皮肤上遍布图案］, Suid. s.v.（=Epimenides A 2）。这段话可能出自斯巴达历史学家索西比乌斯（Sosibius），约公元前 300 年（参见 Diog. Laert. 1.115）。苏伊达斯补充说，τὸ Ἐπιμενίδειον δέρμα［厄庇美尼德的皮肤］是一句谚语，适用于任何神秘事物（ἐπὶ τῶν ἀποθέτων）。但我无法接受狄尔斯（Diels, *op. cit.*, 399）和德莫林（Demoulin, *op. cit.*, 69）的奇特理论，他们认为这一句子最初是指厄庇美尼德著作的牛皮纸抄本，其后才被误解成是指他的纹身。或可比较 Σ Lucian, p. 124 Rabe, ἐλέγετο γὰρ ὁ Πυθαγόρας ἐντετυπῶσθαι τῷ δεξιῷ αὐτοῦ μηρῷ τὸν Φοῖβον［据说毕达哥拉斯在他的右大腿上纹了福波斯］。这是对神秘的"黄金大腿"（golden thigh）的理性化描述吗？抑或这一故事的历史内核在于骶骨纹身或自然的胎记？（据说毕达哥拉斯的右腿是黄金的。关于卢奇安对此传说的改编，见 *A True Story*, 2.21。——译注）

[44] Hdt. 5.6.2: τὸ μὲν ἐστίχθαι εὐγενὲς κέκριται, τὸ δὲ ἄστικτον ἀγεννές［有纹身是高贵出身的标志，没有则反之］。色雷斯萨满撒尔莫克西斯头上有一处纹身，希腊作家们不知道它的宗教意义，于是解释说他曾被海盗俘获并被烙上印记送往奴隶市场（Dionysophanes *apud* Porph. *vit. Pyth.* 15, 这里狄莱特肯定是错的, 他将虚构的 λησταί［强盗］等同于当地反毕达哥拉斯派的叛乱者, 参见 Delatte, *Politique pyth.*, 228）。希腊陶瓶画家知道色雷斯人实行骶骨纹身：好几个陶瓶上都出现了纹有小鹿图案的色雷斯酒神伴侣（*JHS* 9［1888］pl. VI; P. Wolters, *Hermes*, 38［1903］268; Furtwängler-Reichhold, III, Tafel 178, 这上面有些人也纹有蛇的图案）。关于纹身作为献身于神的标志, 另参见 Hdt. 2.113（埃及人）, 以及德尔格所讨论的源自各处的诸多例子（Dölger, *Sphragis*, 41 ff.）。同样实行纹身的人还有：萨尔马提亚人（Sarmatians）和大夏人（Dacians）（Pliny, *N.H.* 22.2）; 伊利里亚人（Illyrians）（Strabo 7.3.4）;（转下页）

当然是流传甚广的民间故事主题;[45]像瑞普·凡·温克尔（Rip Van Winkle）就不是萨满。但是，这漫长沉睡的故事却出现在了厄庇美尼德传说的开头，这表明希腊人对长期"静修"是有所了解的："静修"是萨满的预备训练，而且他们修炼时往往大部分时间都处在睡眠或出神状态中。[46]

综上所述，似乎可以合理地得出如下结论，即公元前7世纪时，由于黑海地区对希腊贸易和殖民活动实行开放政策，因而以萨满教为基础的文化得以首次[47]被引入希腊，这一事件至少为希腊传统的神人（the Man of God, θεῖος ἀνήρ）图式增添了一些新的标志性特征。我认为，这些新的因素之所以能够被希腊思想所接受，乃是因为它们恰好可以满足当

（接上页）特兰西瓦尼亚（Transylvania）地区的"阿伽杜尔索伊人"（picti Agathyrsi），维吉尔将他们描述成崇拜（极北的）阿波罗的人们（*Aen.* 4.146）；以及其他的巴尔干（Balkan）和多瑙河（Danubian）地区的人（Cook, *Zeus*, II.123）。但希腊人认为它是 αἰσχρὸν καὶ ἄτιμον ［可耻的、不光彩的］(Sextus Empiricus, *Pyrrh. Hyp.* 3.202；参见 Diels, *Vorsokr.*⁵ 90 [83] 2.13）。

[45] Frazer, *Pausanias*, II, 121 ff.
[46] 参见 Rohde, *Psyche*, chap. ix, n. 117; Halliday, *Greek Divination*, 91, n. 5; 关于萨满的超长睡眠，参见 Czaplicka, *op. cit.*, 179。霍姆伯格列举了一个萨满的例子（Holmberg, *op. cit.*, 496），那个萨满在受到"召唤"的时候，躺下"一动不动且毫无意识地"睡了两个多月。比较撒尔莫克西斯长时间的地下静修（下文注释[60]）。狄尔斯认为（Diels, *loc. cit.*, 402），超长睡眠被发明出来是为了调和关于厄庇美尼德的各种故事的编年差异。但如果这是唯一的动机，那么超长睡眠在早期希腊历史上也应该极为普遍。
[47] 我这里略去不提穆利对于希腊史诗中萨满因素的大胆推测（Meuli, *loc. cit.*, 164 ff.）。关于希腊人进入黑海地区时间较晚及其原因，参见 Rhys Carpenter, *AJA* 52 (1948) 1 ff.。

时的时代需求，正如此前狄奥尼索斯教的情况一样。萨满式宗教体验是个人性而非集体性的，这正迎合了当时方兴未艾的个人主义思潮，因为狄奥尼索斯式的集体迷狂对希腊人来说已不再足够了。我们也可以进一步合理地推测，那些新特征对古风时代末期出现的关于身体与灵魂关系的新的、革命性的观念产生了一定的影响。[48]人们还记得克利尔库斯（Clearchus）在其对话作品《论睡眠》（*On Sleep*）中说过，促使亚里士多德相信"灵魂可以脱离身体"的恰恰是一次神游经历。[49]不过，该作品纯属虚构，写作时间也相对较晚。我们有理由怀疑，在目前为止我所讨论的神人中，是否有哪一位根据其自身经历得出了这样一个一般化的理论性结论。的确，亚里士多德认为，有理由相信赫尔摩底谟在他的著名同乡阿那克萨戈拉（Anaxagoras）之前就拥有了一套努斯（*nous*）教义。不过在狄尔斯看来，这或许仅仅意味着如下情形，即为了证明 nous 的可分离性，阿那克萨戈拉才诉诸他那位同乡老萨满的经历。[50]此外，据说厄庇美尼德宣称自己是埃阿科斯（Aeacus）的转世化身（reincarnation），

---

[48] 罗德已经清楚地认识到这一点，参见 Rohde, *Psyche*, 301 f.。
[49] Proclus, *in Remp*. II.122.22 ff. Kr.（=Clearchus, fr. 7 Wehrli）. 很遗憾，这一故事不能被当作历史故事（参见 Wilamowitz, *Glaube*, II.256，以及 H. Lewy, *Harv. Theol. Rev.* 31 [1938] 205 ff.）。
[50] Ar. *Met*. 984b19；参见 Diels on Anaxagoras A 58。策勒－内斯特（Zeller-Nestle, I.1269, n. 1）反对亚里士多德的说法，认为其毫无根据。但是 Iamb. *Protrept*. 48.16（=Ar. Fr. 61）支持如下观点，即阿那克萨戈拉的确是诉诸赫尔摩底谟（Hermotimus）的权威。

已在大地上活了好几轮[51]（这可以解释亚里士多德的如下说法，即厄庇美尼德的占卜术不关注未来，而只关注未知的过去）。[52]狄尔斯认为这一转世传统必定有着俄耳甫斯教的渊源；他的依据是一首俄耳甫斯教诗歌，他认为那首诗歌正是奥诺玛克利托斯（Onomacritus）或他的一位朋友托名厄庇美尼德创作的。[53]关于这点，我没有狄尔斯那么确定，稍后我将说明原因。但是，无论人们采取什么观点，极度依靠俄耳甫斯教都是很不明智的。

然而，还有一位更伟大的希腊萨满，毋庸置疑，他不仅得出了理论性结论，而且相信重生（rebirth）。他就是毕达哥拉斯。我们不必认为他——如彭图斯的赫拉克利德斯（Heraclides Ponticus）所说的那样——曾经宣称自己前世有过一连串的化身。[54]不过我们没有理由质疑权威人物的说

---

[51] Diog. Laert. 1.114（*Vorsokr*. 3 A 1）：λέγεται δὲ ὡς καὶ πρῶτος（πρῶτον Casaubon，αὐτὸς cj. Diels）αὑτὸν Αἰακὸν λέγοι...προσποιηθῆναί τε πολλάκις ἀναβεβιωκέναι［据说他是第一个称自己为埃阿科斯的（Casaubon 认为是"他首先称"，cj. Diels 认为是"他称"）……还说他经历了许多次转世］。αὑτὸν Αἰακὸν λέγοι［称自己为埃阿科斯］这些语词表明，ἀναβεβιωκέναι［转世］不可能如罗德所说仅仅是精神游（Rohde，*Psyche*，331）。

[52] Ar. *Rhet*. 1418a24：ἐκεῖνος γὰρ περὶ τῶν ἐσομένων οὐκ ἐμαντεύετο, ἀλλὰ περὶ τῶν γεγονότων, ἀδήλων δέ［他不预言未来，但是预言发生过的但不清楚的事］。关于对这一说法的不同解释，参见 Bouché-Leclercq，*Hist. de la divination*，II.100。

[53] H. Diels, *loc. cit.*（前文注释[40]），395。

[54] *Apud* Diog. Laert. 8.4. 参见 Rohde，*Psyche*，App. X，以及 A. Delatte, *La Vie de Pythagore de Diogène Laërce*, 154 ff.。其他人对他的一生有各种描述（Dicaearchus, fr. 36 W）。

法，比如，恩培多克勒（Empedocles）认为毕达哥拉斯集结了十至二十个凡人身上的智慧，而色诺芬尼则嘲笑毕达哥拉斯竟然相信人的灵魂可以寓居在一条狗的体内。[55] 毕达哥拉斯的这些观点是从哪来的呢？通常的答案是："来自俄耳甫斯教教义。"如果这个回答是对的，那么问题就又倒退了一步。在我看来，毕达哥拉斯在这一关键问题上可能并没有直接依靠任何"俄耳甫斯教的"资源；他和在他之前的厄庇美尼德可能都已对北部萨满有所耳闻：北方人相信前世萨满的"灵魂"或"守护精灵"会进入现世萨满的体内，以增强后者的能力并扩充其知识。[56] 这里无须涉及任何一般的轮回（transmigration）教义，而且值得注意的是，厄庇美尼德也没有提出过这样的一般教义；他仅仅宣称自己曾经活过，以及自己就是古代的神人埃阿科斯。[57] 同样，据说毕达哥拉斯也

---

[55] Empedocles, fr. 129 D（参见 Bidez, *La Biographie d' Empédocle*, 122 f.; Wilamowitz, "Die Καθαρμοί des Empedokles", *Berl. Sitzb.* 1929, 651); Xenophanes, fr. 7 D。我发现拉斯曼试图拒斥这两个传统但丝毫没有说服力，参见 Rathmann, *Quaestiones Pythagoreae, Orphicae, Empedocleae*（Halle, 1933）。色诺芬尼（Xenophanes）似乎也拿厄庇美尼德的离奇故事开玩笑（fr. 20）。伯内特翻译厄庇美尼德残篇的方式："尽管他生活在十代甚至二十代人之前"（*EGPh*¹, 236）——这会排除掉任何毕达哥拉斯的成分——在语言上是完全不可能的。

[56] Mikhailovski, *loc. cit.*（前文注释〔30〕），85, 133; Sieroszewski, *loc. cit.*, 314; Czaplicka, *op. cit.*, 213, 280。最后这位认为许多西伯利亚人普遍信仰转世说（130, 136, 287, 290）。

[57] 埃阿科斯似乎是一位古老的圣人，或许是米诺斯人：他在世时是一位唤雨巫师（Isocrates, *Evag.* 14, 等等），死后被提拔为地狱守门人（ps.-Apollod. 3.12.6; 参见 Eur. *Peirithous* fr. 591, Ar. *Ran.* 464 ff.），甚或是死者的判官（Plato, *Apol.* 41a, *Gorg.* 524a; 参见 Isocr. *Evag.* 15）。

曾宣称自己就是从前的萨满赫尔摩底谟；[58]但他似乎打破了加在轮回教义上面的那些最初的狭隘限制，进而大大扩展了那一教义。也许这是毕达哥拉斯的个人贡献，由于他大名鼎鼎，我们必定会坚信他有创造性思维的能力。

不过我们知道毕达哥拉斯创建了一套宗教秩序、一种宗教团体，在其中，男人和女人[59]的生活准则取决于他们对来世生活的期待。但即便是这一点也可能存在着类似的先例：要记得，希罗多德笔下的色雷斯神撒尔莫克西斯（Zalmoxis）召集"最好的公民"向他们所宣告的，并不是人类的灵魂不朽，而是他们和他们的后裔都将永生——他们显然是被神选中的人，是精神贵族。[60]撒尔莫克西斯和毕达

---

[58] Diog. Laert. 8.4. 据锡罗斯的裴瑞居德（Pherecydes of Syros）说，另一位毕达哥拉斯的化身埃塔利德斯（Aethalides）曾被赋予重生能力这一特权（Σ Apoll. Rhod. 1.645=Pherecydes fr. 8）。我同意维拉莫维茨的说法（Wilamowitz, *Platon*, I.251, n. 1），这样的故事不是哲学理论的产物，恰恰相反，那一理论是对那些故事（至少是部分）所暗含的东西的归纳概括。关于转世特权只限于萨满，参见 P. Radin, *Primitive Religion*, 274 f.。

[59] 毕达哥拉斯派的团体中允许妇女享有地位，这在古典时代的希腊社会是一个例外。但值得注意的是，在如今的许多西伯利亚社会中，妇女和男人一样都有资格担任萨满。

[60] Hdt. 4.95. 参见 4.93：Γέτας τοὺς ἀθανατίζοντας[自信长生不死的盖塔伊人]，5.4：Γέται οἱ ἀθανατίζοντες[自信长生不死的盖塔伊人]，以及 Plato, *Charm*. 156d：τῶν Θρᾳκῶν τῶν Ζαλμόξιδος ἰατρῶν, ὅι λέγονται καὶ ἀπαθανατίζειν[撒尔莫克西斯的色雷斯医师，据说他们甚至可以让人长生不死]。这些说法并不表示盖塔伊人（Getae）"相信灵魂不朽"，而是表示他们拥有避免死亡的秘方（Linforth, *CPh* 13 [1918] 23 ff.）。然而"撒尔莫克西斯"向他的追随者所允诺的那种"避免死亡"其本质为何还远远不清楚。给希罗多德提供消息的人很可能在同一个故事中融进了好几个不同的观念，即(a)"极北的阿波罗"的尘世天堂，正如埃吉纳的极乐世界（Elysium），有些人可以以肉身不死地迁移到那（αἰεὶ[转下页]

哥拉斯有点类似，色雷斯的希腊侨民必定会对此感到颇为震惊（希罗多德正是从这些人那儿听到这个故事的），因为他们将撒尔莫克西斯说成是毕达哥拉斯的奴隶。他们的说法很荒谬，希罗多德看出了这一点：真正的撒尔莫克西斯是精灵（daemon），他可能是远古一位被英雄化了的萨满。[61]但撒尔

[接上页] περιεόντες［永久居留］，参见 Bacchyl. 3.58 ff. 和 Krappe, *CPh* 37［1942］353 ff.）；因此撒尔莫克西斯就等同于克洛诺斯（Mnaseas, *FHG* III, fr. 23）；参见 Czaplicka, *op. cit.*, 176："有些传统认为，萨满在活着时就可以从尘世被带到天堂。"（b）消失的萨满可以长时期隐匿在神圣的洞穴中：希罗多德史书中的 κατάγαιον οἴκημα［地下寓所］和斯特拉波著作中的 ἀντρῶδές τι χωρίον ἄβατον τοῖς ἄλλοις［满是洞穴的、旁人无法涉足的地方］（7.3.5），这似乎是洞穴中住着一位不死的 ἀνθρωποδαίμων［人神］这一说法的一种理性化版本，*Rhesus*, 970 ff., 参见 Rohde, *Psyche*, 279。（c）或许也是一种转世信仰（Rohde, *loc. cit.*）；参见梅拉（Mela）的明确说法：某些色雷斯人 "redituras putant animas obeuntium［认为死者的灵魂将会归来］"（2.18）；以及 Phot., Suid., *EM*, s.v. Ζάμολξις；但在希罗多德的记述中没有关于"灵魂"的东西。

[61] 希罗多德知道撒尔莫克西斯是一个 δαίμων［精灵］（4.94.1），但并没有回答他是否曾经是一个人（96.2）。斯特拉波的记述（7.3.5）强烈暗示了他要么是一位被英雄化了的萨满——所有的萨满死后都会变成乌尔（Üör）英雄（Sieroszawski, *loc. cit.*, 228 f.），要么就是一位神圣的萨满原型（参见 Nock, *CR* 40［1926］185 f., 以及 Meuli, *loc. cit.*, 163）。或许我们可以比较他在毕达哥拉斯派中的地位，按照亚里士多德的说法（fr. 192 R.=Iamb. *vit. Pyth.* 31），毕达哥拉斯派声称他是他们教派的缔造者：τοῦ λογικοῦ ζῴου τὸ μέν ἐστι θεός, τὸ δὲ ἄνθρωπος, τὸ δὲ οἶον Πυθαγόρας［理性的动物身上，部分属神，部分属人，部分属毕达哥拉斯］。撒尔莫克西斯用自己的名字来命名某种独特的歌舞（Hesych. s.v.），这一事实似乎确证了他与萨满式表演有关联。撒尔莫克西斯的传说和厄庇美尼德与阿里斯提亚斯的传说之间的类似已经得到了里斯·卡彭特教授的正确强调（Rhys Carpenter, *Folktale, Fiction, and Saga in the Homeric Epics*, Sather Classical Lectures, 1946, 132 f., 161 f.），尽管我无法接受他巧妙地将上述三者等同于冬眠的熊。米纳（Minar）试图从撒尔莫克西斯的故事中提炼出一种历史内核，但他忽略了那些故事的宗教背景。

莫克西斯和毕达哥拉斯之间的类似却并不荒谬：毕达哥拉斯不就向他的追随者承诺说，他们会重生，并且最后会成为精灵乃至神吗？[62] 后来的传统将毕达哥拉斯和另一个北方人阿巴里斯联系了起来。人们将萨满通常的能力赋予了毕达哥拉斯，如预言、分身、行巫医。人们还流传着毕达哥拉斯的种种事迹：他在皮埃里亚（Pieria）举行入会仪式，造访神灵世界，以及与"极北的阿波罗"神秘合体。[63] 关于毕达哥拉斯的传说有些可能形成时间较晚，但最早的传说其形成时间至少可追溯到公元前5世纪。[64] 并且，我愿意相信，毕达哥拉斯本人也为自己传说的形成做了很多工作。

至于恩培多克勒，我更愿意相信他的情况也是如此，

---

[62] 参见 Delatte, *Études sur la litt. pyth.*, 77 ff.。
[63] 毕达哥拉斯和阿巴里斯，Iamb. *vit. Pyth.* 90—93，140，147，他使得阿巴里斯成为毕达哥拉斯的学生（Suidas, s.v. Πυθαγόρας, 则颠倒了那种师生关系）；入会仪式，*ibid.*, 146。预言术、分身术以及等同于极北的阿波罗，Aristotle, fr. 191 R. (=*Vorsokr.*, Pyth. A 7)。巫医，Aèlian, *V.H.* 4.17, Diog. Laert. 8.12, 等等；游历冥府，Hieronymus of Rhodes *apud* Diog. 8.21, 参见 41。相反观点认为，整个毕达哥拉斯的传说都可以被看成后世传奇作家的发明创造，参见 O. Weinreich, *NJbb* 1926, 638，以及 Gigon, *Ursprung d. gr. Philosophie*, 131；关于早期毕达哥拉斯派思想的非理性特征，参见 L. Robin, *La Pensée hellénique*, 31 ff.。当然，我并不是说毕达哥拉斯主义完全可以被解释成从萨满教发展而来；其他因素，比如数字神秘主义以及对于宇宙和谐的沉思，从早期开始也很重要。
[64] 正如莱因哈特所说，最早提到毕达哥拉斯的人——色诺芬尼、赫拉克利特、恩培多克勒、伊翁（或可加上希罗多德）——都"假设有一个民间传统把他看成一个大阿尔伯特（Albertus Magnus）"（Reinhardt, *Parmenides*, 236）。参见 I. Lévy, *Recherches sur les sources de la légende de Pythagore*, 6 ff. 和 19。

因为我们可以看到关于他的传说事实上就是这么形成的：那些传说主要是基于他自己诗歌中的说法并略作修饰。恩培多克勒死后不到一个世纪，关于他的故事就已经流传开来了，例如他是如何施法使风停滞不动，又是如何使一位没有呼吸的妇女重获生命，以及他本人如何从人间消失而变成了神。[65] 极为幸运的是，我们能够得知这些故事的最初来源：恩培多克勒本人的说法被保存了下来，他宣称自己能教授他的学生使风停滞以及起死回生，他还宣称自己是或被认为是一位拥有血肉的神——ἐγὼ δ᾽ ὑμῖν θεὸς ἄμβροτος, οὐκέτι θνητός [至于我，我是你们的至圣神，我是不死的]。[66] 因此，在某种意义上，恩培多克勒本人就是其传说的创造者；如果他的如下描述可信的话，即人们曾向他寻求神秘知识或巫术疗法，那么这一传说的开端就可以追溯至他在世的年代。[67] 有鉴于此，我认为如下断言就有失轻率，即毕达哥拉斯和恩培多克勒的传说根本就没有植根于真实的传统，它们从头至尾都是后世传奇小说家处心积虑的发明。

---

[65] 呼风巫术可以追溯到蒂迈欧（fr. 94 M.=Diog. L. 8.60）；以及其他关于彭图斯的赫拉克利德斯（Heraclides Ponticus）的故事（frs. 72, 75, 76 Voss=Diog. L. 8.60 f., 67 f.）。比迪兹令人信服地论证说（Bidez, *La Biographie d'Empédocles*, 35 ff.），关于恩培多克勒肉身迁移的传说要比他死在埃特纳（Etna）火山的传说更加古老，而且并不是赫拉克利德斯的发明创造。同样，西伯利亚的传统也讲述了过去的伟大萨满是如何进行肉身迁移的（Czaplicka, *op. cit.*, 176），以及他们是如何让死者复生的（Nioradze, *op. cit.*, 102）。

[66] Frs. 111.3, 9; 112.4.

[67] Fr. 112.7 ff.。参见 Bidez, *op. cit.*, 135 ff.。

即便传说确实为后人发明，但恩培多克勒残篇却是第一手资料，从中我们可以推测出希腊萨满的真正样貌。恩培多克勒是最后一位希腊萨满；随着他的死，萨满这一群体便在希腊世界中销声匿迹，尽管他们在别处仍很活跃。恩培多克勒，这个在其诗歌《论自然》(On Nature)中展现出敏锐的观察能力和积极的思考能力的人，竟然写作了《净化》(Purifications)，还以神巫的形象示人，学者们对此不能不感到震惊。有人尝试做出解释，认为那两首诗创作于恩培多克勒生平的两个不同阶段：可能他最初是一位巫师，后来打了退堂鼓，改学自然科学。抑或他起初是科学家，后来转而信奉"俄耳甫斯教"或毕达哥拉斯主义，在风烛残年之际以瑰丽幻梦聊以自慰——他想象自己是神，而且有朝一日会去往天国，而不是回到阿克拉加斯（Acragas）。[68]这些解释的麻烦之处在于，它们实际上并不奏效。其中提到恩培多克勒声称自己能够止风、降雨或停雨以及起死回生的那一残篇似乎并不属于《净化》，而是属于《论自然》。残篇23也是如此，其中提到诗人要求他的学生倾听"神的言语"（我很

---

[68] 赞成第一个观点的有，Bidez, *op. cit.*, 159 ff., 以及 Kranz, *Hermes*, 70 (1935) 115 ff.；赞成第二个观点的有，Wilamowitz (*Berl. Sitzb.* 1929, 655)，他追随 Diels (*Berl. Sitzb.* 1898, i. 39 ff.), 以及其他人。反对上述两种观点的有，W. Nestle, *Philol.* 65 (1906) 545 ff., A. Diès, *Le Cycle mystique*, 87 ff., Weinreich, *NJbb* 1926, 641, 以及 Cornford, *CAH* IV.568 f.。伯内特及其他人试图在后世的毕达哥拉斯主义者中区分出"科学的"和"宗教的"，他们的尝试同样显示出那种将现代的二分法强加于另一种世界的倾向，但那一世界尚未觉得有必要划分出"科学"或"宗教"。

难相信这仅仅是指传统意义上的缪斯神启）。[69]残篇15仍是如此，它似乎将"人们所谓的生命"和一种更真实的、出生前及死后的存在对立了起来。[70]以上这些例证足以消解任何试图解释恩培多克勒作品在"演变"序列上的不一致情况的尝试。耶格尔近来将恩培多克勒描述为"一种新的综合型哲学人格"，[71]这一说法也难以让人接受，因为在他的作品中我们恰恰看不出任何综合宗教与科学观点的尝试。如果我的说法正确，那么恩培多克勒所代表的就不是一种新人格，而是一种非常古老的人格，也就是集巫师与自然学家、诗人与哲人、传教者、巫医以及民众顾问等尚未分化的职能于一身的萨满。[72]在他之后这些职能就分化了，因而哲人不再是诗人，也不再是巫师。的确，他那种人在公元前5世纪就已经不合时宜了。但像厄庇美尼德及毕达哥拉斯[73]等人则极有可能行

---

[69] 卡斯滕（Karsten）的这一解释被伯内特和维拉莫维茨接受。但对照 Bidez, *op. cit.*, 166, 以及 Nestle, *loc. cit.*, 549, n. 14.

[70] 基于这些段落，维拉莫维茨认为《论自然》一诗"绝对是唯物主义的"（Wilamowitz, *loc. cit.*, 651），这一描述毫无疑问是误导，尽管恩培多克勒和他的同时代人一样，的确是用物质方面的术语来思考心理力量。

[71] Jaeger, *Theology*, 132.

[72] 参见 Rohde, *Psyche*, 378。关于萨满的广泛功能，参见 Chadwick, *Growth of Literature*, I.637 ff., 以及 *Poetry and Prophecy*, chap. i and iii。荷马社会要更加高级：μάντις［预言家］、ιητρός［医生］、ἀοιδός［歌人］是不同的专职人员。古风时代的希腊萨满又回归到较古老的类型。

[73] 后来的传统强调毕达哥拉斯教导的神秘性，同时又否认他写下了任何东西；不过可参见 Gigon, *Unters. z. Heraklit*, 126。公元前5世纪似乎不存在这种既定的传统，因为岐奥斯的伊翁（Ion of Chios）可以将俄耳甫斯教的诗歌归之于毕达哥拉斯（下文注释[96]）。

使过以上我所列举的所有职能。"综合"那些来自广泛领域的实践或理论知识，这并不是一个问题，因为神人的特质就在于他们能自如地行使所有职能。这种"综合"是指个人层面的综合，而非逻辑层面的综合。

截至目前，我所给出的是一份临时的精神谱系，它始于斯库提亚，然后穿过赫勒斯滂（Hellespont）海峡到达小亚希腊城邦，在克里特，它似乎与残余的米诺斯传统结合，又随着毕达哥拉斯传到了远西地区，最后，它在西西里的恩培多克勒那里闪耀收场。这些人传播了灵魂可分离或自我可分离的信仰，他们相信，凭借适当的技巧，灵魂或自我甚至在人生时就可以从身体中抽离，它要比身体更古老，也将更长久。但这里出现了一个无法回避的问题：上述谱系的发展是如何与那个名叫俄耳甫斯的神话人物以及那种名为俄耳甫斯教的神学发生关联的呢？我必须试着做一简短回答。

冒着被指为泛萨满主义者（panshamanist）的风险，我现在就俄耳甫斯本人提出一种可能的猜测。俄耳甫斯来自色雷斯，在那里他是一位神的崇拜者或侍从，希腊人认为该神等同于阿波罗。[74] 俄耳甫斯集诗人、巫师、宗教导师以及神谕发布者等职业于一身。和传说中的某些西伯利亚萨满一样，[75] 他能够用音乐吸引鸟兽前来倾听。也和所有地区的萨

---

[74] 参见 W. K. C. Guthrie, *Orpheus and Greek Religion*, chap. iii。
[75] Chadwick, *JRAI* 66（1936）300. 现代萨满已经丧失了这种能力，但他们在进行巫术活动时，仍然会使用木制的鸟兽雕像或鸟兽皮革，为的是获得动物精灵的帮助（Meuli, *loc. cit.*, 147）；他们也会摹仿其（转下页）

满一样，他曾造访冥府，目的是找回被偷走的灵魂——这一动机在萨满中十分常见。[76]最后，在他死后多年，他的巫术自我（magical self）仍然活着，并以一个歌唱着的头颅形象示人，而且会继续发布神谕。[77]这一点再次表明这是北方传统：会预言的头颅亦出现在挪威神话与爱尔兰传统中。[78]总而言之，我认为俄耳甫斯是一位色雷斯人，和撒尔莫克西斯一样，他们都是神话般的萨满或萨满的原型。

但是，俄耳甫斯与俄耳甫斯教（Orphism）是两回事。我必须承认自己对早期俄耳甫斯教所知甚少，我读它越多，知识就减得越多。二十年前，我还能对它夸夸其谈（当时我们谁都可以）。从那以后，我就丢弃了大部分知识，这有赖于维拉莫维茨、费斯图吉耶（Festugière）、托马斯（Thomas）以及加州大学的杰出教授林福斯，尤其是林福斯。[79]让我罗

（接上页）助手的鸣叫（Mikhailovski, loc. cit., 74, 94）。同样的传统也出现在毕达哥拉斯的传说中，相传"人们认为他驯服过一只鹰，他能够通过某种鸣叫来制止它在头顶上飞行，并且把它召唤下来"（Plut. Numa 8）；这或许可以和叶尼塞人（Yenissean）的信仰相比较，他们相信"鹰是萨满的助手"（Nioradze, op. cit., 70）。毕达哥拉斯同样也会驯服对于北方萨满来说极为重要的另一种动物——熊（Iamb. vit. Pyth. 60）。

[76] Chadwick, ibid., 305（Kan Märgän 的冥府之行是为了寻找他的姐妹），以及 Poetry and Prophecy, 93; Mikhailovski, loc. cit., 63, 69 f.; Czaplicka, op. cit., 260, 269; Meuli, loc. cit., 149。

[77] 参见 Guthrie, op. cit., 35 ff.。

[78] 比如密米尔（Mímir）会预言的头颅，Yuglinga saga, chaps. iv and vii。在爱尔兰，"一千多年来，头颅说话曾是得到证实的现象"（G. L. Kittredge, A Study of Gawain and the Green Knight, 177，这里援引了许多例子）。另参见 W. Déonna, REG 38（1925）44 ff.。

[79] Wilamowitz, Glaube, II.193 ff. (1932); Festugière, Revue Biblique,（转下页）

列一些自己曾经知道的东西以展示我现在的无知吧。

我曾经知道：

在古典时代存在着一个俄耳甫斯教教派或团体；[80]

恩培多克勒[81]和欧里庇得斯[82]释读过俄耳甫斯教的"神

（接上页）44 (1935) 372 ff.; *REG* 49 (1936) 306 ff.; H. W. Thamos, Ἐπέκεινα (1938); Ivan M. Linforth, *The Arts of Orpheus* (1941). 1942年齐格勒（Ziegler）曾撰文激烈还击过这种"反动的"怀疑论，他代表保守的泛俄耳甫斯主义者，那篇文章伪装成一篇论文收录在一本参考书中（P.-W., s.v. "Orphische Dichtung"）。不过，虽然他毫不费力就直接命中了他的直接对手托马斯（Thomas），但我仍然觉得他不能够消除我对"俄耳甫斯教"的传统描述所依赖的根基的怀疑，尽管小心的作者已经改进了那种描述的形式，比如尼尔松（Nilsson, "Early Orphism", *Harv. Theol. Rev.* 28［1935］）和格思里（Guthrie, *op. cit.*）。

[80] 对照Wilamowitz, II.199。他概括说，古典时代的作家没有人谈论Ὀρφικοί［俄耳甫斯式的实践者］，只有当我们采用希罗多德2.81这一颇有争议的段落的"短文本"（抄本ABC的读法）时，希罗多德才可以被认为是一个可能的例外。不过，抄本ABC的祖本中"类似的词尾"会给抄写造成偶然的遗漏，而这又相应地会导致动词单复数的变更。在我看来，这要比认为抄本DRSV受到窜入的可能性更大；并且，我无法拒绝如下说法，即下一句中选择ὀργίων［秘仪的］一词就是由"长文本"这一句中的Βακχικοῖσι［巴科埃式的实践者］一词决定的（参见Nock, *Studies Presented to F. Ll. Griffith*, 248, 以及Boyancé, *Culte des Muses*, 94, n. 1）。

[81] 对照Bidez, *op. cit.*, 141 ff.。在我看来，存在着更强有力的理由可以把恩培多克勒归入毕达哥拉斯派的传统（Bidez, 122 ff.; Wilamowitz, *Berl. Sitzb.* 1929, 655; Thomas, 115 ff.），而不是把他和明显且独特的早期俄耳甫斯教的因素联系起来（Kern, Kranz, 等等）。不过将他视为任何"学派"的一位成员这很可能是错误的：他是一位独立的萨满，他有自己的方式。

[82] 在*Hypsipyle* fr. 31 Hunt (=Kern, *O.F.* 2)中，那个极为常见的形容词πρωτόγονος［最先出生的］和更古老的俄耳甫斯教文学之间的关联没法得到证明，而Ἔρως［爱若斯神］和Νύξ［夜神］也都是通过猜想而引入的。*Cretans*, fr. 472和"俄耳甫斯教"之间也不存在明确的关联（Festugière, *REG* 49.309）。

谱",阿里斯托芬的《鸟》(*Birds*)中还有对此神谱的戏仿;[83]

发现于图里(Thurii)和别处的金箔上印有某一首诗的残篇,该诗被认为是俄耳甫斯教的启示录(apocalypse);[84]

柏拉图彼世(the Other world)神话的种种细节就来自这一俄耳甫斯教启示录;[85]

欧里庇得斯笔下的希波吕托斯(Hippolytus)是一个俄耳甫斯教人物;[86]

σῶμα-σῆμα("身体即坟墓")是俄耳甫斯教教义。[87]

---

[83] 对照 Thomas, 43 f.。

[84] 对照 Wilamowitz, II.202 f.; Festugière, *Rev. Bibl.* 44.381 f.; Thomas, 134 ff.。

[85] 托马斯著作的核心论点就在于认为这一假设纯属多余而且本质上根本不可能成立。

[86] 对照 Linforth, 56 ff.; D. W. Lucas, "Hippolytus", *CQ* 40 (1946) 65 ff.。或许还可以补充,毕达哥拉斯的传统显然将猎人和污秽之人屠夫配在一起(Eudoxus, fr. 36 Gisinger=Porph. *vit. Pyth.* 7)。俄耳甫斯教关于他们的观点也几乎没什么不同。

[87] 这一古老的错误近年来一再被揭露:参见 R. Harder, *Ueber Ciceros Somnium Scipionis*, 121, n. 4; Wilamowitz, II.199; Thomas, 51 f.; Linforth, 147 f.。然而,由于某些备受尊敬的学者依然不断重复这一错误,因此似乎值得再说一次:(a)柏拉图在 *Crat.* 400c 处归之于 οἱ ἀμφ' Ὀρφέα [俄耳甫斯教诗人]的是 σῶμα (τοῦτο τὸ ὄνομα) [身体(这个名称)] 的衍生词,它来自 σῴζειν, ἵνα σῴζηται (ἡ ψυχή) [保存,从而灵魂得到保存];它无疑被放置在如下这句之前,καὶ οὐδὲν δεῖν παράγειν οὐδ' ἓν γράμμα [无须改动任何一个字母],而这句是将 σῶμα-σῴζω [身体—保存] 与 σῶμα-σῆμα [身体—坟墓] 以及 σῶμα-σημαίνω [身体—给出信号] 做比较。(b) 在同一个段落中,σῶμα-σῆμα [身体—坟墓(以及身体—信号)] 被归之于 τινές [有些人],且未做进一步说明。(c) 当一个作者说,"有些人将 σῶμα [身体] 和 σῆμα [坟墓] 联系起来,但我认为最有可能是俄耳甫斯教诗人杜撰了那个词,他们从 σῴζω [保存] 引申出 σῶμα [保险箱;身体]",然而我们无法假定"俄耳甫斯教诗人"就等同于或属于"有些人"。我倾向于认为,即使 μάλιστα [最有可能] 被理解成是修饰 ὡς δίκην διδούσης κτλ ["灵魂在接受惩罚",等等] 的,我们仍然无法断定。

我说自己不再持守这些知识条目,不代表我认定它们都是错的。我确信最后两条是错的:我们实在不该把满手血污的猎人视作俄耳甫斯教人物,也不该把柏拉图明确否认与俄耳甫斯教有关的学说称为"俄耳甫斯教的"学说。不过,其他条目中有一些很可能是正确的。我的意思是,我目前还无法确知它们的真相;在我能够确知之前,学者们在这些基础上精心搭建起来的大厦对我来说只能是梦幻之屋——我愿意相信它体现了19世纪末和20世纪初的典型做法,也就是将某种未得到满足的宗教热望不经意地投射至古代。[88]

因此,如果我决定暂时抛弃那些基础,而认同由费斯图吉耶和林福斯所提出的审慎的建筑原则,[89]那么那整座梦幻之屋还会剩下多少部分屹立不倒呢?恐怕不会很多,除非我打算用来自普罗克洛(Proclus)和大马士革乌斯(Damascius)的俄耳甫斯教神谱释读作为新材料来修补它——这两人释读神谱时,毕达哥拉斯盖棺已将近一千年。除非在极少数情况下,例如材料的古老程度和它的俄耳甫斯教渊源都各自得到了确证,否则我是不敢贸然进行修补

---

[88] 正如卢卡斯(D. W. Lucas)先生所说(*CQ* 40.67),"现代读者被诸多传统希腊宗教的粗糙外表弄得错愕而迷惑,于是倾向于到处去寻找俄耳甫斯教的踪迹,因为他觉得俄耳甫斯教可以给他提供更多的他所期待的宗教内容,而且他不愿意相信希腊人其实并不需要那些内容"。另参见Jaeger, *Theology*, 61。我不禁怀疑,"历史上的俄耳甫斯教会(Orphic Church)"(这一说法出现过,比如,Toynbee, *Study of History*, V.84 ff.),终有一天会被当成那种历史幻象的一个经典例子,当人们不知不觉地把自己的偏见投射到遥远的过去时,那种幻象就会出现。

[89] Festugière, *REG* 49.307; Linforth, xiii f.

的。[90]之后我会举一个我认为恰当的例子,尽管这个例子背后的问题仍存在争议。但是,让我们首先来汇集我仍然持守的且毫无争议的关于俄耳甫斯教的知识,然后再让我们来看看其中有哪些切合本章的主题。我仍然认为,在公元前5世纪和前4世纪,流传着一些托名的宗教诗歌,它们通常被归到神话人物俄耳甫斯名下,但具有批判性思维的人知道或猜到它们的起源其实相当晚近。[91]托名作者可能各式各样,我不认为他们宣扬了什么一致的或体系化的教义;柏拉图描述他们用的词是 βίβλων ὅμαδον,"书籍的喧嚣",[92]这说明情况恰恰相反。我对这些诗歌的内容几乎一无所知。但是,我从确凿的证据得知,这些诗歌中至少有若干首教授了三样东西:身体是灵魂的囚牢;素食主义是生活的基本准则;在此世与来世中,罪的可憎后果都可借助宗教仪式而洗刷殆尽。[93]没有得到任何古典

---

[90] 我认为,柏拉图或恩培多克勒与后世汇编作品之间有相似之处不足以作为这两点的担保,除非在任何特定的例子上我们都能够排除汇编者从这两位公认的神话思想大师那里剽窃语句和观点的可能性。
[91] 怀疑论者似乎包括希罗多德、岐奥斯的伊翁以及厄庇根尼(下文注释[96]),还有亚里士多德:参见林福斯的妙论,155 ff.。
[92] *Rep.* 364e. ὅμαδος [喧嚣]一词的词源和用法表明,柏拉图这里所想的,与其说是含混不清的背诵声,不如说是众多著作众声喧哗,每一本都提出了自己的妙解;发出 ὅμαδος [喧嚣]的不止一个。欧里庇得斯的句子,πολλῶν γραμμάτων καπνούς [许多书的雾障](*Hipp.* 954),同样也强调俄耳甫斯教权威的多样性以及他们的无效性。正如耶格尔所指出(Jaeger, *Theology*, 62),假设古典时代存在着一种统一的"俄耳甫斯教"教义,这是不合时宜的。
[93] Plato, *Crat.* 400c; Eur. *Hipp.* 952 f. (参见 Ar. *Ran.* 1032, Plato, *Laws* 782c); Plato, *Rep.* 364e–365a。

时代的人直接证明的,恰恰是这些诗歌传授了所谓的"俄耳甫斯教"教义中最著名的一条——灵魂的轮回。但是,或许从如下观念中推出这条教义也不算太过轻率,即身体是囚牢,灵魂在这里为前世的罪受罚。[94]可是,即便在上述三点之外再加上这一点,诗歌总体教授的东西也非常有限。这就不能让我从根本上将"俄耳甫斯教的"灵魂学(psychology)与"毕达哥拉斯派的"灵魂学区别开来,因为据说毕达哥拉斯主义者也不吃肉,也举行净化或涤罪仪式,也将身体视为囚牢,[95]而且我

---

[94] 在我看来,在这一点上齐格勒是对的(Ziegler, *loc. cit.*, 1380),他反对极端怀疑论者托马斯。亚里士多德 *de anima* 410b19 (=*O.F.* 27)处的说法非但没有将转世说排除在俄耳甫斯教信仰之外,而且还以某种方式确证了它包含在内,他指出某些写作关于 Ὀρφικά[俄耳甫斯式的实践]的作家无论如何都相信预先存在着可分离的灵魂。

[95] 中期喜剧刻画了毕达哥拉斯主义者,他们假装成严格的素食者(Antiphanes, fr. 135 K., Aristophon, fr. 9, 等等),甚至仅靠面包和水为生(Alexis, fr. 221)。但毕达哥拉斯派的准则有多种形式;最古老的形式可能只禁止吃某些"神圣的"动物或动物的某些部位(Nilsson, "Early Orphism", 206 f.; Delatte, *Études sur la litt. pyth.*, 289 ff.)。σῶμα–φρουρά[身体—囚牢]的观念被克利尔库斯(Clearchus)归之于一个叫作欧克西特奥斯(Euxitheos)的人(fr. 38 W),那人是一个真实的或虚构的毕达哥拉斯主义者。(在我看来,柏拉图《斐多》62b 并不支持如下看法,即那一观念是由斐洛劳斯[Philolaus]所传授;而且我不大相信"Philolaus", fr. 15。)关于毕达哥拉斯派的 κάθαρσις[净化],参见下文注释[119],关于老毕达哥拉斯派的观念和老俄耳甫斯教的观念之间的总体相似性,参见 E. Frank, *Platon u. d. sogenannten Pythagoreer*, 67 ff., 356 ff., 以及 Guthrie, *op. cit.*, 216 ff.。能够识别出来的最明显的差异并不是教义方面的,而是崇拜对象方面的(阿波罗是毕达哥拉斯主义的核心,而狄奥尼索斯则显然是俄耳甫斯教的核心);还有社会地位方面的(毕达哥拉斯主义是贵族式的,而俄耳甫斯教则可能并不是);以及最重要的是如下事实方面的差异,即俄耳甫斯教的思想依然停留在神话的层面,而毕达哥拉斯主义者在早期——即使不是从一开始——就试图将神话的思维方式或多或少转化成理性的术语表达。

们已说过，毕达哥拉斯本人也经历过轮回。事实上，俄耳甫斯教教义（至少在某些形式上）与毕达哥拉斯主义之间并不是那么泾渭分明。因为公元前5世纪的可靠权威岐奥斯的伊翁（Ion of Chios）就认为，毕达哥拉斯曾以俄耳甫斯的名义创作诗歌；而作为灵魂学的专家，厄庇根尼（Epigenes）也将四首"俄耳甫斯教的"诗歌归到一位毕达哥拉斯主义者名下。[96] 在毕达哥拉斯时代之前是否有任何俄耳甫斯教诗歌存在，如果存在，它们是否传授了灵魂轮回的教义，这些还全然未知。有鉴于此，我将用"清教灵魂学"（Puritan psychology）这一术语来统称早期俄耳甫斯教与早期毕达哥

---

[96] Diog. Laert. 8.8（=Kern, *Test.* 248）；Clem. Alex. *Strom.* 1.21, 131（= *Test.* 222）。我发现很难赞同林福斯将这个厄庇根尼等同于苏格拉底圈子中的那位不知名的成员（Linforth, *op. cit.*, 115 ff.）；克莱门特（Clement, *ibid.*, 5.8, 49=*O.F.* 33）和阿特纳乌斯（Athenaeus, 468c）认为他有语言学方面的兴趣，这强烈暗示了他是亚历山大里亚的学者。但无论如何林福斯都是一个钻研过俄耳甫斯教诗歌的人，由于我们的信息很贫乏，因而像狄莱特那样轻率地打发掉他的说法（Delatte, *Études sur la litt. pyth.*, 4 f.），就似乎是极不明智的。我们不知道林福斯那种独特的归类究竟是基于什么；但由于一般观点认为早期毕达哥拉斯主义者已经参与制造 Ὀρφικά［俄耳甫斯式的实践］，因而他可以诉诸公元前5世纪的权威人士，不仅是岐奥斯的伊翁，我认为还有希罗多德，如果我的理解正确的话，我认为2.81中那一著名的句子意思是"那些埃及人的实践和所谓的俄耳甫斯教的和狄奥尼索斯式的实践完全一致（ὁμολογέει RSV），后两种实践起源于埃及，而且（某些部分）是后来由毕达哥拉斯引进的"（关于文本可参见前文注释[80]）。由于希罗多德在别处（2.49）将 βακχικά［巴科埃式的实践］的引进归之于美拉姆波司（Melampus），因而由毕达哥拉斯引进的实践很可能就仅限于 Ὀρφικά。参见2.123，这里希罗多德说他知道但不打算点出那些剽窃者的名字，那些剽窃者从埃及引进了转世学说但声称是他们自己发明的。

拉斯派的灵魂信条。

我们已经看到——或者我希望我们已经看到，一个长于思考的民族，例如希腊人，如何能够从和萨满教信仰与实践的接触当中孕育出清教灵魂学的雏形：举例来说，睡梦或入迷状态中的神游观念是如何加剧了灵魂—身体的二元对立；萨满式的"静修"是如何为有意为之的 askēsis——一种通过节欲和精神操练来增强心灵力量的有意识的训练——提供了模型；萨满消失和复现的故事如何催生了巫术自我或精灵自我不可毁灭这一信念；以及巫术力量或精神从死去的萨满身上转移到活着的萨满身上又如何能成为一般化的转世教义。[97] 但我必须强调，这些仅仅是"可能"，是逻辑上或心理上的可能性。如果某些希腊人实现了这些可能性，用罗德的话说，一定是因为那些人感到它们"满足了希腊人的精神需求"。[98] 而且如果我们考虑到古风时代末期的情形（我在第二章已经描述过），那么我认为，我们确实可以看到它们满足了某些需求，无论是逻辑上、道德上还是心理上的需求。

---

[97] 某种同样的观念很可能已经出现在印度，印度的转世信仰也出现地相对较晚，而且似乎既不是本土自生的也不是后来印欧人侵者（I.-E. incomers）的教义的一部分。鲁本（W. Ruben）发现（*Acta Orientalia*, 17 [1939] 164 ff.），它一开始就和中亚的萨满文化有接触。一个有趣的事实是，在印度，正如在希腊，转世理论以及首次将梦解释成神游时它们是一并出现的（*Br. Upanishad* 3.3 and 4.3；参见 Ruben, *loc. cit.*, 200）。它们看起来似乎都是同一种信仰模式的基本要素。如果是这样，以及如果萨满教是后一个要素的源头，那么它很可能就是两个要素共同的源头。

[98] Rohde, "Orpheus", *Kl. Schriften*, II.306.

尼尔松教授认为，重生教义是"纯粹逻辑"的产物，希腊人之所以发明这个教义是因为他们是"天生的逻辑学家"。[99] 我们可以同意尼尔松的观点，即人一旦接受了"灵魂"不同于身体的观念，自然会问这一"灵魂"来自何处，也自然会回答说它来自哈得斯中的灵魂仓库。事实上，赫拉克利特和《斐多》(Phaedo) 都展现了这种论证思路。[100] 但是，我怀疑人们（即便是哲学家）是否往往基于纯粹逻辑而接受宗教信条，因为逻辑至多是信念的侍从 (ancilla fidei)。并且，许多天生根本不是逻辑学家的人也认可重生教义。[101] 因此，我打算着重考虑另一种解释。

在道德层面上，相比于罪恶世袭与死后的阴间惩罚，转世教义为古风时代末期的神义问题提供了更让人满意的解释。随着个人从古老的家庭团结中逐步得到解放，他作为"法人"的权利也逐渐增长，人们开始无法接受替他人过错受罚这一观念。一旦人类的法律认可人只对自己的行为负责，神法也迟早会如法炮制。至于死后惩罚，它很好地解释了为何神似乎可以容忍恶人在尘世得志；而新的转世教义则将这一解释开拓到了极致，它所设计的"冥府旅行"将地狱

---

[99] *Eranos*, 39 (1941) 12。对照 Gigon, *Ursprung*, 133 f.
[100] Heraclitus, fr. 88 D., 参见 Sext. Emp. *Pyrrh. Hyp.* 3.230（下文注释[109]所引）; Plato, *Phaedo* 70c–72d（"ἀνταπόδοσις [报应]论证"）。
[101] "灵魂轮回或转世教义在许多野蛮人的部落中都可以发现"，Frazer, *The Belief in Immortality*, I.29。"某种形式的转世信仰普遍存在于所有简单的食物采集和渔猎文明中"，P. Radin, *Primitive Religion*, 270。

的可怖情状栩栩如生地呈现出来。[102]但是，死后惩罚并没有解释为何神会容忍如此多的人间苦难，尤其是无辜者不应承受的苦难。对于这一点，转世教义做出了解释。它认为没有人的灵魂是无辜的：[103]所有人都要为前世犯下的各种罪行买单，只是各人的程度不同而已。所有这些污秽不堪的苦难，无论是此世的还是彼世的，都不过是灵魂的漫长教育的一部分；最终，在这一教育的顶点，灵魂将从轮回再生中解脱出来，回到它神圣的源头。只有这样，只有放眼于广阔的时间尺度，古风时代的正义的充分含义——"自作自受"（the

---

[102] 参见 Plato, *Phaedo* 69c, *Rep.* 363d, 等等, 关于毕达哥拉斯派的塔尔塔罗斯（Tartarus）信仰, Arist. *Anal. Post.* 94b33（=*Vorsokr.* 58c1）。厄庇根尼归之于毕达哥拉斯主义者凯科普斯（Cercops）的诗歌中也出现了冥府之旅（前文注释〔96〕）。根据不太引人注意的奥林皮奥多洛斯（Olympiodorus）的说法, 那种关于泥泞的地狱的独特想象通常被称作"俄耳甫斯教的"想象（*in Phaed.* 48.20 N.）。亚里士多德在 *orat.* 22.10 K.（p. 421 Dind.）中将它归之于厄琉息斯秘仪（参见 Diog. L. 6.39）。柏拉图的说法极为含混（*Rep.* 363d 和 *Phaedo* 69c）。我猜想它是一个古老的流行观念, 源自鬼魂和尸体的同质性（consubstantiality）以及随之而来的冥府和坟墓的混同。它的诸发展阶段或可追溯为：荷马史诗中的 Ἀΐδεω δόμον εὐρώεντα [阴暗的哈得斯的住所]（*Od.* 10.512, 参见 Soph. *Aj.* 1166, τάφον εὐρώεντα [阴暗的葬礼]）；埃斯库罗斯悲剧中的 λάμπα [光] 或 λάπα [浮渣]（*Eum.* 387, 参见 Blass *ad loc.*）；以及阿里斯托芬喜剧中的 βόρβορον πολὺν καὶ σκῶρ ἀείνων [许多浮游于空中的污秽]（*Ran.* 145）。在它的发展过程中的某个点上, 它可以被解释成对未入会之人或"未净化之人"（τῶν ἀκαθάρτων）的恰当惩罚；这或许是厄琉息斯秘仪的贡献, 或者是 Ὀρφικά 的贡献, 或者是二者共同的贡献。

[103] 对于 τί ἀληθέστατον λέγεται [什么是最具真理性的说法] 这一问题, 古老的毕达哥拉斯派的教义手册如此回答, ὅτι πονηροὶ οἱ ἄνθρωποι [人类是不幸的]（Iamb. *vit. Pyth.* 82=*Vorsokr.* 45 C4）。

Doer shall suffer）这种法律意义上的正义——才可以被每个灵魂完全实现。

柏拉图认为这种对重生的道德解释是"古时候的祭司"所教授的"一种神话或教义或别的什么适当的称谓"。[104]这种解释当然是古老的,但我认为它不是最古老的。对于西伯利亚萨满来说,前世的经历并不是罪恶的源头,而是会增强能力,我认为后者才是原初的希腊观念。恩培多克勒从毕达哥拉斯那里所了解到的正是这种增强能力的观念,而更早的厄庇美尼德似乎也是这么说的。仅当所有人的灵魂都能够重生之时,重生才从一项特权变成了一项负担,并且它在解释我们尘世命运不平等的同时,还揭示了——用一位毕达哥拉斯派诗人的话来说就是——人类的苦难都是自己招致的（αὐθαίρετα）。[105]

对于所谓的"恶的问题"（the problem of evil）人们需要一个解答,不过我们相信在这层需求之下还隐藏着一层更深的心理需求,也就是将那些难以解释的罪感理性化的需求。前面我们已经看到,那些罪感在古风时代普遍存在。[106]我认为,人们隐约意识到——或者以弗洛伊德的观点来看,人们正确地意识到——那些罪感根植于被湮没的、被忘却

---

[104] *Laws* 872de. 参见毕达哥拉斯派的正义观,Arist. *E.N.* 1132b21 ff.。
[105] γνώσει δ' ἀνθρώπους αὐθαίρετα πήματ' ἔχοντας［你将知道人类是自己选择了不幸］,这被作为毕达哥拉斯派的观点而被引用,Chrysippus *apud* Aul. Gell. 7.2.12。参见 Delatte, *Études*, 25。
[106] 参见本书第二章。

已久的过去经历之中。有什么解释是比将这样一种直觉感受（据弗洛伊德，这一直觉实际上是人们对婴儿期所受创伤的模糊意识）解释为是对前世罪行的模糊意识还要更自然呢？这里，我们或许无意中发现了毕达哥拉斯派为何极为重视"回忆"（recollection）的心理学根由。这里的"回忆"并非是指柏拉图意义上的回忆，即回想那个曾被无实体的（disembodied）灵魂看到的由无实体的形式构成的世界，而是指更原始意义上的回忆，即训练记忆力以回想自己前世在尘世的作为与苦难。[107]

但是，刚刚只是提供了一种猜想。我们能够确定的是，这些信念在它们的信徒中散布了对身体的恐惧以及对感性生活的厌恶，此二者在希腊都是崭新的事物。我认为，任何罪感文化都为清教主义的生长提供了合适的土壤，因为罪感文化创造了一种无意识的对于自我惩罚的需求，而清教主义正可以满足这一需求。不过，在希腊，触发这一过程的显然是萨满信仰的影响力。希腊心灵将这些信仰重新进行道德阐

---

[107] 反对伯内特将柏拉图式的 ἀνάμνησις [回忆] 归之于毕达哥拉斯派（Burnet, *Thales to Plato*, 43），参见 L. Robin, "Sur la doctrine de la réminiscence", *REG* 32（1919）451 ff.（=*La Pensée hellénique*, 337 ff.），以及 Thomas, 78 f.。关于毕达哥拉斯派的记忆训练，参见 Diod. 10.5 和 Iamb. *vit. Pyth.* 164 ff.。这些作者并没有把它与试图恢复往世的记忆关联起来，但似乎可以合理地猜测，这原本就是它的最终目的。在这种意义上 Ἀνάμνησις 是一种高超的本领，只有具备特殊的天赋或通过特殊的训练才能够获得；在今天的印度，它是一种备受尊重的精神成就。对它的信仰可能会得到某种奇妙的心理幻觉的帮助，某些人会经历那种被称作为"似曾相识"（déjà vu）的幻觉。

释；而在完成之际，身体经验所在的世界便不可避免地成为一个黑暗与苦行的场所，而肉身也不可避免地成为一件"不合身的外衣"。毕达哥拉斯派古老的教义问答（catechism）中说道，"享乐在任何情况下都不好，因为我们来到世上就是为了受罚，我们也应当受罚"。[108] 柏拉图认为这一教义形式来自俄耳甫斯教，它把身体刻画为灵魂的囚牢；在灵魂没有洗净罪恶之前，它都被神关锁在囚牢中。柏拉图还提到了另一教义形式，它表达了更激进的清教主义思想：身体是一座坟墓，*psyche* 长眠于此，等待着苏醒过来拥抱真正的生活，也就是脱离身体的生活。这一教义形式似乎可以追溯到赫拉克利特，他当时可能是用此来阐述自己永远都在"上升的道路与下降的道路"这两极之间徘徊。[109]

对于将 *psyche* 等同于经验人格（公元前 5 世纪的看法

---

[108] Iamb. *vit. Pyth.* 85（=*Vorsokr.* 58 C 4）。参见 Crantor apud [Plut.] *cons. ad Apoll.* 27, 115b，他归之于"许多明智之人"的那种观点认为人类生活是一种 τιμωρία [惩罚]，以及 Arist. fr. 60，这里同样的观点被归之于 οἱ τὰς τελετὰς λέγοντες [那些诉说秘仪的人]（俄耳甫斯教诗人？）。

[109] Heraclitus, frs. 62, 88；参见 Sext. Emp. *Pyrrh. Hyp.* 3.230：ὁ δὲ Ἡράκλειτός φησιν ὅτι καὶ τὸ ζῆν καὶ τὸ ἀποθανεῖν καὶ ἐν τῷ ζῆν ἡμᾶς ἐστι καὶ ἐν τῷ τεθνάναι· ὅτε μὲν γὰρ ἡμεῖς ζῶμεν, τὰς ψυχὰς ἡμῶν τεθνάναι καὶ ἐν ἡμῖν τεθάφθαι, ὅτε δὲ ἡμεῖς ἀποθνῄσκομεν, τὰς ψυχὰς ἀναβιοῦν καὶ ζῆν [赫拉克勒斯曾说，对我们来说，生即是死，活着即是已经死去。因为，当我们活着时，我们的灵魂已经死去并埋葬在我们体内，而当我们死后，我们的灵魂又苏醒重生]，以及 Philo, *Leg. alleg.* 1.108。塞克斯图斯（Sextus）的引用肯定不是逐字逐句的；但像某些人那样完全不相信这句话，似乎也是不稳妥的，因为这句话是"毕达哥拉斯派的"语言。关于恩培多克勒所持的类似观点，参见下文注释 [114]；关于这条思路后来的发展，参见 Cumont, *Rev. de Phil.* 44（1920）230 ff.。

大都如此）的人来说，这样的说法毫无意义，它是一个如此绝妙的悖论，其中所蕴含的喜剧因素没能逃过阿里斯托芬的法眼。[110] 但如果我们将"灵魂"等同于理性，这也仍然毫无意义。依我看，对于那些笃信之人来说，"长眠"于身体中的东西既不是理性也不是经验的个人，而是"隐秘的"自我，是品达所说的"生命的影像"，它坚不可摧，但只有在睡梦或入迷等例外状态中才能发挥作用。锡罗斯的裴瑞居德（Pherecydes of Syros）早就教过人们（如果后世的权威可信的话），人有两个"灵魂"，一个是神圣的，另一个则源于尘世。此外，值得注意的是，恩培多克勒——我们关于早期希腊清教主义的知识主要依赖于他——并没有用 psyche 一词来指代坚不可摧的自我。[111]

---

[110] Ar. Ran. 420, ἐν τοῖς ἄνω νεκροῖσι［在阳间的尸体之内］，以及戏仿欧里庇得斯，ibid., 1477 f.（参见 1082, καὶ φασκούσας οὐ ζῆν τὸ ζῆν［她说活着并不是活着］，在这里这一学说被认为是最为反常的）。

[111] Pherecydes, A 5 Diels. 关于恩培多克勒著作中的两个灵魂，参见 Gomperz, *Greek Thinkers*, I.248 ff.（英译本）; Rostagni, *Il Verbo di Pitagora*, chap. vi; Wilamowitz, *Berl. Sitzb.* 1929, 658 ff.; Delatte, *Enthousiasme*, 27. 未将 ψυχή［灵魂］与 δαίμων［精灵］区别开来，这导致各种各样的学者都发现《净化》（*Purifications*）和关于不朽的诗歌《论自然》（*On Nature*）之间存在着一种虚构的矛盾。阿尔克迈翁（Alcmaeon）残篇中关于同一主题的明显矛盾或许也可用同样的方式来解释（Rostagni, *loc. cit.*）。另一种关于永恒的"隐秘"自我的观点被亚里士多德归之于"某个毕达哥拉斯主义者"（*de anima* 404a17），它将灵魂描述为物质微粒（ξύσμα），这种观念在野蛮人中也有大量类似情况。此外，这也非常不同于作为日常经验层面上的生命要素的气息—灵魂。多个"灵魂"这一观念很可能是来自萨满教的传统：如今大多数西伯利亚人都相信有两个或更多的灵魂（Czaplicka, *op. cit.*, chap. xiii）。但是，正如尼尔松最近所说，"关于灵魂的多种教导是建立在事物本质上的，只是我们的思维习惯才使得我们惊讶于人应该有好几个'灵魂'"（*Harv. Theol. Rev.* 42［1949］89）。

他似乎主张 psyche 是指生命的热能（vital warmth），人死时那种热能就会被产生它的炽热元素（fiery element）重新吸走（这种观点在公元前 5 世纪可谓司空见惯）。[112] 至于在一轮又一轮转世中存续下来的隐秘自我，恩培多克勒没有称之为"psyche"，而是称之为"精灵"（daemon）。这个精灵显然和感觉或思想无关，恩培多克勒认为这在机制上就已经被决定了；精灵的作用是担当人类潜在神性[113] 与现实罪恶的载体。某种程度上，相比于苏格拉底所信奉的理性"灵魂"而言，精灵要更加接近于某位萨满从其他萨满那里继承过来的内在神灵（indwelling spirit）；只不过这个精灵已经被道德化为罪恶的载体，感觉世界也变成了它在其中遭受折磨的哈得斯。[114] 恩培多克勒在他一些最匪夷所思也最动人的宗教诗歌中描述了这种折磨，而且那些诗歌流传至今。[115]

---

[112] Empedocles, A 85 (Aetius, 5.25.4)，参见 frs. 9-12。ψυχή［灵魂］或 πνεῦμα［气息］还原为燃烧的以太：Eur. Supp. 533, fr. 971，以及波提狄亚（Potidaea）铭文（Kaibel, Epigr. gr. 21）。这似乎是基于如下这一素朴观念，即 ψυχή［灵魂］是气息或热气（Anaximenes, fr. 2），当由于死亡而散发到空气中时，它就会向上漂浮（Empedocles, fr. 2.4, καπνοῖο δίκην ἀρθέντες［向上漂浮的正义之烟］）。

[113] 一个相似的悖论被克莱门特归之于赫拉克利特，Paedag. 3.2.1。但赫拉克利特残篇中所缺少的内容便是恩培多克勒对于罪的思考。和荷马一样，赫拉克利特显然也更为关注 τιμή［荣誉］(fr. 24)。

[114] 罗德认为，"陌生的地方"（fr. 118）和 "Ate 的草地"（fr. 121）不过是指人类的世界，他的观点可以得到古代权威的支持，而且在我看来也几乎肯定是正确的。马斯（Maass）和维拉莫维茨挑战了这一观点，但也有人赞同：Bignone (Empedocle, 492), Kranz (Hermes, 70 [1935] 114, n. 1), 以及 Jaeger (Theology, 148 f., 238)。

[115]《净化》(Purifications) 的想象性质已经得到了耶格尔很好的（转下页）

转世教义也辅助性地教授净化，净化是推动隐秘自我沿存在的阶梯上升并促成其最后解放的方式。从恩培多克勒诗歌的标题来看，净化正是诗歌的中心主题，尽管诗歌中大多数涉及净化的部分已经亡佚。我们早已说过，[116]净化的观念并非新发明，在古风时代它就是一种备受瞩目的宗教思想。但是，在新的信仰模式下，净化观念又获得了新的内容和新的紧迫性：不仅某些特殊的污染必须被涤净，而且所有的肉欲污点都要尽可能被祛除干净，这是人得到救赎的条件。"我与纯洁结伴而来，那统治下界的纯洁的女王"——金箔铭文上的一首诗中灵魂对珀尔塞福涅（Persephone）如是说。[117]纯洁而非正义，成为拯救的首要方式。并且，由于需要被涤净的是巫术自我而不是理性自我，因而净化的技艺也就是巫术性的而不是理性的技艺。那些技艺可能只存在于仪式中，柏拉图就认为俄耳甫斯教的书籍中有涤罪仪式，并且谴责这些仪式会使道德败坏。[118]此外，净化的技艺可

（接上页）阐明（Jaeger, *Theology*, chap. viii，尤其是147 f.）。恩培多克勒是一位真正的诗人，而不是一位恰好用韵文写作的哲学家。

[116] 参见本书第二章，pp. 35 ff.。原始的西伯利亚萨满也行使某些净化职能（Radloff, *op. cit.*, II.52 ff.）；因此 καθαρτής［净化者］这一角色对他的希腊模仿者来说也是很自然的。

[117] *O.F.*, 32 (c) and (d).

[118] *Rep.* 364e: διὰ θυσιῶν καὶ παιδιᾶς ἡδονῶν［通过献祭和欢快的游戏］。恩培多克勒规定（Empedocles, fr. 143），收集五处泉水到一个青铜器皿中，洗涤要用这样的水——这让人想起米兰德喜剧中的一个人物所开的"无效处方"（Menander, fr. 530.22 K），ἀπὸ κρουνῶν τριῶν ὕδατι περιρράναι［汲取并撒出三口泉水中的水］，以及布里亚特（Buryat）萨满举行净化时要用三处泉水的水（Mikhailovski, *loc. cit.*, 87）。

能还会使用音乐的魔力。毕达哥拉斯派的净化就是这样，而这似乎又是从原始的咒语（ἐπῳδαί）发展而来的。[119] 此外，净化的技艺或许还包括"askesis［训练］"，一种特殊的生活实践。

我们已经看到，萨满传统最初就隐含着对 askesis 的需要。但古风时代的罪感文化则给它提供了一个特定的方向。素食主义是俄耳甫斯教以及一些毕达哥拉斯主义者的 askesis 的核心特征，它通常被简单地视为轮回信念的必然结果，因为你为了食物而杀死的野兽可能正好是一个人类灵魂或自我的寓所。恩培多克勒就是这么解释的。不过他的逻辑不太严谨：他应该同样厌恶吃蔬菜，因为他相信他自己的隐秘自我曾寓居在一丛灌木中。[120] 我猜测，他的并不完美的理性化解释背后其实存在着更古老的东西——古老的对溅血的恐惧。在谨慎之人的头脑中，对这种污染的恐惧很可能会扩展到更大的范围，到最后，他们恐惧一切流血，无论是动物的还是人的。据阿里斯托芬说，俄耳甫斯立下了 φόνων ἀπέχεσθαι ["不要流血"] 的准则；而且据说毕达哥拉斯也从不与屠夫和猎人接触——这很可能是因为这些人不仅是

---

[119] Aristoxenus, fr. 26, and Wehrli's note; Iamb. *vit. Pyth.* 64 f., 110–114, 163 f.; Porph. *vit. Pyth.* 33; Boyancé, *Le Culte des Muses*, 100 ff., 115 ff. 现代萨满常用音乐来召唤或驱逐神灵——音乐是"神灵的语言"（Chadwick, *JRAI* 66 [1936] 297）。毕达哥拉斯派使用音乐似乎很可能，或至少是部分源自萨满教传统：撒尔莫克西斯的色雷斯追随者所使用的 ἐπῳδαί [咒语] 据说可以"治愈灵魂"（Plato, *Charm.* 156d-157a）。

[120] Empedocles, fr. 117.

邪恶的，而且是非常不洁的，是传染性污染的携带者。[121]
除了食物禁忌，毕达哥拉斯派团体似乎对它的成员还有别
的苦行要求，例如初学者要保持缄默，性方面要进行某些
限制。[122]不过，可能只有恩培多克勒迈出了走向摩尼教徒
（Manichee）的逻辑上的最后一步。尽管描述他迈出这一步
的诗句事实上没有保存下来，但我仍找不出理由来质疑如下
说法，即他反对婚姻和一切性关系。[123]如果这一传统说法
是正确的，那么清教主义就不仅起源于希腊，而且还被一位

---

[121] Ar. *Ran.* 1032（参见 Linforth，70）; Eudoxus *apud* Porph. *vit. Pyth.* 7。素食主义和克里特的神秘崇拜仪式有关，参见 Euripides（fr. 472）和 Theophrastus（*apud* Porph. *de abst.* 2.21）；而且很可能的情况是，克里特的素食者厄庇美尼德对于素食主义的流布起到了作用。但是另一种毕达哥拉斯派的准则就只禁止吃某些"神圣的"动物诸如白公鸡等等（前文注释[95]），这很可能源自萨满教，因为今天的"动物，尤其是鸟，在萨满教信仰中起着某种作用，因而很可能禁止杀戮甚或骚扰它们"（Holmberg, *op. cit.*, 500），尽管据说只有布里亚特人的某些部落全面禁止吃肉（*ibid.*, 499）。

[122] 从伊索克拉底开始（Isocrates, 11.29），"毕达哥拉斯派的缄默"就众所周知。扬布里柯说初学者五年时间里要完全保持缄默（Iamblichus, *vit. Pyth.* 68, 72），但这很可能是后来的夸张说法。性限制，Aristoxenus, fr. 39 W., Iamb. *vit. Pyth.* 132, 209 ff.；性关系的害处，Diog. Laert. 8.9, Diod. 10.9.3 ff., Plut. *Q. Conv.* 3.6.3, 654b. 现代的西伯利亚萨满不需要禁欲。但值得注意的是，根据波西多纽斯（Posidonius）的说法，在色雷斯的盖塔伊人中某些神职人员（萨满？）需要禁欲（Strabo, 7.3.3 f.）。

[123] Hippolytus（*Ref. haer.* 7.30=Empedocles B 110）指责马克安（Marcion）模仿恩培多克勒的 καθαρμοί［净化者］试图取缔婚姻的行为：διαιρεῖ γὰρ ὁ γάμος κατὰ Ἐμπεδοκλέα τὸ ἓν καὶ ποιεῖ πολλά[因为据恩培多克勒，婚姻使"一"分裂，产生了"多"]。这可以用他归之于恩培多克勒的另一个说法来解释（*ibid.*, 7.29=Emp. B 115），即性交会加剧不和的破坏作用。然而，尚不清楚的是恩培多克勒是否走到了宣扬种族自杀的地步。

希腊人带到了它的理论极限。

还剩下最后一个问题。所有那些邪恶的根源是什么？神圣自我怎么会犯下罪恶而在有死的身体中受难呢？一位毕达哥拉斯派诗人就这样问："人类从何处来？又是从何处沾染了罪恶？"[124]这一问题无可逃避，俄耳甫斯教诗歌（至少是晚期的俄耳甫斯教诗歌）给出了一个神话上的回答。罪恶都起于邪恶的提坦（Titans），他们抓住婴儿狄奥尼索斯，将他撕成碎片，将他放在滚水中煮、炽火上烤，最后吞食了他，而提坦族自身也旋即被宙斯的雷电烤焦。从他们的灰烬中诞生了人类种族，人类种族因而继承了提坦的可憎习性，但他们体内一小部分神圣的灵魂质素（soul-stuff）缓和了此习性，那正是酒神的实体（substance），它仍作为隐秘自我在人类体内发挥着作用。泡萨尼阿斯（Pausanias）认为这个故事——或者说这个故事中的提坦部分——是公元前6世纪的奥诺玛克利托斯发明的（泡萨尼阿斯同时暗示狄奥尼索斯被撕碎的故事相对更早）。[125]所有人都相信泡萨尼阿斯的说法，直到维拉莫维茨发现，公元前3世纪之前的所有作家都没有明确提及那一提坦神话，因而他推断它是一个希腊化时代的发明。[126]他的推断被一两位学者所接受，我对他们的判断总是充满敬意，[127]因此要提出与他们以及维拉莫维

---

[124] Hippodamas *apud* Iamb. *vit. Pyth.* 82.
[125] Paus. 8.37.5 (=Kern, *Test.* 194).
[126] Wilamowitz, *Glaube*, II.193, 378 f.
[127] 尤其是 Festugière, *Rev. Bibl.* 44（1935）372 ff. 和 *REG* 49（转下页）

茨相左的观点让我踌躇不已。泡萨尼阿斯关于奥诺玛克利托斯的论断确实有站不住脚的地方，[128]但若考虑到如下几个方面，我仍倾向于认为那一提坦神话很古老。首先，那一神话具有古风时代的特征：它建立在古代狄奥尼索斯仪式中的 *Sparagmos*［撕碎］与 *Omophagia*［吞食生肉］的基础上；[129]并且，它还暗含了古风时代对于祖传罪恶的信仰，而在希腊化时代，这一信仰已开始成为不值一提的迷信。[130]其次，柏拉图在《美诺》（*Meno*）中引用了品达的诗句，"古老不

（接上页）（1936）308 f.。另一方面，那一神话的古老性也得到了如下学者的强调（虽然在我看来他们并不总是拥有最强有力的理由）：格思里（Guthrie，107 ff.），尼尔松（Nilsson，"Early Orphism"，202），布扬塞（Boyancé，"Remarques sur le salut selon l'Orphisme"，*REA* 43［1941］166）。对相关证据最全面、最细心的综述，参见 Linforth's，*op. cit.*，chap. v.。他总体上倾向于较早日期，尽管他的结论在其他某些方面并不如此。

[128] 被归之于奥诺玛克利托斯的可能的含义，参见 Wilamowitz，*Glaube*，II.379，n. 1；Boyancé，*Culte des Muses*，19 f.；Linforth，350 ff.。我也应该对过多依赖忒拜的卡贝瑞翁（Theban Kabeirion）的发现而感到犹豫（Guthrie，123 ff.），如果那里有什么可以直接把那些发现和提坦或 σπαραγμός［撕碎］联系起来，那么那些发现作为证据就会更加令人印象深刻。雷纳克（S. Reinach）巧妙地发现了其中一处涉及神话的地方（*Rev. Arch.* 1919，i.162 f.），那个神话可见于亚里士多德学派"附加的" προβλήματα［《问题集》］（Didot Aristotle，Ⅳ.331.15），但只要 προβλήματα 的日期尚不确定，那么他的发现对我们就无甚帮助；Athen. 656ab 处的证据也不足以证明 προβλήματα 为斐洛考鲁斯（Philochorus）所知。

[129] 参见本书附录一，pp. 276 ff.；关于仪式和神话的关系，参见 Nilsson，"Early Orphism"，203 f.。那些否认较古老的 Ὀρφικά 和狄奥尼索斯有任何关系的人，比如维拉莫维茨，必须对 Hdt. 2.81 处的证据做出解释（或者通过采用抄本上不大可能的读法从而删掉它）。

[130] 参见本书第二章，pp. 33 f.。

幸所招致的惩罚"，对此句最自然的解释是人类要为杀害狄奥尼索斯负责。[131] 其三，柏拉图在《法律》(Laws)中的一个段落中提到，有人"炫耀古老的提坦本性"，[132] 在另一个段落中又提到，冒渎神明的冲动"既不是来自人也不是来自神"，而是来自"无法净化的古老罪恶"。[133] 其四，据说柏拉

---

[131] Pindar, fr. 127 B. (133 S.) =Plato, *Meno* 81bc. 这一解释由塔纳里（Tannery）提出，*Rev. de Phil.* 23, 126 f.。罗斯已经对此进行了令人信服的论证，*Greek Poetry and Life: Essays Presented to Gilbert Murray*, 79 ff.（另参见他的注释，*Harv. Theol. Rev.* 36 [1943] 247 ff.）。

[132] Plato, *Laws* 701c. 很遗憾，这里的想法就和这里的句法一样简略因而难以辨认；但所有的解释都假设 τὴν λεγομένην παλαιὰν Τιτανικὴν φύσιν [所谓的古老的提坦本性] 只涉及提坦和诸神之间的大战，在我看来，这种假设在碰到如下说法时会遇到麻烦，即 ἐπὶ τὰ αὐτὰ πάλιν ἐκεῖνα ἀφικομένους（or ἀφικομένοις, Schanz）[回返到原始状态]，如果将这一说法应用于提坦，那么毫无意义，如果应用于人，那么也意义不大（鉴于 πάλιν [城邦]），除非人类源于提坦。林福斯反驳说（Linforth, *op. cit.*, 344），柏拉图只是在谈论各种堕落之人，而神话却使得 Τιτανικὴ φύσις [提坦的本性] 成为所有人之本性的一个永恒的部分，答案肯定在于，虽然所有人的胸中都存在着提坦的本性，但只有各种各样的堕落之人才会"炫耀它以及摹仿它"（ἐπιδεικνῦσι [炫耀] 暗示了那些堕落之人很为自己拥有提坦本性而骄傲，而 μιμουμένοις [摹仿] 则意指他们以他们神话中的祖先为榜样）。

[133] *Ibid.*, 854b: 对于被劫掠神庙的冲动所折磨的人，我们必须说：ὦ θαυμάσιε, οὐκ ἀνθρώπινόν σε κακὸν οὐδὲ θεῖον κινεῖ τὸ νῦν ἐπὶ τὴν ἱεροσυλίαν προτρέπον ἰέναι, οἶστρος δέ σέ τις ἐμφυόμενος ἐκ παλαιῶν καὶ ἀκαθάρτων τοῖς ἀνθρώποις ἀδικημάτων, περιφερόμενος ἀλιτηριώδης [我亲爱的朋友，推动你现在想要前去劫掠神庙的邪恶冲动既不是属人的，也不是属神的，这种冲动源自古老的未被人净化的罪行，它纠缠着人，带来诅咒]。ἀδικήματα [罪行] 通常被认为是某人的直系祖先所犯的罪行（如英格朗等人认为的），或某人自己在前世所犯的罪行（Wilamowitz, *Platon*, I.697）。但是，（a）如果那种诱惑在某种意义上是源于过往之人的行为，那么它为何被称作 οὐκ（转下页）

图的学生色诺克拉底（Xenocrates）将身体是"囚牢"的观念与狄奥尼索斯及提坦以某种方式关联了起来。[134] 上述这些都是明显提到提坦神话的例子，单个来看，必要时它们每一个都有可能被消解掉，但合起来看，我发现很难抗拒如下结论，即柏拉图以及与他同时代的公众都熟知那整个故事。[135]

（接上页）ἀνθρώπινον κακόν［邪恶的（冲动）不是属人的］？（b）为什么它专门是指劫掠神庙的诱惑？（c）那些最初的行为为什么ἀκάθαρτα τοῖς ἀνθρώποις［没有被人涤净］（语词是自然组合的，而且事实上也必须如此组合，因为它们显然可以过渡到下一句中的建议，即寻求来自神的净化）？我无法反驳如下结论（我发现拉斯曼基于其他的理由也得出了这一结论，*Quaestt. Pyth.*, 67），即柏拉图认为提坦无休无止的非理性的煽动（οἶστρος）会纠缠（περιφερόμενος）着不幸之人，无论他走到哪里，会引诱他摹仿他们的渎神行为。参见 Plut. *de esu carn.* 1, 996c：τὸ γὰρ ἐν ἡμῖν ἄλογον καὶ ἄτακτον καὶ βίαιον, οὐ θεῖον ⟨ὄν⟩ ἀλλὰ δαιμονικόν, οἱ παλαιοὶ Τιτᾶνας ὠνόμασαν［因为我们体内非理性的、无法无天的力量不是属神的，而是属于精灵，古人称之为提坦］（这句似乎来自色诺克拉底）；关于 οἶστρος［冲动］是来自人祖传的罪恶，Olymp. *in Phaed.* 87.13 ff. N.（=*O.F.* 232）。

[134] Olymp. *in Phaed.* 84.22 ff.：ἡ φρουρά...ὡς Ξενοκράτης, Τιτανική ἐστιν καὶ εἰς Διόνυσον ἀποκορυφοῦται（=Xenocrates, fr. 20）［囚牢……如色诺克拉底认为，提坦的行为在狄俄尼索斯那里达到巅峰］。参见 Heinze *ad loc.*；E. Frank, *Platon u. d. sog. Pythagoreer*, 246；以及林福斯更为谨慎的观点，Linforth, 337 ff.。

[135] 必须承认林福斯的看法，即较古老的作家没有人将人身上的神性等同于狄奥尼索斯的性质。但我认为可以证明，这种等同并不是（如林福斯所主张的那样，Linforth, p. 330）奥林皮奥多洛斯的发明（*in Phaed.* 3.2 ff.），也不是（如有的人可能会建议的那样）他的说法的来源者波菲利（Porphyry）的发明（参见 Olymp. *ibid.*, 85.3）。（a）在奥林皮奥多洛斯那里，那种等同似乎不仅仅是"作为一种没办法的办法，为的是解释柏拉图对话中一个令人困惑的段落"（Linforth, p. 359），而是作为一种采用了神话术语的解释，为的是解释道德冲突以及人的救赎，*in Phaed.* 87.1 ff.：τὸν ἐν ἡμῖν Διόνυσον διασπῶμεν...οὕτω δ' ἔχοντες Τιτᾶνές ἐσμεν· ὅταν δὲ εἰς ἐκεῖνο συμβῶμεν, Διόνυσοι γινόμεθα（转下页）

如果真是如此，那么古代清教主义就和现代清教主义一样拥有一套原罪教义，那套教义可以解释罪感的普遍性。诚然，一方面世袭的罪恶经由身体传递，另一方面持久稳固的隐秘自我又是罪恶的载体，这两种观点严格说来格格不入。但我们对此不必大惊小怪。印度的《奥义书》（Upanishads）同样试图将污染世袭这一古老观念与转世化身这一新近观念结合起来；[136] 基督教神学也发现有可能将亚当所遗留下来的罪与个体的道德责任调和起来。提坦神话清晰地向希腊清教徒解释了为何他们会感到自己既是神明又是罪犯；这个神话既解释并证明了"阿波罗式的"神人分离观点，又解释并证明了"狄奥尼索斯式的"神人合一观点。这比任何逻辑都更深刻。

（接上页）τετελειωμένοι ἀτεχνῶς［我们将我们中的狄俄尼索斯撕碎……这么做时，我们就是提坦；当我们共同进入那一状态时，我们简直就是真正的狄俄尼索斯。当林福斯说（Linforth, p. 360），这些观念和提坦神话之间的关系"并不是奥林皮奥多洛斯提出的，它只是现代学者的无理断言"时，他似乎忽略了这段引文。(b) 扬布里柯提到了古老的毕达哥拉斯派, vit. Pyth. 240, παρήγγελλον γὰρ θαμὰ ἀλλήλοις μὴ διασπᾶν τὸν ἐν ἑαυτοῖς θεόν［因为他们经常互相宣传不要将他们中的神撕碎］。人们显然没有注意到，他这里提及的是和奥林皮奥多洛斯一样的学说（动词 διασπᾶν［撕碎］的使用可以使得这一结论确定无疑）。我们不知道他的说法的来源是什么；但即使扬布里柯也不会将波菲利刚刚发明的某种观念说成是老毕达哥拉斯派的一种 σύμβολον［身份象征］。它的真正日期无法精确断定；但可以合理地猜测，波菲利在色诺克拉底那里也发现了它，正如他在后者那里发现了提坦神话本身一样。如果情况是这样，那么柏拉图就不会对它一无所知。但柏拉图有很好的理由不使用那一神话中的这一成分：他可以将非理性的冲动等同于提坦，但将人身上的神性等同于狄奥尼索斯的性质是很让一个理性主义哲学家反感的。

[136] Keith, *Rel. and Phil. of Veda and Upanishads*, 579.

第六章　古典时代的理性主义和反叛

> 文明的重大进展就是指几近颠覆那些进展所处之社会的过程。
>
> ——怀特海（A. N. Whitehead）

吉尔伯特·默里在近期发表的演讲中提出了一个概念，"层累堆积体"（the Inherited Conglomerate）。[1] 在本书的前几章中，我试图在一个特定的信仰领域中阐明："层累堆积体"萌生于持续的宗教运动所形成的积淀，其形成过程缓慢而持久。默里的地质学隐喻是恰切的，因为宗教的形成就是地质式的：总体上来说（不排除例外），它的原则是集聚（agglomeration），而非更迭（substitution）。极少有新的信仰模式完全抹杀从前的信仰模式：或是旧信仰通过成为新信仰模式中的因素（有时是不被承认的、半无意识的因素）从而得以保存下来，或是两套信仰模式并行不悖，尽管它们在逻辑上并不相容，却在同一时期被不同个人乃至同一个人接受了。对于前一种情形我们已经看到，荷马时代的 *ate* 概念是

---

[1] Gilbert Murray, *Greek Studies*, 66 f.

如何被植入古风时代的罪感文化中并受到它塑造的。至于第二种情形，我们也已看到古典时代是如何承袭了一整套关于"灵魂"或"自我"的不一致图景——它们可以是坟墓中的活死尸、哈得斯中的魂影、消散在空中或被以太吸收的转瞬即逝的气息，或是能够转世投胎的精灵。尽管这些图景流行的时期各异，源自的文化模式也不同，但它们却都在公元前5世纪的思想背景中稳占一席之地。你可以对其中某一种说法信以为真，也可以相信一种以上乃至全部说法，因为并没有官方教会告诉你这是真的，其他都是假的。在类似这样的问题上，并不存在一个"希腊人的观点"，只有一堆互竞的混乱答案。

这就是古风时代末期的层累堆积体。历史地看，它可以被理解为对许多代人以来持续变化的人类需求的反映，但它同时也意味着智识上的大规模混乱。与此同时，我们可以看到埃斯库罗斯如何试图控制这一混乱并从中引出某些有道德意义的东西。[2]但在埃斯库罗斯和柏拉图之间的时代，这一尝试却没有得到延续。大众和知识分子之间的信仰鸿沟在荷马时代已经萌生，[3]但这时它扩展到了极致，最终成为决裂的深渊并为堆积体的逐渐瓦解做好了准备。在本书剩余的章节中，我要关注的就是这一瓦解过程的结果，以及尝试阻

---

[2] 本书第二章，pp. 39 f.。

[3] 菲斯特最为有力地阐述了这一点，尽管他有些夸大，*Religion d. Griechen u. Römer*, Bursian's Jahresbericht, 229（1930）219。参见本书第二章，pp. 43 f.。

第六章 古典时代的理性主义和反叛

止这一过程的结果。

瓦解过程本身尤其是它的一般层面并不是我要论述的主题。这一过程属于希腊理性主义的历史,已有太多的人撰述过这一历史。[4]不过某些事情或许尚值得一提。首先,"Aufklärung"或启蒙运动并不是由智者开启的。这一点值得强调,因为时至今日仍然有人不加区分地谈论"启蒙运动"与智者运动,仿佛它们是同一回事,还将二者一并予以谴责或赞许(后一种情形要少得多)。启蒙运动当然要古老得多;它根源于公元前6世纪的爱奥尼亚,体现在赫卡泰欧斯(Hecataeus)、色诺芬尼(Xenophanes)、赫拉克利特的思想中,又在他们的后来者、思辨科学家阿那克萨戈拉和德谟克利特那里发扬光大。赫卡泰欧斯是第一个认为希腊神话很"可笑"的希腊人,[5]于是他发明了理性主义解释力图使其变得不那么可笑。而他的同代人色诺芬尼则从道德的角度攻讦荷马与赫西俄德神话。[6]色诺芬尼还否认预言术(μαντική)

---

[4] 尤其参见威廉·内斯特(Wilhelm Nestle)的近作, *Vom Mythos zum Logos*, 此书目的是为了展示"希腊人的理性思维逐步取代神话思维的过程"。

[5] Hecataeus, fr. 1 Jacoby; 参见 Nestle, *op. cit.*, 134 ff.。赫卡泰欧斯把神话中的怪物比如刻耳柏洛斯(Cerberus)给理性化了(fr. 27),而且很可能也把所有其他 τὰ ἐν Ἀΐδου [冥府中的] 可怕事物给理性化了。他建议同胞们将布朗奇达伊(Branchidae)阿波罗神谕所的宝藏派作世俗用途(Hdt. 5.36.3),从这可以表现出他个人的 ἀδεισιδαίμων [不迷信]。参见 Momigliano, *Atene e Roma*, 12(1931)139, 以及狄奥多罗斯(Diodorus)和普鲁塔克以同样的方式所描述的苏拉(Sulla)的类似行为(Diod. 38/39, fr. 7; Plut. *Sulla* 12)。

[6] Xenophanes, frs. 11 and 12 Diels.

的有效性，这一点对我们的论证目的至关重要：[7] 如果这一说法确凿，那么这就意味着在众多古希腊思想家中，几乎只有色诺芬尼一人不仅清算了解读征兆的伪科学，而且将我们之前章节中所讨论的一整套根深蒂固的神启（inspiration）观念体系扫地出门。不过，色诺芬尼最具有决定性意义的贡献要数他发现了宗教观念的相对性。"如果牛可以画画，那么它画的神看起来就会像牛"：[8] 此话一经说出，整个传统信仰构架的松动就指日可待了。色诺芬尼本人笃信宗教，他私下信奉一位"在相貌和思想上都不像人"的神。[9] 不过他知道，这只是信仰，不是知识。他说，尽管我们每个人都可以拥有意见，却没有人有过且在将来会有关于神的确切知识；即便他撞大运撞上了绝对真理，他也不可能知道自己邂逅了真理。[10] 公元前5世纪的人们在思想中一遍遍真诚地区分着什么可知、什么不可知，[11] 这无疑是该时代的首要荣耀

---

[7] Cic. *div.* 1.5; Aetius, 5.1.1（=Xenophanes, A 52）. 参见他对彩虹现象的自然解释（fr. 32），以及对圣艾尔摩之火（St. Elmo's fire）的自然解释（A 39），上述两种现象都是传统意义上的征兆。

[8] Xenophanes, fr. 15（参见 14 和 16）。

[9] Fr. 23. 参见 Jaeger, *Theology*, 42 ff. 正如默里所说（*op. cit.*, 69），"'或者在心里'为思想提供食物。这让我们想起了一位中世纪阿拉伯神秘主义者所言，称神为'正义的'就说神有胡须一样，是愚蠢的神人同形同性的论调"。参见赫拉克利特所说的神，在那位神看来，人类做"正义"和"不正义"的区分毫无意义，因为他认为所有事物都是正义的（Heraclitus, fr. 102 Diels）。

[10] Fr. 34.

[11] 参见 Heraclitus, fr. 28; Alcmaeon, fr. 1; Hipp. *vet. med.* 1, with Festugière *ad loc.*; Gorgias, *Hel.* 13; Eur. fr. 795。

之一；它为科学的谦卑奠定了基础。

此外，赫拉克利特的残篇也对层累堆积体展开了一系列正面攻击，其中一些正是针对我们在之前章节考察过的信仰类型。我们已经注意到赫拉克利特否认梦体验的有效性。[12] 他还嘲笑涤净仪式，用跳进泥泞洗澡的人来比附用血涤净血污的人。[13] 这是对宗教慰藉作用的直接一击。赫拉克利特还抱怨，"惯常的秘仪"举办得不够虔敬，不过很遗憾我们无从知晓他这一批评基于什么，以及具体针对哪些秘仪。[14] 此外，他说，νεκύες κοπρίων ἐκβλητότεροι ["死比粪更污秽"]，这一说法或许会得到苏格拉底的赞许，但它故意凌辱了普通希腊人的情感：它用区区三个词就消解了人们对葬礼的所有激情（这一情感填满了阿提卡悲剧和希腊军事史），甚至消解了一切围绕尸体—鬼魂关系而生的千丝万缕

---

[12] 参见本书第四章，p. 118。

[13] Heraclitus, fr. 5. 如果 fr. 69 可以凭信，那么他便没有完全摒弃 κάθαρσις [净化]概念；但如同柏拉图一样，他将其转到了道德和知识的层面。

[14] Fr. 14. 前面提到 βάκχοι [狂男们]和 λῆναι [酒神狂欢]，这暗示了他特别想到了狄奥尼索斯（而不是"俄耳甫斯"）秘仪；但是在传达的方式上，他的谴责似乎又不仅仅只限于那些秘仪。他是想谴责秘仪本身，还是想谴责举行秘仪的方式，我认为这无法确切地断定，尽管从他对举行秘仪的队列的描述来看，他显然不赞同 μύσται [参与秘仪者]。Fr. 15 也无助于回答这一问题，甚至我们都不能够确定它的意思：φαλλικά [阳物崇拜]并不是一种 μυστήριον [秘仪]。至于那一残篇中争论颇多的关于狄奥尼索斯等同于哈得斯的问题，我认为那是一种赫拉克利特式的悖论，而不是一种"俄耳甫斯教的秘仪学说"，而且我倾向于赞同如下这种人，他们从中看出了对 φαλλικά 的一种谴责而不是宽恕（感官的生命便是灵魂的死亡，参见 frs. 77, 117, 以及 Diels, *Herakleitos*, 20）。

的情感。[15]另一条三词公理 ἦθος ἀνθρώπῳ δαίμων ["性格即命运"]，也同样暗中消解了相信天生运气和神明诱惑的整套古风信仰。[16]最后，赫拉克利特还斗胆挑战了直至今日仍在希腊民间宗教中占主导地位的偶像崇拜，他宣称，这种崇拜就像是对着房子说话而不是对着屋主说话。[17]正如维拉莫维茨所说，如果赫拉克利特是雅典人，那么他一定早就因亵渎神明而遭到审判了。[18]

不过，我们不应该夸大这些早期先驱者的影响力。即便在爱奥尼亚地区，色诺芬尼也是受到孤立的人物，更不用说赫拉克利特，[19]而他们的思想在希腊大陆得到回应则要更晚。我们可以确信，欧里庇得斯是第一位读过色诺芬尼著作的雅典人，[20]也是首个向雅典公众介绍赫拉克利特学说的

---

[15] Fr. 96. 参见 Plato, *Phaedo* 115c；关于被抨击的情感，参见本书第五章，pp. 136 f.。

[16] Fr. 119；参见本书第二章，p. 42。Fr. 106 同样也抨击了对于"吉日"和"凶日"的迷信。

[17] Fr. 5. 关于现代的圣像（被禁止的雕像）崇拜，参见 B. Schmidt, *Volksleben*, 49 ff.。

[18] *Glaube*, II.209. 赫拉克利特作为启蒙运动者（*Aufklärer*）的重要性已经得到了正确的强调：Gigon, *Untersuchungen zu Heraklit*, 131 ff., 以及 Nestle, *op. cit.*, 98 ff.（尽管在我看来，他对 fr. 15 的解释很成问题）。当然，赫拉克利特的学说还包括其他同等重要的方面，但那些方面与本书主题无关。

[19] 参见 Xenophanes, fr. 8；Heraclitus, frs. 1, 57, 104, 等等。

[20] Eur. fr. 182 和 Xenophanes, fr. 2 之间的相似性已经被阿特纳乌斯（Athenaeus）注意到，它们是如此接近，似乎不可能是偶然的；另比较 Eur. *Her.* 1341–1346 和 Xenophanes A 32、B 11、12。但另一方面，Aesch. *Supp.* 100–104 类似于 Xenophanes B 25–26，尽管这很有趣，但还不足以用来论证说埃斯库罗斯曾读过或听过那位爱奥尼亚作家。

人。[21]但在欧里庇得斯的时代，启蒙运动已经得到了长足的推进。或许是阿那克萨戈拉教会了欧里庇得斯称呼神圣的太阳为"金色的土块"，[22]或许也是他为欧里庇得斯提供了嘲讽职业先知的灵感；[23]而促使欧里庇得斯以及他那一代人用 Nŏmŏs ["法律""习俗"或"惯例"]和 Physis ["自然"]这两个术语来讨论基本道德问题的，则必定是智者。

我无意在这对著名的反题上费太多口舌，最近有一位年轻的瑞士学者菲利克斯·海尼曼（Felix Heinimann）已经仔细考察了它们的原义和派生含义。[24]不过或许仍有必要指出，即便用这些术语进行思考，但根据人们赋予那些术语本身的不同含义，思考的结论也会大相径庭。Nomos 可以是指层累的非理性习俗的堆积体；或是指某些阶层为了自身利益而有意强加的专制统治；还可以是指理性的城邦法律体系，正是这一成就将希腊人和野蛮人区别了开来。类似地，Physis 可以是指未成文的、无条件有效的"自然法"，这和地方习俗所代表的特殊主义正相对立；或是指个人的"自然权利"，这和城邦的强制要求正相对立；最终这可能

[21] Diog. Laert. 2.22. 赫拉克利特对于非理性仪式的批判事实上也回响在欧里庇得斯那里（Nestle, *Euripides*, 50, 118）；但不必是直接借用（Gigon, *op. cit.*, 141）。欧里庇得斯被描述成一位著名的藏书家（Athen. 3A；另参见 Eur. fr. 369 处论阅读的快乐；以及 Ar. Ran. 943）。

[22] Eur. fr. 783.

[23] 参见 P. Decharme, *Euripide et l'esprit de son théâtre*, 96 ff.; L. Radermacher, *Rh. Mus.* 53 (1898) 501 ff.。

[24] F. Heinimann, *Nomos und Physis*（Basel, 1945）。关于早期研究的参考书目，参见 W. C. Greene, *Moira*, App. 31。

滑入——当权利得到维护而相应的义务却没有得到认可时，这种情况通常会发生——彻底的无政府主义式的非道德论（anarchic immoralism），即"强者的自然权利"，米洛斯对话（the Melian Dialogue）中的雅典人以及《高尔吉亚》（*Gorgias*）中的卡里克勒斯（Callicles）将此展现得淋漓尽致。一对含义如此含混的反题竟能够带出这么多基于不同意图的论点，对此我们并不感到惊奇。但是，透过让人捉摸不透并且对我们来说支离破碎的论争之雾，我们却可以隐约感到有两个重大问题浮现了出来。一个是伦理学问题，有关道德责任和政治责任的来源及有效性。另一个是心理学问题，有关人类行动的源泉——为什么人类要如此这般地行动，如何指引人们更好地行动？我们在这里正是要关注第二个重大问题。

对于此问，第一代智者尤其是普罗塔戈拉（Protagoras）似乎给出了乐观主义的回答。这一回答在后人眼里显得可悲，不过在当时看来则不无道理。"德性或能力（*arete*）可教"：通过批判传统、通过将祖先们创造的 *Nomos* 一词现代化并把该词中最后残留的一点"蛮族的愚蠢"剔除出去，[25] 人们就可以获得一种新的生活技艺，人类生活就可以踏上一个做梦也未曾到过的全新平台。这样的希望是可以理解的：希腊人看到，希波战争之后物质财富飞速增长，与此相应的精神生活也欣欣向荣，这一切都在伯里克利时代的雅典获得了登峰造

---

[25] 参见 Hdt. 1.60.3：ἀπεκρίθη ἐκ παλαιτέρου τοῦ βαρβάρου ἔθνεος τὸ Ἑλληνικόν, ἐὸν καὶ δεξιώτερον καὶ εὐηθίης ἠλιθίου ἀπηλλαγμένον μᾶλλον [自远古以来，希腊民族和蛮族的区分就在于他们的机巧和对蒙昧的彻底摆脱]。

极的独特成就。对于这一代人来说，黄金时代并非如赫西俄德相信的那样是逝去的失乐园，它不在背后而在前方，在不远的将来。普罗塔戈拉曾强悍地宣称，文明社会中的最差公民也要好过想象中的高贵野蛮人。[26]事实上，欧洲的五十年，胜过中国一甲子。呜呼！然而乐观主义在历史上总是短命。我猜，如果丁尼生（Tennyson）经历了欧洲最近的五十年，他或许会重新考虑他在欧洲与中国之间的偏好；普罗塔戈拉死前的雅典状况也能充分迫使他反思自己的论断。在雅典，对进步必然性的信仰甚至比在英格兰更短命。[27]

在一篇我认为相当早的对话中，柏拉图将普罗塔戈拉的人性（human nature）观和苏格拉底的人性观相对照。表面上看，二者重合处甚多。他们都使用传统的[28]功利主义语词："善"意指"对个人来说是善的"，"善"与"有利的"或"有用的"没有分别。此外，两人都采取了传统的[29]

---

[26] Plato, *Prot.* 327cd.
[27] 自信心迅速下降的一个标杆就在于那个被称作"扬布里柯所引的匿名作家"（Anonymus Iamblichi）的智者的论调的改变（*Vorsokr.*^{5}, 89），他和普罗塔戈拉一样相信 νόμος［习俗］，而且很可能是后者的学生。我们可以猜想，在伯罗奔尼撒战争的最后岁月，他以沮丧的笔调谈到某人已经看到整个社会秩序和道德秩序在他的头上摇摇欲坠。
[28] 关于将"善或好"等同于"有用"的传统特征，参见 Snell, *Die Entdeckung des Geistes*, 131 ff.。关于苏格拉底式的功利主义，参见 Xen. *Mem.* 3.9.4，等等。
[29] 参见本书第一章，p. 17。如果 ἀρετή［德性］被理解为积极意义上的功效，即"做事情做得很好"，那么自然就会想到这取决于知道如何做那些事情。但是公元前5世纪的大众则不这么理解（根据 *Prot.* 352b 和 *Gorg.* 491d），他们对 ἀρετή［德性］的消极方面即控制激情更有印象，其中的智识因素并不明显。

理智主义者的进路：他们反对当时的普遍看法，而一致主张如果一个人真正知道什么对他是善的，那么他就会依据这一知识来行动。[30] 然而，他们又各自有所保留地对理智主义进行了限定。普罗塔戈拉认为 arete 可教，但并非通过一门知识性学科来教授：人们"习得 arete"，就如小儿习得母语；[31] arete 也不是通过正式教学传授的，而是通过人类学家所谓的"社会控制"。苏格拉底的观点则不同，他认为 arete 是，或应该是 epistēmē［科学知识］：此篇早期对话中的苏格拉底甚至主张，获得 arete 的最佳途径在于精妙地计算未来的苦与乐，我愿意相信现实中的苏格拉底确实表达过这样的观点。[32] 不过，对话中的苏格拉底也质疑 arete 是否可教，我相信这也符合历史事实。[33] 对苏格拉底来说，arete 是由内而外产生的东西；它不是通过习惯而获得的一系列行

---

[30] Plato, *Prot.* 352a-e.

[31] *Ibid.*, 327e. 这是公元前5世纪的一个比喻，而且很可能是历史上的普罗塔戈拉所用的比喻，因为它也出现在欧里庇得斯悲剧的类似情境中，*Suppl.* 913 ff. 大体而言，我倾向于泰勒、维拉莫维茨和内斯特的说法，即 *Prot.* 320c-328d 处普罗塔戈拉的演说可以被看作对普罗塔戈拉实际所持之观点的一个大致可靠的复述，尽管那一演说肯定不是从他的某本著作中节选或摘录出来的。

[32] 参见 R. Hackforth, "Hedonism in Plato's Protagoras", *CQ* 22（1928）39 ff., 他的论证似乎很难回应。

[33] *Prot.* 319a-320c. 这通常被说成"仅仅是反讽的"，为的是消除这篇对话中怀疑的苏格拉底和在《高尔吉亚》(*Gorgias*) 中发现了真正的治邦术是什么的苏格拉底之间的差别。但如果这么认为就会破坏这篇对话结尾那一悖论的要点（361a）。柏拉图必定已觉察到他的老师在这一主题上的教导其实前后不一致，或者至少是费解的，因而需要澄清。在《高尔吉亚》中，他做了澄清，但这么做时就超越了历史上的苏格拉底的立场。

为模式，而是心灵（mind）的一贯态度，这种态度源自对于人类生活之本质与意义的稳固的洞见。这种洞见的自洽性使其类似一门科学，[34]但是我认为把洞见解释为纯粹的逻辑则是错误的，因为它涉及整个人。[35]无疑，苏格拉底信奉"紧跟论证的指引，无论它导向何方"；但是他发现论证总是导向新问题，而且每当走入死胡同时，他随时准备听从其他指引。我们不应忘了，苏格拉底对待梦和神谕的态度十分严肃，[36]他也时常听从那个比自己知道得更多的内在的声音（据色诺芬描述，[37]苏格拉底直接称那个声音为"神的声音"）。

因此，无论是普罗塔戈拉还是苏格拉底，他们的形象都不完全符合"希腊理性主义者"这一流行的现代概念。但在我们看来，奇怪的是他们两人都忽略了情感在决定普通人的行为中所起的作用。我们从柏拉图那里得知，这也令他俩

---

[34] 诸德性相互蕴含是少数我们可以确定地归之于历史上的苏格拉底的肯定性学说之一（参见 *Prot.* 329d ff., *Laches*, *Charmides*, Xen. *Mem.* 3.9.4 f., 等等）。

[35] 参见 Festugière, *Contemplation et vie contemplative chez Platon*, 68 f.; Jaeger, *Paideia*, II.65 ff.。

[36] Plato, *Apol.* 33c: ἐμοὶ δὲ τοῦτο, ὡς ἐγώ φημι, προστέτακται ὑπὸ τοῦ θεοῦ πράττειν καὶ ἐκ μαντείων καὶ ἐξ ἐνυπνίων [但是如我所说，它来自神，经由预言和梦传达给我]。关于梦，另参见 *Crito* 44a, *Phaedo* 60e；关于神谕，*Apol.* 21b, Xen. *Mem.* 1.4.15（这里苏格拉底也相信 τέρατα [神迹]），*Anab.* 3.1.5。但苏格拉底同时也提醒他的听众不要认为 μαντική [预言术] 可以代替"数一数、量一量、称一称"（Xen. *Mem.* 1.1.9）；它只是一种补充，（如凯瑞丰 [Khaerephon] 神谕的例子一样）只是理性思考的一种刺激因素，而不是其替代物。

[37] Xen. *Apol.* 12, θεοῦ μοι φωνή φαίνεται [我认为那是神的声音]。参见 *Mem.* 4.8.6; Plato（？），*Alc.* I, 124c.。

的同时代人感到奇怪,在这一问题上,知识分子和大众之间存在着严重的分歧。苏格拉底说:"大多数人都并不认为知识是力量(ἰσχυρόν),遑论主导或支配性的力量:他们认为,一个人通常只是在被别的什么东西统治的时候才拥有知识,这个东西时而是愤怒,时而是苦乐,有时是爱欲,更多时候是恐惧;人们确实把知识想象为任凭所有这些东西指使的奴隶。"[38]普罗塔戈拉认为大众的观点确实如此,不过它根本不值一提,因为"大众什么都说"。[39]苏格拉底确实讨论了大众的观点,但却将它用理智术语重新进行表述并进而消解了它:眼前一时的苦或乐会导致判断错误,就像视角会造成视觉误差一样;而科学的道德算术则能够纠正这些错误。[40]

要让大众接受这套推理是不可能的。在希腊人的感受中,激情始终是一种神秘的和让人生畏的体验,他会感到体内有一股力量在支配他,而不是受他支配。*păthos*[激情]一词正好可以证实这一点:和该词在拉丁文中的对应词 *passio* 一样,它们都意指"碰巧发生在"某人身上的事情,人是被动的承受者。亚里士多德将处于激情状态中的人比作沉睡、发疯与醉酒的人:前者身上的理性未起作用,就和后三者的情况一样。[41]在之前的章节中,[42]我们看到荷马笔下

---

[38] Plato, *Prot.* 352bc.
[39] *Ibid.*, 353a.
[40] *Ibid.*, 356c–357e.
[41] Aristotle, *E.N.* 1147a11 ff.
[42] 本书第一章,pp. 5 ff.;本书第二章,pp. 38 ff.

的英雄和古风时代的人们都用宗教语词来解释激情体验，例如 ate，menos 的感通，或某个以人身心为工具的精灵的直接作用。这就是素朴大众的通常想法："原始人认为，当他被强烈的激情影响时，自己或是被神附体或是得病了，这两者在他看来是一回事。"[43] 这种思维方式甚至在公元前 5 世纪末都没有销声匿迹。在《美狄亚》(Medea) 剧末，伊阿宋 (Jason) 将其妻子的行为单纯归结为 alastor（因血罪尚未抵偿而产生的精灵）在作祟；《希波吕托斯》(Hippolytus) 中的歌队认为，菲德拉 (Phaedra) 可能被神附体了，而她自己则首先表明她的情况是由于精灵的 ate。[44]

---

[43] Combarieu, *La Musique et la magie* (Études de philology musicale, III [Paris, 1909]), 66 f., quoted by Boyancé, *Culte des Muses*, 108. 柏拉图将受性欲支配的动物描述成 νοσοῦντα [得病之物] (*Symp.* 207a)；以及将受饥、渴和强烈性欲支配的动物描述成 τρία νοσήματα [三种病态] (*Laws* 782e–783a)。

[44] Eur. *Med.* 1333; *Hipp.* 141 ff., 240. 安德烈·里维埃先生在其饶有趣味的原创著作中认为 (André Rivier, *Essai sur le tragique d'Euripide* [Lausanne, 1944])，我们应该认真对待如下观点：美狄亚 (Medea) 真的被恶魔附身 (p. 59)，以及一只超自然的手把毒药灌进了菲德拉的灵魂。但我发现很难接受这些说法，即使关系到美狄亚。比起思想传统的伊阿宋来，美狄亚能看到更深层次的东西，而且她从不使用宗教语言（对比埃斯库罗斯笔下的克吕泰墨涅斯特拉 [Clytemnestra]，*Agam.* 1433, 1475 ff., 1497 ff.）。菲德拉也是如此，有一次在面对自己的处境时，她完全从人的角度来分析（关于阿芙洛狄忒的重要性，参见 "Euripides the Irrationalist", *CR* 43 [1929] 102）。决定性地体现诗人态度的是《特洛亚妇女》(*Troades*)，海伦将自己的不端行为归咎于神圣的主体 (940 f., 948 ff.)，不料却遭到赫卡柏 (Hecuba) 碾压式的反驳，μὴ ἀμαθεῖς ποίει θεοὺς τὸ σὸν κακὸν κοσμοῦσα, μὴ οὐ πείσῃς σοφούς [不要企图把荒唐事归罪于天神以粉饰自己的罪过，你无法说服智慧的人] (981 f.)。

不过，对于诗人以及受过良好教育的那部分观众来说，如今这一语言就只剩下传统的象征性的力量了。精灵世界已经消逝，人只能直面自己的激情。这就是欧里庇得斯犯罪研究独特的深刻性（poignancy）所在：他向人们展示了男人和女人如何赤裸裸地暴露在恶的奥秘面前，这时恶不再是由外向内侵扰理性的外来客，而是他们本身的一部分——ἦθος ἀνθρώπῳ δαίμων［性格即命运］。然而，尽管失去了超自然色彩，恶的神秘与可怖色彩却丝毫没有褪色。美狄亚知道，她不是在与 alastor 抗争，而是在与自己的非理性自我也就是 thumos 抗争。她向这个非理性自我求饶，就如奴隶向一个蛮横的主子求饶。[45] 但这是徒劳的：行动的动因深藏于 thumos 中，理性和怜悯都难以触及。"我要意识到我将要做一件多么罪恶的事情，但是 thumos，这人类罪行的最大根源，比我的意图更强大。"[46] 话音一落她便离开了舞台；当她回来时，她已经送孩子们走上了冥府的道路，也把自己送上了一条可以预见的不幸之路。美狄亚没有苏格拉底所说的"视角错觉"；她没有在道德计算中犯错，更没有错将自身的激情认

---

[45] *Med.* 1056 ff. 参见 Heraclitus, fr. 85: θυμῷ μάχεσθαι χαλεπόν· ὃ γὰρ ἂν θέλῃ, ψυχῆς ὠνεῖται［和欲望做斗争是困难的；无论想要什么，都要以灵魂为代价］。

[46] *Ibid.*, 1078-1080. 维拉莫维茨删掉了第 1080 行，因为从现代制片人的角度来看，它会损害"幕布"的效力。但是它符合欧里庇得斯的思考习惯，即他应该会使美狄亚将自己的自我分析普遍化，正如菲德拉所做的那样。她暗示说，她的情况并不是特例：每个人的内心中都会发生内战。而且事实上这些诗行已经成为描述内在冲突的标准典范（参见本书第八章注释［16］）。

作某个邪恶精灵。这就是美狄亚极致的悲剧性所在。

我不知道欧里庇得斯在创作《美狄亚》时是否想到了苏格拉底。但是，三年后他写下的菲德拉的那段著名台词则让我们看出诗人明确否认了苏格拉底的理论；我认为已经有人正确地指出了这一点。[47] 菲德拉说，行为不当不是因为缺乏洞见，"因为多数人的理解能力都不错"。相反，我们知道并能够辨认出属己的善，只是无法做到依据知识来行动：惰性会妨碍我们，"某些逸乐"也会使我们偏离目标。[48] 看上去这似乎确实存在争议，因为它超出了戏剧场景所需要甚至所暗示的范围。[49] 这些文段也不是孤例；佚失剧本的残篇中不止一次提到过理性的道德无能。[50] 不过，

---

[47] Wilamowitz, *Einleitung i. d. gr. Tragoedie*, 25, n. 44; Decharme, *Euripide et l'esprit de son théâtre*, 46 f.；尤其是 Snell, *Philologus*, 97（1948）125 ff.。我很怀疑维拉莫维茨（*loc. cit.*）以及其他人的假设，那种假设认为 *Prot.* 352b ff. 处是柏拉图（或苏格拉底）对菲德拉的"回应"。为什么柏拉图会认为有必要回应一个三十多年前的剧本中的一位角色的附带评论？而且如果他回应了，以及如果他知道苏格拉底已经回应了，那么为什么他没有像在别的地方所做的那样直接点出欧里庇得斯的名字（菲德拉不可能点到苏格拉底的名字，但苏格拉底可以点到她的名字）？我觉得可以认为 *Prot.* 352b 处的"多数人"就是指多数人：希腊或其他地方的普通人从没有忽视激情的力量，而且在这里，欧里庇得斯并没有寄托什么微妙的含义。

[48] *Hipp.* 375 ff.

[49] 关于试图将这整个一段与戏剧情境以及菲德拉的心理学联系起来，参见 *CR* 39（1925）102 ff.。但另参见 Snell, *Philologus*, *loc. cit.*, 127 ff., 现在我倾向于同意他。

[50] 参见 frs. 572，840，841，以及帕西法厄（Pasiphaë）为自己辩护时的演说（*Berl. Kl. Texte*, Ⅱ.73=Page, *GK. Lit. Papyri*, I.74）。后面两者使用了传统的宗教语言。

从现存的篇什来判断，欧里庇得斯在其晚期作品中关注最多的不是理性的道德无能，而是一个更广的问题，即他怀疑在人类生活的秩序以及世界的治理中，理性目的是否在场。[51]《酒神的伴侣》(*Bacchae*)代表了这一思考倾向的巅峰。近期已有评论指出，[52] 该剧的宗教内容就在于指认出了一个"彼岸"(Beyond)，那一"彼岸"超越了我们的道德范畴，并且我们的理性也无法企及它。我并不认为从戏剧中可以得出一套融贯的生活哲学（我们也不应如此要求一个身处怀疑时代的剧作家）。但是，如果我们一定要为欧里庇得斯贴上某种标签的话，那么我仍然认为"非理性主义者"一词（我曾提到过该词[53]）要比任何别的词都更合适。

这并非意味着欧里庇得斯就属于极端的 *Physis* 一派，会为人性的弱点寻找时髦借口，宣称激情是"自然的"因而也就是正义的，道德是习俗因而也就是需要挣脱的脚镣。《云》(*Clouds*) 中的歪理 (Unjust Cause) 说道："自然些，跳吧，取笑世界吧，这世上没有什么可耻的事情。"[54] 欧里

---

[51] 参见 W. Schadewaldt, *Monolog u. Selbstgespräch*, 250 ff.："忍耐的悲剧"取代了"πάθος [激情] 的悲剧"。然而，我应该假设，《克吕西普》(*Chrysippus*) 虽然是后来的剧作（和《腓尼基妇女》同时创作），但它也是一出 πάθος [激情] 的悲剧：和《美狄亚》一样，它也成为描写理性和激情之间的冲突的典范（参见 Nauck on fr. 841），而且它显然再次强调了关于人之非理性的观点。

[52] Rivier, *op. cit*., 96 f. 参见我所编订的这部剧, pp. xl ff.。

[53] *CR* 43 (1929) 97 ff.

[54] Ar. *Nub*. 1078.

庇得斯剧中的一些人物正是遵从了这条忠告，即使就轻佻程度而言还是略逊一筹。一个做了错事的女儿说："这是自然的意志，自然才不关心规则：我们女人天生就是最符合自然的。"[55]一位同性恋说："我不需要你的建议"；"我自己能做判断，但是自然却阻止了我"。[56]甚至就连人类最根深蒂固的禁忌，乱伦，也在下述话语中灰飞烟灭："没有什么可耻的，只有在头脑中它才变得可耻。"[57]当时在欧里庇得斯的社交圈中必定有年轻人持有以上言论（至于这群人在现代的翻版我们就更熟悉不过了）。不过，我怀疑欧里庇得斯是否认同他们的观点。因为他的歌队多次煞费苦心地站出来谴责那些"藐视律法、讴歌非法冲动"、以"行不义并逃脱惩罚"（εὖ κακουργεῖν）为目标、以"法外"为理论和实践、将 aidos 和 arete 作为一纸空文的人，而这些谴责与戏剧场景

---

[55] 米南德，*Epitrep.* 765 f. Koerte，转引自欧里庇得斯，*Auge*（此句有一部分我们先前就知道，fr. 920 Nauck）。

[56] *Chrysippus*, fr. 840.

[57] *Aeolus*, fr. 19, τί δ' αἰσχρὸν ἦν μὴ τοῖσι χρωμένοις δοκῇ [如果实践它们的人也不觉得可耻，那有什么是可耻的呢?]；智者希琵阿斯（Hippias）论证说，乱伦禁忌是习俗规定的，而不是"神明灌输的"或天生的，因为它并没有得到普遍的遵守（Xen. *Mem.* 4.4.20）。但欧里庇得斯的剧作会引起公愤这也不难理解：它显示了在何种情况下你会陷入无限的伦理相对主义的困境。参见阿里斯托芬的戏仿（*Ran.* 1475）；妓女用它来反驳它的作者（Machon *apud* Athen. 582cd）；后来的故事让安提斯泰尼（Antisthenes）或柏拉图来回应它（Plut. *aud. poet.* 12, 33c, Serenus *apud* Stob. 3.5.36 H.）。

无甚关联。[58]这些无名之辈显然不是 *Physis* 派的成员就是 *Physis* 派的门徒,也就是我们在修昔底德史书中看到的"现实主义"(realist)政客。

因此,如果我判断不错的话,那么欧里庇得斯的作品不仅反映了启蒙运动,而且反映了对启蒙运动的反叛(reaction)——至少他反对一些启蒙鼓吹者的理性主义心理学,也反对其他启蒙拥趸的油滑的非道德论。当然,大众也强烈抵制启蒙,这不乏证据。观看《云》的观众一定都喜欢看思想所被烧毁的那一幕,而全然不顾苏格拉底是否被烧死在里面。但是,讽刺作家的例子不足为据,人们可能满怀好意地相信《云》只是阿里斯托芬善意的玩笑。[59]我们可以从另一个不太知名的例证中更稳妥地做出推论。吕西阿斯(Lysias)的一个残篇[60]为我们描绘了一个会饮俱乐部。这个俱乐部有一个离奇惊人的名字:它的成员自称是 Κακοδαιμονισταί,这是对正派社会俱乐部有时采用之名 Ἀγαθοδαιμονισταί 的亵渎性的戏仿。利德尔和斯科特将前者译为"恶魔崇拜者",这是字面含义;不过吕西阿斯说,他们选这样一个名目是"为了取笑神明和雅典习俗",这一说法无疑是对的。吕西阿斯进一步说,他

---

[58] *Her.* 778, *Or.* 823, *Ba.* 890 ff., *I.A.* 1089 ff. 参见 Murray, *Euripides and His Age*, 194, 以及 Stier, "Nomos Basileus", *Philol.* 83 (1928) 251。

[59] 比如 Murray, *Aristophanes*, 94 ff., 以及较近的 Wolfgang Schmid, *Philol.* 97(1948)224 ff.。我不如他们那么确定。

[60] Lysias, fr. 73 Th. (53 Scheibe), *apud* Athen. 551e.

们特意选择在霉运日（ἡμέραι ἀποφράδες）聚会，这说明该俱乐部的目的就是故意试探神，并绞尽脑汁做不祥之事（包括起一个倒霉的名字），以此来显摆它对迷信的蔑视。人们或许觉得以上做法无伤大雅。但是，据吕西阿斯说，这些做法引起了神的不悦：俱乐部多数成员英年早逝，唯一的幸免者诗人基内西阿斯（Kinesias）[61]染上了一种痛苦的慢性病，生不如死。在我看来，这个不起眼的小故事很好地说明了两点。首先，它说明了从无意义的准则与非理性的罪感中解脱出来的感觉。智者为人们提供了这种感觉，这使得智者的教学显得十分迷人，吸引了无数兴致勃勃的聪明青年。同时，这个故事也展示了普通公民心中是多么强烈地反对这种理性主义：在一次诉讼中，吕西阿斯显然利用了这则会饮俱乐部的丑闻从而把基内西阿斯的证词驳得体无完肤。

不过，在公元前5世纪的最后三十年中，雅典成功地以宗教理由起诉了多位知识分子，这才是对启蒙运动最为显著的反叛。大约在公元前432年[62]或之后一两年时，不信

---

[61] 他因成了阿里斯托芬最爱的笑柄而出名（*Aves* 1372–1409 以及别处）。他被指控破坏了赫卡忒的神殿（ΣAr. *Ran.* 366），这与那一俱乐部的精神极为相符，Ἑκάταια［赫卡忒崇拜］是民间迷信的焦点（参见 Nilsson, *Gesch.* I.685 f.）。柏拉图把他视作那种只为哗众取宠而不试图使听众变得更好的诗人的典型（*Gorg.* 501e）。

[62] 这一年份暗示了狄奥佩特斯法令（the decree of Diopeithes）颁布的时间：Diod. 12.38 f. 和 Plut. *Per.* 32。阿德科克（Adcock, *CAH* V.478）倾向于将它定在公元前430年而且把它和"瘟疫所造成的情绪，上天愤怒的明显标志"关联起来；这或许是正确的。

超自然事物[63]或教授天文学[64]都是可被起诉的罪行。此后的三十几年中雅典发生了一系列异端审判，这在雅典历史上尤为特殊。多数雅典进步思想的引领者都在受审者之列——阿那克萨戈拉、[65]迪亚戈拉斯（Diagoras）、苏格拉底，几乎可以肯定还有普罗塔戈拉，[66]以及很可能还包括欧里庇得

---

[63] τὰ θεῖα μὴ νομίζειν［不敬畏神圣的事物］（Plut. *Per.* 32）。关于这一表达的含义，参见 R. Hackforth, *Composition of Plato's Apology*, 60 ff., 以及 J. Tate, *CR* 50（1936）3 ff., 51（1937）3 ff.。在渎神的意义上，ἀσέβεια 无疑总是指一种冒犯；新的含义是指禁止忽视崇拜仪式或教导不敬神。尼尔松坚持旧说法，即"思想自由和言论自由在雅典是不受限制的"（Nilsson, *Greek Piety*, 79），他试图限制起诉冒犯崇拜仪式的范围。但传统看法一致认为起诉阿那克萨戈拉和普罗塔戈拉是由于他们的理论观点而不是由于他们的行为。而且一个禁止人们将太阳描述为物质对象以及禁止人们对神的存在表示怀疑的社会确实并不容许"绝对的思想自由"。

[64] λόγους περὶ τῶν μεταρσίων διδάσκειν［教授天上的事物］（Plut. *ibid.*）。毫无疑问这尤其是针对阿那克萨戈拉的，但普遍反对 μετεωρολογία［气象学］。它被认为不仅是愚蠢的和自以为是的（Gorg. *Hel.* 13, Hipp. *vet. med.* 1, Plato, *Rep.* 488e, 等等），而且还会危害宗教（Eur. fr. 913, Plato, *Apol.* 19b, Plut. *Nicias* 23），在大众心目中，它尤其和智者相关（Eupolis, fr. 146, Ar. *Nub.* 360, Plato, *Pol.* 299b）。参见 W. Capelle, *Philol.* 71（1912）414 ff.。

[65] 泰勒将阿那克萨戈拉的审判定在公元前450年（*CQ* 11［1917］81 ff.），这就使得雅典的启蒙运动及其反叛比其他证据所表明的时间要早得多。在我看来，他的论证已经被驳倒了：E. Derenne, *Les Procès d'impiété*, 30 ff., 以及 J. S. Morrison, *CR* 35（1941）5, n. 2。

[66] 伯内特（Burnet, *Thales to Plato*, 112）及其追随者基于柏拉图的说法（*Meno* 91e），将传统上广为人知的普罗塔戈拉的审判视作非历史的。但柏拉图那里谈论的是作为教师的普罗塔戈拉的国际名望，他的名望并没有因雅典打击异端邪说而受损；他并没有被指控败坏青年，而是因主张无神论而被指控。对他的审判不可能晚于公元前411年，而且传统上也没有这种说法（参见 Derenne, *op. cit.*, 51 ff.）。

斯。[67]除了最后一例,其他所有起诉都以胜利告终:阿那克萨戈拉被处以罚款和驱逐;迪亚戈拉斯逃跑了;普罗塔戈拉很可能也逃跑了;苏格拉底本也可以逃跑,或请求被处以流放,但他最终选择留在狱中,服毒芹而死。这些都还是著名人物;有多少名不见经传的人也因各自的观点而受到迫害,我们不得而知。[68]不过,以上证据已经能够充分证明,和我们的时代一样,伟大的希腊启蒙运动时代也是迫害的时代——学者被放逐,思想被蒙蔽,甚至书籍也被焚毁(如果我们相信关于普罗塔戈拉的传说的话)。[69]

19世纪的教授对这一点怏怏不解,他们不像我们,我们已经饱览了这样的做法。对他们来说更匪夷所思的是,这样的事竟发生在雅典,发生在"全希腊的学校""哲学大本营",且就我们所知,它并未发生在任何别的地方。[70]因此,

---

[67] Satyros, *vit. Eur.* fr. 39, col. x (Arnim, *Suppl. Eur.* 6)。参见 Bury, *CAH* V.383 f.。

[68] 认为并不存在指控,只是我们碰巧听说过那些指控而已,这一假设是轻率的。学者们几乎没有充分留意柏拉图让普罗塔戈拉说过智者职业所伴随的危险(*Prot.* 316c-317b),那种职业会使智者遭受"巨大的嫉妒以及其他形式的恶意和算计,因此大多数智者都觉得有必要秘密进行工作"。他自己也有私人的保护伞(和伯里克利的友谊?),到目前为止都保证了他免遭伤害。

[69] Diog. Laert. 9. 52, Cic. *nat. deor.* 1.63,等等。关于阅读习惯的危险,参见 Aristophanes, fr. 490: τοῦτον τὸν ἄνδρ' ἢ βυβλίον διέφθορεν ἢ Πρόδικος ἢ τῶν ἀδολεσχῶν εἷς γέ τις [要么是书本,要么是普罗狄科,要么是某一个空谈者败坏了这个人]。

[70] 这很可能是我们有限信息的一个例外。如果不是这样,那么它似乎就和柏拉图笔下的苏格拉底的如下宣称相矛盾(*Gorg.* 461e),即比起希腊其他任何地方来,雅典要容许更大的言论自由(《高尔吉亚》的戏剧时间在狄奥佩特斯法令颁布之后)。然而值得注意的是,在雅典(转下页)

他们倾向于尽可能地质疑证据；如果这一招行不通，他们就解释说起诉背后的真正动机是政治性的。从某种程度上来说，这一解释无疑是正确的，至少在某些案例上是正确的：普鲁塔克认为，控告阿那克萨戈拉的人很可能是在攻击他的庇护人伯里克利；苏格拉底如若不与克里提阿（Critias）和阿尔喀比亚德（Alcibiades）有染，也很可能不会遭到非难。但是，在承认这一切之后，我们仍需要解释，为何在此时期镇压异议声音、诋毁政治敌人最保险的办法往往是指控对方无视宗教。我们似乎不得不认为，这是因为大众之中弥漫着一种愤怒的宗教偏执，而政客正是利用它来达成自己的目的。但是，愤怒也必定有它的根由。

尼尔松已指出，[71] 大众的愤怒是由职业占卜师煽动起来的，这群人预感到理性主义的推进势将威胁他们的名誉甚至生计。这似乎是极有可能的。诱发那一系列起诉的法令正是由职业占卜师狄奥佩特斯（Diopeithes）提请颁布的；阿那克萨戈拉揭露了所谓"征兆"的真实本质；[72] 而苏格拉底则有专属的"神谕"，[73] 这很可能惹得他们大为嫉妒。[74] 然而，

（接上页）驱逐阿那克萨戈拉之后，兰萨库斯（Lampsacus）为他举行了公共葬礼（Alcidamas apud Ar. Rhet. 1398b15）。

[71] Nilsson, *Greek Popular Religion*, 133 ff.
[72] Plut. *Pericles* 6.
[73] Plato, *Apol.* 40a：ἡ εἰωθυῖά μου μαντικὴ ἡ τοῦ δαιμονίου［我所熟习的精灵的预言术］。
[74] Xen. *Apol.* 14：οἱ δικασταὶ ἐθορύβουν, οἱ μὲν ἀπιστοῦντες τοῖς λεγομένοις, οἱ δὲ καὶ φθονοῦντες, εἰ καὶ παρὰ θεῶν μειζόνων ἢ αὐτοὶ τυγχάνοι［法官们咆哮起来，有人压根儿不相信苏格拉底的话，有人则嫉妒他，（转下页）

占卜师的影响也有其限度。阿里斯托芬在剧中总拿这群人当笑柄，由此我们可以判断，职业占卜师并不十分受大众喜爱，也不完全受他们信任（除非在危急时刻[75]）：他们和政治家一样利用公众情绪，但他们自己并不能够制造公众情绪。

或许，更重要的是战时歇斯底里症的影响。如果我们考虑到如下事实，即战争在战前就已投下阴影，在战后又给人们造成情绪困扰的话，那么迫害的时代就与希腊史上持续时间最长、破坏最大的战争几乎完美重合。很难说这个重合纯属偶然。有人注意到，"在共同体面临危险的时刻，整体的遵从（conformity）趋势就会大大增强：老百姓挤作一团，变得比以往任何时候都更不能忍受'出格的'念头"。[76]我们自己在近两次大战中见证了这个说法，而且我们可以认为古代的情况也是如此。的确，古代人意识到有理由强调在战

（接上页）因为他从神那里获得的恩宠大于他们所获得的]。尽管泰勒巧妙论证了相反观点（Taylor, *Varia Socratica*, 10 ff.），但我认为不可能把引入 καινὰ δαιμόνια［新神］的控告和 δαιμόνιον［精灵］分离开来，因为柏拉图和色诺芬都将二者相联系。参见 A. S. Ferguson, *CQ* 7 (1913) 157 ff.; H. Gomperz, *NJbb* 1924, 141 ff.; R. Hackforth, *Composition of Plato's Apology*, 68 ff.。

[75] 参见 Thuc. 5.103.2，当事情变得糟糕时，大众就会 ἐπὶ τὰς ἀφανεῖς (ἐλπίδας) καθίστανται, μαντικήν τε καὶ χρησμούς［寄希望于无形的（希望），或是预言，或是神谕］。对比 Plato, *Euthyphro* 3c: ὅταν τι λέγω ἐν τῇ ἐκκλησίᾳ περὶ τῶν θείων, προλέγων αὐτοῖς τὰ μέλλοντα, καταγελῶσιν ὡς μαινομένου［每当我在公民大会上讲关于神的事，向他们揭示未来时，他们就嘲笑我，好似我在发疯］。

[76] R. Crawshay-Williams, *The Comforts of Unreason*, 28.

时遵从宗教，而我们强调这一点的理由却是无意识的。质疑神的存在或称太阳是块石头就是在冒犯神，这在和平年代就已足够危险了，而在战时这实际上就是叛国——这相当于是在帮助敌方。因为宗教是一项集体的责任。神不会满足于打倒单个的冒犯者：赫西俄德不就说过，一人作恶，通常整个城邦都要遭受惩罚？[77] 赫尔墨斯神像破坏事件引起了轩然大波，这就说明，以上观念在雅典民众的头脑中仍然很活跃。[78]

基于城邦团结的盲目恐惧——我认为这就是民众愤怒的部分原因。我想要相信这是全部的原因。但是，我们不能自欺欺人地否认，新的理性主义为社会秩序同时带来了真实的和想象的危险。一旦丢掉了层累堆积体，许多人也就同时丢掉了管束着人类自我中心主义的宗教约束。这对有着坚固的道德原则的人——例如普罗塔戈拉或德谟克利特之辈——来说没什么问题，因为他们的良心已经足够成熟，不需要外力支持。但他们的学生就不一样了。对他们而言，个体解放

---

[77] Hesiod, *Erga* 240；参见 Plato, *Laws* 910b，以及本书第二章注释 [43]。吕西阿斯（Lysias）的态度是颇有启发性的。他说，"我们的祖先通过举行法定的献祭活动给我们留下了一座希腊世界中最伟大、最繁荣的城邦：如果只是为了获得那些仪式所带来的好运，那么我们的确应该像我们的祖先一样举行同样的献祭活动"（30.18）。这种实用主义的宗教观必定已经非常流行了。

[78] Thuc. 6.27 f., 60. 修昔底德很自然地强调了那一事件的政治层面的内容，而且在阅读 6.60 时，确实也不可能不联想到我们时代的政治"清洗"和"政治迫害"。但是那种群情激奋的根源是 δεισιδαιμονία [畏神]：那种行为是一个 οἰωνὸς τοῦ ἔκπλου [出航的征兆]（6.27.3）。

意味着无限的自作主张（self-assertion）的自由；意味着没有义务的权利，除非我们将自作主张叫作义务；"他们的父辈叫作自我控制的东西，他们则称为怯懦的借口"。[79] 修昔底德将此归结为战争心理，无疑这是直接原因；维拉莫维茨正确地评价说，科基拉大屠杀（the Corcyraean massacres）的始作俑者并不是从希琵阿斯（Hippias）的系列讲演中学会了重估价值。新的理性主义并没有使得人们能够像野兽一样行动——人类一向都能够如此行动。但它使得人们在诱使他们做出野蛮行为的外在诱惑极为强烈的时候，能够为自己的野蛮行径正名。有人曾说过，在我们自己的启蒙时代，从未有如此多的婴儿随着如此少的洗澡水被一同泼掉；这在当时也成立。[80] 启蒙时代面临着直接危险，通常这一危险在层累堆积体瓦解的过程中就会显露出来。用默里教授的话说，"人类学似乎表明，这些层累堆积体实际上不可能是真实的，就连被人感觉到也不可能；但另一方面，任何社会离了它们都无法存续，对它们进行大幅改造，社会也必然遭受危险"。[81] 我认为，那些控告苏格拉底败坏青年的人就模糊地把捉到了

---

[79] Thuc. 3.82.4.

[80] Nigel Balchin, *Lord, I was afraid*, 295.

[81] Gilbert Murray, *Greek Studies*, 67. 参见弗雷泽的判断，"社会很大程度上是建立和巩固在宗教基础上，松动地基、动摇基础而不危及地面建筑，这是不可能的"（Frazer, *The Belief in Immortality*, I.4）。宗教传统的崩溃和强权政治的无限制发展之间存在着真实的因果关联，这似乎可以得到其他古代文化之经历的确证，最为著名的是中国，法家世俗主义的法律实证主义（the secularist positivism）在实践层面的对应物便是秦帝国冷酷无情的军国主义。

这后一条真理。那些人的恐惧不是毫无根由的；但是，人在害怕时总会犯错，那些人使用了错误的武器，也对准了错误的人。

启蒙运动还以一种更持久的方式影响着社会结构。雅各布·布克哈特（Jacob Burckhardt）在谈及19世纪的宗教时说到，"少数人的宗教是理性主义，而多数人的宗教则是巫术"，这一说法整体来说也适用于公元前5世纪末以降的希腊宗教。启蒙运动加上普及教育的缺失使得少数人的信仰与多数人的信仰彻底决裂，这一决裂对两种信仰都造成了伤害。柏拉图几乎是最后一个看似真正扎根于社会的希腊知识分子；他的后继者几乎无一例外地游离于社会之外，而非生活在社会之中。他们首先是"圣贤"（sapientes），其次才是公民，甚至连公民都不是。相应地，他们和当时社会现实的接触也极不确定。对于以上事实，我们都已耳熟能详。但很少有人注意到启蒙时代民间宗教的回归（regressiveness）。倒退（regression）的第一个标志出现在伯罗奔尼撒战争期间，这场战争无疑也是倒退的部分原因。在战争造成的压力之下，人们开始从伯里克利时代辛苦拼得的成就中抽身而去；社会结构出现了裂缝，令人不快的原始事物从裂缝中蔓延到各处。这一旦发生，就再无可能有效地遏制。于是，一边是知识分子遁入他们自己的世界渐行渐远，一边是民众的思想越来越孤立无援，尽管必须要提一句，即喜剧作家们接连数代都做了最大努力，但于事无补。公民宗教的束缚松绑之后，人们开始自由选择他们的神，他们不再像父辈一样只知拜神；但由于没有人引领，于是越来越多的人长舒一口气后，又重新退回到原始人的趣味和慰藉中。

最后我想举几个倒退的例子来结束本章。一个例子我们先前已经注意到了[82]——巫术疗法的需求在一两代人之内急速增长，以至于阿斯克勒皮奥斯从一个小英雄被抬高成一位主神，他在埃披道洛斯的神庙也成了一处著名的朝圣之地，类似于今天的卢尔德。我们可以做一个可靠的推测，阿斯克勒皮奥斯在雅典（或许在别处也是）的名声始于公元前430年的大瘟疫。[83]修昔底德说那次瘟疫的降临使得一些人确信宗教是无用的，[84]因为虔敬无法抵御病菌；不过，那次瘟疫必定也促使另一部分人去寻找新的、更好的巫术。那个时代让人无能为力；但是在公元前420年，在战争的和平间隙，阿斯克勒皮奥斯被隆重地引入雅典，连同他的圣蛇一起（或许更可能的情况是圣蛇就代表了阿斯克勒皮奥斯）。[85]在他获得一所庙宇之前，他一直享受着诗人索福克勒斯这等身

---

[82] 参见本书第四章，pp. 111 ff.。

[83] 参见 Kern, *Rel. der Griechen*, II.312, 以及 W. S. Ferguson, "The Attic Orgeones", *Harv. Theol. Rev.* 37（1944）89, n. 26。出于同样的原因，公元前293年阿斯克勒皮奥斯崇拜被引入了罗马。用诺克的话来说就是，那一崇拜事实上是"紧急时刻的宗教"（Nock, *CPh* 45［1950］48）。现存文献中第一次提及阿斯克勒皮奥斯神庙中的潜思活动的是《黄蜂》（*Wasps*），大约写于瘟疫过去之后的几年内。

[84] Thuc. 2.53.4: κρίνοντες ἐν ὁμοίῳ καὶ σέβειν καὶ μή, ἐκ τοῦ πάντας ὁρᾶν ἐν ἴσῳ ἀπολλυμένους［他们断定无论虔敬还是不虔敬都一样，因为他们看到所有人都一样地死去］。

[85] *IG* II.2, 4960. 关于具体细节，参见 Ferguson, *loc. cit.*, 88 ff.。

份之人的款待——我们可从索福克勒斯的诗歌中了解到这一事实。正如维拉莫维茨所说，[86]人们无法想象埃斯库罗斯或欧里庇得斯会去款待一条圣蛇。但是，这一时期希腊人的思想是两极分化的，以下事实就绝好地体现了这一点：这一代人一方面赋予一条医疗爬行动物以荣耀，另一方面又眼见希波克拉底最严格意义上的科学论著付梓出版。[87]

倒退的第二个例子体现在外来崇拜仪式的流行上，尤其是一种情绪高涨的"狂欢"（orgiastic）仪式，它在伯罗奔尼撒战争期间以惊人的速度得到发展。[88]这一仪式尚未消停，雅典又出现了弗里吉亚的"山母神"库柏勒（Cybele）崇拜，以及对应的色雷斯女神本迪斯（Bendis）崇拜，还出现了色雷斯-弗里吉亚的萨巴（Sabazius）秘仪（萨巴相当于野蛮的、未被希腊化的狄奥尼索斯），以及亚洲的有死之神阿提斯（Attis）和阿多尼斯（Adonis）的宗教仪式。我已

---

[86] *Glaube*, Ⅱ.233. 对那一证据最可能的解释似乎是阿斯克勒皮奥斯出现在梦或幻觉中（Plutarch, *non posse suaviter* 22, 1103b），并且说道，"到埃披道洛斯来接我"，当他们去接他时，δράκοντι εἰκασμένον [他幻化成了一条蛇]，正如泡萨尼阿斯所描述的希巨昂人（Sicyonians）在那一场合所做的那样（Pausanias, 2.10.3；参见 3.23.7）。

[87] 比如，*de vetere medicina*，费斯图吉耶将其定在公元前 440—前 420 年前后；*de aeribus*, *aquis*, *locis*（维拉莫维茨以及其他人认为它要早于公元前 430 年）；*de morbo sacro*（可能较晚，参见 Heinimann, *Nomos u. Physis*, 170 ff.）。同样，已知的"解梦书"首次出现时（本书第四章，p. 119），恰逢有人首次试图用自然主义的方法来解释梦：这里同样也存在着两极分化。

[88] 第二次布匿战争（the Second Punic War）给罗马造成了极为类似的影响（参见 Livy, 25.1，以及 J. J. Tierney, *Proc. R.I.A.* 51 [1947] 94）。

在别处讨论过这一重大发展,[89]这里不再赘述。

我们发现,在大约一代人之后,倒退采用了更加粗犷的方式。从关于"施咒板"(defixiones)的第一手证据我们可以得知,公元前4世纪时雅典存在着大量的"多数人的巫术",并且可以得知这一说法最字面的含义。defixio 或 κατάδεσις[施咒]是一种巫术攻击。据说只要召唤冥界力量诅咒一人,你就可以左右他的意志或置他于死地。做法是将咒语刻在坚实的东西上,例如铅板或陶片,然后你可以选择将其放入死者的坟墓中。地中海世界的许多地方发掘出了成百上千这样的"施咒板",[90]并且直至今天,在希腊[91]和欧洲其他地区[92]还偶尔能见到类似的做法。但是,颇值得玩味的是,迄今为止发现的最古老的施咒板来自希腊,而且大多

---

[89] *Harv. Theol. Rev.* 33(1940)171 ff. 此外可参见 Nilsson,*Gesch.* I.782 ff.,以及弗格森的重要论文(前文注释[83]),关于色雷斯和弗里吉亚的崇拜仪式进入雅典以及它们在雅典邦民中的传播,那篇论文提供了诸多见解。弗格森在别处也已证明(*Hesperia*, Suppl. 8[1949]131 ff.),公共的本迪斯(Bendis)崇拜仪式创立的时间目前可以确定在瘟疫期间,即公元前430—前429年。

[90] 奥多伦收集了300多个实例并对其进行了研究(A. Audollent, *Defixionum tabellae*[1904]),其后其他实例也陆续被发现。普莱森丹茨(Preisendanz)补充了一个中欧和北欧实例的清单(*Arch. f. Rel.* 11[1933])。

[91] Lawson, *Mod. Greek Folklore*, 16 ff.

[92] 参见 *Globus*, 79(1901)109 ff. 奥多伦也援引了一大批实例(*op. cit.*, CXXV f.),其中包括诺曼底(Normandy)的"一位富有且文雅的绅士",求婚被拒后,他用一根针刺穿了照片上的那位女士的前额,并且加上题词:"上帝诅咒你!"这则逸事表明了那种巫术的简单心理学根基。格思里也援引了19世纪威尔士的一个有趣例子(Guthrie, *The Greeks and Their Gods*, 273)。

数都来自阿提卡；并且，能够确定年代为公元前5世纪的施咒板寥寥无几，而公元前4世纪时施咒板却得到了暴发式增长。[93] 施咒板上诅咒的人包括大名鼎鼎的福基翁（Phocion）和德摩斯梯尼（Demosthenes），[94] 这说明施咒不仅仅只是奴隶和外邦人的实践。在柏拉图的时代，这种实践确实已十分常见。柏拉图认为，对于施咒以及其他类似的巫术攻击（例如虐待敌人蜡像的做法），[95] 应该一并进行立法管制。[96] 柏

---

[93] 1897年之前所知的阿提卡的实例（200多个）单独汇编在R. Wünsch, *IG* Ⅲ.3, Appendix. 其后增加的阿提卡施咒板（*defixiones*）也已出版：Ziebarth, *Gött. Nachr.* 1899, 105 ff., 以及 *Berl. Sitzb.* 1934, 1022 ff.；其他实例也发现于凯拉米克斯（Kerameikos）地区（W. Peek, *Kerameikos*, Ⅲ.89 ff.）和广场（Agora）。在所有这些实例中，似乎只有两个（Kerameikos 3 and 6）能够确定属于公元前5世纪或更早；另一方面，大量实例都属于公元前4世纪，其中许多实例的拼写和风格也暗示了它们属于那个时期（R. Wilhelm, *Ost. Jahreshefte*, 7 [1904] 105 ff.）。

[94] Wünsch, no. 24; Ziebarth, *Gött. Nachr.* 1899, no. 2, *Berl. Sitzb.* 1934, no. 1 B.

[95] Plato, *Laws* 933a-e. 柏拉图在 *Rep.* 364c 处也提到了由 ἀγύρται καὶ μάντεις [乞讨祭司和预言家们] 为主人举行的 κατάδεσμοι [压胜术（本义为被绑住不动的）]，他在 *Laws* 909b 处也提到了类似的人所实行的巫术。一个名叫忒奥里斯（Theoris）的巫婆（后文注释[98]）要求某种宗教地位：Harpocration s.v. 称她为 μάντις [预言家]; Plutarch, *Dem.* 14 称她为 ἱέρεια [女祭司]。因此，并不存在明确的界限可以将迷信和"宗教"划分开来。而且事实上较古老的阿提卡 καταδέσεις [压胜术] 所召唤的诸神就是希腊日常信仰中的冥府神祇，最常见的是赫尔墨斯和珀尔塞福涅。然而，值得注意的是，后来的巫术所特有的无意义程式化用语（Ἐφέσια γράμματα [巫文]）已经开始使用，出现在了 Anaxilas, fr. 18 Kock, 更确定的是在 Menander, fr. 371。

[96] *Laws* 933b: κηρινὰ μιμήματα πεπλασμένα, εἴτ' ἐπὶ θύραις εἴτ' ἐπὶ τριόδοις εἴτ' ἐπὶ μνήμασι γονέων [在大门口或三岔路口或父母坟上的蜡塑人像]。就我所知而言，现存文献最早提到这一技艺的是公元前4世纪早期库列涅（Cyrene）的一处铭文，据说在库列涅建城时 κηρινὰ（转下页）

拉图明确表明，人们确实对这种巫术攻击感到惶恐不已，因此他要立下严刑峻法来严惩施咒之人（职业巫师要处以死刑）。这不是因为他本人相信存在着黑巫术（对此，柏拉图倒有着开放的心态[97]），而是因为他相信黑巫术会传递邪恶意志，并产生邪恶的心理影响。这不是上了年纪的道德家在杞人忧天。从《反阿里斯托吉顿》(*Against Aristogeiton*)[98]中我们可以看出，公元前4世纪确实存在着严厉的压制巫术的法律措施。综合以上所有证据，再反观公元前5世纪寥寥无几的史料，[99]我倾向于得出如下结论：启蒙运动的影响之一，

（接上页）[蜡像]就已经被公开用来约束誓言（Nock, *Arch. f. Rel.* 24 [1926] 172）。蜡像已经自然地消失了；但更耐用的材料制成的小雕像——双手被绑在背后的（原文是 κατάδεσις [被绑住不动的]），或是其他巫术攻击的姿态——经常被发现，阿提卡至少有两例：参见杜加斯（Ch. Dugas）所列的清单，*Bull. Corr. Hell.* 39（1915）413。

[97] *Laws* 933a: ταῦτ' οὖν καὶ περὶ τοιαῦτα σύμπαντα οὔτε ῥᾴδιον ὅπως ποτὲ πέφυκεν γιγνώσκειν οὔτ' εἴ τις γνοίη, πείθειν εὐπετὲς ἑτέρους [关于这类事情的真相是难以知道的，并且即使有人发现了，其他人也难以置信]。这句话的第二部分或许暗示了更大程度的怀疑，超过了他想要表达的，因为 *Rep.* 364c（以及 *Laws* 909b）处的语调无疑是怀疑的。

[98] [Dem.] 25.79 f.，来自雷姆诺斯（Lemnos）的一个名叫忒奥里斯的 φαρμακίς [巫婆]，由于女仆的告发，她"及其整个家族"都在雅典被判了死刑。这种 φαρμακίς [巫婆] 不仅仅是投毒者，因为在同一句中 φάρμακα καὶ ἐπῳδάς [毒药和咒语] 都指向她（另参见 Ar. *Nub.* 749 ff.）。根据 Philochorus, *apud* Harpocration, s.v. Θεωρίς, 她受到的正式的指控是 ἀσέβεια [不虔敬]，而且这很可能是对的：整个家族被彻底毁灭，这暗示了她是共同体的污染。普鲁塔克（他对那一指控的描述有所不同）说（*Dem.* 14），原告是德摩斯梯尼（Demosthenes），正如我们所知道的，他本人好几次都是巫术攻击的对象。

[99] 单就神话来看，公元前5世纪的阿提卡文学中极少有内容直接提到攻击性巫术，除了春药（Eur. *Hipp.* 509 ff., Antiphon, 1.9, 等等）（转下页）

就是在下一代人中[100]激起了巫术的复兴。这并没有听上去那么自相矛盾：在我们自己的时代，层累堆积体瓦解之后不也出现了类似的现象吗？

以上提及的所有征候——潜思（incubation）的复兴、狂欢宗教的流行、巫术攻击的盛行——都可以被视为倒退的体现；在某种意义上，它们是对过去世界的回返。但从另一角度来看，它们也预示了将来的事物。我们在最后一章将会看到，它们其实都指向了希腊—罗马世界的典型特征。不过，在迈向那一结论之前，我们得首先考虑柏拉图为稳定现状所做的努力。

（接上页），以及 ἐπῳδὴ Ὀρφέως [俄耳甫斯的咒语], Eur. *Cycl.* 646。《论圣疾》(*morb. sacr.*) 的作者提到有人声称 πεφαρμακευμένους，"被下咒"(Ⅵ.362 L.)，Ar. *Thesm.* 534 处可能也是指同样的事情。其他捷径或许可以在 ἀναλύτης ["解咒者"] 一词中找到，据说早期喜剧诗人马格尼斯（Magnes）已经使用了这个词（fr. 4）。防卫巫术或"白巫术"无疑是很常见的：比如，人们会戴上巫术指环作为护身符（Eupolis, fr. 87, Ar. *Plut.* 883 f. and Σ）。但如果想要拥有真正灵验的女巫，就得到帖萨利（Thessaly）去买（Ar. *Nub.* 749 ff.）。

[100] 类似的鸿沟也出现在 19 世纪，一边是知识分子中间基督教信仰的崩溃，一边又是只受过部分教育的阶层中唯灵论以及类似运动的兴起（有些已经扩展到一部分受过教育的人中）。但关于雅典的情形，人们无法排除这一可能性，即攻击性巫术的复兴始于令人绝望的伯罗奔尼撒战争的最后岁月。关于其他可以将那种巫术的流行定在公元前 4 世纪的可能理由，参见 Nilsson, *Gesch.* I.759 f.。我不认为那一时期"施咒板"的增长如已经有人表明的那样仅仅反映了识字率的增加；因为它可以由而且很可能经常由受雇的专职巫师（柏拉图似乎就是这么说的，*Rep.* 364c）写下来（Audollent, *op. cit.*, XLV）。

第七章 柏拉图、非理性灵魂以及层累堆积体

> 传统信仰一旦被抛弃就不可能再回返,因为怀有传统信仰的根本条件就是浑然不知自己是传统主义者。
>
> ——安萨里(Al Ghazali)

上一章我描述了公元前5世纪形成的层累的信仰结构的衰败过程及其早期后果。我打算利用本章来考察柏拉图是如何回应既有现状的。这一主题很重要,不仅是因为柏拉图在欧洲思想史上的地位,而且也因为柏拉图比任何人都更清晰地把握到了潜伏在层累堆积体衰败过程中的危险,此外还因为柏拉图在留给世人的遗作中意味深长地提议通过反改革的手段来稳定堆积体现状。我当然知道,要想充分讨论这个主题,我们必须考察柏拉图的整个哲学生涯;但为了将讨论限定在可操作范围内,我打算集中探寻如下两个问题:

首先,柏拉图本人认为人类行为中的非理性因素有什么重要作用,他又是如何解释这些非理性因素的?

其次,为了稳定层累堆积体,柏拉图打算向大众信仰中的非理性主义做出什么让步?

这两个问题区分得越开越好,尽管我们将会看到,有时我们很难判定柏拉图哪里是在表达个人信仰,哪里只是在套用传统语言。在回答第一个问题之前,我必须先重复一两个我业已发表的观点,[1]同时我也会补充一些之前没有考虑过的方面。

首先我要做一个假定。我将预设,柏拉图的哲学——无论是来自他自己还是来自苏格拉底——并不是一出现就完全成熟了;我认为它就像生命体一样经历了成长和变化,既顺应内在的生长法则,又回应外界的刺激因素。在这里我想提醒读者注意,柏拉图的生平和他的思想一样几乎连接起了从伯里克利去世到希腊臣服于马其顿霸权期间的时间鸿沟。[2]尽管他的所有作品很可能都完成于公元前4世纪,但他的人格和世界观在公元前5世纪就已成型,他的早期对话依然沐浴在逝去世界的余晖中。我能想到的最好例证是《普罗塔戈拉》,这部对话的戏剧时间设置在伯罗奔尼撒战争前的黄金岁月;透过其中的乐观主义、友善的世俗气、坦率的功利主义以及真实的苏格拉底,我们似乎看到了对过去的忠实再现。[3]

---

[1] "Plato and the Irrational", *JHS* 65(1945)16 ff. 这篇论文写于计划写作本书之前;它没有触及此章所集中关注的某些问题,但另一方面,它又处理了此章所没有涉及的柏拉图理性主义和非理性主义的某些方面。

[2] 柏拉图生于伯里克利去世或去世之后那年,死于公元前347年,即斐洛克拉底和约(the Peace of Philocrates)前一年,喀罗尼亚(Chaeronea)大战前九年。

[3] 参见本书第六章注释[31]至[33]。

因此，柏拉图的始点是由历史条件决定的。作为卡尔米德的外甥、克里提阿的亲戚，更不用说作为苏格拉底的年轻学生之一，柏拉图是启蒙运动之子。他成长于这样一个社交圈中：这里的人们以凭借理性解决所有问题为傲，并且习惯于用理性的利己主义原则来解释一切人类行为，他们还相信，arete［"德性"］本质上是一门理性生活的技艺。这样的骄傲、习惯和信念伴随了柏拉图一生；他始终没有抛弃理性主义的思想框架。但是框架中的内容却随着时间而发生了奇妙的转变。这是有理由的。标志着公元前5世纪到前4世纪时代转变的事件（它们也标志着我们自己时代的转变）足以令每一位理性主义者都重新思考其信念。理性的利己主义原则会把社会领向什么样的道德和物质废墟，雅典帝国的命运已经显明了这一点；它会把个人领向什么样的毁灭道路，克里提阿、卡尔米德以及僭主集团其他成员的命运也已经显明了这一点。而另一方面，苏格拉底的审判则为世人上演了诡异的一幕——至少在世人看来，这个全希腊最智慧的人竟然在生命的最紧要关头还故意无缘无故地嘲弄理性的利己主义原则。

我想，正是以上事件迫使柏拉图并未抛弃理性主义，而是为它增添了一个形而上学的维度从而转变了其含义。消化新问题花费了柏拉图相当长的时间，可能长达十年。十年中，他肯定反复咀嚼着苏格拉底说过的某些重要话语，例如"人类的psyche［灵魂］具有神性"，以及"人的第一要务就是照看灵魂的健康"。[4]但是，我同意大多数学者的观点，即柏拉图将这些形而上学的暗示扩展为一门全新的先验心理学，是因为他在公元前390年左右亲自拜访了希腊西部的毕达哥拉斯学派。如果我对毕达哥拉斯运动的历史先驱的猜测正确的话，那么柏拉图实际上是将希腊的理性主义传统和源自北方萨满文化的巫术—宗教思想进行了杂交。不过在柏拉图的作品中，这些思想经历了解释和转换的双重过程。《高尔吉亚》为我们提供了一个具体实例：在一著名段落中，我们看到某些哲学家——或许是柏拉图的朋友阿基塔斯（Archytas）这样的人——接受了关于灵魂命运的古老神话并将它们解读成具有道德和心理学意涵的新寓言。[5]这些

---

[4] Xen. *Mem.* 4.3.14; Plato, *Apol.* 30ab, *Laches* 185e.

[5] *Gorgias* 493a—c. 弗兰克认为这一段落中暗含着哪些内容（Frank, *Platon u. die sog. Pythagoreer*, 291 ff.），在我看来大体是正确的，虽然我会质疑某些具体细节。正如493b7处所表明，柏拉图区分了（a）τις μυθολογῶν κομψὸς ἀνήρ, ἴσως Σικελός τις ἢ Ἰταλικός [某个讲神话故事的聪明人，或许是某个西西里人或意大利人]，我认为他就是那位创作了讲述冥府之旅（并不一定是"俄耳甫斯教的"）的古老诗歌的匿名作者，那一诗歌流行于希腊西部，而且很可能在某种程度上模仿了金箔铭文所引诗歌的风格；（b）给苏格拉底提供消息的人，τις τῶν σοφῶν [某位智慧之人]，他在那首古老的诗歌中读出了寓意（非常像瑞吉姆的泰阿根尼 [Theagenes of Rhegium] 寓意式解读荷马史诗）。我猜想这位 σοφός [智慧之人] 是一位毕达哥拉斯主义者，因为当柏拉图不得不把毕达哥拉斯派的观念放入苏格拉底口中时，他通常会用到这样的程式：507e, φασὶ δ' οἱ σοφοί [而那些智慧之人说]，存在着一种合乎道德的世界秩序（参见 Thompson *ad loc.*); *Meno* 81a: ἀκήκοα ἀνδρῶν τε καὶ γυναικῶν σοφῶν [我已经从那些智慧的男人和女人口中得知] 关于轮回的说法；*Rep.* 583b, δοκῶ μοι τῶν σοφῶν τινος ἀκηκοέναι [我似乎已经从某个智慧之人口中得知]，身体快乐是虚幻的（参见 Adam *ad loc*)。（转下页）

人为柏拉图铺就了道路；但在我看来，最后真正创造性地将这些思想从宗教启示维度转换到理性论证维度的仍是柏拉图本人。

转换过程的关键一步在于，柏拉图将承载罪感和潜在神性且与身体可分的"隐秘"自我等同为苏格拉底式的理性 *psyche*，后者的德性是某种知识。在这一步骤中，古老的萨满文化模式得到了全新的解释。不过，萨满文化模式仍然焕发着活力，它的主要特征在柏拉图那里仍然依稀可辨。转世观念原封不动地保留了下来。萨满式入迷以及有意使隐秘自我脱离身体的做法，变成了退守灵魂和集中精神（mental withdrawal and concentration）的练习，这可以净化理性灵魂——事实上，柏拉图声称这一练习具有传统的 *lŏgos* 的权威。[6] 萨满在入迷状态中获得的神秘知识成为形而上的真

（接上页）此外，认为冥府神话是此世生活的寓言这一观点已经出现在恩培多克勒那里（参见本书第五章注释〔114〕），其后又出现在毕达哥拉斯主义中（Macrob. *in. Somn. Scip.* I.10.7–17）。我无法赞同林福斯的如下说法（Linforth, "Soul and Sieve in Plato's *Gorgias*", *Univ. Calif. Publ. Class. Philol.* 12〔1944〕17 ff.），"苏格拉底声称从别人那里听来的一切内容……，都是柏拉图自己的原创"；因为如果是这样，那么柏拉图便不可能让苏格拉底将那些内容描述成 ἐπιεικῶς ὑπό τι ἄτοπα［近乎荒谬之事］（493c），或称其为某一学派（γυμνασίου）的作品（493d）。

[6] *Phaedo* 67c，参见 80e, 83a–c。关于 λόγος 的含义（"宗教教义"），参见 63c, 70c, *Epist.* vii. 335a，等等。柏拉图如此阐释旧传统中出离状态的重要性，无疑是受到了苏格拉底长时间的退守灵魂练习的影响，相关描述可参见 *Symposium*, 174d-175c 和 220cd，似乎《云》中也对此有所戏仿：参见 Festugière, *Contemplation et vie contemplative chez Platon*, 69 ff.。

理视像（vision）；萨满对前世尘世生活的"回忆"[7]变成了对无实体形式（bodiless Forms）的"回忆"，这些形式构成了新的认识论的基础；而在神话层面，萨满的"超长睡眠"和"冥府旅行"则直接为阿尔美纽斯（Armenius）之子厄尔（Er）的经历提供了原型。[8]最后，如果我们将柏拉图饱受诟病的"护卫者"（Guardians）看作一种新型的理性化萨满的话，那么我们或许就能更好地理解他们。和他们古老的萨满祖先一样：护卫者需要经受为改造整个灵魂结构而设计的特殊训练后才有资格担任高级职务；他们必须把自己奉献给一项几乎杜绝了正常人性之满足的事业；他们必须通过周期性的"静修"来保持与智慧渊源的联系；他们死后的奖赏是在神灵世界获得一种特殊的地位。[9]很可能毕达哥拉斯派团

---

[7] 参见本书第五章注释〔107〕。

[8] Proclus, in Remp. II.113.22, 提到的先例有阿里斯提亚斯、赫尔摩底谟（罗德认为是赫摩多罗斯 [Hermodorus]）以及厄庇美尼德。

[9] 正如西伯利亚萨满死后会变成乌尔（Üör）(Sieroszewski, Rev. de l'hist. des rel. 46 [1902] 228 f.)，柏拉图笔下的"黄金种族"之人死后不仅会被崇拜为英雄——在当时的惯例范围内——而且（得到德尔斐的批准）会被崇拜为 δαίμονες [神灵]（Rep. 468e–469b）。事实上，这样的人在生时或许已经被称作 δαίμονες [神灵]（Crat. 398c）。在上述两个段落中，柏拉图都诉诸赫西俄德的"黄金种族"这一先例（Erga 122 f.）。但几乎可以肯定的是，他也受到了不那么神秘的事物即毕达哥拉斯派传统的影响，那一传统给予了 θεῖος [神] 或 δαιμόνιος ἀνήρ [最初的精灵] 一个特殊地位（参见本书第五章注释〔61〕）。就像今天的西伯利亚萨满一样，毕达哥拉斯主义者给自己制定了一种特殊的葬礼，这可以确保他们拥有一个 μακαριστὸν καὶ οἰκεῖον τέλος [受祝福的、合适的结局]（Plut. gen. Socr. 16, 585e，参见 Boyancé, Culte des Muses, 133 ff.; Nioradze, Schamanismus, 103 f.），而且也可以为《法律》（Laws）中给（转下页）

体中早已出现了某种类似的高度特殊化的人类类型；但柏拉图渴望走得更远，他想赋予这项人性试验严肃的科学根基，并以此作为他的反改革的手段。

这幅对新型统治阶级的空想蓝图经常被人们征引以证明柏拉图对人性的判断简直是天方夜谭。但是，萨满制度本来就不是建立在一般人性之上的；它们的全部关注只在于探索例外人格类型的可能性。《理想国》的关注也是如此。柏拉图坦率地承认，只有极少部分人（φύσει ὀλίγιστον γένος）拥有成为护卫者的天赋。[10] 至于其他人——也就是绝大多数人——他似乎一直都认为，只要他们没有受到权力的诱惑，那么机智的快乐主义就会给他们提供通往圆满人生的最佳实用指南。[11] 不过，在中期对话中，柏拉图主要关注的是例外人性及其可能性，那时他对普通人的心理几乎无甚兴趣。

但在晚期作品中，也就是在哲人王的梦想破灭、转而求助于次好的法治之后，[12] 柏拉图将更多目光投向了主宰普通人之行为的动机，甚至认为哲人也不能免于那些动机的影

（接上页）εὔθυνοι［监察官］的葬礼所制定的复杂而奇特的规定提供一个模型（947b–e，参见 O. Reverdin, *La Religion de la cité platonicienne*, 125 ff.）。关于柏拉图本人死后是否会获得神样的（或神灵般的）荣誉这一颇有争议的问题，参见 Wilamowitz, *Aristoteles u. Athen*, II.413 ff.; Boyancé, *op. cit.*, 250 ff.; Reverdin, *op. cit.*, 139 ff.; 对照 Jaeger, *Aristotle*, 108 f.; Festugière, *Le Dieu cosmique*, 219 f.。

[10] *Rep.* 428e–429a, cf. *Phaedo* 69c.
[11] *Phaedo* 82ab, *Rep.* 500d，以及下面引自《斐勒布》和《法律》的段落。
[12] *Politicus* 297de, 301de；参见 *Laws* 739de。

响。是否有任何人会满足于这样的生活——他拥有智慧、理解力、知识以及对整个历史的完整记忆,但却没有体验过任何快乐或痛苦、伟大或卑微?对于这一问题,《斐勒布》(*Philebus*)[13]给出的答案是决然否定的:感性生活是人性的一部分,我们无法舍弃它而成为哲人王那样的"一切时间和一切存在的观看者"。[14]《法律》告诉我们,公共道德唯一可行的基础就是相信真诚有报(honesty pays):柏拉图说,"没有人会自愿去做给他带来的苦要大于乐的事"。[15]这一点似乎把我们带回了《普罗塔戈拉》和杰里米·边沁(Jeremy Bentham)的世界。但是,立法者的立场和普通人的立场并不相同。普通人想要幸福;而为他们立法的柏拉图则希望他们成为好人。因此,柏拉图煞费苦心地说服他们相信善和幸福是密切相关的。柏拉图相信这一论断正确是很偶然的事;就算他不相信,他也会假装认为它是正确的,因为它是"所说过的最有裨益的谎言"。[16]这不是柏拉图自己的立场改变了:如果有什么改变了的话,那就是他对人的能力的评估变了。至少在《法律》中,普通人的德性就显然不是基于知识,甚或也不是基于真实的意见,而是基于一个适应和习惯的过程,[17]那一过程会促使他接受某些"有益的"信条并按

---

[13] *Philebus* 21de.

[14] *Rep.* 486a.

[15] *Laws* 663b;参见 733a。

[16] *Ibid.*, 663d.

[17] *Ibid.*, 653b:ὀρθῶς εἰθίσθαι ὑπὸ τῶν προσηκόντων ἐθῶν [受到良好习惯的正确训练]。

照那些信条来行动。柏拉图认为，毕竟这才不难做到：人们相信卡德摩斯和龙牙，就能相信任何事。[18]柏拉图远没有像他的老师一样认为"未经审查的人生不值得过",[19]他似乎认为，只需要悉心选择一套"咒语"（ἐπῳδαί),[20]也就是具有教化意义的神话和振奋人心的伦理标语，多数人就可以维持最基本的道德健康。我们可以认为，柏拉图大体上会接受布克哈特的二分法——少数人的宗教是理性主义，而多数人的宗教则是巫术。不过，我们已经看到，柏拉图的理性主义在以往巫术思想的影响下变得更为活跃；另一方面，我们之后也会看到，他的"咒语"也会被用来服务于理性的目的。

柏拉图愈发认识到情感因素的重要性，他在各方面都

---

[18] *Ibid.*, 664a.

[19] *Apol.* 38a. 哈克福斯（Hackforth）教授试图说服我们相信（*CR* 59[1945] 1 ff.),柏拉图终其一生都恪守这一格言。但是，虽然他的确提到那一格言甚至体现在晚期对话《智者》中（*Sophist*, 230c-e),但我认为还是无法摆脱如下结论，即《理想国》中的教育政策，更清楚的是《法律》中的教育政策，事实上都建立在截然不同的预设上。柏拉图本人从没有承认他已经放弃了苏格拉底的任何原则，但这并不妨碍他实际上会这么做。苏格拉底的θεραπεία ψυχῆς [对灵魂的照看]确实暗示了对人类灵魂自身的尊重，但在我看来，《法律》中所提出的建言技巧和其他控制手段恰恰暗示了相反立场。

[20] 在《法律》中，ἐπῳδή [咒语]及其同源词一直在这种隐喻意义上被不断使用（659e, 664b, 665c, 666c, 670e, 773d, 812c, 903b, 944b)。另参见卡里克勒斯（Callicles）很轻蔑地使用这个词（*Gorg.* 484a)。《卡尔米德》中这个词的运用明显不同（*Charmides*, 157a-c)：那里"咒语"变成了一种苏格拉底式的盘问。但在《斐多》中，神话就是一种ἐπῳδή [咒语]（*Phaedo*, 114d, 参见77e-78a),我们已经对ἐπῳδαί [咒语]在《法律》中所扮演的角色提出了建议。参见布扬塞饶有趣味的讨论，Boyancé, *Culte des Muses*, 155 ff.。

超越了公元前5世纪的理性主义的拘囿。这一点清晰体现在了他的邪恶理论（theory of Evil）的发展中。柏拉图确实至死[21]都一直重复着苏格拉底的格言"没有人会自愿犯错"；但是，他早就对苏格拉底视道德错误为认识上的谬误这一简单观点感到不满。[22]当柏拉图接管巫术—宗教意义上的 psyche 观念时，他最先接受的是清教二元论，也就是将 psyche 的所有罪恶与苦难都归因于它与有朽身体接触而产生的污染。在《斐多》中，他用哲学术语改造了该信条，还赋予它一个日后成为经典的表达方式：只有借助死亡或自律涤净"身体的愚蠢性质"，[23]理性自我才可以重获神圣无瑕的真正本质；好生活就是在进行涤罪、μελέτη θανάτου［练习死亡］。无论古代还是现在，一般读者都倾向于将此言视为柏拉图的最后定论。但是，柏拉图具有十足的洞察力，而且实际上也足够现实，这样的思想家不会一直满足于《斐多》中的理论。一旦从隐秘自我转向经验个人，柏拉图就不得不承认灵魂内部存在着非理性因素，因而必须用灵魂冲突

---

[21] *Tim.* 86de, *Laws* 731c, 860d.

[22] 参见本书第六章，p. 185.。

[23] *Phaedo* 67a: καθαροὶ ἀπαλλαττόμενοι τῆς τοῦ σώματος ἀφροσύνης［通过扭转肉体的愚昧而得到净化］。参见 66c: τὸ σῶμα καὶ αἱ τούτου ἐπιθυμίαι［肉体和它的欲望］, 94e: ἄγεσθαι ὑπὸ τῶν τοῦ σώματος παθημάτων［被身体的情感牵引］, *Crat.* 414a: καθαρὰ πάντων τῶν περὶ τὸ σῶμα κακῶν καὶ ἐπιθυμιῶν［祛净一切有关肉体的罪恶和欲望］。正如费斯图吉耶（Festugière）最近所说，在《斐多》中，"身体是罪恶，是所有的罪恶"（*Rev. de Phil.* 22［1948］101）。这里柏拉图的教导在于，希腊"萨满教的"传统和诺斯替教（Gnosticism）之间有着重要的历史关联。

(στάσις)来解释道德罪恶。[24]

《理想国》就已经体现了这一转变：对于同一段荷马文本，《斐多》用它来佐证灵魂与"身体的激情"之间的对话，而《理想国》则拿它来证明灵魂两"部分"之间的内部对话；[25] 柏拉图不再视激情为外源造成的感染，而是和我们一样，认为激情是心灵生活必不可少的一部分，甚至是能量源泉，它就像弗洛伊德的力比多（libido）一样，既能够"被引导流向"感性活动，也能够"被引导流向"智性活动。[26]《理想国》中勒翁提俄斯（Leontius）的故事就是内在冲突论

---

[24] 关于对柏拉图对话中灵魂统一和灵魂三分的详尽说明，参见 G. M. A. Grube, *Plato's Thought*, 129-149，这里正确地强调了 στάσις [冲突、内讧] 概念的重要性，"它是柏拉图哲学中最令人吃惊的摩登事物之一"。除了正文中所给出的理由，ψυχή [灵魂] 概念的外延涵盖了整个人类活动，这无疑和柏拉图后来的观点有关联，那一观点认为 ψυχή [灵魂] 是一切运动的根源，无论是好的还是坏的运动，参见 *Tim.* 89e: τρία τριχῇ ψυχῆς ἐν ἡμῖν εἴδη κατῴκισται, τυγχάνει δὲ ἕκαστον κινήσεις ἔχον [在我们内部的三个区域寓居有三种不同形式的灵魂，每一种都有各自的运动]，*Laws* 896d: τῶν τε ἀγαθῶν αἰτίαν εἶναι ψυχὴν καὶ τῶν κακῶν [灵魂既是罪恶的缘由，也是高贵的缘由]。关于《法律》中（896e）将非理性的、蕴含邪恶的、次等的灵魂归之于 κόσμος [宇宙]，参见 Wilamowitz, *Platon*, Ⅱ.315 ff.，对于那一段落极为详尽且公允的讨论，参见 Simone Pétrement, *Le Dualisme chez Platon, les Gnostiques et les Manichéens* (1947), 64 ff.。我本人也扼要阐述过自己的观点，参见 *JHS* 65 (1945) 21。

[25] *Phaedo* 94de; *Rep.* 441bc.

[26] *Rep.* 485d: ὥσπερ ῥεῦμα ἐκεῖσε ἀπωχετευμένον [如同水流被引导流向那里]。格鲁伯（Grube, *loc. cit.*）提醒我们注意这一段落以及《理想国》中其他段落的重要性，它们暗示了"目的不在于压抑而在于升华"。但柏拉图的预设当然不同于弗洛伊德的预设，正如康福德在其论述柏拉图式的爱欲的妙文中所指出的（Cornford, *The Unwritten Philosophy*, 78 f.）。

的一个生动例证，[27]这一理论又在《智者》(Sophist)中得到了精确表述，[28]在那里，内在冲突被定义为一种因"某种伤害"而造成的心理障碍、[29]一种灵魂疾病，据说它也是懦弱、不节制、不正义以及（似乎是）不同于无知或智性无能的一般道德罪恶的根由。这一理论截然不同于早期对话中的理性主义也不同于《斐多》中的清教主义，它比后二者要深刻得多；我把它视为柏拉图的个人贡献。[30]

但是，柏拉图也没有抛弃超越的理性自我；这一自我的完美统一性就是其不朽性的保证。在《蒂迈欧》(Timaeus)中，柏拉图试图重新表述自己先前对人类命运的看法，并将这一看法和自己后来的心理学及宇宙论调和了起来。正是在这篇对话中，我们又看到了《斐多》中的统一

---

[27] *Rep.* 439e. 参见 351e–352a, 554d, 486e, 603d。

[28] *Soph.* 227d–228e. 另参见 *Phdr.* 237d–238b 和 *Laws* 863a–864b。

[29] ἔκ τινος διαφθορᾶς διαφοράν [由某种破坏导致的紊乱]（伯内特引自盖伦的间接传统）。

[30] 通向这一观点的第一个迹象或许可在《高尔吉亚》中发现（482bc, 493a）。但我并不相信如伯内特和泰勒所假设的那样，苏格拉底或柏拉图是从毕达哥拉斯派那里借用了现成的东西。《斐多》中的统一灵魂来自（含义有所改变的）毕达哥拉斯派的传统；认为三分灵魂也来自那一传统的证据是后出的而且较弱。参见 Jaeger, *Nemesios von Emesa*, 63 ff.; Field, *Plato and His Contemporaries*, 183 f.; Grube, *op. cit.*, 133。柏拉图识别出了灵魂中的非理性因素，在逍遥学派看来，这是超越苏格拉底的理智主义的重要进展（*Magna Moralia* 1.1, 1182a15 ff.）；而且柏拉图有关规训非理性灵魂只是针对非理性的 ἐθισμός [欲望] 这一观点，其后又被波西多纽斯（Posidonius）用来抨击理智主义者克吕西普（Chrysippus）（Galen, *de placitis Hippocratis et Platonis*, pp. 466 f. Kühn, 参见 424 f.）。参见本书第八章，p. 239。

的灵魂；并且颇有意味的是，这里柏拉图使用了恩培多克勒曾用以描述隐秘自我的古老宗教术语——精灵——来描述它。[31] 不过，《蒂迈欧》中还存在着另一种"建立在它上面"的灵魂或自我，那是"一种有朽的灵魂，内中充斥着可怕的而又必不可少的激情"。[32] 这难道不是意味着柏拉图事实上将人类的人格分成了两半吗？当然，我们不是很清楚究竟是什么样的纽带联系起了或能够联系起如下两种事物：一边是寓居在人类头脑中的不朽的精灵，另一边是禁锢于人类胸中或腹中的各种非理性冲动，它们"如同未驯化的野兽被套上枷锁"。这让我们想起色诺芬曾提到过一个波斯人的天真看法，那个波斯人认为自己一定有两个灵魂：他的理由是，同一个

---

[31] *Tim.* 69a. 参见 *Crat.* 398c。柏拉图并没有解释这一术语的意涵；关于对他来说那一术语的可能含义，参见 L. Robin, *La Théorie platonicienne de l'amour*, 145 ff., 以及 V. Goldschmidt, *La Religion de Platon*, 107 ff.。非理性的灵魂是有朽的，它不是一个 δαίμων [精灵]；但《法律》似乎暗示，"天上的" δαίμων [精灵] 身上也有着恶灵部分，它就类似于人类罪恶的遗传根源即"提坦本性"（701c, 854b: 参见本书第五章注释〔132〕〔133〕）。

[32] *Tim.* 69c. 在《政治家》中（*Politicus*, 309c），柏拉图已经提到人身上有两种成分，τὸ ἀειγενὲς ὂν ψυχῆς μέρος [作为灵魂中的永恒部分] 和 τὸ ζῳογενές [动物部分]，这暗示了后一种是有朽的。但在那里它们仍然是同一个灵魂的"不同部分"。在《蒂迈欧》中，它们却经常被说成是不同"种类"的灵魂；它们的根源不一样；而且低级的"种类"被隔绝于神圣的成分，以免后者的污染"超过了不可避免的最低限度"（69d）。如果我们按照字面来理解，那么可以看出人格的统一性实际上已经被抛弃了。然而，可参见 *Laws* 863b，在这里，θυμός [激情] 是一种 πάθος [情感] 还是一个 μέρος [部分] 这一问题是悬而未决的，以及参见 *Tim.* 91e，这里用的是 μέρη [部分] 这一术语。

灵魂不可能既好又坏——它不可能同时追求高尚行为和卑贱行为，也不可能在同一时刻既想那样行动又不想那样行动。[33]

但是，柏拉图将经验个人分裂为精灵和野兽或许并没有——像现代读者所认为的那样——那么不合情理。它反映了柏拉图对于人性的类似划分：不朽灵魂和有朽灵魂之间的鸿沟，正对应于柏拉图展望"人可能如何"和他评估"人实际如何"之间的鸿沟。《法律》最清晰地展现了柏拉图对人类实际生活的看法。他两次告诉我们，人是一个木偶。我们不知道神制作木偶仅仅是为了玩耍还是有别的严肃目的；我们只知道，这个木偶被线吊着，希望和恐惧、快乐和痛苦牵引着它，令它手舞足蹈。[34] 在《法律》后文中，雅典人认为，很遗憾我们不

[33] Xen. *Cyrop.* 6.1.41. 色诺芬虚构的那个波斯人无疑是一位马兹达派（Mazdean）的二元论者。但不必假设《蒂迈欧》中的心理学——在这篇对话中，非理性的灵魂被认为是可教育的，因而它并不是不可救药的——借用了马兹达派的思想资源。它的希腊前身体现在古风时代的内在 δαίμων [精灵] 学说中（本书第二章，p. 42），也体现在恩培多克勒对于 δαίμων [精灵] 和 ψυχή [灵魂] 的区分中（本书第五章，p. 153）；而且柏拉图对它的采用也可以通过他本人思想的发展来解释。关于柏拉图后期思想受到了来自东方的影响这一宽泛问题，我已略述一二，*JHS* 65（1945）。之后对于那一问题的详尽讨论，可参见 Jula Kerschensteiner, *Plato u. d. Orient*（Diss. München, 1945）; Simone Pétrement, *Le Dualisme chez Platon*；以及费斯图吉耶的重要论文，Festugière, "Platon et l'Orient", *Rev. de. Phil.* 21（1947）5 ff.。就柏拉图二元论思想中的马兹达派根源这一说法而言，上述三者都持否定结论。
[34] *Laws* 644de. 这一观念的胚芽可能已经出现在《伊翁》中，那里我们被告知，神通过"神启的"诗人来操控激情，ἕλκει τὴν ψυχὴν ὅποι ἂν βούληται τῶν ἀνθρώπων [他引着人类的灵魂去往任何他想去的地方]（536a），尽管那里用的是磁石的意象。另参见 *Laws* 903d，这里神是"赌徒"（πεττευτής），而人则是他的筹码。

得不严肃对待人类事务，并且评论说，人类是神的玩偶，"而且这实际上对人来说是最好的"：因此男人和女人都要尽可能使这项游戏吸引人，他们要载歌载舞，向神献祭；"就这样，他们将依照自己的本性过完一生；他们主要是玩偶，但身上也具有小部分真实"。斯巴达人说，"你把我们人类说得太可怜了"。雅典人申辩说："我想到了神，是他触动我像刚才那样说话。好吧，如果你也是如此，那么我们就可以说人类并不可怜——而是有点值得严肃对待的（σπουδῆς τινος ἄξιον）。"[35]

柏拉图认为这种思考方式有着宗教的渊源；我们经常在后世宗教思想家那里见到这种思想，从马可·奥勒留到艾略特先生——后者几乎说了一模一样的话："人性只能承受些微真实。"这种思想也和《法律》中的许多其他观点相符合，例如，人类和羊群一样不适合自己统治自己，[36] 神而非人才是万物的尺度，[37] 人类只是神的物品（κτῆμα），[38] 人如果想获得幸福，就必须在神面前表现得 ταπεινός["卑微"] ——几乎所有异教作家都用该词表示轻蔑，甚至柏拉图自己在别处的用法也是如此。[39] 我们是否应将上述说法当作一位老年人的

---

[35] *Laws* 803b—804b.

[36] *Ibid.*, 713cd.

[37] *Ibid.*, 716c.

[38] *Ibid.*, 902b, 906a; cf. *Critias*, 109b.

[39] *Ibid.*, 716a. 关于 ταπεινός 的意涵，可参见，比如，774c, δουλεία ταπεινὴ καὶ ἀνελεύθερος [卑微和不自由的奴役]。对普鲁塔克来说，在神面前表现得 ταπεινός 是迷信的标志（*non posse suaviter*, 1101e），对于推罗的马克西姆（14.7 Hob.）以及大多数希腊人来说亦然。

胡言乱语、当作一个疲惫而脾气暴躁的老头所表达的酸腐的悲观主义呢？情况似乎是如此：因为它与柏拉图中期对话中所描绘的灵魂拥有神圣本质和命运的亮丽图景截然相反，而柏拉图当然从未宣布放弃这幅图景。但是，我们可以回想一下《理想国》中的哲人，他和亚里士多德笔下的慷慨大度之人（megalopsych）一样，对他们来说，人类生活不可能显得很重要（μέγα τι）；[40]我们或许还记得，在《美诺》中，大多数人都被比作游荡在荷马笔下的哈得斯中的魂影，而《斐多》中则已经出现了人类是神的奴隶的观念。[41]我们还可以举出《斐多》中的另一个段落，那里柏拉图毫不掩饰地预言了同胞的未来：在下一次转世投胎时，有的人会变成驴，有的人会变成狼，而μέτριοι［相当一部分人］，即体面的布尔乔亚，则有可能会变成蜜蜂或蚂蚁。[42]毫无疑问，柏拉图这里是在半开玩笑，但或许正是这个玩笑吸引了乔纳森·斯威夫特（Jonathan Swift）。这个玩笑暗示了：除去哲人，几乎所有人都处在低于人类（subhuman）的边缘（在古代柏拉图主义者看来），[43]这

---

[40] *Ibid.*, 486a; 参见 *Theaet.* 173c-e, Arist. *E.N.* 1123b32。

[41] *Meno* 100a, *Phaedo* 62b.

[42] *Phaedo* 81e-82b.

[43] Plot. *Enn.* 6.7.6: μεταλαβούσης δὲ θηρεῖον σῶμα θαυμάζεται πῶς, λόγος οὖσα ἀνθρώπου［（灵魂）讶异于她竟然分享了具有野兽属性的肉体，尽管她自身是人类的理性］。参见 *ibid.*, 1.1.11; Alex. Aphrod. *de anima* p. 27 Br.（Suppl. Arist. Ⅱ.i）; Porphyry *apud* Aug. *Civ. Dei*, 10.30; Iamblichus *apud* Nemes. *nat. hom.* 2（*PG* 40, 584a）; Proclus, *in Tim.* Ⅲ.294, 22 ff.。转世成动物这一观念事实上是从毕达哥拉斯主义的隐秘自我转移到了并不适用于它的理性 ψυχή［灵魂］: 参见 Rostagni, *Il Verbo di Pitagora*, 118。

一点很难与认为所有人的灵魂本质上都是理性的这一观点相调和。

根据这些以及其他段落，我想我们必须得认识到柏拉图关于人类地位的思考中存在着两股张力或两个趋向。柏拉图继承了公元前5世纪的关于人类理性的信念和骄傲，随后他将理性与萨满传统中的隐秘自我等同起来，从而为理性找到了宗教上的认可。而柏拉图在当时的雅典和叙拉古的经历又迫使他痛苦地认识到人类其实毫无价值。这一点也可以用宗教语言来表达：和"彼岸事物"比起来，此世的一切活动和兴趣都毫无价值。心理学家或许会说，那两个趋向之间的关系并不是简单的对立关系，第一个趋向是对第二个趋向的补偿甚或是过度补偿：柏拉图越是不关心现实人性，他就越觉得灵魂高贵。新的圣人统治的梦想曾一度消解了两个趋向之间的张力，这些圣人是净化人群中的精英，他们应当兼具——借用凯斯特勒（Koestler）先生的术语——瑜伽修行者和政委*（the Yogi and the Commissar）这两种人身上彼此互不相容的德性，因此他们不仅会拯救自己而且也会拯救社会。但是，当这个幻想破灭后，柏拉图潜在的绝望就渐渐浮出水面并以宗教术语表达出来，直到在他最后关于建立一个完全"封闭的"社会的提议中，他的绝望才找到一种逻辑的

---

* 该术语出自亚瑟·凯斯特勒1945年的著作《瑜伽修行者和政委》。在其时代背景下，"政委"指苏联唯物主义者，"瑜伽修行者"指与之相对的唯心论者。前者强调改变社会，后者强调改变个体。

表达。[44]统治"封闭"社会的不是照亮黑暗的理性,而是(来自神的)习俗和宗教律令。对智性改造的可能性与必要性充满信心的"瑜伽修行者"甚至在今天也仍未绝迹,但他肯定在"政委"面前藏起了踪影,因为"政委"的问题在于照管群众。这样解释之后,那么《法律》中的悲观主义就不是一位老年人的胡言乱语:它是柏拉图个人生活经历的结晶,那一经历孕育了他后期的诸多思想。[45]

正是鉴于柏拉图对人性有着这样的评估,因此我们必须考虑他为稳定层累堆积体而给出的最终提议。但在转到这一主题之前,我必须再说说柏拉图对于非理性灵魂的另一面的看法。关于那另一面,本书已有涉及,即传统上认为非理性灵魂极为重要,它被认为是直觉洞见的来源或通道。但在这一问题上,我认为,柏拉图终其一生都恪守着他老师的原则。在他看来,知识不同于真实的意见,知识是智力的事情,而且可以通过理性论证来证明对于知识的信念。柏拉图始终拒绝将先知和诗人的直觉称作知识,这不是因为他认为那些直觉毫无根由,而是因为那些人无法说出那些根

---

[44] *Laws* 942ab:"最重要的事情在于,任何人,无论男人还是女人,都不应该出现没有指挥官来管教的状况,无论在严肃的事情上还是在玩笑的事情上,都不应该在内心养成我行我素的习惯;无论在平时还是在战时,他都必须时刻注视着他的长官,追随他的脚步,事无巨细都必须听从他的指挥……。总之,我们必须规训自己的内心,不自作主张地单独行动,也不自以为是地认为自己知道如何行动。"

[45] 关于 τὰ ἀνθρώπινα[人类的事情]无关紧要这一主题后来的发展,参见 Festugière in *Eranos*, 44(1946)376 ff.。关于人类如木偶,参见 M. Ant. 7.3 and Plot. *Enn*. 3.2.15(I.244.26 Volk.)。

由。[46]因此，柏拉图认为如下希腊习俗是正确的，即把军事上的最后决定权留给总指挥官而非军中随从他的先知，因为他才是受过训练的专家；总之，鉴别真正的先知和江湖骗子是 σωφροσύνη [理性判断] 的任务。[47]同理，凭诗性直觉创造的作品也需要接受训练有素的立法者的理性审查及道德审查。所有这些都与苏格拉底的理性主义相符合。[48]不过，正如我们已经注意到的，[49]苏格拉底对待非理性直觉——无论其表达形式是梦、内在"精灵"的声音还是皮提亚的神谕——的态度相当严肃。同样，柏拉图对此也表现出了很严肃的态度。对于鸟卜术、脏卜术等伪科学，他毫不掩饰地加以鄙视；[50]但对于"神赐的癫狂"，对于点亮预言家和诗人灵感的癫狂或科律班忒斯仪式中能够净化大众的癫狂——正如我们在前面章节已经看到的，柏拉图将它们当作真正介入了人类生活的超自然事物。

柏拉图在多大程度上想要我们按字面（*au pied de la lettre*）来理解他说的话呢？这一问题近年来反复被人提出，

---

[46] *Apol.* 22c，诗人和神启先知 λέγουσι μὲν πολλὰ καὶ καλά, ἴσασιν δ' οὐδὲν ὧν λέγουσι [一方面述说了许多高贵美好之事，另一方面却对他们所说的一无所知]。政治家和先知也被说成这样，*Meno* 99cd；关于诗人，*Ion* 533e-534d，*Laws* 719c；关于先知，*Tim.* 72a。

[47] *Laches* 198e; *Charm.* 173c.

[48] 《理想国》中对于诗歌的攻击通常被认为是柏拉图而非苏格拉底的观点；但那种攻击的依据即诗歌是非理性的这一观点已经出现在了《申辩》中（前文注释 [46]）。

[49] 本书第六章，p. 185。

[50] *Phaedrus* 244cd; *Tim.* 72b.

回答五花八门，[51] 但共识还没有达成，也不太可能达成。关于此我想说三点：

a）柏拉图认为，灵媒能力、诗歌创作与某些宗教意识的病态表现之间存在着一种真实且颇有意义的相似之处：它们都是由外界（*ab extra*）"赐予"的；[52]

b）柏拉图暂时接受了对于这些现象的传统宗教解释，对于堆积体中的诸多其他内容也是如此，这不是因为他认为那些解释已经足够，而是因为没有别的语言可以用来表达那种神秘的"赐予"；[53]

c）因此，尽管柏拉图承认（无论带有多少反讽式的保留），诗人、预言家和"科律班忒斯"在某种意义上是神恩

---

[51] 参见 R. G. Collingwood, "Plato's Philosophy of Art", *Mind* N.S. 34 (1925) 154 ff.; E. Fascher, Προφήτης, 66 ff.; Jeanne Croissant, *Aristote et les mystères*, 14 ff.; A. Delatte, *Les Conceptions de de l'enthousiasme*, 57 ff.; P. Boyancé, *Le Culte des Muses*, 177 ff.; W. J. Verdenius, "L'*Ion* de Platon", *Mnem.* 1943, 233 ff., and"Platon et la poésie", *ibid.*, 1944, 118 ff.; I. M. Linforth, "The Corybantic Rites in Plato", *Univ. Calif. Publ. Class. Philol.* 13 (1946) 160 ff.。上述评论家有人把柏拉图的宗教语言和任何一种宗教情感分离了开来：认为那种语言"不过是给自己的思想所穿上的一件华服"（夸桑）；"称艺术来自神圣的力量或受惠于神明的启发无非是说它妙不可言（*je ne sais quoi*）"（柯林伍德）。在我看来，这会错失柏拉图的某些用意。另一方面，也有些人，比如布扬塞，完全照字面来理解柏拉图的语言，这似乎会忽视柏拉图对话中的反讽意味，那种反讽意味在诸如 *Meno* 99cd 等段落中较为明显，在其他段落中则不那么明显。

[52] *Phdr.* 244a：μανίας θεία δόσει διδομένης [癫狂作为神赐的礼物带给人（最大的好处）]。

[53] 参见本书第三章, p. 80。

的通道[54]或精灵[55]恩惠的通道，但他仍然将这些人的活动远远排在理性自我的活动下面，[56]并认为他们的活动必须接受理性的管控与批评，因为对他来说，理性不是被隐秘力量摆弄的被动玩物，而是神性在人身上的积极表现，它是自在自为的精灵。我怀疑，要是柏拉图生活在今天，他一定会对新兴的精神分析学（depth-psychology）极感兴趣，但也会对将人类理性降格为一种使无意识冲动合理化的工具这一趋势而感到大为震惊。

我以上所说的大部分内容对于柏拉图的第四种"神圣的癫狂"即爱欲的癫狂也同样适用。这里的癫狂也是由外界"赐予"的，是人未经选择也不知其所以然时降临于人的——因此，它是可畏的精灵的杰作。[57]同样是在这里（事

---

[54] *Laws* 719c，诗人 οἷον κρήνη τις τὸ ἐπιὸν ῥεῖν ἑτοίμως ἐᾷ [如一口泉水般随即能从口中流淌出诗句]。

[55] *Symp.* 202e：διὰ τούτου (sc. τοῦ δαιμονίου) καὶ ἡ μαντικὴ πᾶσα χωρεῖ καὶ ἡ τῶν ἱερέων τέχνη τῶν τε περὶ τὰς θυσίας καὶ τελετὰς καὶ τὰς ἐπῳδὰς καὶ τὴν μαντείαν πᾶσαν καὶ γοητείαν [整个预言术，以及关于献祭、仪式、咒语、一切占卜以及巫术的祭司技艺，都通过它（精灵）来传达]。

[56] 在"生命的等级"中（*Phdr.* 248d），μάντις [预言家] 或 τελεστής [祭司] 和诗人分别排在第五和第六等级，甚至排在商人和运动员下面。关于柏拉图对于 μάντεις [预言家] 的观点，另参见 *Politicus* 290cd；*Laws* 908d。但是，在柏拉图社会改革的最终筹划中，μάντεις 和诗人都被分派了某种职能，尽管是次要的职能（*Laws* 660a, 828b）；而且我们也听说过，学园中就有一位 μάντις 跟从柏拉图学习（Plut. *Dion.* 22）。

[57] 本书第二章，p. 41；本书第六章，pp. 185 f.。参见 Taylor, *Plato*, 65："在那个伟大时代的希腊文学中，爱若斯（Eros）是一位令人恐惧的神，因为他给人类生活造成了混乱，他不是一位让人翘首以盼的神，因为他不会赐福给人类；他是一只猛虎，而不是一只可以捉弄的猫咪。"

实上主要是在这里[58]),柏拉图认出了神恩的运作,并将自己的观察用古老的宗教语言[59]表达了出来。但是,爱欲在柏拉图的思想中有着特殊的重要地位,这种体验方式把人的两种本性——神圣的自我与被缚的野兽——结合在了一起。[60]不可否认,爱欲根植于人和动物都有的[61]生理方面的性冲动(很遗憾,由于现代人一直以来都误用了"柏拉图式的爱"一词,因而这一事实长期遭到蒙蔽);但爱欲也为人提供了生生不息的推动力,它会驱使灵魂去追求超越尘世体验的满足感。因此,爱欲跨越了人类的人格所涵盖的整个范围,在"人实际如何"与"人可能如何"之间架起了一座经验桥梁。事实上,柏拉图在这里非常接近弗洛伊德的力比多和升华(sublimation)概念。但是,在我看来,柏拉图并未将这一条思想线索完全整合到他的哲学中去;因为他认为理智是独立

---

[58] *Phdr.* 249e,爱欲的癫狂是 πασῶν τῶν ἐνθουσιάσεων ἀρίστη [一切癫狂中最高贵的]。

[59] 然而,对柏拉图来说,宗教语言并不排斥用机械论术语来解释性吸引力——或许恩培多克勒或德谟克利特曾暗示过这一点——这暗示在如下假说中,被爱者的眼中所放出的物质性的"射流"最终又被反射到他那里(*Phdr.* 251b, 255cd)。参考对于科律班忒斯仪式所造成的净化的机械论解释,*Laws* 791a(狄莱特和夸桑称这是德谟克利特的解释,布扬塞称它是毕达哥拉斯派的解释,但它很可能是柏拉图本人的解释)。

[60] 作为 δαίμων [精灵] 的爱若斯拥有连接人和神的一般功能,ὥστε τὸ πᾶν αὐτὸ αὑτῷ συνδεδέσθαι [因而(神与人)全体被统一于一](*Symp.* 202e)。遵照这一功能,柏拉图将爱若斯的性表现和非性表现都看作趋向 τόκος ἐν καλῷ [在美中进行的分娩]——对他来说,这一措辞是对深层有机定律的表述——同一种基本冲动的表达。参见 I. Bruns, "Attische Liebestheorien", *NJbb* 1900, 17 ff.,以及 Grube, *op. cit.*, 115。

[61] *Symp.* 207ab.

于身体的自足实体，倘若在哲学中融入了爱欲，那么这一说法就会受到损害，而他是不会冒险这样做的。[62]

现在，我可以来谈谈柏拉图关于改革和稳定层累堆积体的提议了。[63] 那些提议出现在他的最晚作品《法律》中，或可简要概括如下：

1. 他打算通过证明一些基本命题为宗教信仰提供一个逻辑基础。

2. 他打算把那些命题纳入不可更改的法典，并用法律惩罚任何宣扬不信奉它们的人，以此为宗教信仰提供一个法律基础。

3. 他打算把这些基本命题变成所有儿童的教育必修课，以此为宗教信仰提供一个教育基础。

4. 他打算全方位推动宗教与公民生活这二者的紧密结合——用我们的话来说就是政教合一，以此为宗教信仰提供一个社会基础。

或许有人会说，以上提议大多数只是为了巩固并推广现有的雅典做法。但如果放眼它们整体，我们就会看到，那

---

[62] 值得注意的是，通常的柏拉图意义上的不朽这一主题，在《会饮》中完全阙如；在《斐德若》中，柏拉图在尝试一种整合，但这种整合只能在神话层面上达成，或者只有认为非理性的灵魂在死后依然存在以及在未转世的状态下依然保留着肉欲才能达成。

[63] 在接下来的部分，我尤其受惠于勒韦丹（O. Reverdin）的杰出著作，*La Religion de la cité platonicienne*（Travaux de l'École Française d'Athènes, fasc. Ⅵ, 1945），由于我本人和作者的宗教立场截然不同，所以我发现了不少有价值的东西。

些提议其实标志着对于管制宗教信仰这一难题的第一次系统性尝试。这个问题本身是新的：因为，在一个信仰的时代，没有人会想到要去证明神存在或去发明某些技艺诱使人们相信神。提议中的一些方法显然也是新的：最突出的例子莫过于，在柏拉图之前似乎从未有人认识到早期宗教训练具有如此重要的作用，即可以用来培养未来的成年人。此外，仔细思考那些提议本身之后我们也会发现，显然，柏拉图不仅试图稳定层累堆积体，而且也试图改革它；不仅试图巩固传统结构，而且也试图抛弃传统结构中诸多明显朽坏的部分，并用更坚固的东西来替代。

柏拉图的基本命题有：

a）诸神存在；

b）神关心人类的命运；

c）神不能被贿赂。

我们要关注的不是柏拉图尝试证明这些说法的论证；它们属于神学史。值得关注的是，柏拉图认为在何处有必要打破传统，又在何处有必要与传统妥协。

首先，柏拉图企图证明他们存在以及他要进行崇拜的诸神是谁？这个问题的答案并不十分明朗。《法律》卷四提供了一份相当传统的名单——奥林波斯神、城邦神、冥府神、各地精灵以及各地英雄。[64] 这些都是传统公共仪式崇

---

[64] *Laws* 717ab. 参见 738d：每个村落都有它自己的神、δαίμων［精灵］或英雄，正像阿提卡的每个村落事实上很可能拥有一样（Ferguson, *Harv. Theol. Rev.* 37［1944］128 ff.）。

拜的对象，柏拉图在《法律》中的另一处说他们是"随风俗习惯而存在的神"。[65]但是，这些神是柏拉图认为他能够证明他们存在的神吗？我们有理由表示怀疑。《克拉底鲁》中的苏格拉底说我们对这些神一无所知，甚至不知道他们的真实名字，《斐德若》中的苏格拉底也说我们只能想象（πλάττομεν）神，而不能看到或充分地构想出神的模样。[66]这两处所涉及的神都是指神话中的神。这似乎是在暗示，关于这些神的崇拜仪式无论是在经验层面还是在形而上层面都缺乏理性的根基。这种仪式的有效性至多只相当于柏拉图分派给诗人或先知之直觉的有效性。

我认为，柏拉图本人所信奉的至上神乃是一种完全不同的存在，用《蒂迈欧》中的话来说就是，他是"难以找见也不可能向大众描述"的神。[67]柏拉图很可能感觉到，这个

---

[65] *Ibid.*, 904a, οἱ κατὰ νόμον ὄντες θεοί（参见885b以及——如果文本可靠的话——891e）。

[66] *Crat.* 400d, *Phdr.* 246c. 另参见 *Critias* 107ab；*Epin.* 984d（显然口吻轻蔑）。有些人和勒韦丹一样（Reverdin, *op. cit.*, 53），认为柏拉图真心信仰传统诸神，因为他规定了崇拜诸神的仪式而且从没有明确否认他们的存在，在我看来，那些人没有充分考虑到任何实际的宗教改革所必需的折中妥协。使大众完全抛弃他们的祖传信仰，即使有可能，在柏拉图看来这也会是灾难性的；任何改革者都不可能公开拒绝为他人开处方。另参见我的评论，*JHS* 65（1945）22 f.。

[67] *Tim.* 28c. 关于柏拉图的神这一争议颇多的问题，尤其参见 Diès, *Autour de Platon*, 523 ff.；Festugière, *L'Idéal religieux des Grecs et l'Évangile*, 172 ff.；Hackforth, "Plato's Theism", *CQ* 30（1936）4 ff.；F. Solmsen, *Plato's Theology*（Cornell, 1942）. 我已经表明了自己的初步看法，*JHS*, *loc. cit.*, 23。

神一旦被纳入堆积体中，就不可能不遭到毁灭；他无论如何都会避免这样的尝试。但是，还有这样一种神，每个人都能看见他，普罗大众也都认可他的神圣性，[68] 而且柏拉图认为哲学家还能对他做一些有效的逻辑说明。这些"可见的神"就是天体——更确切地说，是推动或控制天体的神圣心灵（divine minds）。[69] 柏拉图宗教改革计划的最新奇之处在于，他不仅强调日月星辰的神圣性（这并不新鲜），而且强调对它们的祭拜。在《法律》中，柏拉图不仅将星辰描述为"天上的神"，将日月描述为"伟大的神"，而且还强调所有人都必须向他们祷告和献祭；[70] 此外，阿波罗与太阳神赫利俄斯

---

[68] 天体在任何地方都被看成克里斯托弗·道森称之为"外部事实中的超自然因素"的自然代表或象征（Christopher Dawson, *Religion and Culture*, 29）。参见 *Apol.* 26d，这里我们被告知，所有人包括苏格拉底本人都相信太阳和月亮是神；以及 *Crat.* 397cd，这天体被描述为希腊最初的神。但是到了公元前 4 世纪，正如我们从《厄庇诺米斯》得知（*Epinomis*, 982d），在机械论解释流行之前，那一信仰就开始消退了（参见 *Laws* 967a; *Epin.* 983c）。它在希腊化时代的复兴很大程度上要归功于柏拉图本人。

[69] 关于自动（animation）与外部控制这一问题，参见 *Laws* 898e–899a, *Epin.* 983c。自动说无疑是流行理论，而且在接下来的时代将会盛行；但柏拉图拒绝判定（星辰是 θεοί [神] 或 θεῶν εἰκόνες ὡς ἀγάλματα, θεῶν αὐτῶν ἐργασαμένων [神的造像就是神的影像，是神自己创造出来的], *Epin.* 983e; 关于后一个观点, 参见 *Tim.* 37c）。

[70] *Laws* 821b–d. 就其本身而言，向太阳祈祷对希腊传统来说并不陌生：苏格拉底在日出时祈祷（*Symp.* 220d），索福克勒斯一部佚剧中的人物祷告说：ἥλιος, οἰκτείρειέ με, | ὅν οἱ σοφοὶ λέγουσι γεννητὴν θεῶν | καὶ πατέρα πάντων [太阳啊，请垂怜于我，智慧之人说是你孕育了神，也是万物之父]（fr. 752 P.）。在《法律》中的其他地方（887d），柏拉图谈到在日月升落的时候 προκυλίσεις ἅμα καὶ προσκυνήσεις Ἑλλήνων τε καὶ βαρβάρων [希腊人和野蛮人都匍匐在地，顶礼日月]。费斯图（转下页）

的联合崇拜仪式将成为新的国家宗教的焦点，大祭司（the High Priest）将参加这一仪式，最高政府官员也将进行庄严的献祭。[71] 作为宙斯崇拜仪式的替代，联合崇拜仪式展现了新旧的结合，阿波罗代表大众的传统主义，赫利俄斯则代表哲学家们的新"自然宗教"；[72] 这是柏拉图最后一次绝望的尝试，他试图在知识分子和民众之间架起一座桥梁，从而维护希腊信仰的统一以及希腊文化的统一。

在柏拉图对其他基本命题的处理中，我们也可以看出

（接上页）吉耶曾指责他这里歪曲事实："这信仰的对象和崇拜的姿态都不是希腊的：它是蛮族的。这是巴比伦和波斯使用的迦勒底占星术和跪拜。"（*Rev. de Phil.* 21 [1947] 23）不过，虽然我们可以承认 προκυλίσεις [跪拜] 甚或月亮崇拜是野蛮人的而不是希腊人的，但柏拉图的说法似乎可以得到充分证实，比如赫西俄德谈到在日出日落时祈祷和献祭的规定（*Erga* 338 f.），以及 Ar. *Plut.* 771：καὶ προσκυνῶ γε πρῶτα μὲν τὸν ἥλιον, κτλ. [首先我顶礼太阳，等等]。尽管如此，《法律》中的提议似乎的确赋予了天体宗教方面的重要性，而在希腊日常的崇拜中，天体是没有那种重要性的，尽管在毕达哥拉斯派的思想和习惯中或许存在着部分先例（参见本书第八章注释 [68]）。而且在《厄庇诺米斯》中——我目前倾向于认为它要么是柏拉图的著作，要么是他的"未发表的遗作"的编本，我们看到了一些肯定是来自东方的内容，而且被如实地呈现出来：提议创立公共的星体崇拜仪式。

[71] *Laws* 946bc, 947a. 献祭不仅是形式上的：εὔθυνοι [监察官] 实际上就被安置在共同侍奉多个神的神庙的 τέμενος [辖地] 中（946cd）。还应该补充的是，提议设立大祭司（ἀρχιερεύς）似乎是一项创新；无论如何，在希腊化时代之前，这一称号从没有出现过（Reverdin, *op. cit.*, 61 f.）。或许这反映了柏拉图感觉到希腊共同体的宗教生活需要一种更加紧密的组织。然而，就像其他祭司一样，大祭司也是业余的，而且任职仅一年；柏拉图并没有设想专职牧师的概念，而且我认为他也肯定不赞成，因为这会破坏"教会"和国家、宗教生活和政治生活的统一性。

[72] 参见 Festugière, *Le Dieu cosmique* (=*La Révélation d'Hermès*, II, Paris, 1949)；以及本书第八章，p. 240。

类似的必要改革与必要妥协的混合。在处理神义论这一传统问题时，柏拉图不仅坚决不采纳"嫉妒之神"这一古老的信仰，[73]而且也坚决否认（除去宗教律令中的一些例外[74]）恶人会在后代身上遭受惩罚这一古老的观念。在柏拉图看来，自作自受是一条可被证实的宇宙法则，必须将它作为一种信条来教授给人们。不过，该法则的具体作用方式却无法被证实：它属于"神话"或"咒语"的范畴。[75]最终柏拉图自己也相信这条法则，这体现在《法律》卷十的一个令人印象深刻的段落中：[76]宇宙正义法则就是精神引力（spiritual gravitation）法则；在此生以及全部的生命轮回中，每个灵魂都自然而然地会受到与它相似的灵魂的吸引，而这就决定了每个灵魂所要受到的惩罚或奖赏；这里暗示了，哈得斯不是一个地点，而是一种心灵状态。[77]此外，柏拉图还附加了另

---

[73] 神的 φθόνος［嫉妒］显然遭到了拒绝，*Phdr.* 247a, *Tim.* 29e（以及 Arist. *Met.* 983a2）。

[74] 参见本书第二章注释[32]。

[75] *Laws* 903b, ἐπῳδῶν μύθων［一种作为咒语的语言］；参见 872e，这里关于未来尘世生活之回报的学说被称为 μῦθος ἢ λόγος ἢ ὅ τι χρὴ προσαγορεύειν αὐτό［或是神话，或是解释，或是任何恰当的称名］，以及参见 L. Edelstein, "The Function of the Myth in Plato's Philosophy", *Journal of the History of Ideas*, 10（1949）463 ff.。

[76] *Ibid.*, 904c–905d；另参见 728bc，以及普罗提诺（Plotinus）对这一观念的发展，*Enn.* 4.3.24。

[77] 904d: Ἀΐδην τε καὶ τὰ τούτων ἐχόμενα τῶν ὀνομάτων ἐπονομάζοντες σφόδρα φοβοῦνται καὶ ὀνειροπολοῦσιν ζῶντες διαλυθέντες τε τῶν σωμάτων［那些被称为哈得斯或其他相似名字的地方，人们无论在活着还是死后离开身体时，都极度惧怕并被幻觉萦绕］。柏拉图这里的语言（ὀνομάτων［名字］, ὀνειροπολοῦσιν［被幻觉萦绕］）暗示了关于（转下页）

一个警示,这一警示标志着古典观念到希腊化观念的转变:如果有任何人想要向生活索取个人幸福,那么他需要谨记,不是宇宙为了他而存在,而是他为了宇宙而存在。[78] 但柏拉图深知所有这一切都超出了普通人的理解范围;如果我理解不错的话,那么他并没有提议把这一警示纳入强制性的官方教义中去。

另一方面,柏拉图的第三个命题——神不能被贿赂——则暗示他对传统信仰和实践进行了更强势的干涉。这个命题拒斥对于献祭的通常解释,这一解释认为献祭是为了表达对于神恩降临的感激之情,这是一种"以物易物"(do ut des)的观点,而柏拉图早在《游叙弗伦》中就谴责将商业伎俩(ἐμπορική τις τέχνη)运用于宗教的做法。[79] 不过,柏拉图在《理想国》和《法律》中着重强调那一命题显然不单单是为了理论上的考虑;他是在攻击某些在他看来已对公

(接上页)冥府的民间信仰仅具有象征性价值。但这句话的最后几个词颇令人困惑:它们几乎不可能是指"当沉睡或入迷时"(英译),因为它们和 ζῶντες[活着时(本义生命活动时)]正相对立,似乎是在宣称,对哈得斯的恐惧在死后依然存在。柏拉图是想暗示这种恐惧体验——罪感的结果——已经存在于哈得斯中了吗?不过这倒符合自《高尔吉亚》开始柏拉图就在宣扬的那种一般学说,即作恶是对自己的惩罚。

[78] 903cd, 905b. 关于这一观点的重要意义,参见 Festugière, *La Sainteté*, 60 ff., 以及 V. Goldschmidt, *La Religion de Platon*, 101 f.。它成为斯多亚主义的老生常谈之一,例如,Chrysippus apud Plut. *Sto. rep.* 44, 1054f, M. Ant. 6.45, 以及再次出现在普罗提诺那里,例如,*Enn.* 3.2.14。人生活在宇宙中就像老鼠生活在大房子里,享受着并不是为了他们而设计的奢华(Cic. *nat. deor.* 2.17)。

[79] *Euthyphro*, 14e. 参见 *Laws* 716e–717a。

共道德构成威胁的普遍做法。我认为,《理想国》卷二中一个备受讨论的段落以及《法律》中[80]都在抨击的那些"江湖祭司和占卜师"以及涤罪仪式承包商并不仅仅只是些小江湖骗子,小江湖骗子在所有社会中都有,他们只能骗骗无知之人和迷信之人。两处文本都表明,那些人误导了整个城邦,[81]而这项壮举是小江湖骗子所望尘莫及的。在我看来,柏拉图的批判视野比某些学者愿意承认的范围要广阔得多:我相信他是在批判整个净化仪式的传统,因为这种仪式掌握在"无执照"的私人手中。[82]

---

[80] *Rep.* 364b-365a; *Laws* 909b(参见 908d)。我认为,这两段文字的相似性足以证明柏拉图想到的是同一类人(Thomas, Ἐπέκεινα, 30, Reverdin, *op. cit.*, 226)。

[81] *Rep.* 364e: πείθοντες οὐ μόνον ἰδιώτας ἀλλὰ καὶ πόλεις [不仅说服私人,也说服城邦](参见 366ab, αἱ μέγισται πόλεις [最大的城邦]), *Laws* 909b: ἰδιώτας τε καὶ ὅλας οἰκίας καὶ πόλεις χρημάτων χάριν ἐπιχειρῶσιν κατ' ἄκρας ἐξαιρεῖν [他们为了钱财榨干私人、整个家庭和城邦,无所不用其极]。柏拉图或许想到了历史上著名的例子,比如厄庇美尼德给雅典举行净化仪式(*Laws* 642d 处提及,这里恭敬的口吻和那位克里特人很相称),或者泰勒塔斯(Thaletas)给斯巴达举行净化仪式,参见 Festugière, *REG* 51(1938)197。布扬塞反驳说(*REG* 55 [1942] 232),厄庇美尼德并不关注来世(Hereafter)。但这只有基于狄尔斯的假设才是正确的,狄尔斯认为归之于厄庇美尼德的著作是"俄耳甫斯教的"伪造——不管这一假设对错与否,柏拉图是不可能做出这种假设的。

[82] 我发现很难相信——很多人依然相信,依据是"穆塞俄斯(Musaeus)和他的儿子"(*Rep.* 363c)——柏拉图试图谴责官方的厄琉息斯秘仪:参见 Nilsson, *Harv. Theol. Rev.* 28(1935)208 f., 以及 Festugière, *loc.cit.*。在《法律》中,柏拉图肯定不可能是想说,厄琉息斯祭司应该受到审判,因为他的罪行比无神论还要严重(907b)。另一方面,《理想国》中的段落并没有证明柏拉图只谴责"俄耳甫斯教的"著作和实践,尽管它们确实也包含在内。《法律》中的类似段落则根本没有提到俄耳甫斯。

但这并不意味着柏拉图想要全盘废除净化仪式。对他本人来说,唯一真正有效的净化当然是《斐多》中所描述的退守灵魂和集中精神的练习:[83]训练有素的哲学家无须借助宗教仪式就可以净化自己的灵魂。但普通人无法做到这一点,并且,净化仪式的信仰已在大众的心中根深蒂固,因此柏拉图不可能打算彻底废除它。然而,为了防止宗教偏离轨道从而成为公共道德的隐患,柏拉图感到有必要设立类似教会的机构以及制定权威仪式的标准。宗教领域和道德领域一样,它们需要防范的最大敌人是无视一切律令的个人主义;因此,柏拉图将目光转向德尔斐以组织他的防御武装。我们不必认定柏拉图相信皮提亚真的受到了神启。我个人猜测,柏拉图对德尔斐的态度有如现代"天主教政客"(political Catholic)对罗马教廷的态度:柏拉图看到,德尔斐有着一支强大的保守力量,可以用来稳定希腊宗教传统,抑制物质主义的蔓延势态以及传统自身的偏离趋势。因此,在《理想国》和《法律》中,柏拉图都强调德尔斐在一切宗教事务上的绝对权威。[84]也正因如此,他选择让阿波罗与赫利俄斯共享城邦崇拜仪式等级序列中的最高宝座:赫利俄斯为小部分人提供相对理性的崇拜形式,而阿波罗则以一种经过规制的、无害的方式为大多数人提供他们所需要的古老的巫术仪式。[85]

---

[83] 参见前文注释[6]。
[84] *Rep.* 427bc;*Laws* 738bc, 759c.
[85] 我并不是想暗示:对柏拉图来说,阿波罗宗教只不过是一种虔敬的谎言,一种因其社会效用而被保留下来的虚构事物。相反,(转下页)

这种合法化的巫术在《法律》中多有提及，其中不乏惊人的原始巫术。例如，人们会对致人死亡的动物甚至静物进行审判、定罪和放逐，因为它们携带着"污染"（miasma）。[86] 在诸如此类的事情上，柏拉图都沿用了雅典做法，也遵从德尔斐的权威。我们不必假定柏拉图本人会认为此类事情有什么价值；为了利用德尔斐以及将迷信控制在一定范围内，那些事情是必须付出的代价。

　　最后我想说说柏拉图为强制人们接受经他改革的传统信仰而提出的制裁措施。那些在言行上违背信仰的人将会被告上法庭，如果被判有罪，他们将在管教所中经受至少五年的单独监禁，那里除了铺天盖地的宗教宣讲，没有任何其他人际交往。如果这一招还没有制服他们的话，那么他们就会被判处死刑。[87] 事实上，柏拉图希望复兴公元前 5 世纪的异

（接上页）它在 εἰκασία [想象] 的层面上反映或象征着宗教真理，在那种层面上，它能够被人民大众消化吸收。柏拉图的世界是一个等级世界：正如他相信真理和实在的等级，他也相信宗教洞见的等级。参见 Reverdin, *op. cit.*, 243 ff.。

[86] *Laws* 873e. 所有的杀人行为都会造成污染，甚至包括无意的杀人行为（865cd），或者是自杀（873d），污染需要 κάθαρσις [涤净]，这由德尔斐的ἐξηγηταί [神谕解释者] 来主持。μίασμα [污染] 的传染性在一定限度内得到了承认（881de，参见 916c，以及本书第二章注释[43]）。

[87] *Laws* 907d-909d. 有些人的非宗教教导会因反社会行为而更加令人恼火，他们将会遭受终身单独监禁（909bc），监禁在一个可怕的环境中（908a）——柏拉图无疑认为这种命运比死亡还要更糟糕（908e）。严重的仪式方面的罪行，诸如在不洁的状态下向神献祭，可以被判处死刑（910ce），正如雅典的情况那样：这基于那种古老的理由，即这样的行为会引起诸神对整个城邦的忿怒（910b）。

端审判（他明确表示他会谴责阿那克萨戈拉，除非后者修正自己的观点）；[88]那些制裁措施中只有对罪犯的心理治疗是新的。苏格拉底的下场竟然没有提醒柏拉图注意到那些措施内在的危险性，这着实奇怪。[89]但是，柏拉图显然体会到了宗教事务上的思想自由会对社会构成多么严重的威胁，因而必须采取那些措施。就此而论，使用"异端"一词可能会造成误导。柏拉图所提出的神权城邦（theocratic State）确实在某些方面预示了中世纪的神权政治，但中世纪的宗教法庭（Inquisition）主要是为了防止人们在此世持有错误观点从而在来世受苦；无论如何，它显然试图以牺牲身体为代价来拯救灵魂。而柏拉图的关切则极为不同。他试图把社会从危险思想的侵染中解救出来，在他看来，那些思想显然正在从源头上毁坏社会风气。[90]对于任何会削弱真诚至上这一信念的教导，柏拉图都感到有必要将其判定为反社会的教导并加以

---

[88] *Ibid.*, 967bc. "某些人"先前由于错误地宣称天体只是"一堆石头和土"而使自己惹上麻烦，这只能怪他们自己。但是，由于当时的新发现，那种认为天文学是一门危险的科学的观点已经过时了（967a）；懂一点天文学确实是宗教教育必不可少的部分（967d-968a）。

[89] 康福德已经指出柏拉图的立场和《卡拉马佐夫兄弟》(*The Brothers Karamazov*) 中的宗教大法官的立场有着惊人的相似之处（Cornford, *The Unwritten Philosophy*, 66 f.）。

[90] 参见 *Laws*, 885d: οὐκ ἐπὶ τὸ μὴ δρᾶν τὰ ἄδικα τρεπόμεθα οἱ πλεῖστοι, δράσαντες δ' ἐξακεῖσθαι πειρώμεθα [我们中大多数人不是朝向不做不义的事，而是在做了不义的事之后尝试改正]，以及 888b: μέγιστον δέ...τὸ περὶ τοὺς θεοὺς ὀρθῶς διανοηθέντα ζῆν καλῶς ἢ μή [最重要的事……就是是否过好生活，而过好生活的方式就是获得关于众神的正确思想]。关于唯物主义的广泛传播，参见 891b。

禁止。因此，柏拉图立法背后的动机是实用的和世俗的；在这方面，历史上与柏拉图的制裁措施最为类似的就不是宗教法庭的审判，而是我们这代人极为熟悉的对"持异议的知识分子"（intellectual deviationists）的审判。

以上我简要介绍了柏拉图关于改革层累堆积体的提议。这些提议没有被付诸实施，因此堆积体也没有经历改革。但为何我还认为值得费时间描述这些提议呢？对于这一问题，我希望下一章也就是最后一章会让答案水落石出。

第八章　恐惧自由

> 当一个人可以为所欲为的时候,他最糟糕的麻烦就开始了。
>
> ——赫胥黎(T. H. Huxley)

本书最后一章开始之前,我必须先供认一点。我最初在构思本书所依据的讲稿大纲时,本打算阐明从荷马到最后的异教徒新柏拉图主义者之间这整个一段时期内希腊人对某些问题的态度,这一时间跨度几乎相当于从古代结束到当代的距离。但在收集资料以及撰写讲稿的过程中,我意识到这显然是不可能做到的,除非处理得极为敷衍。到上一章为止,我的论述事实上大约只涵盖了那一时间跨度的三分之一,即便这样我也已经遗漏了很多。故事更宏大的部分还尚未展开。我现在所能做的就只是俯瞰这大约八个世纪的全景,以及非常笼统地问自己,在这段时期内,希腊人的某些态度出现了什么样的变化,以及为什么会出现那样的变化。我不奢望这一粗略的概览会得出什么精准或确凿的答案。不过,只要我们能够弄清楚问题所在并且把它们正确地表述出来,就不算徒劳无益。

我们的概览将从希腊理性主义似乎即将取得最后胜利的时代开始,那是智识大发现的伟大时代,始于大约公元前335年吕卡昂学园(Lyceum)的建立,终于公元前3世纪末。这个时代见证了希腊科学从一些掺杂着先验猜想的杂乱无章的孤立观察转变为一套有方法论支撑的学科体系。数学和天文学等更为抽象的科学达到了相当高的程度,下一次达到这样的程度要等到16世纪。也正是在这个时代,人们第一次有组织地对诸多其他领域展开了研究,例如植物学、动物学、地理学、语言史、文学史以及人类制度史。这个时代的冒险精神和创造性并不仅仅体现在科学上。就像亚历山大的征服突然拓展了空间疆域,那种冒险精神和创造性也扩展到所有思想领域。尽管公元前3世纪的社会缺乏政治自由,但它在诸多方面却比其之前以及之后直到现代之前的所有社会都更加接近"开放"[1]社会。当然,旧的"封闭"社会的传统和制度依然存在并且仍然发挥着影响:城邦并入了这个或那个希腊化王国,但这并不会导致它一夜之间就丧失其道德重要性。不过,正如有人已经指出,尽管城邦依然存在,但它的

---

[1] 一个完全"开放的"社会,就我理解而言,是指其各种行为方式全部是在各种可能的选择项之间进行理性选择,而且对那些行为方式的适应都是有意识的、深思熟虑的社会(它和完全"封闭"的社会正相反,封闭社会中所有适应都是无意识的,而且没有人意识到要做出选择)。这样一种社会过去不存在,将来也不会存在;但人们可以有效地谈论相对封闭和相对开放的社会,而且可以宽泛地把文明史看作脱离封闭社会、总体朝向开放社会的运动发展史。参见 K. R. Popper, *The Open Society and Its Enemies* (London, 1945),以及后面所引的奥登(Auden)的论文。关于公元前3世纪的创新形势,参见 Bevan, *Stoics and Sceptics*, 23 ff.。

第八章 恐惧自由

城墙已倒塌：城邦制度受到来自理性的批判；它的传统生活方式也日益遭到世界主义文化的侵蚀和修改。在希腊历史上，一个人出生在哪里、他的祖先是谁第一次变得无关紧要：这一时代主导着雅典智识生活的人都是外邦人，例如亚里士多德、泰奥弗拉斯托斯（Theophrastus）、芝诺（Zeno）、克里安提斯（Cleanthes）以及克吕西普（Chrysippus）；只有伊壁鸠鲁（Epicurus）是雅典人，但他出生在殖民地。

地域歧视的消除带来了空间上的迁徙自由，与此同时，时间障碍也消除了，于是出现了一种新的自由：心灵可以自由穿梭回到过去，可以从人类过往的经验中任意选取那些最可吸收和利用的成分。个人开始有意识地利用传统，而不是被传统所利用。这在希腊化时代的诗人身上体现得最为明显，在吸收和利用传统方面，他们的态度类似今天的诗人和艺术家。诗人奥登（Auden）先生说："我们今天谈论传统时与18世纪不再相同，我们不再认为传统是指代代相传的创作方式，而是指当下对整个过去的意识；原创性不再指对上一代人的作品略作改动；而是指有能力从任何时代、任何地区的任何作品中找到线索来处理自己的主题。"[2] 大多数（即使不是全部）希腊化时代的诗歌都是如此，这几乎用不着证明：上述说法正好可以解释阿波罗尼乌斯（Apollonius）的《阿尔戈英雄纪》（*Argonautica*）和卡利马科斯（Callimachus）

---

[2] W. H. Auden, "Criticism in a Mass Society", *The Mint*, 2 (1948) 4. 另参见 Walter Lippmann, *A Preface to Morals*, 106 ff., 论"原创性的负担"。

的《起源》(*Aetia*)等作品的长处和短处。上述说法也适用于希腊化时代的哲学：伊壁鸠鲁对德谟克利特的运用以及斯多亚学派对赫拉克利特的运用就是极佳的例子。而且我们不久就会看到，[3] 上述说法在某种程度上也适用于宗教信仰领域。

的确，正是在这个时代，希腊人以最张扬的方式表达了他们对于人类理性的骄傲。亚里士多德说，旧的生活准则教导谦卑，命令人类以凡人的方式来思考（θνητὰ φρονεῖν τὸν θνητόν），我们应当拒斥这些准则；因为人身上有着一种神圣的东西即理智，只要他能够过理智的生活，他就似乎不再是凡人。[4] 斯多亚学派的创立者芝诺走得更远：在他看来，人的理智不仅与神相似，而且它就是神，在纯粹状态或活跃状态下，它是神圣实体的一部分。[5] 而且尽管伊壁鸠鲁没有这样说，但他认为，持续不断地沉思哲学真理可以让人"像人类中的神"一样活着。[6]

---

[3] 参见本章，pp. 242 f.。

[4] Aristotle, *E.N.* 1177b24–1178a2. 参见 fr. 61：人 quasi mortalis deus [就像有死的神]。

[5] *Stoicorum Veterum Fragmenta*, ed. Arnim（后面引用时简写成 *SVF*), I.146: Ζήνων ὁ Κιτιεὺς ὁ Στωικὸς ἔφη…δεῖν…ἔχειν τὸ θεῖον ἐν μόνῳ τῷ νῷ, μᾶλλον δὲ θεὸν ἡγεῖσθαι τὸν νοῦν [斯多亚哲人基提翁的芝诺曾说……应当为……理智本身含有神圣部分，而不是将神引入理智]。神本身是"渗透于万物的正确的理性"（Diog. Laert. 7.88，参见 *SVF* I.160–162）。关于早期猜想中存在着类似这种观点的先例，参见，例如，Diogenes of Apollonia fr. 5；但这种观点现在首次呈现为关于人类生活的系统理论的根基。

[6] Epicurus, *Epist.* 3.135: ζήσεις δὲ ὡς θεὸς ἐν ἀνθρώποις [你将活得如同人类中的神]。另参见 *Sent. Vat.* 33；Aelian, *V.H.* 4.13（=fr. 602 Usener）；以及 Lucr. 3.322。

但是，普通人的生活当然不似这般。亚里士多德深知，人只能在很短的时间内保持纯粹理性的生活；[7]而且他和他的学生或许要比其他任何希腊人都更清楚，如果我们要对人性有个现实的理解，那么就必须研究人类行为中的非理性因素。在讨论音乐的净化作用以及梦的理论时，我已经简要阐明了他们处理这一问题的方法是多么睿智而精妙。[8]若是情况允许，我本该花整章篇幅来探讨亚里士多德如何处理非理性；但我的省略或可得到原谅，因为已经有一本精彩的短著涉及这一主题，即夸桑小姐（Mlle Croissant）的《亚里士多德与秘仪》（Aristote et les Mystères），此书的处理方式极为有趣而又透彻，虽未涵盖整个主题，但涉及了某些最重要的方面。[9]

遗憾的是，亚里士多德的经验心理学尤其是非理性心理学进路在他第一代学生之后就再没有得到推行。当自然科学从哲学研究中分离出来后（这一趋势从公元前3世纪早期就开始了），心理学就留给了哲学家（这种情况一直延续到最近的时代，我认为这对心理学研究极为不利）。而希腊化时代极为教条的理性主义者又似乎毫不关心对于人之实际所是的客观研究；他们只专注于描绘人之可能所是（完美 sapiens ［圣贤］）的光辉图景。为了使这幅图景看似可能，

---

[7] Aristotle, *Met.* 1072b14: διαγωγὴ δ' ἐστὶν οἵα ἡ ἀρίστη μικρὸν χρόνον ἡμῖν ［在我们的生命中最好的生活只能保持短暂的片刻］。

[8] 本书第三章，pp. 79 f.；第四章，p. 120。

[9] 另参见 Jaeger, *Aristotle*, 159 ff., 240 f., 396 f.; Boyancé, *Culte des Muses*, 185 ff.

芝诺和克吕西普故意绕过亚里士多德和柏拉图而回到公元前5世纪朴素的理智主义。他们说，道德完善的实现既不依赖自然天赋，也不依赖习惯；而只取决于理性的运用。[10]不存在一个与理性相抗衡的"非理性灵魂"：所谓的激情只是判断上的错误或是错误判断所导致的病态烦恼。[11]如果改正错误，烦恼就会自动消失，心灵就不再会受到快乐或痛苦、希望或恐惧的侵扰，就会变得"冷漠、无情、完美"。[12]

这一空想心理学沿用了两个世纪之久，不是因为它本身有什么价值，而是因为人们认为它对某种道德体系来说是必要的，那种道德体系旨在将利他行动和彻底的内在超脱相

---

[10] Cic. *Acad. post.* 1.38=*SVF* I.199.
[11] ψυχή［灵魂］的统一性，*SVF* II.823，等等。芝诺将πάθος［激情］定义为"一种非理性的和不自然的心理错乱"（*SVF* I.205）。克吕西普更进一步，他实际上将πάθη［情感］等同于错误的判断：*SVF* III.456，461，Χρύσιππος μέν...ἀποδεικνύναι πειρᾶται, κρίσεις τινὰς εἶναι τοῦ λογιστικοῦ τὰ πάθη, Ζήνων δ᾽ οὐ τὰς κρίσεις αὐτάς, ἀλλὰ τὰς ἐπιγιγνομένας αὐταῖς συστολὰς καὶ χύσεις, ἐπάρσεις τε καὶ πτώσεις τῆς ψυχῆς ἐνόμιζεν εἶναι τὰ πάθη［克吕西普……试着说明，情感是灵魂理性部分的一种判断，而芝诺认为它们不是判断本身，而是随判断而生成的灵魂的缩与放、涨与落］。
[12] *SVF* III.444: Stoici affectus omnes, quorum impulse animus commovetur, ex homine tollunt, cupiditatem, laetitiam, metum, maestitiam....Haec quattuor morbos vocant, non tam natura insitos quam prava opinione susceptos: et idcirco eos censent exstirpari posse radicitus, si bonorum malorumque opinion falsa tollatur［斯多亚学派把所有搅动心灵的情感从人身上剥离：欲望、喜悦、恐惧和悲伤……，他们称这四者为疾病，它们不是本来就属于人，而是人因为错误的观念才被它们感染。因此他们认为，只要将关于是非的错误观念去除，就可以将它们彻底根除］。圣贤的那种特征塔恩已描述（Tarn, *Hellenistic Civilisation*, 273）。

结合。[13] 我们知道，波西多纽斯（Posidonius）抗拒这一心理学并主张回到柏拉图。[14] 他指出，克吕西普的理论既有悖于观察结果又有悖于道德经验：观察结果表明，性格因素是与生俱来的，[15] 而道德经验则揭示出非理性和邪恶乃是人性中不可拔除的劣根，只能通过某种"净化"来控制。[16] 但波西多纽斯的抗议没能消灭该理论；正统的斯多亚学派

---

[13] 参见贝文的有趣讨论，Bevan, *op. cit.*, 66 ff.。
[14] 在 περὶ παθῶν [《论情感》]中，盖伦在其论文 *de placitis Hippocratis et Platonis* [《论希波克拉底和柏拉图的学说》]中吸收了他的这一观点。参见 Pohlenz, *NJbb* Supp. 24（1898）537 ff., 以及 *Die Stoa*, I.89 ff.; Reinhardt, *Poseidonios*, 263 ff.; Edelstein, *AJP* 47（1936）305 ff.。芝诺心理学虚假的统一性似乎已经得到了帕那修斯（Panaetius）的修正（Cicero, *Off.* 1.101），但波西多纽斯又做了进一步的修改。
[15] 在最近发现的一篇盖伦的论文中，大多数材料似乎都来自波西多纽斯，但充实了那一论证，而且列举了婴儿和动物身上所观察到的性格差异：参见 R. Walzer, "New Light on Galen's Moral Philosophy", *CQ* 43（1949）82 ff.。
[16] Galen, ὅτι ταῖς τοῦ σώματος κράσεσιν κτλ [由于与身体的结合], p. 78.8 ff. Müller: οὐ τοίνυν οὐδὲ Ποσειδωνίῳ δοκεῖ τὴν κακίαν ἔξωθεν ἐπεισιέναι τοῖς ἀνθρώποις οὐδεμίαν ἔχουσαν ῥίζαν ἐν ταῖς ψυχαῖς ἡμῶν, ὅθεν ὁρμωμένη βλαστάνει τε καὶ αὐξάνεται, ἀλλ' αὐτὸ τοὐναντίον. καὶ γὰρ οὖν καὶ τῆς κακίας ἐν ἡμῖν αὐτοῖς σπέρμα, καὶ δεόμεθα πάντες οὐχ οὕτω τοῦ φεύγειν τοὺς πονηροὺς ὡς τοῦ διώκειν τοὺς καθαρίσοντάς τε καὶ κωλύσοντας ἡμῶν τὴν αὔξησιν τῆς κακίας [波西多纽斯认为没有任何邪恶会在外部萌动、生长后进入我们的灵魂并在其中生根。事实正相反，我们本身就携带邪恶的种子，我们所有人都需要追寻净化，防止我们自身的邪恶的生长，就像躲避无赖一样]。参见 *plac. Hipp. et Plat.*, pp. 436.7 ff. Müller: 在其对激情的处理（θεραπεία）上，波西多纽斯追随的是柏拉图而不是克吕西普。有趣的地方在于，欧里庇得斯笔下的美狄亚的内在冲突，公元前5世纪的诗人用它来抗议理性主义心理学的粗鲁（第六章，p. 186），现在也在这种争论中发挥作用，而且说来也怪，双方都引用它（Galen, *plac. Hipp. et Plat.*, p. 342 Müller; *ibid.*, p. 382=*SVF* III.473 *ad fin.*）。

继续保持着理智主义的论调，只是在信念方面或许有所衰减。伊壁鸠鲁派或怀疑论学派在这一问题上的态度也大同小异。这两个学派都想驱除人类生活中的激情；他们的理想都是 ataraxia［恬静］，即免于情绪的困扰；而要想达成这一状态，那么就要对人和神持有正确的意见，或者是不持有任何意见。[17] 伊壁鸠鲁派的论调和斯多亚学派一样傲慢，他们都声称没有哲学就没有善，[18] 而无论是亚里士多德还是柏拉图都从未这样说过。

与这种理性主义者的心理学和伦理学相匹配的是一种理性化的宗教。对哲学家来说，宗教的本质部分再也不在于祭拜活动，而在于静默地沉思神圣事物以及领会人与它的亲缘关系。斯多亚哲人凝望星空，他们在那里看到了自己心中的理性目的和道德目的；而伊壁鸠鲁主义者在某种意义上则要比斯多亚学派更讲求精神性，他们沉思遥居在诸世界之间的（intermundia）不可见的神，并由此获得力量从而使自己的生活接近于神明的生活。[19] 在上述两个学派看来，神明已不再是专制力量的同义词，而是变成了理性典范的化身；

---

[17] 参见 Epicurus, *Epist.* 1.81 f.; Sextus Emp. *Pyrrh. Hyp.* 1.29。

[18] Seneca, *Epist.* 89.8：nec philosophia sine virtute est nec sine philosophia virtus［没有美德哲学便不存在，没有哲学美德也不存在］。参见 the Epicurean *Pap. Herc.* 1251, col. xiii.6：φιλοσοφίας δι' ἧς μόνης ἔστιν ὀρθοπραγεῖν［哲学是唯一行事正直的方式］。

[19] 参见 Philodemus, *de dis* Ⅲ, fr. 84 Diels=Usener, *Epicurea* fr. 386：智慧之人 πειρᾶται συνεγγίζειν αὐτῇ καὶ καθαπερεὶ γλίχεται θιγεῖν καὶ συνεῖναι［试着靠近它（也即神性）以及渴望触摸它并与其共处］。

这一转化是希腊古典时代的思想家尤其是柏拉图的功劳。正如费斯图吉耶正确地坚称，[20]斯多亚学派的宗教直接承袭自《蒂迈欧》和《法律》，就连伊壁鸠鲁有时也更为接近柏拉图的精神，尽管他不愿承认。

与此同时，希腊化时代的所有学派甚至包括怀疑论学派[21]都和柏拉图当初一样，他们急于避免与传统的祭拜形式相决裂。的确，芝诺曾宣称神庙纯属多余——神明真正的庙宇乃是人类的理智。[22]克吕西普也不加掩饰地认为，把神想象成人的模样是多么幼稚。[23]不过，斯多亚学派仍然通过将拟人神视作寓言人物或象征从而保留了它们；[24]此外，在克里安提斯的颂诗中，我们发现斯多亚学派的神仍然被饰以荷马描绘宙斯所用的修饰词和属性词；在我看来，这不单单只是一种文体形式——这是用新含义填充旧形式的一次严肃尝试。[25]伊壁鸠鲁也试图保留旧形式并净化其内容。据说，他

[20] Festugière, *Le Dieu cosmique*, xii f.; *Épicure et ses dieux*, 95 ff. 关于对认为早期斯多亚主义标志着"东方神秘主义"入侵希腊思想这一观点的反对意见，参见 *Le Dieu cosmique*, 266, n. 1, 以及 Bevan, *op. cit.*, 20 ff.。这一时代的哲学和宗教的一般关系，文德兰已经很好地进行了论述，参见 Wendland, *Die hellenistisch-römische Kultur*², 106 ff.。

[21] 据说皮浪（Pyrrho）已经担任了大祭司职务（Diog. Laert. 9.64）。

[22] *SVF* I.146, 264–267.

[23] *SVF* II.1076.

[24] Chrysippus, *ibid.* 一种类似的寓意手法被归之于柏拉图主义者色诺克拉底（Aetius, 1.7.30=Xen. Fr. 15 Heinze）。

[25] 参见 W. Schubart, "Die religiose Haltung des frühen Hellenismus", *Der Alte Orient*, 35 (1937) 22 ff.; M. Pohlenz, "Kleanthes' Zeus-hymnus", *Hermes*, 75 (1940) esp. 122 f.。关于克里安提斯的颂诗，目前费斯图吉耶已经给我们提供了一个极富启发性的评注（*Le Dieu cosmique*, 310 ff.）。

严格遵守一切祭拜惯例，[26]但却坚决主张必须将它们和一切对神怒的恐惧或对物质利益的希望分离开来；他和柏拉图一样，认为"以物易物"的宗教观念是最为渎神的。[27]

如果认为这些净化传统的尝试会极大地影响民间信仰，那就很不明智了。正如伊壁鸠鲁所说，"凡是我知道的东西，大众都不会认同；凡是大众认同的东西，我都一无所知"。[28]我们不大容易知道伊壁鸠鲁时代的大众认同什么观点。一般来说，古往今来的普通人只会将他们的信念清晰表达在墓碑上，但就连这也不是常事。不过希腊化时代比以往留下了更多的墓碑，它们提供了珍贵的信息，例如传统的哈得斯信仰正在逐渐衰退，人们开始明确否认死后生活的存在，或是含糊地表示希望死者去到更好的地方——"幸福岛""诸神那里"甚或是"永恒的宇宙"。[29]我不大信赖这后一种墓志铭：

---

[26] Philodemus, *de pietate*, pp. 126–128 Gomperz=Usener, *Epicurea*, frs. 12, 13, 169, 387. 参见 Festugière, *Épicure et ses dieux*, 86 ff.。

[27] ἀνυ]πέρβλητον ἀ[σέβει]αν, Philod., *ibid.*, p. 112. 关于柏拉图，参见本书第七章，p. 222。伊壁鸠鲁（Epicurus）接受了《法律》卷十中的第一和第三个基本命题，但是拒绝了第二个，他似乎认为这是人类不幸的主要根源。

[28] Epicurus *apud* Sen. *Epist.* 29.10, 他补充说：idem hoc omnes tibi conclamabunt, Peripatetici, Academici, Stoici, Cynici［不过，所有学派都向你提出了这句格言：逍遥学派、学园派、斯多亚学派以及犬儒学派］。

[29] 直至公元前5世纪末，希腊墓志铭都极少包含任何关于死者命运的声明；即使包含，它们也几乎总是借用荷马描述哈得斯的术语（关于那个最为引人注目的例外即波提狄亚墓志铭，参见本书第五章注释[112]）。个人对于不朽的希望在公元前4世纪开始出现——有时表达那些希望的用语暗示了厄琉息斯的影响——而到希腊化时代则变得不那么罕见了，但并没有迹象显示出它们是基于某些特定的宗教教义。从来（转下页）

我们知道，悲伤的亲人往往会订制"一则得体的铭文"，而它并不一定总是符合当时流行的信仰。[30] 不过，从总体来看，希腊化时代的墓碑确实表明层累堆积体正在进一步瓦解。

至于公共宗教或城邦宗教，我们可以想见它会因城邦自治权的丧失而遭到破坏：在城邦中，宗教和公共生活紧密相关，任何一方的衰落都会损害到另一方。事实上，雅典的公共宗教在喀罗尼亚（Chaeronea）战役后半个世纪内已然急剧衰落，从赫摩克勒斯（Hermocles）致围城者德米特里乌斯（Demetrius Poliorcetes）的颂诗中我们可以得知这一点；[31] 先前，在盛大公共场合吟唱的颂诗不可能宣称城邦诸神无关紧要或根本不存在，而现在，一个"真正"的神也就是德米特里乌斯本人取代了那些空洞的木石雕像。[32] 这其中的谄媚

（接上页）没有提到过转世（Cumont, *Lux Perpetua*, 206）。明确怀疑墓志铭似乎始于亚历山大里亚的知识分子。但像卡利马科斯这样的人则可以轮流利用传统的观点（*Epigr.* 4 Mein.）、肯定的观点（*Epigr.* 10）以及怀疑的观点（*Epigr.* 13）。总的来说，并没有什么证据和亚里士多德的如下说法相抵触，即大多数人都认为灵魂有朽或不朽是一个开放的问题（*Soph. Elench.* 176b16）。关于这整个问题，参见 Festugière, *L'Idéal rel. des grecs*, Pt. II, chap. v, 以及 R. Lattimore, "Themes in Greek and Latin Epitaphs", *Illinois Studies*, 28（1942）。

[30] 参见舒伯特谨慎的裁断（Schubart, *loc. cit.*, 11）："wo in solchen Äusserungen wirklicher Glaube spricht und wo nur eine schöne Wwendung klingt, das entzieht sich jedem sicheren Urteil [这样的说法到底包含着真正的信仰还是仅仅只是一个漂亮的说辞，我们无法确定]。"

[31] Athenaeus, 253d=Powell, *Collectanea Alexandrina*, p. 173.

[32] ἄλλοι μὲν ἢ μακρὰν γὰρ ἀπέχουσιν θεοί, ἢ οὐκ ἔχουσιν ὦτα, ἢ οὐκ εἰσίν, ἢ οὐ προσέχουσιν ἡμῖν οὐδὲ ἕν, σὲ δὲ παρόνθ᾽ ὁρῶμεν, οὐ ξύλινον οὐδὲ λίθινον, ἀλλ᾽ ἀληθινόν [别的神们要么是遥不可及，要么（转下页）

有可能是不真诚的；但其中的怀疑主义则显然是真诚的，它必定得到了普遍认同，因为据说该颂诗十分流行。[33]希腊化时代的统治者崇拜总是不真诚的——它是一个政治噱头，仅此而已。我认为，没有人会相信，在当今时代，民众对于独裁者、国王以及（如果以上二者阙如的话）运动员的谄媚正越来越声势浩大。[34]当旧神退隐、神的宝座空空荡荡因而急

（接上页）没长耳朵，要么根本不存在，要么完全不关心我们，只有你，我们看见你在场，不是木石雕像，而是千真万确的存在］。我不明白罗斯托夫佐夫（Rostovtzoff）为何在他的英格索尔讲座（Ingersoll Lecture）中说（"The Mentality of the Hellenistic World and the After-Life", Harvard Divinity School *Bulletin*, 1938-1939），这里"不存在渎神和 ἀσέβεια［不虔敬］"，如果他是在传统希腊的意义上使用这些术语。而且他怎么知道那一颂诗是"真诚的宗教情感的一次大爆发"呢？当时的历史学家德摩卡莱斯（Demochares）并不持这样的观点（*apud* Athen. 253a），而且我也没有发现有什么语词可以暗示这样的观点。那篇颂诗很可能是按照顺序写成的（关于德摩卡莱斯的看法，参见 Tarn, *Antigonos Gonatas*, 90 f.），而且很可能是按照德摩斯梯尼（Demosthenes）给公民大会的提议的精神写就的，他提议说"如果亚历山大乐意的话，那就把他看作宙斯之子或波塞冬之子"。德米特里乌斯是波塞冬和阿芙洛狄忒之子吗？当然——为什么不呢？——只要带来和平以及对付那些埃托利亚人（Aetolians），他就能证明自己是。

[33] Athen. 253f（来自杜里斯［Duris］或德摩卡莱斯？）: ταῦτ' ᾖδον οἱ Μαραθωνομάχαι οὐ δημοσίᾳ μόνον, ἀλλὰ καὶ κατ' οἰκίαν［马拉松战士们不仅在人群中歌颂它们，还在家里歌颂］。

[34] 在这点上，我们并不是独一无二的。公元前5世纪，德尔斐神谕准许将伟大的运动员、偶尔也包括伟大的人物"英雄化"，这很可能是在回应大众的要求：然而并不会等到他们死后才将他们"英雄化"。这种倾向或许在任何时代任何地方都存在，但是一种庄重的超自然主义会把它限制在某些范围内。授予伯拉西达（Brasidas）的荣誉比起几乎所有希腊化时代的国王来都要显得暗淡，而且希特勒也要比任何基督教时代的征服者更接近于神。

需替代者时，通过精心安排，甚至都不需要安排，[35]几乎所有化为尸骨的人都能被请上那个宝座，只要他们能够为个人提供宗教意义。在我看来，古往今来的统治者崇拜及其类似现象[36]归根结底都是在表达人类无助的依赖感；一个人把另一个人奉为神明，就是在把自己置于孩童或动物的地位。我认为，这种情感也导致了早期希腊化时代的另一个典型特征，即提刻（Tyche，"运气"或"命运"）崇拜的广泛流行。正如尼尔松所说，这种崇拜是"宗教世俗化的最后一个阶段"；[37]由于缺乏任何确定的崇拜对象，于是人们就将依赖

---

[35] 似乎那种习惯一旦建立，甚至希腊人都会经常自发地授予某人神圣的荣誉；而且有时候也会给被授予者带来真正的尴尬，比如安提格努斯·格纳塔斯（Antigonos Gonatas），他听说自己被描述为神，于是冷淡地反驳说，"给我倒夜壶的人并没有觉察到这一点"（Plut. Is. et Os. 24, 360cd）。

[36] 不仅国王而且私人的恩主也受到崇拜，有时甚至是在他们还活着的时候（Tarn, Hellenistic Age, 48 f.）。伊壁鸠鲁派将他们的创立者尊奉为神（Lucr. 5.8, deus ille fuit [他是神], Cic. Tusc. 1.48, eumque venerantur ut deum [他们像崇拜神一样崇拜他]），这种行为根源于同样的心理习惯——比起任何国王来说，伊壁鸠鲁难道不是一位更加伟大的εὐεργέτης [恩主] 吗？还有柏拉图，尽管实际上他死后并没有获得神圣的荣誉（本书第七章注释[9]），但到他外甥的时代则已经被认为是阿波罗之子（Diog. Laert. 3.2）。在我看来，这些事足以反驳弗格森（W. S. Ferguson）的如下观点（Amer. Hist. Rev. 18 [1912–1913] 29 ff.），即希腊化时代的统治者崇拜在本质上只不过是政治手段，宗教因素仅仅是形式上的。就统治者而言，对 εὐεργέτης [恩主] 或 σωτήρ [救主] 的敬畏在古老的"王室神力（mana）"的意义上确实得到了有意或无意的加强（参见 Weinreich, HJbb 1926, 648 f.），这反过来也可以被认为有赖于将国王等同于父亲的那种无意识。

[37] Nilsson, Greek Piety（英译本，1948），86。关于公元前4世纪晚期始料未及的革命事件的出现给人们的心灵所造成的深刻印记，参见法勒隆的德米特里乌斯（Demetrius of Phaleron）令人印象深刻的（转下页）

感附着于无法解释也不可预料的消极概念，也就是提刻。

我不想把复杂的情况弄得过于简单化从而给人造成错误的印象。人们当然仍在举行祭拜城邦神的公共仪式；这是公共生活的一部分，也是公认的表达爱国主义的方式。但是，我认为，宽泛地来讲，城邦神崇拜就像我们时代的基督教一样，几乎已成为"一种社会惯例，对生活目标毫无影响"。[38]另一方面，传统的持续衰落使得虔敬之人可以自由选择自己的神，[39]就像诗人可以自由选择自己的风格。新兴大城市中的个人过着籍籍无名的、孤独的生活，他觉得自己是一个微不足道之人，这种感觉可能会使多数人都迫切渴求神圣的伴侣和拯救者。怀特海有句名言，"宗教就是个人为应对其孤独处境而做的事情"，[40]人们可能会认为这是宽泛的定义，但无论如何它仍然相当准确地描述了亚历山大时代以

（接上页）说法（apud Polyb. 29.21），以及伊壁鸠鲁的评论，即 οἱ πολλοί [多数人] 相信 τύχη [命运] 是一位女神（Epist. 3.134）。实际崇拜活动的一个较早的例子是蒂墨勒翁（Timoleon）向 Αὐτοματία [运气女神] 奉献了一座祭坛（Plut. Timol. 36, qua quis rat. 11, 542e）。这种非人格的而且道德上中立的力量——新喜剧（New Comedy）极为过度地强调了它，参见 Stob. Ecl. 1.6——是某种不同于个人"命运"或城邦"命运"的事物，它有着更加古老的根源（参见本书第二章注释[79][80]）。对这整个主题最好的研究，参见 Wilamowitz, Glaube, II.298-309。

[38] A. Kardiner, The Psychological Frontiers of Society, 443. 参见 Wilamowitz, Glaube, II.271, "Das Wort des Euripides, νόμῳ καὶ θεοὺς ἡγούμεθα, ist volle Wahrheit geworden"。

[39] 关于这一发展的早期阶段，参见 Nilsson, Gesch. I.760 ff.；关于它对希腊化时代的重要性，参见 Festugière, Épicure et ses dieux, 19。

[40] A. N. Whitehead, Religion in the Making, 6.

来的宗教状况。当时的个人为应对孤独而做的一件事情就是组建崇拜某个旧神或新神的小型私人俱乐部。铭文中零星记载了这些"阿波罗崇拜者"(Apolloniasts)、"赫尔墨斯崇拜者"(Hermaists)、"酒神崇拜者"(Iobacchi)或"萨拉皮斯崇拜者"(Sarapiasts)的活动,但至于他们的内心世界,我们则无从得知。事实上我们只能说,这些社团有其社会目的和宗教目的,但这二者分别所占的比重我们不得而知,很可能是浮动的:有些社团可能无异于会饮俱乐部;而另一些社团则可能带给其成员一种真正的集体感并让他们选择自己的庇护神或保护神,这些社团可以取代旧式封闭社会中历代延续下来的地方社团。[41]

以上大致是公元前3世纪宗教和理性主义之间的诸种关系。[42] 如果站在公元前200年左右纵观这个世纪的整幅图景,聪明的观察者或许就会预言:数代之后层累堆积体将瓦解殆尽,一个完美的理性时代即将到来。然而,这两个预

---

[41] 论述希腊化时代各种俱乐部的标准著作当推波兰(F. Poland)的 *Geschichte des griechischen Vereinswesens*。英文的简要说明可参见 M. N. Tod, *Sidelights on Greek History*, lecture iii。在传统纽带业已崩坏的社会中这些社团具有怎样的心理学功能,这已被很好地阐明,参见 de Grazia, *The Political Community*, 144 ff.。

[42] 在这一简略素描中,我没有考虑新出现的希腊化东方的情况,希腊移民在那里发现了当地人根深蒂固的对于非希腊神的崇拜,他们向那些神表达了应有的敬意,有时也用希腊神名称呼它们。在古希腊文化的土地上,东方的影响依然相对较弱;在更遥远的东方,希腊的崇拜形式和东方的崇拜形式并行不悖,相互之间没有敌意,但显然也还没有多少融合的尝试(参见 Schubart, *loc. cit.*, 5 f.)。

言都大错特错——19世纪的理性主义者似乎再次做出了同样错误的预言。这位我们假想的希腊理性主义者会惊讶地发现：在他死后五百年，心怀感激的人们仍然会定期为他们的雅典娜女神献上新的披饰；[43]也仍然会在麦加拉为八百年前在波斯战争中阵亡的英雄们献祭公牛；[44]许多地方也原封不动地保留着与净化仪式相关的古老禁忌。[45]对于使得这类事情持续下去的那种惯性力量（vis inertiae）——马修·阿诺德（Matthew Arnold）曾称其为"事物的惰性"[46]——理性主义者从来没有给予充分的考虑。诸神已经退隐，但他们的仪式仍在，除了少数知识分子，没有人会认为那些仪式已经没有了任何意义。从物质层面来说，层累堆积体最终并没有因解体而消亡；它的大部分内容依然持续了数世纪之久，而且仍然维持着一个熟悉、破败但相当可爱的外表，直到有一天，基督徒一把撕开这层表象，发现里面空无一物——只有一腔业已凋零的地方爱国主义和好古情怀。[47]至少城市中的情况是如此；而对于乡野伧夫（pagani）来说，某些古老仪

---

[43] Dittenberger, *Syll.*³ 894（公元 262 或 263 年）。

[44] *IG* VII.53（公元 4 世纪）。

[45] 参见 Festugière et Fabre, *Monde gréco-romain*, II.86。

[46] Matthew Arnold to Grant Duff, August 22, 1879: "但是我越来越认识到事物的惰性；以及即使我们都倾向于认为一切事物在我们的时代都会改变，它们也不会改变。"

[47] 这并不否认存在着一种系统的而且激烈的反对帝国基督教化的意见。但它来自一小群由一批活跃的保守派元老支持的希腊化知识分子而不是来自大众。关于这整个主题，参见 J. Geffcken, *Der Ausgang des griechisch-römischen Heidentums*（Heidelberg, 1920）。

式似乎仍然具有意义，而且其中有少数确实仍在以一种稀里糊涂、一知半解的方式举行着。

对这段历史的预告会使得公元前3世纪的某个观察者惊诧不已。但更令他痛苦的震惊之处在于他会认识到，希腊文明并没有进入一个理性时代，而是进入了一个理智缓慢衰退的时代，这一衰退一直延续到土耳其人征服拜占庭，虽然其间曾出现过一些复兴的假象，也出现过一些企图力挽狂澜的杰出个人。那个观察者还会认识到，在希腊世界接下来的十六个世纪中，再没有诗人会超过泰奥克里托斯（Theocritus），再没有科学家会超过埃拉托塞尼（Eratosthenes），也再没有数学家会超过阿基米德（Archimedes），而哲学领域的一个伟大名字则代表着一种被认为已经灭绝的观点——超验的柏拉图主义。

探究是什么原因造成了这种旷日持久的理智衰退是世界史上的一大难题。这里我们只关注这个问题的其中一个方面，为方便起见，姑且称之为"非理性的回归"。但这仍是一个宏大的主题，我只能简单点出一些典型的发展轨迹来阐述我的想法。

我们在之前的章节已经看到，知识分子和民众之间的信仰鸿沟在最古老的希腊文学作品中就已清晰可辨，到公元前5世纪晚期，这一鸿沟又迈向了彻底决裂的边缘；我们还看到，知识分子群体中日益高涨的理性主义是如何与民间信仰回归的迹象同步出现的。在相对"开放的"希腊化社会中，尽管两个群体之间的决裂总体上仍在持续，但社会阶层的迅速流动、教育向更广泛阶层的开放却为两个群体之间的互动创造了更多的机会。有证据表明，在公元前3世纪的雅典，一度仅在知识分子群体中流行的怀疑主义开始向普罗大众蔓延；同样的事情也即将在罗马上演。[48]但公元前3世纪之后却出现了一种不同的互动模式。它呈现为一种伪科学的文学，这些文学作品多使用假名且通常声称是基于神启。它汲取古老的东方迷信或晚近希腊化时代的民间奇想，又套上从希腊科学或希腊哲学那里借来的外衣，最终赢得了大部分知识阶层的青睐。自此以后，同化过程呈现出双向趋势：有限的、消极的理性主义继续从上往下蔓延，而反理性主义则自下而上扩张，并最终占据了上风。

占星术就是最为人熟知的例子。[49]据说，当时占星术"席卷希腊化时代民众的头脑时，就像新疾病降临到偏远的

---

[48] 关于罗马平民中间怀疑论的流行，参见，例如，Cic. *Tusc.* 1.48: quae est anus tam delira quae timeat ista？［哪个疯女人会害怕这些？］；Juv. 2.149 ff.: esse aliquid Manes, et subterranean regna…nec pueri credunt, nisi qui nondum aere lavantur［鬼和地狱存在……，这连孩子都不信，除了那些年龄还不到能付钱进澡堂洗澡的］；Sen. *Epist.* 24.18: nemo tam puer est ut Cerberum timeat［没有人那么幼稚以至于会害怕地狱三头犬］，等等。但是这些修辞性的说法不应该过于按照字面来理解（参见 W. Kroll, "Die Relogiosität in der Zeit Ciceros", *NJbb* 1928, 514 ff.）。另一方面，我们还有如下明确的证据即 Lucian, *de luctu*。

[49] 在接下来的段落中，我尤其受惠于费斯图吉耶的 *L'Astrologie et les sciences occultes*（=*La Révélation d'Hermès Trismégiste*, I［Paris, 1944］），这是对整个古代神秘主义的最佳导论。关于占星术，另参见库蒙特（Cumont）的 *Astrology and Religion among the Greeks and Romans*，以及格瑞斯曼（H. Gressmann）著作中极为精彩的简述，*Die Hellenistische Gestirnreligion*。

第八章　恐惧自由

岛民身上"。[50]但这个比喻不太符合我们所知的事实。占星术发明于巴比伦,后来传入埃及,希罗多德似乎在那里接触过它。[51]公元前4世纪,欧多克斯(Eudoxus)在历数巴比伦人的天文学成就时曾提到过巴比伦的占星术;但欧多克斯对它表示怀疑,[52]且没有任何证据表明它受到了时人接纳,尽管柏拉图在《斐德若》的神话中曾自娱自乐地玩过占星术的花样。[53]约公元前280年,希腊读者通过巴比伦祭司贝罗苏斯(Berossus)的作品了解到更多占星术的细节,不过(看上去)这没有引起他们多大的兴趣。占星术真正流行

---

[50] Murray, *Five Stages of Greek Religion*, chap. iv.
[51] Hdt. 2.82.1. 但并不十分确定这里涉及的是占星术。
[52] Cic. *Div*. 2.87:Eudoxus,…sic opinatur, id quod scriptum reliquit, Chaldaeis in praedictione et in notatione cuiusque vitae ex natali die minime esse credendum[欧多克斯,……在他的作品中留下了如下观点:迦勒底人声称,他们能够根据每个人出生日那天星星的位置来预言他的未来,这完全不可信]。在 *Tim*. 40cd,柏拉图也拒斥它,至少是暗中拒斥;这一段落在古代晚期被认为具体涉及的是占星术(参见 Taylor on 40d 1),但也很可能是如下情况,即柏拉图想到的仅仅是希腊人视月食为征兆的传统观点。另一位公元前4世纪的作家,很可能是克特西阿斯(Ctesias),他知道一点占星术,而且还有一处不那么起眼的迹象暗示了德谟克利特可能已经知道占星术(W. Capelle, *Hermes*, 60[1925]373 ff.)。
[53] 未出生的人们的灵魂有着他们所"追随"的诸神的特征(252cd),而且那十二位 θεοὶ ἄρχοντες[尊神]似乎就坐落在欧多克斯给他们分派的十二星座中(247a),尽管柏拉图对此所言不多。但与占星师的不同之处在于,柏拉图小心翼翼地维护着自由意志。参见 Bidez, *Eos*, 60 ff.,以及 Festugière, *Rev. de Phil.* 21(1947)24 ff.。我赞同后者的观点,即这一段落中的"占星术"只是一件极富想象力的装饰品。值得注意的是,泰奥弗拉斯托斯在谈到占星术时(*apud* Proclus, *in Tim*. III.151.1 ff.),似乎仍然把它当作一门完全外来的技术(他是否完全赞同普罗克洛对他的钦佩,这可以合理地怀疑)。

起来似乎要到公元前2世纪，那时有许多通俗指南——尤其是一部以虚构的法老之名创作的著作《纳克普索和佩托西里斯启示录》(*Revelations of Nechepso and Petosiris*)——开始广为流传；[54]一时间，活跃的占星师远布罗马境内。[55]为什么占星术恰在这时而没在早些时候流行起来呢？其实，占星术的观念在当时并不新奇。柏拉图主义者、亚里士多德主义者以及斯多亚学派都教授过星体神学（astral theology），这早已为人们接受占星术做好了知识储备，尽管伊壁鸠鲁曾警告世人占星术极有危害。[56]人们或许会猜测，占星术得以传播是由于政治状况：在罗马征服希腊之前的动荡不安的五十年中，知道即将发生什么是至为重要的事情。人们或许还会猜测，占星术得以传播是由于当时接替芝诺的那个巴比伦希腊人[57]煽动起了某种"知识分子的背叛"(trahison des clercs)。（斯多亚学派就曾利用这一效应给阿里斯塔科斯［Aristarchus］

---

[54] Festugière, *L'Astrologie*, 76 ff. 被称作"占星师的圣经"的"纳克普索"著作的某些残篇收集在 Riess, *Philologus*, Supp.–Band 6 (1892) 327 ff.。

[55] 加图（Cato）将"迦勒底人"（Chaldaei）归入下等人，认为应该提醒农场主不要咨询他们（*de agri cultura* 5.4）。其后不久，公元前139年，他们第一次被逐出罗马，但这绝不是最后一次（Val. Max. 1.3.3）。在接下来的世纪他们又回归了，到那时元老和农场主才被算入他们的客户。

[56] Epicurus, *Epist.* 1.76 ff., 2.85 ff.（参见 Festugière, *Épicure et ses dieux*, 102 ff.）。1.76处的一个句子听起来就像是专对占星师的警告（Bailey *ad loc.*）。

[57] 被称作"巴比伦人"的塞琉西亚的第欧根尼（Diogenes of Seleucia）死于公元前152年左右。根据西塞罗的说法（*div.* 2.90），他承认占星术的某些主张但不是全部。早期斯多亚学派或许并不认为有必要表达什么观点，因为西塞罗明确说到，帕那修斯（第欧根尼的继任者）是唯一一个拒斥占星术的斯多亚主义者（*ibid.*, 2.88），而第欧根尼则是他所提到的唯一一个赞同的人。然而，参见 *SVF* II.954，这似乎暗示了克吕西普相信星象。

的日心说判了死刑,如果当时日心说被接受,那么就会撼动占星术和斯多亚宗教的根基。)[58] 不过,在这些直接原因的背后,我们或许还可以指出更深层次也更易被忽视的原因:一个多世纪以来,个人一直都在直面自己的理智自由,而现在他终于可以扭头逃离这一可怖的前景——比起每日都要承担沉重的责任,他宁愿选择带有僵化决定论色彩的占星术为他指明命运。帕那修斯(Panaetius)和西塞罗等理性之人试图用论证来阻止人们的回返,普罗提诺(Plotinus)也步其后尘,[59] 但收效甚微;因为某些动机是论证所不能及的。

除了占星术,公元前 2 世纪还有另一种非理性学说发展起来并深刻影响了古代晚期以及整个中世纪的思想。该理论认为某些动植物和宝石中蕴藏着神秘的性能或力量。它的起源可能很早,但首次得到系统化阐释似乎是在公元前 200 年左右,阐释者名叫门德的波洛斯(Bolus of Mendes),他被称作"德谟克利特主义者"。[60] 他的理论体系与巫医医术及

---

[58] 克里安提斯认为,由于 ἀσέβεια [不虔敬],阿里斯塔科斯应该被传讯(正如在他之前的阿那克萨戈拉和在他之后的伽利略)(Plut. *de facie* 6, 923a=*SVF* I.500)。在公元前 3 世纪,这是不可能的;但在确保击败日星说的事情上,神学偏见似乎起到了某种作用。参见柏图主义者德库利德斯(Dercylides)所表达的那一事情的恐怖之处,*apud* Theon Smyrn., p. 200.7 Hiller。

[59] Cicero, *div.* 2.87-99; Plot. *Enn.* 2.3 and 2.9.13. 占星师们津津乐道于普罗提诺的痛苦结局,他们将其解释成是对他不尊重星辰的亵渎行为的恰当惩罚。

[60] 参见 M. Wellmann, "Die Φυσικά des Bolos", *Abh. Berl. Akad.*, phil.-hist. Kl., 1928; W. Kroll, "Bolos und Demokritos", *Hermes*, 69 (1934) 228 ff.; 以及 Festugière, *L'Astrologie*, 196 ff., 222 ff.。

炼金术密切相关，很快它又和占星术关联了起来，并且为占星术提供了一种便宜的补充。星体的麻烦之处在于，无论借助祈祷还是巫术都难以企及它们。[61]但是，如果每一颗星球都有各自的代表动物、植物或矿石类型，以及可以通过上述神秘的"交感力"（sympathy）来与它建立关联，那么人们就可以通过操控星体在地上的对应物来控制它们。[62]尽管波洛斯的观点十分原始——它认为世界是一个巫术统一体，但它注定会大受斯多亚学派的欢迎，因为他们在此之前就已将宇宙视作一个由经验共同体（συμπάθεια）组成的有机体。[63]公元前1世纪以后，波洛斯开始被推崇为一名科学权威，其地位与亚里士多德和泰奥弗拉斯托斯相当，[64]他的学说也被纳入流行的世界观之列。

许多研究这一主题的学者都发现公元前1世纪是"世

---

[61] 因此伊壁鸠鲁认为甚至追随民间宗教都要好过成为占星 εἱμαρμένη［宿命］的奴隶，因为后者 ἀπαραίτητον ἔχει τὴν ἀνάγκην［具有不可违逆的必然性］（*Epist.* 3.134）。祷告的徒劳无效也为正统的占星师所强调：参见 Vettius Valens, 5.9; 6 procem.; 6.1 Kroll。

[62] 参见本书附录二, pp. 292 f., 以及 *PGM* i.214, xiii.612, 和 A. D. Nock, *Conversion*, 102, 288 f.。

[63] *SVF* II.473 *init.*, 克吕西普认为凭借无孔不入的 πνεῦμα, συμπαθές ἐστιν αὑτῷ τὸ πᾶν［元气，统一体本身就能与自身产生交感］。另参见 II.912。这当然是某种不同于具体的神秘"交感"学说的说法；但它很可能会使得有教养之人更容易接受后者。

[64] Festugière, *op. cit.*, 199. 因此尼尔松评论说，"古代不可能在自然能力和神秘能力之间做出区分"（Nilsson, *Greek Piety*, 105）。但亚里士多德及其学生的目的和方法不同于神秘主义者的目的和方法，正如科学不同于迷信（参见 Festugière, 189 ff.）。

界转向"(Weltwende)的决定性时代；理性主义的浪潮在此前一百年中推进得越来越慢，最后终于耗尽力量并开始掉头回退。毫无疑问，在这一时期中，除了伊壁鸠鲁学派，所有哲学学派都经历了转向。精神与物质、神明与自然、灵魂与欲望，这些理性主义者以为已被破除了的、古老的宗教二元论又以新的形式重焕生机。在波西多纽斯新的非正统的斯多亚主义理论中，这种二元论成为旧斯多亚学派的统一宇宙观和统一人性观的对立面。[65] 大约与此同时，阿卡德米学园（Academy）内部也发生了一次革命，这次革命终结了柏拉图主义发展史上的纯粹批判阶段，使得柏拉图主义再次成为一门思辨哲学，并最终迎来了它的普罗提诺时代。[66] 同样意义非凡的还有明显中断了两个世纪之久的毕达哥拉斯主义的复兴，复兴后它不再是一个正式的教育学派，而是作为一种宗教崇拜以及一种生活方式。[67] 它真诚地依赖权威而非逻

---

[65] 三十年前，存在着这么一种潮流，由申克尔（Schmekel）在其 *Philosophie der mittleren Stoa* 中所开创，它将几乎所有出现于后来的希腊罗马思想中的"神秘的""彼世的"或"东方化的"倾向统统都归之于波西多纽斯。琼斯（R. M. Jones）在其发表于 *CP* 上的一系列极有价值的论文中揭露了那些夸张说法（1918，1923，1926，1932）。关于对波西多纽斯体系更加严谨的说明，参见 L. Edelstein, *AJP* 57（1936）286 ff.。埃德尔斯坦发现经证实的残篇中没有证据表明波西多纽斯是一位东方化主义者或是一位有着深厚宗教情感的人。但如下这点依然是真实的，即他的二元论确实适合新时代的宗教倾向。

[66] 关于学园这次革命的重要意义，参见 O. Gigon, "Zur Geschichte der sog. Neuen Akademie", *Museum Helveticum*, 1（1944）47 ff.。

[67] "它的宗派成员组成的是一个教会而不是学派，是一个宗教制度而不是科学学园", Cumont, *After Life in Roman Paganism*, 23。对于（转下页）

辑：毕达哥拉斯被塑造成一位受到神启的圣贤，是希腊的琐罗亚斯德（Zoroaster）和奥斯塔尼兹（Ostanes），据说大量伪书都被归到他或他的直系学生名下。相传他教导以下古老信仰：存在一个可分离的巫术自我；世界是黑暗与苦行赎罪的场所；净化仪式是必要的。不过现在，这些古老信仰和来自如下传统的观念结合了起来：星体宗教（它事实上与古老的毕达哥拉斯主义有所关联）、[68]柏拉图（他被塑造为一个毕达哥拉斯主义者）、波洛斯的秘术（occultism）[69]以及其他形式的巫术传统。[70]

（接上页）新毕达哥拉斯主义较好的总体描述可参见费斯图吉耶的论文，*REG* 50（1937）470 ff.（另参见他的 *L'Idéal religieux des Grecs*, Pt. I, chap. v）。库蒙特认为新毕达哥拉斯主义对民间来世观念产生了广泛的影响（Cumont, *Recherches sur le symbolism funéraire des Romains*）；但另参见诺克的评论所表达的怀疑，*AJA* 50（1946）140 ff.，尤其是 152 ff.。

[68] 参见 Diog. Laert. 8.27，以及毕达哥拉斯派教义问答的第一个问题，τί ἔστιν αἱ μακάρων νῆσοι；ἥλιος καὶ σελήνη［什么是福岛？太阳还是月亮］（Iamb. *vit. Pyth.* 82=Diels, *Vorsokr.* 58 C 4），和狄莱特的评注，*Études sur la litt. pyth.*, 274 ff.；以及 Boyancé, *REG* 54（1941）146 ff., 和 Gigon, *Ursprung*, 146, 149 f.。我不太满意认为那些古老的毕达哥拉斯派的信条必定是受到了波斯人（Iranian）的影响。那些设想似乎在世界上许多地方都是独立起源的。

[69] 这点尤其为韦尔曼所强调（Wellmann, *op. cit. supra*, n. 60）。韦尔曼将波洛斯本人视作一个新毕达哥拉斯主义者（苏伊达斯之后的），这似乎是错误的（参见 Kroll, *loc. cit.*, 231）；但像尼吉狄乌斯·费古鲁斯（Nigidius Figulus）这些人显然受到了他的影响。

[70] 作为毕达哥拉斯主义复兴运动中的一位领袖人物，尼吉狄乌斯·费古鲁斯不仅论述梦（fr. 82）以及引述巫师（Magi）的智慧（fr. 67），他还被誉为一位神秘主义践行者，他曾借助男孩作为媒介发现了一处隐秘的宝藏（Apul. *Apol.* 42）。瓦提尼乌斯（Vatinius）"称自己是一位毕达哥拉斯主义者"，阿庇乌斯·克劳狄乌斯·普尔喀（Appius Claudius［转下页］

所有这些发展或许都是地中海世界的智识氛围发生整体变化的征兆而非缘由。历史上最相似的案例可能莫过于19世纪初浪漫主义对理性主义"自然神学"的反叛,该反叛直到今天仍然影响巨大。[71] 早期斯多亚主义曾描绘过人们对可见宇宙的崇拜以及与可见宇宙的合一感,但如今许多人[72]开始感到物理世界——至少是月球以下的这一部分物理世界——正遭受着邪恶力量的撼动,因此灵魂需要的不是合一而是逃离。人们越来越专注于个人救赎的技艺,有些人依赖圣书,据说它们是在东方的神庙里发现的,或是由神明口

[接上页] Pulcher)很可能也属于同一团体,据西塞罗所说,他们都从事招魂术(*in Vat.* 14; *Tusc.* 1.37; *div.* 1.132)。瓦罗(Varro)似乎认为毕达哥拉斯本人就从事招魂术或水占术,这无疑是依据新毕达哥拉斯派的伪经(Aug. *Civ. Dei* 7.35)。诺克教授倾向于将巫术理论的体系化及其实践大部分都归之于新毕达哥拉斯主义者(*J. Eg. Arch.* 15 [1929] 227 f.)。

[71] 对自然神学的浪漫主义式的反叛已经得到了很好的描述,参见 Christopher Dawson, *Religion and Culture*, 10 ff.。它的典型特征包括:(a)强调超越,反对那种"称此世君王为'神'"(布莱克[Blake]语)的神学;(b)强调罪恶的现实以及"生活的悲剧意义",反对18世纪盲目的乐观主义;(c)强调宗教根源于情感和想象而不是理性,这就为深度理解宗教体验开通了道路,但同时也带来了神秘主义的复兴以及对于"东方智慧"的盲目推崇。肇始于公元前1世纪的宗教思想的新动向也完全可以用同样的语言来描述。

[72] 在帝国早期,一元论和二元论、"宇宙乐观主义"和"宇宙悲观主义"并行不悖——例如,都可以在《赫尔墨斯文集》(*Hermetica*)中发现——只是逐渐地,后者才占上风。普罗提诺虽然严厉批判斯多亚学派的极端一元论和努麦纽斯(Numenius)和诺斯替派的极端二元论,但他仍致力于构建一个能够公正对待上述两种趋向的体系。对朱利安皇帝来说,布满星辰的天空仍然是深受崇拜的对象:参见 *orat.* 5, 130cd,这里他谈到孩提时代漫步于星光下的体验是如何使他陷入令人着迷的出神状态的。

述、先知笔录的;[73]有些人通过神谕、梦或醒时的幻觉来寻求属于自己的启示;[74]还有些人从宗教仪式中寻求安全感,例如选择加入一个或多个"秘仪"("秘仪"当时为数众多)或是雇佣私人巫师。[75]对秘术的需求不断增长。秘术的本质在于试图利用物质手段来掌控天国,它被誉为"超验主义的世俗形式"。[76]哲学只是在更高层次上走着同样的道路。大多数学派早已不再珍视真理本身的价值,[77]而在帝国时代,

---

[73] 参见 Festugière, *L'Astrologie*, chap. ix。

[74] 参见 Nock, "A Vision of Mandulis Aion", *Harv. Theol. Rev.* 27(1934)53 ff.; 以及 Festugière, *op. cit.*, 45 ff., 这里翻译并讨论了许多有趣的文本。

[75] 降神术主要是指一种通过巫术手段获得救赎的技术,参见本书附录二,p. 291。保存在巫术莎草纸文献(magical papyri)中的某些仪式也是如此,比如著名的"永生秘方"(*PGM* iv. 475 ff.)。参见 Nock, "Greek Magical Papyri", *J. Eg. Arch.* 15 (1929) 230 ff.; Festugière, *L'Idéal religieux*, 281 ff.; Nilsson, "Die Religion in den gr. Zauberpapyri", *Bull. Soc. Roy. Des Lettres de Lund*, 1947–1948, ii.59 ff.。

[76] Nilsson, *Greek Piety*, 150. 我应该补充一句,神秘主义不同于人类学家所描述的原始巫术,原始巫术是前科学的、前哲学的以及或许还是前宗教的,而神秘主义则是一种准科学或一种准科学的体系,它经常会得到非理性主义哲学的支持,而且总是善于利用原先宗教的零散碎片。当然,神秘主义也不同于现代心理研究的学科,那种学科试图消除神秘主义,这主要是通过使所谓的"神秘"现象接受理性的审查,并由此确立其主观特征,或是将其整合进一般的科学知识的体系。

[77] 伊壁鸠鲁在表达他对文化的蔑视时尤为坦诚(fr. 163 Us., παιδείαν πᾶσαν φεῦγε[它背离了整个教化],参见 Cic. *fin.* 1.71 ff.=fr. 227),对科学也是如此,因为它并没有促进 ἀταραξία[心灵的恬静](*Epist*. 1.79, 2.85; Κύριαι Δόξαι, 11)。法林顿(Farrington)教授将伊壁鸠鲁视作科学精神的代表,认为他和"保守的"斯多亚学派正相对立,在我看来这完全是错误的。但一般来说斯多亚主义也对科学研究漠不关心,除非它可以确证斯多亚学派的教义,如果它与教义相抵触,那么就会被压制(前文注释[58])。

除了某些例外，[78] 他们甚至都不再假装自己怀有不偏不倚的好奇心，而是赤裸裸地宣称自己就是救赎经营商。不是只有哲学家才将自己的讲堂看作患病灵魂的诊疗所，[79] 从原则上来说，这一看法并不新鲜。不过，哲学家却不只是心理治疗师；马可·奥勒留说，他还是"神的祭司与牧师"，[80] 他声称自己的教诲具有宗教价值而非科学价值。一位公元2世纪的基督徒这样评论："柏拉图主义的目的就是面对面地看见上帝。"[81] 世俗知识只有服务于这样的目的才有价值。例如，

---

[78] 普罗提诺是一个明显的例外。他基于一种研讨会的制度来组织教学，自由讨论（Porph. *vit. Plot.* 13）；他认识到音乐和数学的价值在于可以为哲学做准备（*Enn.* 1.3.1, 1.3.3），而且据说他自己就精通这些科目以及力学和光学，尽管他并没有讲授它们（*vit. Plot.* 14）；总之，正如格芬所说（Geffcken, *Ausgang*, 42），"他并没有站在一套体系的顶端来宣教：他是一位探索者"。

[79] Epictetus, *Diss.* 3.23.30: ἰατρεῖόν ἐστιν, ἄνδρες, τὸ τοῦ φιλοσόφου σχολεῖον [人们啊，哲学的讲堂是诊疗所]; Sen. *Epist.* 48.4: ad miseros advocatus es...perditae vitae perituraeque auxilium aliquod implorant [你是可怜人的保护者……，带给已经破碎的即将破碎的生命一些援助]。这一说法为所有学派所共有。伊壁鸠鲁主义者认为他们的关注在于περὶ τὴν ἡμῶν ἰατρείαν [我们的诊疗所]（*Sent. Vat.* 64，参见 Epicurus, *Epist.* 3.122，πρὸς τὸ κατὰ ψυχὴν ὑγιαῖνον [关于灵魂的健康]）。拉里萨的斐洛（Philo of Larissa）ἐοικέναι φησὶ τὸν φιλόσοφον ἰατρῷ [曾说哲人适合当医生]（Stob. *Ecl.* 2.7.2, pp. 39 f. W.），以及在匿名作家的 *vita* [传记] 中（9.36 ff.），柏拉图本人也被描述为灵魂的医生。所有这些的最终来源无疑都是苏格拉底的 θεραπεία ψυχῆς [灵魂治疗]，但医学隐喻的频率仍然是值得注意的。关于希腊化时代及之后哲学的社会功能，尤其参见 Nock, *Conversion*, chap. xi。

[80] M. Ant. 3.4.3: ἱερεύς τίς ἐστι καὶ ὑπουργὸς θεῶν.

[81] Justin Martyr, *Dial.* 2.6. Cf. Porphyry, *ad Marcellam* 16: ψυχὴ δὲ σοφοῦ ἁρμόζεται πρὸς θεόν, ἀεὶ θεὸν ὁρᾷ, σύνεστιν ἀεὶ θεῷ [智慧之人的灵魂与神契合，他始终能看到神，并始终与神同在]。

塞涅卡（Seneca）就曾对如下观点表示赞同：我们不应该费心探究不可知或无用的知识，例如潮汐的起因、透视原理等等。[82]我们已经能从这样的说法中体会到属于中世纪的智识氛围了。基督教就是在这个氛围中应运而生的；它使新宗教的胜利成为可能，也在基督教教义上打上了自己的烙印，[83]不过这一氛围本身并不是由基督徒营造的。

那么，营造了这一智识氛围的究竟是什么呢？目前尝试回答这一问题的困难之处在于，我们缺少对于所有相关事实的全面、均衡的考察，而这样的考察或许才有助于我们厘清树木与森林之间的关系。许多（尽管不是全部）单棵树木已经得到了出色的研究，但对于森林，我们目前的研究程度仅如同印象派速写。或许要等到尼尔松的《历史》（*Geschichte*）第二卷面世，[84]诺克发表人们期待已久的关于希腊化时代宗教的吉福德讲座（Gifford Lectures），费斯图吉耶完成他关于宗教思想史的重量级系列研究（此系列的名字

---

[82] Demetrius Cynicus (saec. 1 A.D.) *apud* Seneca, *de beneficiis* 7.1.5. f.

[83] 正如文德兰所指出（Wendland, *Die hellenistisch-römische Kultur*², 226 ff.），德米特里乌斯那样的异教徒的看法其实和阿诺比乌斯（Arnobius）那样的基督教作家的观点相一致，后者认为世俗的教导都是不必要的。小教义问答（the Shorter Catechism）认为"人的全部责任就在于荣耀上帝并且以他为乐，直至永远"，异教的赫尔墨斯主义者（Hermetist）写道，"哲学完全就在于通过习惯性的沉思以及神圣的虔敬来寻求对于神的理解"（*Asclepius* 12），上述两种观点之间并没有太大差别。

[84] 同时参见其 *Greek Piety*（英译本，1948），以及他的论文"The New Conception of the Universe in Late Greek Paganism"（*Eranos*, 44 [1946] 20 ff.) 和 "The Psychological Background of Late Greek Paganism"（*Review of Religion*, 1947, 115 ff.)。

具有一定误导性,叫作《赫尔墨斯·特利斯墨吉斯忒斯的启示》[*La Révélation d'Hermès Trismégiste*]),[85]我等业余人士才能够更好地做出自己的判断,以及更好地避免草率的判断。不过最后,我想简要谈一谈对于希腊理性主义之失败的一些建议性的解释。

其中有些解释不过是重申了它们要解决的问题。仅仅回答希腊人已变得堕落或希腊思想已屈从于东方影响是无济于事的,同时还必须回答这种情况何以会发生。在某种意义上这两个说法或许都是对的,但在我看来,如今最顶尖的学者都不会如过去一个世纪那样无条件地认可它们。[86]即便它们都对,但在弄清所谓的衰退的本质和原因之前,如

---

[85] Vol. I, *L'Astrologie et les sciences occultes* (Paris, 1944),其中包含一篇为此丛书所写的出色导言; Vol. II, *Le Dieu cosmique* (Paris, 1949)。另外两卷即出, *Les Doctrines de l'âme* 和 *Le Dieu inconnu et la Gnose*。库蒙特的遗作 *Lux Perpetua* 处理了希腊罗马世界的内容,和罗德的 *Psyche* 一书中所处理的希腊化时代的某些内容有重合,但此书出版较晚,因而我未及参考。

[86] 伯里认为,不滥用"那个含混且轻率的词'堕落的'",可能要比将它应用于公元前3世纪至前2世纪的希腊人还更流行(Bury, *The Hellenistic Age*, 2);而且塔恩也"不揣冒昧地去大胆怀疑真实的希腊人是否真的堕落了"(Tarn, *Hellenistic Civilisation*, 5)。至于后来希腊思想所受到的东方影响这一问题,目前的趋势是通过和早期希腊思想家尤其是柏拉图的影响做比较,来减弱东方影响的重要性(参见 Nilsson, *Greek Piety*, 136 ff.; Festiguère, *Le Dieu cosmique*, xii ff.)。诸如基提翁的芝诺(Zeno of Citium)、波西多纽斯、普罗提诺,甚至哲学性的《赫尔墨斯文集》的作者这样的人都不再被认为是任何根本意义上的"东方化主义者"(Orientalisers)。目前也有人在反对夸大东方秘仪的影响:参见 Nock, *CAH* XII.436, 448 f.; Nilsson, *op. cit.*, 161。

此泛泛的断言是于事无补的。我也不认为种族杂交（racial-interbreeding）足以充分地解释问题，除非人们认定文化心态可以在胚质（germ-plasm）中得到遗传，或杂种一定比"纯种"更为低劣。[87]

如果想得到更准确的答案，那我们就必须确保那些答案与事实相符合而不是一味臆想。但这往往做不到。曾有一位知名的英国学者言之凿凿地告诉我："毫无疑问，希腊化时代科学的过度专业化以及大众教育的发展导致希腊人的心智活动走向荒芜。"[88] 我怀疑他只不过是把自己对当代某些弊病的诊断投射到了过去。希腊科学在任何时期都没有出现过我们今天的专业化现象，一些希腊科学史上最伟大的人物都是非专业学者，只需看看泰奥弗拉斯托斯或埃拉托塞尼、波西多纽斯、盖伦（Galen）或托勒密（Ptolemy）的著作清单，我们就能明白这一点。普及教育也同样没在希腊历史上出现过：我们宁可说希腊化时代的思想滑坡是由于大众教育过少，而不是过多。

此外，还有一些颇受欢迎的社会学解释也有不符合历史事实之嫌。[89] 政治自由的缺失确实有可能会妨碍智识事业

---

[87] 参见贝恩斯（N. H. Baynes）的评论，*JRS* 33（1943）33。值得记住的是，希腊文明的创造者们显然都是印欧地区和非印欧地区杂交的产物。

[88] W. R. Halliday, *The Pagan Background of Early Christianity*, 205. 其他人曾以更多的理由谴责有教养的上流社会人数极少，高等教育完全没有覆盖或影响到大众（例如，Eitrem, *Orakel und Mysterien am Ausgang der Antike*, 14 f.）。

[89] 参见 Festugière, *L'Astrologie*, 5 ff.。

的发展，但这不是决定性因素；因为公元前4世纪晚期至前3世纪晚期这一理性主义的黄金时代确实不是一个政治自由的时代。我们也不能将全部原因归咎于战争或经济凋敝。确实有证据可以表明这样的状况会滋长巫术和占卜术[90]（拿最近的例子来说，"一战"期间及战后流行唯灵论［spiritualism］，而"二战"期间及战后则流行占星术）；[91]我也愿意相信，公元前1世纪动荡的社会状况会促使人们直接逃避理性，这一现象直到公元3世纪才终结。但是，如果战争和经济是唯一起作用的因素，那么在介于其间的两个世纪中——在这相当漫长的一段时间中，国内和平，人人自安，政府也大体运转良好——这一现象就应该呈现出逆转而不是逐渐加剧的趋势。

也有学者强调希腊理性主义内部发生了崩塌。尼尔松认为，它"已消耗殆尽，有如薪尽火灭。当科学最终沦为毫无意义的文字游戏和毫无灵魂的卷宗时，宗教信仰就会重获生机"。[92]正如费斯图吉耶所指出，"我们讨论太多了，我们已厌倦文字。剩下的只有技术"。[93]在现代人看来，这一描述广为人知而且令人不安，但古代确实存在着许多支持这一说法的证据。如果我们追问薪尽的原因，那么两位学者都

---

[90] 参见本书第二章注释[92]。
[91] 1946年出版的一部著作宣称当时美国大约有25000位执业占星师，而且当时约有100家美国报纸每天都会给读者提供占卦（Bergen Evans, *The Natural History of Nonsense*, 257）。很遗憾我没有可资比较的英国或德国数据。
[92] Nilsson, *Greek Piety*, 140.
[93] 参见 Festugière, *L'Astrologie*, 9。

会提供一个旧式答案，即希腊科学没能发展出实验方法。[94] 如果我们继续追问希腊科学为什么没能发展出实验方法，那么我们通常会被告知，这是因为希腊人的思维习惯是演绎式的——我认为这个回答并不是太有启发性。马克思主义者的分析倒是提供了一个更聪明的答案：希腊科学没能发展出实验方法，是因为没有真正的科技；没有真正的科技，是因为人类劳动力过于廉价；劳动力过于廉价，是因为当时有充足的奴隶。[95] 寥寥几步推理就揭示出中世纪世界观的兴起是建立在奴隶制的基础之上。我觉得这一推理的某些环节尚值得商榷；但我没法胜任这一工作。不过，我将冒然做两点明确表态。首先，经济论点可以更好地解释阿基米德之后力学的停滞，却不能更好地解释盖伦之后医学的停滞以及托勒密之后天文学的停滞。其次，总体上来说科学思想的凋零或许可以很好地解释知识分子的厌倦与不安，但却不能很好地解释大众的新态度。那些转向占星术或巫术的大多数人，那些密特拉教（Mithraism）或基督教的大多数信奉者，显然不会直接且自觉地关心科学发展的停滞；我甚至怀疑，即使当时的科学家因发明蒸汽机而改变了他们的经济生活，他们的宗教观念也不会发生根本性变化。

---

[94] 关于这点存在着重要的例外，尤其是在斯特拉波的物理学著作中（参见 B. Farrington, *Greek Science*, II.27 ff.），以及在解剖学和生理学领域。在光学方面，托勒密设计了许多实验，参见 A. Lejeune, *Euclide et Ptolemée*。

[95] 参见 Farrington, *op. cit.*, II.163 ff., 以及 Walbank, *Decline of the Roman Empire in the West*, 67 ff.。我简化了论证，但希望没有严重曲解。

在我看来，如果将来的历史学家想为以上现象提供一个更加完整的解释，那么除了智识因素与经济因素外，他们还需将另一种不那么容易察觉也不那么完全理性的动机纳入考量。我之前说过，人们接受星体决定论的原因之一是对自由的恐惧——开放社会将个人选择这一沉重的负担抛给了每一个人，但人们不由自主地选择逃离。如果这一动机是真实原因（存在着相当有力的证据表明，这在今天是真实原因），[96]那么我们就有理由猜测它在许多领域都起到了作用。我们可以猜测，它可能将哲学思辨固化成了可为个人提供不变生活准则的准宗教教条，可能加深了克里安提斯或伊壁鸠鲁曾表达过的对非实用性研究的恐惧；之后，它还可能促进了民众对预言家或雕像的需求；并在更一般层面促进了人们对书面文字的盲目崇拜，这正是罗马帝国晚期与中世纪的典型特征——诺克曾说，人们乐意"接受那些说法，因为它们被写进了书里，甚或是因为据说被写进了书里"。[97]

当一个民族像公元前3世纪的希腊人一样走向开放社会时，逃避理性的现象并不会立刻或整齐划一地在各领域发生。个人也不是毫无痛苦。因为无论在哪个领域，拒绝承担责任总要付出代价，通常这一代价就是神经症（neurosis）。我们可以找到别的证据来证明，恐惧自由不单单只是这样一

---

[96] 参见 Erich Fromm, *Escape from Freedom*。
[97] Nock, *Conversion*, 241. 参见弗罗姆的看法，他认为这依赖于"巫术助手"，因而会妨碍自发性，Fromm, *op. cit.*, 174 ff.。

个短语，即只用它来表示在逃避理性的后期阶段[98]所出现的非理性焦虑的增长和神经质罪感的显现。这些症状并不是新的希腊宗教体验：我们在研究古风时代时就已遇到过它们。但是，数个世纪以来理性主义已经削弱了它们的社会影响力，也由此间接削弱了它们施加在个体身上的力量。不过现在，它们自己又展现出了全新的形式和力量。这里我无法巨细无遗地罗列证据，但我们可以通过比较如下两种"迷信之人"来窥见这一变化：泰奥弗拉斯托斯笔下的"迷信之人"不过是一个老派的传统禁忌的遵守者，而普鲁塔克笔下的"迷信之人"则"衣衫褴褛地坐在公共场合或是赤条条地在泥地中打滚，并且宣告自己所犯下的罪恶"。[99]普鲁塔克对宗教神经症的描述还可以用许多别的例证来补充：其中卢奇安（Lucian）对佩瑞格里努斯（Peregrinus）的刻画格外引人注目，此人最先因自己的罪恶而求助基督教，随后又转向异教哲学，在经历了轰轰烈烈的自杀之后最终成为一位奇迹般的异教圣贤；[100]还有另一位有趣的神经症患者埃利

---

[98] 我们所拥有的希腊化时代的证据极少，这很可能是因为那一时代的散文文学几乎完全散佚了。但是其史学却的确可以提供一个非常引人注目的关于非理性宗教大规模兴起的例子，即公元前186年以及随后几年，意大利的狄奥尼索斯运动遭到镇压。那一运动声称拥有大批追随者，"几乎是第二群人"。参见 Nock, *op. cit.*, 71 ff.; E. Fraenkel, *Hermes*, 67 (1932) 369 ff.; 以及最近的 J. J. Tierney, *Proc. R.I.A.* 51 (1947) 89 ff.。

[99] Theophrastus, *Char.* 16 (28 J.); Plut. *de superstitione* 7, 168d. 参见 "The Portrait of a Greek Gentleman", *Greece and Rome*, 2 (1933) 101 f.。

[100] 如果我们相信卢奇安，他说佩瑞格里努斯也经常以泥涂脸（*Peregr.* 17），尽管也许是出于其他动机。卢奇安解释说，佩瑞格里（转下页）

乌斯·阿里斯提得斯（Aelius Aristides），他留下了自述。[101]显然，焦虑又一次在民众中间弥漫开来，他们不仅像过去一样惧怕死后惩罚，[102]而且现存祷文和护身符表明他们还有更直接的恐惧。[103]帝国晚期的异教徒和基督徒都祈求免遭不

（接上页）努斯奇特生涯中的任何事情都可以归因于他渴望臭名声。他的结论可能有一定的真实性：第欧根尼（ibid.）所呈现的佩瑞格里努斯的表现癖——如果这不仅只是一个通常被归之于极端犬儒派的特征——似乎比卢奇安所知道的更能证实这一点。然而在阅读卢奇安的愤怒的叙述时难免会感觉到那个人其实要比江湖骗子好太多了。他确实很神经质，而且在某种程度上有时很可能无异于实际的精神错乱；但许多人——包括基督徒和异教徒——在他身上看到了 θεῖος ἀνήρ [神样的男人]，甚至是第二个苏格拉底（ibid., 4 f., 11 f.），而且他享有死后的崇拜（Athenagoras, Leg. pro Christ. 26）。心理学家可能会倾向于发现他一生主旨就在于内心渴求挑战权威（参见 K. v. Fritz in P.-W., s.v.）。而且心理学家还可能会猜测那一渴求根源于其家庭状况，会让人回想起那一险恶的谣言即佩瑞格里努斯是一位弑亲者，也会让人回想起他跳上火葬堆前的那些意想不到的临终遗言——δαίμονες μητρῷοι καὶ πατρῷοι, δέξασθέ με εὐμενεῖς [父亲和母亲的精灵啊，请宽厚地接受我]（Peregr. 36）。

[101] 参见 Wilamowitz, "Der Rhetor Aristides", *Berl. Sitzb.* 1925, 333 ff.; Campbell Bonner, "Some Phases of Religious Feeling in Later Paganism", *Harv. Theol. Rev.* 30 (1937) 124 ff.；以及本书第四章，p. 116。

[102] 参见 Cumont, *After Life*, Lecture vii。普鲁塔克的 δεισιδαίμων [迷信之人] 描绘了"敞开的地狱之门"，火焰之河，可怕的尖叫声，等等（*de superst.* 4, 167a）——风格完全按照 *Apocalypse of Peter*，这书可能写于普鲁塔克生前。

[103] 关于护身符，参见坎贝尔·邦纳（Campbell Bonner）的重要论文，*Harv. Theol. Rev.* 39（1946）25 ff.。他指出，从公元1世纪开始，雕刻宝石的巫术用途显然得到了大规模增长（这是他论文的主要关注点）。被称作《基兰尼德斯》（*Kyranides*）的汇编——其较古老的部分可追溯到那一世纪——中记载了很多对付恶魔、鬼影、夜间恐惧等的护身符秘方。古代晚期对于恶魔的恐惧甚至波及有教养的阶层，这可从波菲利的观点中看出，他说所有的房子以及所有的动物（转下页）

可见的危险——那些危险包括邪恶之眼、精灵附身、"骗人的精灵"或"无头狗"。[104] 其中有一个护身符承诺保佑"免遭噩梦或空中存在物的任何恶意"；另一个护身符承诺保佑"免遭敌人、指控者、强盗、恐怖以及梦中幽灵的侵扰"；还有一个基督徒的护身符承诺保佑免遭潜藏在床底下、椽梁中甚至垃圾堆里的"不洁精灵"的污染。[105] 以上几例说明非理性的回归已相当彻底。

我必须在这里终止这个话题了。不过，在本书结束之前，我还要再供认一点。我故意避免在书中使用当代的类似案例，因为这些案例既启发人但往往也会误导人。[106] 不过，就像人

（接上页）身上充满着恶魔（*de philosophia ex oraculis haurienda*, pp. 147 f. Wolff），这也可以从德尔图良（Tertullian）的断言中看出，他说 *nullum paene hominem carere daemonio* ［几乎没人身上没有恶魔］（*de anima* 57）。的确，晚至公元 3 世纪至 4 世纪，确实有理性之人反对那些信仰（参见 Plot. *Enn.* 2.9.14；Philostorgius, *Hist. Eccl.* 8.10；以及埃德尔斯坦所引的其他例子，Edelstein, "Greek Medicine in Its Relation to Religion and Magic", *Bull. Hist. Med.* 5 ［1937］216 ff.）。但他们只是逐渐减少的一群人。对基督徒来说，认为异教诸神是真实存在的恶灵这一观点大大增加了恐惧的负担。诺克甚至说，"在作为一个群体的护教论者（Apologists）以及在德尔图良的护教著作看来，耶稣基督的救赎行为在于从恶魔那拯救而不是从罪中拯救"（Nock, *Conversion*, 222）。

[104] *PGM* viii.33 ff.（参见 P. Christ. 3）；ἀντίθεος πλανοδαίμων［骗人的精灵］, vii.635；κύων ἀκέφαλος［无头狗］, P. Christ. 15b。

[105] *PGM* vii.311 ff.；x.26 ff.；P. Christ. 10. 对噩梦的恐惧在普鲁塔克所描绘的 δεισιδαίμων［迷信之人］中也极为显著（*de superst.* 3, 165e ff.）。

[106] 我相信，我们如今的状况中存在着某些因素会使得它与任何以往的人类状况有本质区别，因而这就会使得斯宾格勒（Spengler）的那种循环假设变得无效。利普曼已经很好地阐述了这一点，参见 Lippmann, *A Preface to Morals*, 232 ff.。

们不能摆脱自己的影子，在对历史问题下判断时，没有哪一代人能够避免涉及自己时代的问题，无论那一涉及是有意识还是无意识的。我也不打算在读者面前遮遮掩掩：在写作这些章节尤其是本章的时候，我时时刻刻都在想着我们自己时代的状况。我们也见证了一个层累堆积体的缓慢瓦解，瓦解始于有教养的阶层，但如今却影响到几乎所有地方的民众，不过瓦解过程还远未完成。我们自己也经历了理性主义的黄金时代，这一时代以前人无法想象的科学进步为标志，同时它也使得人们面临着一个前所未有的开放社会。而在过去的四十年中，我们也经历了其他事情——我们看到了人类从那一前景面前撤退的明显征兆。正如安德烈·马尔罗（André Malraux）最近所说，似乎"西方文明已经开始质疑自己的文凭了"。[107]

这一撤退、这一怀疑的意义是什么？它是腾跃之前的迟疑，还是落荒而逃的开始？我不知道。对于这样的问题，区区一个希腊文化教授没法给出意见。但他可以做一件事。他可以提醒自己的读者，曾经有一个文明的民族跨上了那一腾跃——他们跨上了它，也拒斥了它。他还可以恳请他的读者审查那次拒斥的所有相关情况。

---

[107] A. Malraux, *Psychologie de l'art*（Paris，1949）。参见奥登的观察，"人类没有获得运转良好的开放社会所要求的那些习惯，这使得越来越多的人认为开放社会是不可能的，以及因此认为避免经济灾难和精神灾难的唯一出路就在于尽可能迅速地返回到某种封闭的社会"（Auden, *loc. cit. supra*, n. 2）。然而这离埃德温·贝文写下如下这段话还不到三十年，"现代人在骨子里深信某些事业正在向前发展，以至于我们很难想象一个没有改善与前进之希望的世界"（Edwyn Bevan, *The Hellenistic Age*, 101）。

那次拒斥是马在拒斥还是御马者在拒斥呢？这实在是一个要紧的问题。*我个人相信是马，也就是人性中的非理性因素，它在我们浑然不觉时驾驭着我们如此多的行为和思想（我们还以为那些思想是我们自己的）。如果我的回答正确，那么我们就有希望的余地。我相信这些章节已经表明，在希腊化时代之前，欧洲第一次理性主义运动的开创者们从来都不是"纯粹的"理性主义者：也就是说，他们深刻而富有想象力地意识到了非理性的力量、奇迹和危险。但是，他们只能用神话或象征性的语言来描述意识阈值之下的东西；他们缺乏理解非理性的工具，更不用说控制它了；而希腊化时代则有太多的人大错特错地以为他们可以忽视非理性。另一方面，现代人已经开始获得理解非理性的工具。但这一工具还很不完善，也并不总是能被人们娴熟地掌握；它在许多领域（包括历史学）[108]的可能性与限度仍有待考察。但它似

---

[108] 柯林伍德（R. G. Collingwood）晚年认为，"非理性的因素……，我们身上盲目的力量和活力，是我们生命的组成部分……，但不是历史进程的组成部分"。这与古往今来几乎所有历史学家的做法相一致。我本人坚信，也就是本书各章所试图阐明的，我们理解历史进程的契机很大程度上就取决于要摒弃这一对历史进程概念的极为专横的限定。康福德在论述思想史时也反复强调这一点：尤其参见 Cornford, *The Unwritten Philosophy*, 32 ff.。关于总体立场，我应该接受奈特（L. C. Knight）在其《探索》(*Explorations*)一书中的结论，"我们所需要的不是抛弃理性，而只是要认识到，在过去的三个世纪中，理性起作用的领域并不是全部经验的领域，但它把部分误认作整体，并给它自己的工作施加了极为专横的限定"（p. 111）。

* 在柏拉图《斐德若》中，御马者代表理性，马代表非理性，前者率领后者上升。

乎提供了希望：如果我们明智地使用这一工具，那么最终就可以更好地理解我们的马；而如果更好地理解了马，那我们就能够更好地帮助马克服恐惧；而如果能帮助马克服恐惧，那么马和御马者终有一天会完成那决定性的一跃，而且会完成得相当漂亮。

附录一 迈娜得斯主义（Maenadism）

"艺术和诗歌中所展现出的狂野状态显然只是出于想象，因为在散文文学中，我们几乎找不到证据来证明历史上女人确实在露天举行过狂欢仪式。[1]对于习惯了深居简出的希腊女人来说，这样一种实践委实陌生。……梯伊阿得（Thyiads）节日主要限于帕那索斯地区。"桑迪斯（Sandys）在他备受好评的《酒神的伴侣》（*Bacchae*）编本导言中如是说。另一方面，狄奥多罗斯（Diodorus）告诉我们（4.3），"在许多希腊城邦中，女人的狂欢集会（βακχεῖα）每两年举办一次，未婚的女孩也被允许手执酒神杖，分享年长女人们的狂喜（συνενθουσιάζειν）"。自桑迪斯以来，发现于希腊世界各处的铭文证据都证实了狄奥多罗斯的说法。我们现

本文原作为一篇论文的章节刊于 *Harvard Theological Review*，Vol. 33（1940），此次重印做了一些修改和增补。我要感谢诺克（A. D. Nock）教授、鲁道夫·普法伊费尔（Rudolf Pfeiffer）博士以及其他人，他们提出了宝贵的批评意见。

[1] βακχεύειν［狂欢］的传统译法会让人产生不好的联想。βακχεύειν 不是指玩得痛快，而是指参加一种独特的宗教仪式以及（或者）拥有一种独特的宗教体验——那种与神交融的体验会将人转变成一个 βάκχος［狂男］或 βάκχη［狂女］。

在知道，这种两年一度的节日（τριετηρίδες）在忒拜、奥普斯（Opus）、米洛斯（Melos）、珀伽蒙（Pergamum）、普里耶涅（Priene）和罗得岛（Rhodes）都有举行；而且泡萨尼阿斯（Pausanias）证实了阿卡狄亚地区的阿里亚（Alea），阿里安（Aelian）证实了米提列涅（Mitylene），以及费尔米库斯·马特尔努斯（Firmicus Maternus）证实了克里特都有举行。[2]这些节日或许随着地点的不同而风格迥异，但毋庸置疑的是，它们通常都包含着狄奥多罗斯所描述的迷狂或准迷狂的女性 ὄργια [秘仪]，并且通常（即使并不总是）还包含着夜间举行的 ὀρειβασία [山间舞蹈]。《酒神的伴侣》中描述过这种奇特的仪式，而且一直到普鲁塔克的时代，女人们也确实在德尔斐的 τριετηρίς [两年一度的节日] 上举行过这种仪式。当然，别处也举行过这种仪式：在希腊化时代晚期的米利都，狄奥尼索斯的女祭司仍然"带着女人们走向山间"；[3]在厄里特赖（Erythrae），Μιμαντοβάτης [踏上米马斯] 这一名称表明了 ὀρειβασία 是在米马斯（Mimas）山上举行。[4]狄奥尼索斯本人也 ὄρειος [出没山野]（Festus，

---

[2] *Fouilles de Delphes*，Ⅲ.i.195；*IG* Ⅸ.282，Ⅻ.iii.1089；Fraenkel，*In. Perg.* 248（参见 Suidas，s.v. τριετηρίς）；Hiller v. Gärtringen，*In. Priene* 113，l. 79；*IG* Ⅻ.i.155，730；Paus. 8.23.1；Ael. *Var. Hist.* 13.2；Firm. Mat. *Err. prof. rel.* 6.5。τριετηρίδες [两年一度的节日] 也出现在半希腊化的色雷斯的布迪诺伊人（Budini）中间，Hdt. 4.108。

[3] Wiegand，*Milet*，Ⅳ.547 εἰς ὄρος ἦγε [带领走向山间]；参见 *Bacch.* 116，165，977，这暗示了 εἰς ὄρος [走向山间] 可能曾是一种仪式性的号喊。

[4] Waddington，*Explic. des Inscr. d'Asie Mineur*，p. 27，no. 57。这一名称是否和狄奥尼索斯有关尚不确定。但有文学证据可以证明，（转下页）

182), ὀρειμάνης［在山中迷狂］(Tryph. 370), ὀρέσκιος［靠山林隐埋行迹］以及 οὐρεσιφοίτης［徜徉山林］(Anth. Pal. 9.524)。斯特拉波（Strabo）在谈论狄奥尼索斯秘仪和其他相关秘仪时曾泛泛地说，τὰς ὀρειβασίας τῶν περὶ τὸ θεῖον σπουδαζόντων［" 热烈渴求神圣的人们所举行的那些山间舞蹈 "］(10.3.23)。文学作品中最早提及这种仪式的是荷马《德墨忒尔颂》(Homeric *Hymn to Demeter*) 第 386 行：ἤϊξ' ἠΰτε μαινὰς ὄρος κατὰ δάσκιον ὕλης［她（德墨忒尔）狂奔，就像迈娜得斯冲下繁茂的山林］。

ὀρειβασία 通常在隆冬之夜举行，它必须使参加者经受强烈的不适和危险：据泡萨尼阿斯描述，[5] 在德尔斐，女人们要爬上高过 8000 英尺的帕那索斯山山顶；普鲁塔克[6] 也描述当时的一次事件，女人们受阻于暴风雪，于是不得不派出一支救援队——当返回时，他们的衣服冻得僵硬如木板。那么，女人们这种实践的目的究竟是什么呢？许多人认为，通过交感巫术，舞蹈能使她们的农作物茁壮生长。但在别处，这种舞蹈却是一年一度，如同粮食一年一收，而

（接上页）同一山脉东部的特摩洛斯山（Tmolus）举行过狄奥尼索斯 ὀρειβασία［山间舞蹈］, Nonnus 40.273：εἰς σκοπιὰς Τμώλοιο θεόσσυτος ἤιε βάκχη［神派来的狂女走向特摩洛斯山顶］; *H. Orph.* 49.6：Τμῶλος... καλὸν Λυδοῖσι θόασμα［特摩洛斯山……对吕底亚人来说是一片绝佳的舞蹈场地］（因此它被称为 ἱερὸν Τμῶλον［神圣的特摩洛斯山］, Eur. *Bacch.* 65）。

[5] 10.32.5. 这一说法自然遭到了怀疑。
[6] *de primo frigido* 18, 953d.

ὀρειβασία 则是两年一度；别处的舞蹈在春天举行，而不是在隆冬；舞蹈的场地是在农田，而不是在荒芜的山顶。晚期希腊作家认为，德尔斐的舞蹈是纪念性的：狄奥多罗斯说（4.3），女人们跳舞"是在模仿那些据说在旧时曾与狄奥尼索斯神做伴的迈娜得斯（maenads）"。这一说法或许在当时是正确的，但仪式通常要比人们用以解释仪式的神话更加古老，而且仪式也具有更深层的心理学根基。必定存在着一段时间，在其间，迈娜得斯或梯伊阿得或 βάκχαι [巴科埃（酒神的伴侣）]这些人确实是名副其实的——在那数小时或数日内，狂女们的人格暂时被另一种人格替代了。这一情况在欧里庇得斯的时代是否仍然存在，我们无从得知。普鲁塔克[7]记载的一个德尔斐传统表明，直至公元前4世纪，这一仪式有时仍会导致人格障碍，不过相关证据比较薄弱，人格转换的本质也全然不清晰。但其他文化中存在着类似的现象，它们能够帮助我们理解《酒神的伴侣》中的 πάροδος [进场歌]以及阿高埃（Agave）所受到的惩罚。

在许多社会乃至一切社会中都存在着这样一群人，用奥尔德斯·赫胥黎（Aldous Huxley）先生的话说就是，"对他们而言，仪式性舞蹈所提供的宗教体验似乎要比任何其他方式所提供的宗教体验都更令人满意和信服。……动动肢体肌肉，他们就能轻松获得有关神的知识"。[8]赫胥黎先生认

---

[7]　*mul. virt.* 13, 249e.
[8]　*Ends and Means*, 232, 235.

为基督教犯了一个错误,因为它允许舞蹈全盘世俗化,[9]因为——借用一位伊斯兰教圣贤的话——"知道舞蹈的力量的人是住在神那里的"。不过舞蹈所拥有的是一种危险的力量。和其他形式的自我放任一样,进入这一状态总比终止它更简单。在14至17世纪,超乎寻常的舞蹈癫狂会周期性地席卷欧洲。人们不停地起舞,直至倒下——就像《酒神的伴侣》第136行的舞者或第2471号柏林花瓶[10]上的舞者那样——然后昏迷,被同伴踩在脚下。[11]舞蹈癫狂也具有很强的传染性。正如《酒神的伴侣》第778行彭透斯(Pentheus)所注意到的,舞蹈癫狂会如同野火一般蔓延。起舞的意愿未经理智同意就牢牢攫住了人们:例如在1374年的列日(Liège),一些已进入迷狂状态的民众赤裸半身、头戴花环舞蹈着进入城镇,他们以圣约翰的名义起舞,在此之后,据说"许

---

[9] 作为一种崇拜形式的舞蹈长期存在于美国某些教派中。雷·斯特拉奇(Ray Strachey)援引了一百年前震颤派(the shaker)长老的劝言(*Group Movements of the Past*, 93):"走吧,老人们、青年们以及少女们,尽你们所能在舞蹈中敬拜上帝吧。"而且肯塔基州圣洁会(the Holiness Church)的成员们似乎依然在举行圣礼舞蹈(*Picture Post*, December 31, 1938),正如犹太教的哈西德教徒(Hasidim)一样(L. H. Feldman, *Harv. Theol. Rev.* 42 [1949] 65 ff.)。

[10] Beazley, ARV 724.1; Pfuhl, *Malerei u. Zeichnung*, fig. 560; Lawler, *Memoirs of the American Academy at Rome*, 6 (1927) pl. 21, no. 1.

[11] *Chronicle of Limburg* (1374), 引自 A. Martin, "Gesch. der Tanzkrankheit in Deutschland", *Zeitschrift d. Vereins f. Volkskunde*, 24 (1914)。同样,北美印第安人在19世纪90年代养成了对鬼舞的爱好,他们不停地跳舞,"直至一个接一个地硬生生跌倒,瘫躺在地上"(Benedict, *Patterns of Culture*, 92)。

多看似身心正常的人也都突然被恶魔附体，加入了舞蹈队伍"。这些人离开家园，就像剧中的忒拜女人们；甚至年轻女孩们也切断了自己和家庭、朋友的联系，跟着舞者四处游荡。[12] 17 世纪的意大利也出现过一次类似的癫狂（mania）现象，据说"当时无论老少都对此毫无抵抗力；甚至处于耄耋之年的老人在听到回旋舞步时也丢下拐杖，他们就像血管中被注入了某种能够重获青春与活力的魔药似的，加入了最为放纵的舞者队伍"。[13]《酒神的伴侣》中卡德摩斯 - 忒瑞西阿斯（Cadmus-Teiresias）的场景在重复上演着，这似乎证实了诗人的评论（第 206 行以下）——狄奥尼索斯没有年龄限制。甚至怀疑派有时（就像阿高埃）也会受到狂热感染，尽管这违背他们的意愿，也违背他们所宣称的信仰。[14] 在 15、16 世纪，阿尔萨斯（Alsace）的人们认为，通过诅咒可以使某人染上舞蹈癫狂。[15] 在某些地方，令人着迷的狂欢会有规律地反复间隔出现，它会逐渐增强，在圣约翰日或圣维塔日（St. Vitus'day）达到顶峰，爆发后又恢复正常；[16]

---

[12] 马丁引自各种当代文献（Martin, *loc. cit.*）。他的叙述补充并且在某些方面纠正了赫克（J. F. K. Hecker）的经典著作：*Die Tanzwuth*（1832；我引自巴宾顿［Babington］的英译本，Cassell's Library，1888）。

[13] Hecker, *op. cit.*, 152 f. 因此布鲁内尔说某些阿拉伯舞蹈"极具传染性的癫狂会感染到每一个人"（Brunel, *Essai sur la confrérie religieuse des Aissâoûa au Maroc*, 119）。1921 年图林根州的癫狂舞蹈也有类似的传染性（参见我所编订的《酒神的伴侣》，p. xiii, n. 1）。

[14] Hecker, 156.

[15] Martin, 120 f.

[16] Hecker, 128 ff.; Martin, 125 ff.

而在意大利，通过音乐和狂欢舞蹈对患者进行的周期性"治疗"则似乎发展成了一年一度的节日。[17]

最后一个事实表明，在希腊，于固定日期举行的仪式性山间舞蹈（oreibasia）最初可能是由无意识的集体性歇斯底里发展而来的。通过每两年组织一次狄奥尼索斯仪式来排解歇斯底里，可以将它限制在一定范围内并给它提供一个相对无害的发泄口。《酒神的伴侣》的 πάροδος［进场歌］中描述的是一种服务于宗教的歇斯底里，而发生在基泰戎（Cithaeron）山上的则是原始的歇斯底里，这是一种危险的巴科埃主义（Bacchism），[18] 它会作为一种惩罚降临到过于体面之人的身上，并且违背他们的意愿将他们裹挟。而狄奥尼索斯则兼具这两面性：和圣约翰或圣维塔一样，他既是癫狂的肇始者，又是癫狂的解放者，既是 Βάκχος［巴科斯］又是 Λύσιος［解放者］。[19] 为了正确理解《酒神的伴侣》，我们必须牢记这种两面性。违抗狄奥尼索斯就是在压抑自己本性中的要素。惩罚就是指内在的堤坝突然间完全崩溃，当那

---

[17] Hecker, 143 f., 150. 马丁发现（Martin, 129 ff.），埃斯特纳赫（Esternach）一年一度的舞蹈游行中幸存着一种正式、规范而且令人着迷又具有疗效的莱茵河舞蹈，人们依然相信它能够治愈癫痫以及类似的精神痼疾。

[18] 或许拉科尼亚地区的说法是 Δύσμαιναι［杜斯美娜］（这是帕拉提那斯［Pratinas］一部悲剧的名称，Nauck, *TGF*², p. 726）。未能辨别出信使所描述的"黑"迈娜得斯主义和合唱队所描述的"白"迈娜得斯主义是误解《酒神的伴侣》的原因。

[19] 参见 Rohde, *Psyche*, ix, n. 21; Farnell, *Cults*, V. 120。其他人将 Λύσιος 和 Λυαῖος 解释为习俗的解放者（维拉莫维茨），或囚徒的解放者（Weinreich, *Tübinger Beiträge*, V［1930］285 f., 比较 *Bacch.* 498）。

一要素不得已而爆发出来以及教化消失时,崩溃就会发生。

再者,《酒神的伴侣》中的狂欢宗教和别处的狂欢宗教之间有着许多细节上的相似之处,这点值得注意,因为它们都倾向于主张"迈娜得斯"是真实的而非传说中的人物,她以不同的名字广泛存在于不同的时期和不同的地方。第一个相似之处关系到迈娜得斯舞蹈中伴奏用的笛子(flutes)和皮鼓(tympana)或铜鼓(kettledrums),它们在《酒神的伴侣》以及希腊陶瓶上都有描绘。[20] 对希腊人来说,它们是典型的"狂欢"乐器:[21] 所有盛大的舞蹈仪式都会用到它们,包括亚洲的库柏勒(Cybele)仪式、克里特的瑞亚(Rhea)仪式以及狄奥尼索斯仪式。那些乐器能够导致癫狂,而通过顺势疗法(homoeopathic doses),它们也可以治愈癫狂。[22] 两千年后,大约在1518年,当圣维塔的疯狂舞者们载歌载舞穿过阿尔萨斯时,一种类似的音乐——鼓与笛之乐——再次被用来服务于同样的双重目的,既激起癫狂又治愈癫狂:关于这一主题,我们拥有斯特拉斯堡市议会(Strassburg Town

---

[20] 劳勒发现(Lawler, *loc. cit.*, 107 f.),在关于迈娜得斯的瓶画中,笛子出现了38次,皮鼓出现了26次,大鼓(crotala)和铜板(castanets)也出现了38次(参见 Eur. *Cycl.* 204 f.)。她注意到"宁静的场景从不使用皮鼓"。

[21] 关于笛子,参见 Ar. *Pol.* 1341a21:οὐκ ἔστιν ὁ αὐλὸς ἠθικὸν ἀλλὰ μᾶλλον ὀργιαστικόν [笛子不是关于道德的,而是用于秘仪的],Eur. *Her.* 871, 879,以及本书第三章注释 [95]。关于雅典狂欢仪式中的 τύμπανον [皮鼓],参见 Aristoph. *Lys.* 1-3, 388。

[22] 参见本书第三章,pp. 78-80。

Council）的会议记录。[23] 这当然不是传统，但也可能不是巧合，它似乎是对真正因果关系的一次重新发现，今天只有陆军部和救世军对此还略知一二。

　　第二个相似点是狄奥尼索斯式迷狂状态中的头部姿势。《酒神的伴侣》中反复强调了这一点：第150行，"让好看的长发飘到空中"；第241行，"我将终止你向后甩动长发"；第930行，"将我的头前后甩动，如同酒神狂欢上的动作"。类似地，被神附体的卡珊德拉"受到不可抗拒的神的预言鼓舞，便甩动她那黄金的发辫"（*I. A.* 758）。阿里斯托芬也描绘了同样的特征，ταὶ δὲ κόμαι σείονθ' ἅπερ βακχᾶν ["她们的鬈发飞舞，如同酒神节上的狂女"]（*Lysist.* 1312）。这一特征也时常被后世作家描绘，尽管它不再像从前那样栩栩如生：在卡图卢斯（Catullus）、奥维德（Ovid）和塔西佗（Tacitus）的笔下，迈娜得斯仍"晃动着她们的头颅"。[24] 我们在古代艺术作品——例如桑迪斯在其书第58页和第73页所描绘的宝石以及大英博物馆浮雕上的迈娜得斯形象（Marbles II, pl. xiii, Sandys, p. 85）[25]——中都能见到这种后甩的头颅和上昂的喉颈。但是，这一姿势却不仅仅只是希腊诗歌和艺术中

---

[23] Martin, 121 f. 意大利也使用土耳其鼓和牧笛（Hecker, 151）。

[24] Cat. *Attis* 23; Ovid, *Metam.* 3.726; Tac. *Ann.* 11.31.

[25] 其他例子可参见 Furtwängler, *Die antike Gemmen*, pl. 10, no. 49; pl. 36, nos. 35–37; pl. 41, no. 29; pl. 66, no. 7。劳勒发现（Lawler, *loc. cit.*, 101），陶瓶上28幅迈娜得斯画像的头部都"强烈向后仰"。

的一种惯常描摹。在一切时代和一切地方，它都标志着一种独特的宗教性歇斯底里的特征。我可以举出三个相互独立的当代例证："不断向后掀仰头颅的动作使他们长长的黑发扭结在了一起，这使他们看起来更加野蛮"；[26]"头颅急促地前后运动使他们的长发来回甩动"；[27]"他们把头颅来回甩动，或是高高扬起他们鼓起的喉咙"。[28]第一个例证来自一位传教士对英属哥伦比亚地区食人族舞蹈的描述，他们舞罢就会将一具人体撕成碎片并吞食；第二个描绘的是摩洛哥食山羊者的圣礼舞蹈；第三个则是一位法国医生对神灵附体型歇斯底里症的临床描述。

这还不是以上几处例证的唯一相似点。欧里庇得斯笔下的迷狂舞者们"将火举过头顶却不烧着"（757），[29]别处的迷狂舞者也是如此。在英属哥伦比亚地区，舞者们手握烧红的炭块，随意地把玩它们，甚至将其放入口中；[30]南非[31]

---

[26] 引自 Frazer, *Golden Bough*, V.i.19。同样，在伏都教（voodoo）舞蹈中，"他们的头部不可思议地向后掀仰，仿佛脖子都要断了"（W. B. Seabrook, *The Magic Island*, 47）。

[27] Frazer, *ibid.*, V.i.21。

[28] P. Richer, *Études cliniques sur la grande hystérie*, 441. 参见 S. Bazdechi, "Das Psychopathische Substrät der *Bacchae*", *Arch. Gesch. Med.* 25 (1932) 288。

[29] 关于这点的其他古代证据，参见 Rohde, *Psyche*, viii, n. 43。

[30] Benedict, *Patterns of Culture*, 176。

[31] O. Dapper, *Beschreibung von Afrika*, 引自 T. K. Oesterreich, *Possession*, 264（英译本）。莱恩发现伊斯兰教的托钵僧也做同样的事情（Lane, *Manners and Customs of the Modern Egyptians*, 467 f., Everyman's Library edition）。另参见 Brunel, *op. cit.*, 109, 158。

以及苏门答腊[32]的舞者也是如此。在暹罗[33]和西伯利亚[34]地区，舞者们声称，只要神在他们体内，他们就能刀枪不入——基泰戎山上的舞者正是如此（Ba. 761）。当代的欧洲医生们在医院里找到了这一现象的原因或部分原因；在歇斯底里症病人遭受伤害的时候，事实上他们通常是处在痛觉缺失的状态———一切疼痛的感觉都被抑制了。[35]

在《纳撒尼尔·皮尔斯的生活和冒险：阿比西尼亚的旅居经历自述，1810—1819》（*The Life and Adventures of Nathaniel Pearce, written by himself during a Residence in Abyssinia from the years 1810 to 1819*）I.290 以下有一段有趣的叙述，它描绘了 19 世纪初的阿比西尼亚人如何无意识地以狂欢舞蹈和狂欢音乐（使用喇叭、鼓和横笛）作为治疗手段。该描述和欧里庇得斯的描述有诸多相似之处。在舞蹈的高潮时刻，病人会"突然加速奔跑，就连最快的赛跑运动员也难以赶上她（参见 Bacch. 748，1090），而在跑出约 200 码开外，她会突然倒地，就像中了枪击一样"（参见 Bacch. 136 及注释 11 以下）。皮尔斯在当地娶的妻子也感染了癫狂，她"活像一头鹿一样"舞蹈和跳跃（参见 Bacch. 866 ff., 166 ff.）。此外，皮尔斯还说，"我看见她们舞蹈时头上顶着一瓶玉米酒，但

---

[32] J. Warneck, *Religion der Batak*, 引自 Oesterreich, *ibid.*, 270。
[33] A. Bastian, *Völker des Oestlichen Asiens*, III.282 f.："当昭（Chao，魔王）被咒语迫降到孔松（Khon Song, 装扮成魔王的人）身上时，只要他在场，后者就是刀枪不入的，而且不会被任何武器碰到"。（*ibid.*, 353）
[34] Czaplicka, *Aboriginal Siberia*, 176.
[35] Binswanger, *Die Hysterie*, 756.

她们既没有让酒洒出也没有让瓶子掉下,尽管做着各种极为夸张的动作"(参见 *Bacch.* 775 f., Nonnus, 45.294 ff.)。

对于迈娜得斯侵袭忒拜村庄的整个描述(*Bacch.* 748-764)和我们所知的别处类似群体的行为极为相符。在许多民族中间,处于反常状态的人劫掠共同体的行为都会得到特许,无论那种反常是出于自然还是受到诱导:阻止他们的行为是危险的,因为他们其时正与超自然事物相通。因此,在利比里亚(Liberia),新成员在山林中参加过入会仪式后,就可获准去洗劫相邻村庄,抢走他们想要的任何东西。塞内加尔(Senegal)和俾斯麦群岛(Bismarck Archipelago)等地的秘密群体成员也是如此,只要是在他们参加的仪式将他们与共同体隔绝开来的时间内。[36] 以上情况无疑发生在某个公元前5世纪的希腊早就超越了的社会组织阶段;不过传说或仪式或许保存了对于那一阶段的记忆,而且欧里庇得斯很可能在马其顿碰见过真实情况。甚至今天,或许在维萨伶人(Viza mummers)的行为中也能瞥见那种仪式的残留:道金斯(Dawkins)说,"一般来说,任何躺着的东西都可以拿来作为救赎的抵押物,尤其是 Koritzia [女孩们] 会为了这一目的而抢走婴儿"。[37] 这些女孩是《酒神的伴侣》第754行的那些偷盗婴儿的迈娜得斯(她们也出现在了诺努斯 [Nonnus] 笔下以及陶瓶上)的后代吗?[38]

---

[36] A. van Gennep, *Les Rites de passage*, 161 f.
[37] *JHS* 26 (1906) 197;参见 Wace, *BSA* 16 (1909-1910) 237。
[38] Nonnus, 45.294 ff. 参见藏于大英博物馆的由梅迪亚斯画家(转下页)

狂欢仪式中另一个明显的原始要素是蛇的运用（*Bacch.* 101 ff., 698, 768）。欧里庇得斯并不理解这点，尽管他知道狄奥尼索斯可以呈现为蛇的形态（1017 f.）。陶瓶上描绘了这一点，而且在欧里庇得斯之后，蛇甚至成了迈娜得斯的传统文学形象；[39] 不过，在古典时代，似乎只有更为原始的萨巴神（Sabazius）仪式[40] 以及马其顿的巴科埃主义[41] 才将活蛇认作神的坐骑并在仪式中使用它们。[42] 甚至无须潜在地相信蛇具有神圣性，使用蛇本身就能够制造强烈的宗教兴奋。这点正好被近日一个有趣的报道所证实，[43] 该报道还附

（接上页）（Meidias Painter）所绘的迈娜得斯陶瓶（Beazley, *ARV* 833.14; Curtius, *Pentheus*, fig. 15），它和《酒神的伴侣》几乎同时。迈娜得斯抱住的那个小孩不可能是她自己的，因为他的腿挂在她的肩上，这显得颇为残忍。

[39] 参见 Beazley, *ARV* 247.14; Horace, *Odes* 2.19.19。

[40] Demos. *de cor.* 259.

[41] Plut. *Alex.* 2; Lucian, *Alex.* 7.

[42] 参见 Rapp, *Rh. Mus.* 27（1872）13。如果我们相信阿诺比乌斯（Arnobius），那么甚至萨巴神最后也允许他的崇拜者使用金属蛇，以放松他们的神经（参见本附录注释[44]）。亚历山大里亚的托勒密·菲拉德普斯（Ptolemy Philadelphus）的狄奥尼索斯游行中所使用的蛇（Athen. 5.28）无疑是假蛇（就像同一个段落中所描述的仿制常青藤和仿制葡萄藤），因为那些女士 ἐστεφανωμέναι ὄφεσιν［被蛇环绕］：一圈活蛇，无论多么温顺，都会破坏或毁掉效果。

[43] *Picture Post*, December 31, 1938. 我要感谢温宁顿-英格拉姆（R. P. Winnington-Ingram）教授提醒我注意这篇报道。我从中得知，那一仪式中曾出现过蛇咬人并导致死亡的情况，因此目前它已被法律禁止。阿布鲁佐地区（Abruzzi）的科库洛（Cocullo）也有耍蛇活动，而且是作为宗教节日的核心特色；参见 Marian C. Harrison, *Folklore*, 18（1907）187 ff., 以及 T. Ashby, *Some Italian Scenes and Festivals*, 115 ff.

上了照片。在肯塔基州的莱斯利（Leslie）县和佩里（Perry）县的偏远的采矿村中，圣洁会（the Holiness Church）在宗教仪式中使用了响尾蛇。据报道，使用蛇（这显然是基于《马可福音》16: 18，"他们手能拿蛇"）是为了服务于宗教目的。此外，他们还同时跳起了狂欢舞蹈，直至精疲力尽。响尾蛇从箱子中被拿出，挨个经过信徒们的手（显然信徒中有男有女）；照片显示，蛇被信徒们高举过头顶（参见 Demos. de cor. 259, ὑπὲρ τῆς κεφαλῆς αἰωρῶν [举过头顶]）或贴近脸颊。"有人将一条蛇塞入衬衣，又在它即将爬出衣服掉落地面之前把它抓住"——这一描述与克莱门特（Clement）和阿诺比乌斯（Arnobius）对于萨巴神仪式的描述是多么出奇地一致呀！[44] 它使得我们怀疑迪特里希（Dieterich）[45] 的如下说法是否正确，即该行为"除了能说明入会者与神进行了性结合之外别无意义"。

剩下来要说的是狄奥尼索斯冬季舞蹈的高潮部分，它同时也是上述提到的英属哥伦比亚和摩洛哥舞蹈仪式的高潮——将动物撕成碎片（σπαραγμός），并吞食生肉（ὠμοφαγία）。某些基督教神父对这一行为抱以幸灾乐祸的心态，他们的描述都不足为信；学者们和词典编纂者也提供了

---

[44] Protrept. 2.16: δράκων δέ ἐστιν οὗτος (sc. Σαβάζιος) διελκόμενος τοῦ κόλπου τῶν τελουμένων [此蛇（萨巴神）从秘仪参与者的衣袍中被拽出], Arnob. 5.21: aureus coluber in sinum demittitur consecratis et eximitur rursus ab inferioribus partibus atque imis [金色的蛇被投入圣者的怀中并且再一次被从下身拿开]。另参见 Firmicus Maternus, *Err. prof. rel.* 10。

[45] *Mithrasliturgie*², 124.

相关证据，不过它们没有提到任何一个具体的名字，因此我们无法知晓其可信度；[46]不过，这一行为在古典时代的希腊狂欢仪式中仍占有一席之地，这一点不仅被可敬的普鲁塔克所证实，[47]也被米利都发布于公元前276年的狄奥尼索斯祭拜条例所确证，[48]其中提到：μὴ ἐξεῖναι ὠμοφάγιον ἐμβαλεῖν μηθενὶ πρότερον ἢ ἡ ἱέρεια ὑπὲρ τῆς πόλεως ἐμβάλῃ ["在女祭司以城邦的名义抛掷生食牺牲之前，禁止任何人上前抛掷"]。学者们对 ὠμοφάγιον ἐμβαλεῖν [抛掷生食牺牲] 这一短语百思不得其解。我并不认为它的意思是"将动物牺牲推进深坑"(Wiegand, *ad loc.*)，或是"将一大块牛肉抛入圣地"(Haussoulier, *R.E.G.* 32.266)。欧内希特·赛西格（Ernest Thesiger）于1907年在丹吉尔（Tangier）亲眼目睹了一种一年一度的仪式，在他的描述中，我们可以得到一个更血腥但也更具说服力的解释。[49]他说，"一个山地部落在半饥饿和药物性精神错乱的状态下突袭了城镇。他们照常打着手鼓，吹着笛子，跳着单调的舞蹈，在此之后，一只绵羊被扔进了

---

[46] 收集在 Farnell, *Cults*, V. 302 f., nn. 80–84。
[47] *Def. orac.* 14, 417c：ἡμέρας ἀποφράδας καὶ σκυθρωπάς, ἐν αἷς ὠμοφαγίαι καὶ διασπασμοί [在倒霉和阴郁的日子里，人们吞食生肉，将动物撕成碎片]。
[48] *Milet*, VI.22.
[49] 这是乔利夫（N. C. Jolliffe）小姐亲切地告诉我的。阿拉伯的仪式也得到了布鲁内尔的描述，参见 Brunel, *op. cit.*（前文注释[13]），110 ff., 177 ff.。他补充了几个要点，动物从屋顶或平台上被扔下，它会在那里被保存到恰当的时候，以免过早地被群众撕成碎片；而且那些动物（公牛、牛犊、绵羊、山羊或母鸡）的碎块会被保存下来当作护身符。

舞蹈队伍的中央，所有信徒立刻清醒过来，将动物肢解并吞食"。赛西格还补充了一个故事，"有一年，一位丹吉尔的摩尔人（Moor）在观看过程中受到了人群迷狂氛围的感染，他甚至把自己的婴儿扔到了队伍中间"。无论这个补充的故事真实与否，以上引文都为我们提供了一个理解 ἐμβαλεῖν［抛掷］的线索，并阐明了不受约束的 ὠμοφαγία［吞食生肉］会有怎样潜在的危险。米利都的政府部门一直都在执行一项经常性的任务，即为狄奥尼索斯穿上一件紧身马甲。

在《酒神的伴侣》中，狂女们首先撕碎了（σπαραγμός）试拜的牛群，其次又撕碎了彭透斯。诗人在描写这两处情形时，都怀着一种现代人无法理解的嗜好。即便雅典观众也可能对 ὠμοφαγία 过于细致的描述感到反胃。欧里庇得斯两次提到这一行为，分别在《酒神的伴侣》第 139 行和《克里特人》(Cretans) 残篇第 472 行，不过每一处他都只是轻描淡写地掠过。我们很难猜测当欧里庇得斯说出 ὠμοφάγον χάριν［美味的生肉］这两词时，他描绘的是一种怎样的心理状态；但值得注意的是，举办 ὠμοφαγία 的那些日子是"倒霉的凶日"。[50] 从当代举行的这些仪式来看，参与者体验到的是一种欣喜若狂与极度反感并存的心理状态：它既是神圣的又是可怕的，既具有满足感又不洁净，既是圣礼又是污染——同样强烈的情感冲突贯穿于《酒神的伴侣》，也深扎

---

［50］ 参见本附录注释［47］。

在其他所有酒神型宗教的根基中。[51]

晚期希腊作家解释 ὠμοφαγία 的进路和他们解释舞蹈一样，有人还将其解释成基督教圣餐（Christian communion）：它不过是一个纪念性的仪式，纪念婴儿狄奥尼索斯被撕成碎片并被生吞的日子。[52]但我认为 ὠμοφαγία 其实是建立在一条十分简陋的野蛮逻辑上。顺势进食法在世界上人尽皆知。如果你想变得骁勇，就应该吃狮子；如果你想变得狡黠，就应该吃蛇；吃鸡和野兔的人会变成懦夫，而吃猪肉则会变成小势利眼。[53]同理，如果你想变得像神，就应该吃神（或至少吃 θεῖον [神圣的]东西）。你必须在血流出之前快速生吞他：只有这样，他的生命才可以附加到你身上，因为"血液即生命"。神并不是随时可吃，而且如果在平时或没有为接受圣礼做任何准备的话，那么吃神实际上是极冒风险的。不过每两年神就会在他的山间舞者面前显现一次：狄奥多罗斯说（4.3），"波奥提亚人、其他希腊人以及色雷斯人都相信，狄奥尼索斯会在那时显现"——就像《酒神的伴侣》中那样。狄奥尼索斯的化身是多样的，可以是植物、野兽或人；相应地，他作为腹中餐的形态也是多样的。在普鲁塔克时代，人

---

[51] 参见 Benedict, *Patterns of Culture*, 179: "夸扣特尔人（Kwakiutl, 温哥华岛上的印第安人）非常憎恶吃人肉的行为，这使得他们很好地表达了狄奥尼索斯的美德，那一美德就存在于可怕的以及被禁止的地方。"

[52] School. Clem. Alex. 92 P. (Vol. I, p. 318, Stählin); Photius, s.v. νεβρίζειν; Firm. Mat. *Err. prof. rel.* 6.5.

[53] Frazer, *Golden Bough*, V.ii, chap. 12.

们撕碎并咀嚼的是常青藤叶；[54]这可能是一种原始的形式，抑或是对血腥形式的改良。欧里庇得斯悲剧中被撕碎的是公牛，[55]被撕碎和生吞的是公羊，[56]我们在别处看到，还有将幼鹿撕碎（ὠμοφαγία）[57]或将毒蛇扯断的。[58]上述几种形象或多或少都能作为狄奥尼索斯的化身，因此我倾向于同意格鲁普（Gruppe）的观点，[59]即 ὠμοφαγία 是一项圣礼，在其中，狄奥尼索斯以其兽骑的形象显现，随后人们将这一兽物撕碎并吞下。我在别处证明过，[60]这一圣礼还曾有过一种更可怖因而也更强烈的形式，即狄奥尼索斯可能以人的形象显现，人们撕碎并生吃了人；这样，彭透斯的故事在某种程度上就是对这一行为的反映，它不仅仅只是反映了狄奥尼索斯信徒与其反对者之间的历史冲突——而这正是时下流行的神话即历史论点（euhemerism）。

总结一下，我已经试着证明，欧里庇得斯对于迈娜得斯主义的描述并不"只是出于想象"。铭文证据（尽管不够充分）已经表明，迈娜得斯主义与现实祭仪之间的关系要比维多利亚时期的学者所认识到的更为紧密；并且，无论迈娜

---

[54] Plut. *Q. Rom.* 112, 291a.
[55] *Bacch.* 743 ff., 参见 Schol. Aristoph. *Ranae* 360。
[56] *Bacch.* 138, 参见 Arnob. *adv. Nat.* 5.19。
[57] Photius, s.v. νεβρίζειν. 参见菲利帕最近所讨论的关于迈娜得斯 νεβροφόνος［吞食幼鹿］的那种艺术类型，H. Philippart, *Iconographie des "Bacchantes"*, 41 ff.。
[58] Galen, *de antidot.* 1.6.14（在一个春天的节日中，很可能是萨巴神的节日）。
[59] *Griech. Myth. U. Rel.* 732.
[60] 参见我所编订的《酒神的伴侣》的导言，xvi f., xxiii ff.。

得斯的行为多么神秘，她在本质上也远远不是一个神话人物，[61]而是一种可被观察到并仍能被观察到的人类形态。狄奥尼索斯的追随者或受害者依然存在，只是我们用别的名字来称呼他们；彭透斯所面临的问题，其他世俗政权在现实中也必须面对。

---

[61] 正如拉普（Rapp）所论证，*Rh. Mus.* 27.1 ff., 562 ff., 并得到了其他人的赞同，比如, Marbach in P.–W., s.v., 以及 Voigt in Roscher, s.v. "Dionysos".

附录二 降神术

我们关于古代晚期巫术信仰与实践的知识在上半个世纪有了显著的增长。但是,比起这一整体进程来,一种名叫降神术(theurgy)的巫术的特别分支却相对被忽视了,而且至今也没有得到充分理解。理解降神术的第一步是五十多年前由威廉·克罗尔(Wilhelm Kroll)迈出的,他收集并讨论了《迦勒底神谕集》(*Chaldaean Oracles*)的残篇。[1]此后,约瑟夫·比迪兹(Joseph Bidez)教授发掘并解读了[2]一批有趣的拜占庭文本,它们主要出自普塞洛斯(Psellus)之手,不过似乎是源自业已亡佚的普罗克洛(Proclus)的《迦勒底神谕集》注本,然后在流传中又经过了普罗克洛的基督教对

本文原刊于 *Journal of Roman Studies*, Vol. 37(1947),此次重印做了一些微小的改动。我必须向尼尔松教授和诺克表示感谢,他们阅读了本文初稿并且提出了极有价值的建议。

[1] W. Kroll, *de Oraculis Chaldaicis* (Breslauer Philologische Abhandlungen, VII.i, 1894).

[2] *Catalogue des manuscrits alchimiques grecs*(缩写为 *CMAG*), Vol. VI; *Mélanges Cumont*, 95 ff.。参见其 "Note sur les mystères néoplatoniciens", in *Rev. Belge de Phil. et d'Hist.* 7(1928)1477 ff.,以及其 *Vie de l'Emp. Julien*, 73 ff.。关于加沙的普罗科庇乌斯作为普塞洛斯最近的来源,参见 L. G. Westerink in *Mnemosyne*, 10(1942)275 ff.。

手加沙的普罗科庇乌斯（Procopius of Gaza）之手。霍普夫纳（Hopfner）[3]和艾特姆（Eitrem）[4]也做出了相当有价值的贡献，他们尤其强调降神术和希腊－埃及莎草纸文献中的巫术之间存在着许多共同特征。[5]但许多方面仍然不清楚，而且很可能会一直如此，直至我们将有关降神术的分散文本汇集起来并将其作为整体来研究[6]（比迪兹似乎考虑过这项任务，不过他有生之年未能完成）。本文并不企图完成这项任务，更不用说终结它，我的目的仅仅在于，首先，澄清新柏拉图主义和降神术在它们的历史发展中的关系，其次，考察降神术内部大致形成的两大支系分别拥有怎样的实际操作方法（modus operandi）。

一、降神术的创立者

就我们所知，最早被称作 θεουργός［降神师］的是一位名叫尤里安（Julianus）的人，[7]他生活在马可·奥勒留的

---

[3] *Griechisch-Aegyptische Offenbarungszauber*（引用时缩写为 *OZ*）；以及他的《论秘仪》(*de mysteriis*) 译本导论和评注。另参见《保利－维索瓦百科全书》(Pauly-Wissowa) 中他写的条目"Mageia"和"Theurgie"，以及下文注释 [115]。

[4] "Die σύστασις und der Lichtzauber in der Magie", *Symb. Oslo.* 8 (1929) 49 ff.; "La Théurgie chez les Néo-Platoniciens et dans les papyrus magiques", *ibid.*, 22 (1942) 49 ff. 泰勒（W. Theiler）的论文集 *Die chaldaischen Orakel und die Hymnen des Synesios*（Halle, 1942），深入处理了《神谕集》对后来的新柏拉图主义学说的影响，但我并不打算讨论这一主题。

[5] *Papyri Graecae Magicae*, ed. Preisendanz（缩写为 *PGM*）。

[6] 参见 Bidez-Cumont, *Les Mages hellénisés*, I.163。

[7] τοῦ κληθέντος θεουργοῦ Ἰουλιανοῦ ["名叫尤里安的降神师"], Suidas, s.v.

时代。[8]比迪兹认为，[9]很可能是尤里安发明了这一名称以便将自己与单纯的θεολόγοι［论神者］区别开来：论神者谈论神，而他则"作用于"神，甚至可能"创造"神。[10]遗憾的是，我们对此人所知甚少。苏伊达斯（Suidas）告诉我们，他的父亲是同样名为尤里安的"迦勒底哲学家"，[11]著有四卷本论精灵的著作，而他本人则写过Θεουργικά, Τελεστικά, Λόγια δι' ἐπῶν［《论降神术、秘仪以及由言辞传达的神谕》］。那些"六音步神谕诗"（据洛贝克［Lobeck］推测）正是普罗克洛为之撰写了大量评注的《迦勒底神谕集》（Marinus, *vit. Procli* 26），这一点无可置疑，因为一位卢奇安（Lucian）的注释者提到，[12] τὰ τελεστικὰ Ἰουλιανοῦ ἃ Πρόκλος ὑπομνηματίζει, οἷς ὁ Προκόπιος ἀντιφθέγγεται［"尤里安的秘仪就是普罗克洛所记录的那些，也是普罗科庇乌斯所驳斥的那些"］，而且普塞洛斯也说到，普罗克洛"爱上了尤里安所阐述的那些迦勒底教义中的ἔπη［言辞］，也

---

[8] Suidas, s.v., 参见 Proclus *in Crat.* 72.10 Pasq., *in Remp.* Ⅱ.123.12, 等等。普塞洛斯在一处（把他和他的父亲搞混了？）认为他属于图拉真（Trajan）时代（*Scripta Minora* Ⅰ, p. 241.29 Kurtz-Drexl）。

[9] *Vie de Julien*, 369, n. 8.

[10] 参见 Eitrem, *Symb. Oslo.* 22.49。普塞洛斯似乎将那个词理解成后一种意思，*PG* 122, 721d: θεοὺς τοὺς ἀνθρώπους ἐργάζεται［"神创造人"］。另参见第293页所引的赫尔墨斯的说法，"deorum fictor est homo［人是诸神的创造者］"。

[11] 普罗克洛的表述，οἱ ἐπὶ Μάρκου θεουργοί［"马可时代的降神师"］(*in Crat.* 72.10, *in Remp.* Ⅱ.123.12), 或许同时指父亲和儿子。

[12] ad *Philops.* 12 (Ⅳ.224 Jacobitz). 关于这一注释，参见 Westerink, *op. cit.*, 276。

就是言辞崇拜者口中的 Λόγια［神谕］"。[13]照尤里安自己的说法，他是从神那里得到那些神谕的，它们是 θεοπαράδοτα［"神赐的"］。[14]至于他事实上是从哪里得到的，我们不得而知。正如克罗尔所指出，比起早先的时代来，那些神谕的风格和内容与安东尼（Antonines）的时代更为吻合。[15]那些神谕确实可能是尤里安伪造；但它们的措辞是如此怪诞夸张，思想是如此晦涩支离，因而与其说它们是一个伪造者处心积虑的发明，还不如说它们更像是现代的"灵性导师"（spirit guides）在入迷状态中所说出的恍惚话语。这似乎并非不可能，因为我们知道晚期的降神术就源自某些能看到幻象的人或入迷灵媒的"启示"，而且正如普塞洛斯（或他的前辈普罗克洛）所言，[16]尤里安的贡献就在于将那些启示写成了诗。这和官方神谕的既定做法也是一致的；[17]在将启示转化成六音步诗的时候，尤里安能够趁机为冗长的启示语录裹上一层哲学含义和哲学体系的包装。但虔敬的读者仍渴望散文

---

［13］ *Script. Min.* I.241.25 ff.，参见 *CMAG* VI.163.19 ff.。正如威斯特林克（Westerink）所指出，这些说法似乎源自普罗科庇乌斯。

［14］ Marinus, *vit. Procl.* 26；参见 Procl. *in Crat.* c. 122。关于这些希腊化时代神秘主义文学中经常出现的神圣起源的说法，参见 Festugière, *L'Astrologie*, 309 ff.。

［15］ Bousset, *Arch. f. Rel.* 18（1915）144，主张一个较早的时期，其理由是那些神谕的教义与科尼利厄斯·拉贝奥（Cornelius Labeo）的教义相吻合。但拉贝奥本人的时期尚不能确定；而且那一吻合或许仅仅意指两位尤里安加入到了新毕达哥拉斯派的圈子，我们知道那一圈子早就对巫术很感兴趣。

［16］ *Script. Min.* I.241.29；参见 *CMAG* VI.163.20。关于幻觉中接受到的教义性神谕，参见 Festugière, *op. cit.*, 59 f.。

［17］ 参见本书第三章注释［70］。

形式的解读或评注，而尤里安似乎也提供了这些；因为普罗克洛的确称他为 ὁ θεουργὸς ἐν τοῖς ὑφηγητικοῖς ["评注里的降神师"]（in Tim. III.124.32）。马里努斯（Marinus）在谈到 τὰ Λόγια καὶ τὰ σύστοιχα τῶν Χαλδαίων συγγράμματα [《神谕及相配套的迦勒底人文集》]（vit. Procli 26），以及大马士革乌斯（Damascius）在引用 οἱ θεοὶ καὶ αὐτὸς ὁ θεουργός ["那些神以及那个降神师"]时（II.203.27），他们很可能指的就是尤里安的评注。不过它是不是苏伊达斯所说的 Θεουργικά [《论降神术》]我们就不清楚了。普罗克洛曾引用尤里安的话 ἐν ἑβδόμῃ τῶν Ζωνῶν ["在第七个环带上"]，这听起来像是 Θεουργικά 的一部分，它花了七章篇幅讨论灵魂下降与回升所穿过的七个星体层（参见 in Remp. II.220.11 ff.）。关于 Τελεστικά [《论秘仪》]的可能内容，参见后面第四部分。

无论《迦勒底神谕集》的起源为何，那些神谕肯定不仅包括关于火与太阳崇拜仪式的规定，[18] 而且还包括关于召

---

[18] Kroll, op. cit., 53 ff. 关于圣火的那些段落会让人想起 PGM iv.475 ff. 处的 "永生秘方"，它在许多方面都非常类似于《迦勒底神谕集》。Julian, Or. V, 172d 把 τὸν ἑπτάκτινα θεόν [七光芒神] 的崇拜仪式归之于 ὁ Χαλδαῖος [那个迦勒底人]（尤里安）。这个标题是关于太阳的，但由于普塞洛斯著作中的两个段落业已残损，这一点被掩盖了，Script. Min. I.262.19：Ἐρωτύχην ἢ Κασόθαν ἢ Ἕπτακις（读作 Ἑπτάκτις），ἢ εἴ τις ἄλλος δαίμων ἀπατηλός ["或七光芒神，或是其他制造幻象的神"]；ibid., I.446.26：τὸν Ἕπακτον (Ἑπτάκτιν, Bidez) ὁ Ἀπουλήιος ὅρκοις καταναγκάσας μὴ προσομιλῆσαι τῷ Θεουργῷ (sc. Juliano) ["阿普列尤斯受到对七光芒神誓言的约束，不能与降神师（尤里安）交谈"]。另参见 Procl. in Tim. I.34.20：Ἡλίῳ, παρ' ᾧ...ὁ Ἑπτάκτις κατὰ τοὺς θεολόγους ["（类似于）太阳，据神学家说，七光芒神就在它的领域内"]。

神巫术的规定（参见下文，p. 298）。后来的传统将两位尤里安都说成是法力无边的巫师。根据普塞洛斯的说法，[19]老尤里安把他的儿子"引见"（συνέστησε）给了柏拉图的鬼魂。而且他们似乎也宣称拥有一种能够制造 Χρόνος［克洛诺斯］神的幻影的咒语（ἀγωγή）。[20]他们可以让人的灵魂离开身体，也可以让它重回身体。[21]他们两人的名声不仅只限于新柏拉图主义学派的圈子。有人认为，公元173年马可·奥勒留征讨夸地人（Quadi）期间那场拯救了罗马军队的及时的暴风雨就是小尤里安施巫术造成的；[22]在普塞洛斯的故事版本中，尤里安用泥制作了一个人像面具，它可以将"势不可当的雷电"抛向敌人。[23]索佐门（Sozomen）曾听说，尤里安可以用巫术将石头劈开（*Hist. Eccl.* 1.18）；而在一个生动的基督教传说中，尤里安曾与阿波罗尼乌斯（Apollonius）

---

[19] Περὶ τῆς χρυσῆς ἁλύσεως [《论黄金锁链》], *Ann. Assoc. Ét. Gr.* 1875, 216. 24 ff.。

[20] Proclus, *in Tim.* Ⅲ.120.22：οἱ θεουργοί...ἀγωγὴν αὐτοῦ παρέδοσαν ἡμῖν δι' ἧς εἰς αὐτοφάνειαν κινεῖν αὐτὸν δυνατόν ["降神师……将他的咒语传给我们，他能够通过咒语使自己的幻象运动起来"]，参见 Simpl. *in Phys.* 795.4，以及 Damasc. *Princ.* Ⅱ.235.22。σύστασις [引见] 和 ἀγωγή [咒语] 都是"技艺术语"，我们从巫术莎草纸文献得以熟知它们。

[21] Proclus, *in Remp.* Ⅱ.123.9 ff.

[22] Suidas, s.v. Ἰουλιανός。归功于尤里安的做法或许也在 Claudian, *de Ⅵ cons. Honorii*, 348 f. 中得到暗示，他谈到了"迦勒底的"巫术。关于那一故事的其他版本以及对漫长的现代讨论的综述，参见 A. B. Cook, *Zeus*, Ⅲ.324 ff.。归功于尤里安的做法也可在以下事实中看出来：人们将他与那个图密善皇帝（Domitian）治下率领打击大夏人（Dacians）的尤里安相混淆（Dio Cass. 67.10）。

[23] *Script. Min.* Ⅰ.446.28.

和阿普列乌斯（Apuleius）公开较量巫术能力：罗马遭受了瘟疫，每位巫师被指派为城中一块地区的医疗主管，阿普列乌斯平息瘟疫用了15天，阿波罗尼乌斯用了10天，而尤里安几声令下就把瘟疫退去了。[24]

二、新柏拉图主义学派中的降神术

降神术的创立者是巫师而不是新柏拉图主义者。而新柏拉图主义的创立者则既不是巫师也不是某些现代研究者所说的降神师。[25] 普罗提诺（Plotinus）从未被其后继者称作 θεουργός［降神师］，而他本人在其著作中也从未用过 θεουργία［降神术］一词或它的同源词。事实上，从无证据[26]表明他曾听说过尤里安及其《迦勒底神谕集》。如果他知道，那么那些神谕很可能会和他曾在研讨会上分析并揭露过的"琐罗亚斯德（Zoroaster）、琐斯特里亚努斯（Zostrianus）、尼科特奥斯（Nikotheos）、阿罗基涅斯（Allogenes）、梅索斯（Mesos）以

---

[24] S. Anastasius of Sinai, *Quaestiones*（*PG* 89, col. 525a）. 关于尤里安和阿普列乌斯的假想竞赛，另见前文注释[18]所引的普塞洛斯著作。

[25] 参见 Olympiodorus *in Phaed.* 123.3 Norvin: οἱ μὲν τὴν φιλοσοφίαν προτιμῶσιν, ὡς Πορφύριος καὶ Πλωτῖνος καὶ ἄλλοι πολλοὶ φιλόσοφοι· οἱ δὲ τὴν ἱερατικήν, ὡς Ἰάμβλιχος καὶ Συριανὸς καὶ Πρόκλος καὶ οἱ ἱερατικοὶ πάντες ["有些人崇拜哲学，例如波菲利、普罗提诺以及其他许多哲学家；而有些人则崇拜祭司的技艺（降神术），例如扬布里柯、叙利亚诺斯、普罗克洛以及所有祭司"]。

[26] 他在 *Enn.* I.9 init. 处所引的散文禁令，μὴ ἐξάξῃς ἵνα μὴ ἐξίῃ ἔχουσά τι ["你不能拿走你的灵魂，这样它就不会离开"]，被普塞洛斯称作"迦勒底式的"（*Expos. or. Chald.* 1125c ff.），后来的注疏（*ad loc.*）中也是如此称呼，但它不可能源自六音步诗歌。那种教义是毕达哥拉斯派的。

及其他诸如此类的人"的启示一样,遭到讨伐。[27]因为在论文《反诺斯替派》(*Against the Gnostics*)中(*Enn.* 2.9),他为希腊理性主义传统做了强力辩护,他明确表明自己既反感一切妄自尊大的"独特启示",[28]又对 τοῖς πολλοῖς, οἳ τὰς παρὰ τοῖς μάγοις δυνάμεις θαυμάζουσι["大众,即那些对巫师所拥有的法力而大惊小怪的人"]嗤之以鼻(c. 14, I.203.32 Volkmann)。他并不否认巫术的效力。(生活在公元3世纪的人谁会否认呢?)他只是对它不感兴趣。他认为它把"作为宇宙中爱与憎之总和的真正的巫术"仅仅应用于个人目的。真正的巫术是神秘的且真的值得景仰的 συμπάθεια[交感作用],它会使得宇宙成为一体。人们对于人为 γοητεία[巫术]的惊叹胜过对于自然巫术的惊叹,这只是因为他们对后者不那么熟悉。[29]

不过尽管如此,《保利-维索瓦百科全书》(Pauly-Wissowa)最近出版的一卷中有"降神术"(Theurgie)条目,其中仍称普罗提诺为降神师,而且艾特姆不久前也说,"降

---

[27] Porph. *vit. Plot.* 16. 参见 Kroll, *Rh. Mus.* 71(1916)350; Puech in *Mélanges Cumont*, 935 ff.。在一张类似的伪预言家的清单中,Arnob. *adv. gentes* 1.52,尤里安和琐罗亚斯德并列在一起。

[28] 尤其参见 c. 9, I.197.8 ff. Volk.: τοῖς δ' ἄλλοις (δεῖ) νομίζειν εἶναι χώραν παρὰ τῷ θεῷ καὶ μὴ αὐτὸν μόνον μετ' ἐκεῖνον τάξαντα ὥσπερ ὀνείρασι πέτεσθαι...τὸ δὲ ὑπὲρ νοῦν ἤδη ἐστὶν ἔξω νοῦ πεσεῖν["(他应当)认为在神的身边尚有空间留给别人,而不是认为只有自己紧随神后,就像梦中飞行的经历那样……——旦将自己置于理智(努斯)之上,就是落在理智之外了"]。

[29] *Enn.* 4.4.37, 40. 注意整个讨论过程中他都使用了 γοητεία[戏法]这一轻蔑的词而且并没有使用降神技艺的术语。关于斯多亚学派和新柏拉图主义学派的 συμπάθεια[交感]概念,参见 K. Reinhardt, *Kosmos und Sympathie*, 以及我的评论, *Greek Poetry and Life*, 373 f.。对降神师来说,这些解释似乎根本不够(*de myst.* 164.5 ff. Parthey)。

神术毫无疑问来自普罗提诺"。[30]这种观点的主要依据似乎是:(1)据说普罗提诺出生于埃及,[31]并且事实上在亚历山大里亚跟随阿摩尼阿斯·萨卡斯(Ammonius Saccas)学习;(2)据说他对埃及宗教了解颇深;[32](3)他有过神秘合一(unio mystica)的体验(Porph. vit. Plot. 23);(4)他经历过发生在罗马伊塞姆(Iseum)的那一事件(ibid., 10, 引文及讨论见后面第三部分, p. 289)。我认为以上证据中只有最后一个真正搭边。对于第一点,我们只消说普罗提诺的名字是罗马式的,他的思想与言说方式是典型希腊式的,而且从我们对阿摩尼阿斯·萨卡斯非常有限的了解来看,从未有确凿证据称他为降神师。至于《九章集》(Enneads)中显示出普罗提诺熟悉埃及宗教,我认为那不过是因为他偶尔提及了一些常识性知识:波菲利(Porphyry)通过阅读卡埃莱蒙(Chaeremon)也大致掌握了那些知识。[33]至于普罗提诺的神

---

[30] *Symb. Oslo.* 22.50. 正如艾特姆注意到,洛贝克和维拉莫维茨的看法不同;而且他可能加上了克罗尔(*Rh. Mus.* 71 [1916] 313)和比迪兹(*Vie de Julien*, 67; *CAH* XII.635 ff.)。

[31] 参见 *CQ* 22 (1928) 129, n. 2。

[32] J. Cochez, *Rev. Néo-Scolastique*, 18 (1911) 328 ff., 以及 *Mélanges Ch. Moeller*, 1.85 ff.; Cumont, *Mon. Piot*, 25.77 ff.。

[33] *de abst.* 4.6, 参见 *de myst.* 265.16, 227.4。另参见彼得森(E. Peterson)给库蒙特的令人信服的回应, *Theol. Literaturzeitung*, 50 (1925) 485 ff.。我还要补充, *Enn.* 5.5.11 处间接提到的那些由于 γαστριμαργία [饕餮之欲]而被排除在 ἱερά [神庙]外的人,这处影射很可能是指厄琉息斯而不是埃及:παραγγέλλεται γὰρ καὶ Ἐλευσῖνι ἀπέχεσθαι κατοικιδίων ὀρνίθων καὶ ἰχθύων καὶ κυάμων ῥοιᾶς τε καὶ μήλων ["因为据说在厄琉息斯,人们不吃鸟、鱼、豆子以及石榴和苹果"], Porph. *de abst.* 4.16。

秘合一体验，任何仔细阅读过《九章集》1.6.9 或 6.7.34 的读者都非常清楚，这一体验并不是通过任何招魂仪式或完成规定动作而获得的，它是通过心灵的内在修炼而获得，既不强制，也与巫术毫无关联。[34] 剩下的就是伊塞姆的经历。那才是降神术或类似降神术的东西。不过那一经历仅仅只是来自学派传闻（见下文）。而且无论如何，某人参加降神会并不意味着他就会成为巫师，尤其是像普罗提诺那种被人邀来的参与者。

正如威廉·克罗尔所说，普罗提诺是这么一种人，"他凭借超强智性与道德努力使自己超越于充斥在周遭的雾障"。生前，他拉着学生随他一起上升。但他死后，雾障又重新聚拢回来，而且后来的柏拉图主义在许多方面又倒退回普罗提诺曾极力避免的那种毫无骨气的混合主义。从他的学生波菲利的摇摆态度中，[35] 我们清晰地看到了普罗提诺的个人影响力和当时流行的迷信之间的冲突。波菲利是一个真诚、博学且可爱的人，但他不是一个融贯的或富有创造力的思想家。他骨子里是宗教型人物，对神谕毫无抵抗力。在遇到普罗提

---

[34] 参见 *CQ* 22（1928）141 f., 以及 E. Peterson, *Philol.* 88（1933）30 ff.。相反，正如艾特姆正确地指出（*Symb. Oslo.* 8.50），σύστασις [引见] 这一巫术和降神术术语与神秘合一（*unio mystica*）毫不相关。

[35] 参见比迪兹富有同情心的、优雅又极富学术性的研究，Bidez, *La Vie du Néoplatonicien Porphyre*。巫术所造成的类似的神秘主义的感染也出现在其他文化中。"除了民间宗教被沉思的理想精神化之外，还存在着这么一种趋向，即最高宗教遭到了异教地下组织的亚理性力量的入侵和污染，正如佛教密宗（Tantric Buddhism）和某些印度教教派中的情况一样"（Christopher Dawson, *Religion and Culture*, 192 f.）。

诺之前，[36]他已经出版了名为 Περὶ τῆς ἐκ λογίων φιλοσοφίας［《论来自神谕的哲学》］的文集。[37]一些文章中提到了灵媒，我们应该说，显然这些文章本身就是在"降神屋"（séance-room）中产生的（参见后面第五部分）。不过，该文集中没有引用《迦勒底神谕集》（或使用降神术这一术语）；或许在该书写就时，他还不知道它们的存在。其后，在普罗提诺教他如何提问之后，他给埃及人阿内博（Anebo）写了一系列书信，开始明确地探索精灵学和神秘主义，并且经常以反讽的口吻来询问，[38]此外，他还指出，试图用巫术来控制神是十分愚蠢的。[39]很可能还要再往后，[40]到普罗提诺死后，波菲利才揭开了尘封一个多世纪（这类书往往如此）的《迦勒底神谕集》的面纱。他为神谕做了注，[41]而且在其《论灵

---

[36] νεὸς δὲ ὢν ἴσως ταῦτα ἔγραφεν, ὡς ἔοικεν［"似乎他是在年轻时写就这些的"］, Eun. vit. soph. 457 Boissonade；Bidez, op. cit., chap. iii。

[37] 残篇编本可参见 W. Wolff, Porphyrii de Philosophia ex Oraculis Haurienda（1856）。关于这一辑本的一般特征，参见 A. D. Nock, "Oracles théologiques", REA 30（1928）280 ff.。

[38] 盖尔（Gale）重构了那些残篇，（并不十分科学，）重印在帕泰（Parthey）的《论秘仪》编本中。关于年代，参见 Bidez, op. cit., 86。

[39] apud Eus. Praep. Ev. 5.10, 199a（=fr. 4 Gale）：μάταιοι αἱ θεῶν κλήσεις ἔσονται…καὶ ἔτι μᾶλλον αἱ λεγόμεναι ἀνάγκαι θεῶν· ἀκλητον γὰρ καὶ ἀβίαστον καὶ ἀκαταναγκαστον τὸ ἀπαθές［"呼唤神将是徒劳的……那些流传的加于神的束缚更是如此；因为神是不可名、不可胁迫、不被必然性束缚，也不受旁物侵扰的"］。

[40] 致阿内博的信中很可能没有援引尤里安和《迦勒底神谕集》，因为扬布里柯的回复中没有提到它们。《论秘仪》中的"降神术"是否事实上独立于尤里安的传统还有待考察。那位作者确实声称熟悉"迦勒底人的"（p.4.11）、"亚述人的"（p.5.8）以及埃及人的教义，而且说要一并呈现它们。

[41] Marinus, vit. Procli 26; Lydus, mens. 4.53; Suidas, s.v. Πορφύριος。

魂的回返》(de regress animae)一书中也"不断提到那些神谕"。[42]在那本书中，他认为降神术的τελεταί［仪式］可以净化πνευματικὴ ψυχή［气息灵魂］，使得它"aptam susceptioni spirituum et angelorum et ad videndos deos［适合容纳精灵和天使、观看神灵］"；但他提醒读者注意，该仪式是危险的，它不仅能用来行善，也能用来作恶；而且他还否认它能够使得——哪怕作为一项必要的辅助——灵魂回到神明那里。[43]事实上，他本质上仍是一个普罗提诺主义者。[44]不过，他向他的对立学派做出了一次危险的让步。

对立学派的答复体现在扬布里柯（Iamblichus）的《迦勒底神谕集》评注[45]及其现存的论文《论秘仪》(de mysteriis)中。[46]《论秘仪》是一篇非理性主义的宣言，它宣称救赎的道路不在理性而在仪式中。"不要想当然地把降神师和神明联系起来；否则还有什么会阻止理论哲学家享受神人合一（theurgic union）呢？情况并非如此。要达成神人合一，只有通过那种以恰当方式进行的不可名状、无法理解的行为的效力，以及通过那种只有神才能够理解的不可

---

[42] Aug. *Civ. Dei* 10.32=*de regressu* fr. 1 Bidez (*Vie de Porphyre*, App. Ⅱ).
[43] *Ibid.*, 10.9=fr. 2 Bidez. 关于降神术中πνευματικὴ ψυχή［气息灵魂］的功能，参见我所编订的普罗克洛的 *Elements of Theology*, p. 319。
[44] 参见奥林皮奥多洛斯的判断，前文注释［25］。
[45] Julian, *Epist.* 12 Bidez; Marinus, *vit. Procli* 26; Damasc. I.86.3 ff.
[46]《论秘仪》被普罗克洛和大马士革乌斯归之于扬布里柯，尽管它发布时署名"阿巴蒙"（Abammon）；而且自从拉舍（Rasche）的博士论文于1911年出版，大多数学者就接受了那一划归。参见 Bidez in *Mélanges Desrousseaux*, 11 ff.。

思议的象征的效力……，我们无须付出理智劳动，符契象征（συνθήματα）仅凭自身之能力就可告成其功。"（*de myst.* 96.13 Parthey）对于公元 4 世纪心灰意冷的异教徒来说，这样一条信息无疑大快人心。"理论哲学家"已经争吵了将近九个世纪，但这带来了什么呢？不过是每况愈下的文化，以及方兴未艾的基督教式的 ἀθεότης [无神论]，它明目张胆地在吸食希腊精神的鲜血。对于那些对人和上帝都同样绝望的人来说，民间巫术往往是他们最后的救命稻草，同样，对于绝望的知识分子来说，降神术也成为他们的避难所，他们已然感受到了"深渊的魅力"（*la fascination de l'abîme*）。

然而，似乎在扬布里柯之后降神术仍然没有被新柏拉图主义学派完全接受。欧那庇乌斯（Eunapius）在一个极有教育意义的段落中告诉我们（*vit. soph.* 474 f. Boissonade），扬布里柯的学生埃迪修斯（Aedesius）的学生、明杜斯的尤西比乌斯（Eusebius of Myndus）在其演说中仍然坚持认为，"行巫术的人是一群研究物质如何产生能量这一歪门邪道的疯子"，而且他还告诫未来的皇帝朱利安（Julian）要提防"那个装模作样鼓捣奇迹"的降神师马克西姆（Maximus）：在总结中，他的用词让我们想起了普罗提诺，σὺ δὲ τούτων μηδὲν θαυμάσῃς, ὥσπερ οὐδὲ ἐγώ, τὴν διὰ τοῦ λόγου κάθαρσιν μέγα τι χρῆμα ὑπολαμβάνων ["我希望您不要对这些事大惊小怪，就像我一样，我所理解的伟业是用论证澄清事物"]。对此，朱利安王子回复说，"你可以忠于你的著作，我知道我要走的路"——随后他将自己交付给了马克西姆。此后不久，我们发现年轻的朱利安请他的朋友普利斯库斯（Priscus）去为他弄一份和他同名的降神师尤里安（Julianus）著作的扬布里柯评注抄本。朱利安说，"我只对两样东西有贪欲，一是扬布里柯的哲学，二是我的同名者的通神学（θεοσοφία，也即降神术），而且我认为任何其他事物都没法和它们相比"。[47]

朱利安的扶持使降神术暂时得到流行。他称帝后对异教神职人员制度进行了改革，降神师克桑提乌斯（Chrysanthius）发现自己成为吕底亚的ἀρχιερεύς [大祭司]；而马克西姆作为帝国宫廷的降神顾问则成为一位富裕的又极具影响力的"灰衣主教"（éminence grise），因为ὑπὲρ τῶν παρόντων ἐπὶ τοὺς θεοὺς ἅπαντα ἀνέφερον [他代表宫廷的人向神汇报了一切]（Eunap. P. 477 Boiss.；参见 Amm. Marc. 22.7.3 和 25.4.17）。但在随后的基督徒叛乱中，马克西姆也为此付出了代价，他被罚款、虐待，最终在公元 371 年因被指控谋反皇帝而被处决（Eunap. p. 478；Amm. Marc. 29.1.42；Zosimus 4.15）。此事之后，降神师一度明哲保身；[48] 不过他们的技艺传统却悄无

---

[47] *Epist.* 12 Bidez=71 Hertlein=2 Wright. 洛布（Leob）版编者反对比迪兹的说法，他认为这一段落中的 τὸν ὁμώνυμον [同名者] 是指小扬布里柯，这显然是错误的：τὰ Ἰαμβλίχου εἰς τὸν ὁμώνυμον [扬布里柯的关于那个同名者的著作] 不可能是指"与扬布里柯同名者的著作"；而且小扬布里柯也不是 θεόσοφος [通神者]。

[48] 参见欧那庇乌斯所提到的一位安东尼努斯（Antoninus），他死于公元391年前不久：ἐπεδείκνυτο οὐδὲν θεουργὸν καὶ παράλογον ἐς τὴν φαινομένην αἴσθησιν, τὰς βασιλικὰς ἴσως ὁρμὰς ὑφορώμενος ἑτέρωσε φερούσας ["他不展示任何降神术或背离感知的异象，或许宫廷反叛使事情变得不同，因为他自此受到了质疑"]（p. 471）。

声息地在一些家族中流传下来。[49]公元5世纪时，雅典的新柏拉图主义者又开始公开教授并实践降神术：普罗克洛撰写了 Περὶ ἀγωγῆς［《论咒语》］，并对《迦勒底神谕集》做了进一步的评注，不仅如此，他本人还在亲眼见证的神显（αὐτοπτουμένοις）中看到了"赫卡忒的"（Hecatic）的璀璨影像，而且和那一仪式的创立者一样精通降雨术。[50]查士丁尼大帝（Justinian）之后降神术再一次转入地下，不过它并没有彻底消亡。普塞洛斯描述过一位大主教按照异教降神术（τοῖς Χαλδαίων λόγοις ἑπόμενος［ "按照迦勒底人的说法"］）举行了一次 θεαγωγία［降神仪式］，他认为该事件发生在公元11世纪的拜占庭；[51]普罗克洛的《迦勒底神谕集》评注也仍直接或间接地为公元14世纪的尼基福罗斯·格里高拉斯（Nicephoros Gregoras）所知。[52]

三、伊塞姆的一次降神会

　　Porphyry, *vita Plotini* 10（16.12 ff. Volk.）: Αἰγύπτιος

---

[49] 因此，普罗克洛从阿斯克勒佩吉尼亚（Asclepigeneia）那里学到了"伟大的涅斯托利乌斯（Nestorius）"的 θεουργικὴ ἀγωγή［通神咒语］，而阿斯克勒佩吉尼亚则是从她的父亲普鲁塔克那里学到的，她是唯一的女继承人（Marinus, *vit. Procli* 28）。关于这些巫术秘密的家族传承，参见 Dieterich, *Abraxas*, 160 ff.; Festugière, *L'Astrologie*, 332 ff.。狄奥多罗斯称之为迦勒底人的惯例，2.29.4。

[50] Marinus, *vit. Procli* 16, 28. 苏伊达斯列出了 Περὶ ἀγωγῆς, s.v. Πρόκλος。

[51] *Script. Min.* I.237 f.

[52] Migne, *PG* 149, 538b ff., 599b; 参见 Bidez, *CMAG* VI.104 f., Westerink, *op. cit.*, 280。

γάρ τις ἱερεὺς ἀνελθὼν εἰς τὴν Ῥώμην καὶ διά τινος φίλου αὐτῷ (sc. Πλωτίνῳ) γνωρισθεὶς θέλων τε τῆς ἑαυτοῦ σοφίας ἀπόδειξιν δοῦναι ἠξίωσε τὸν Πλωτῖνον ἐπὶ θέαν ἀφικέσθαι τοῦ συνόντος αὐτῷ οἰκείου δαίμονος καλουμένου. τοῦ δὲ ἑτοίμως ὑπακούσαντος γίνεται μὲν ἐν τῷ Ἰσείῳ ἡ κλῆσις· μόνον γὰρ ἐκεῖνον τὸν τόπον καθαρόν φασιν εὑρεῖν ἐν τῇ Ῥώμῃ τὸν Αἰγύπτιον. κληθέντα δὲ εἰς αὐτοψίαν τὸν δαίμονα θεὸν ἐλθεῖν καὶ μὴ τοῦ δαιμόνων εἶναι γένους· ὅθεν τὸν Αἰγύπτιον εἰπεῖν· μακάριος εἶ θεὸν ἔχων τὸν δαίμονα καὶ οὐ τοῦ ὑφειμένου γένους τὸν συνόντα. μήτε δὲ ἐρέσθαι τι ἐκγενέσθαι μήτε ἐπιπλέον ἰδεῖν παρόντα, τοῦ συνθεωροῦντος φίλου τὰς ὄρνεις, ἃς κατεῖχε φυλακῆς ἕνεκα, πνίξαντος εἴτε διὰ φθόνον εἴτε καὶ διὰ φόβον τινά [一个埃及祭司来到罗马，通过一个朋友结识了他（普罗提诺）。他想展示一番自己的智慧，并让普罗提诺前来观看他如何招引陪伴普罗提诺的私人精灵。普罗提诺欣然应允。降神会选择在伊西斯的神庙中举行：因为埃及祭司说那是他能在罗马找到的唯一洁净的地方。在招引精灵显现后，却降显了一位神，一个类别上不属于精灵的神。这时埃及人说，"你真是幸福的，有神而非低级的精灵陪伴着你的灵魂"。不过，他们却不能向神提问，也无法长时间看着神显现，因为那个同时在场观看神显仪式的朋友将手中的鸟勒死了。鸟儿们本是起保护作用的，他却出于嫉妒或害怕而将其勒死]。

霍普夫纳已经讨论过这一奇怪的段落（Hopfner, *OZ*

Ⅱ.125），而艾特姆的讨论则更为充分（Eitrem，*Symb. Oslo.* 22.62 ff.）。我们不应赋予这一段落太高的史学价值。波菲利使用 φασίν［人们说］[53]一词表明他的来源既不是普罗提诺本人也不是任何现实生活中的"原型"（sitters）；而且由于他说那一事件激发普罗提诺写下了 Περὶ τοῦ εἰληχότος ἡμᾶς δαίμονος［《论分配与我们的护卫精灵》］（*Enn.* 3.4）一文，因此那一事件发生的时间就和普罗提诺写作那篇文章的时间一样必定是在波菲利抵达罗马之前，而且至少是在《普罗提诺传》（*vita*）出版前35年。因此，他的故事所依赖的证据既不是第一手的也不（大概）接近那一事件发生的时间。正如艾特姆正确地指出，它不可能"具有真正证据的价值"。[54]尽管如此，它还是能够使我们得以一瞥公元3世纪上层阶级有趣而又诱人的巫术程序。

我们无须惊讶于降神会的目的以及举办地。对内在 δαίμων［精灵］的信仰既非常古老又非常普遍，而且柏拉图和斯多亚学派也以各自的方式接受了它并将其理性化。[55] *PGM* vii. 505 ff.处暗示了它很可能在希腊-埃及巫

---

[53] 瑙克（Nauck）改正了 φησίν，它没有可能的主语。
[54] 在后世作家中，普罗克洛（*in Alc.* p. 73.4 Creuzer）和阿米阿努斯·马尔切利努斯（Ammianus Marcellinus，21.14.5）提到了那一事件。但普罗克洛说，ὁ Αἰγύπτιος τὸν Πλωτῖνον ἐθαύμασεν ὡς θεῖον ἔχοντα τὸν δαίμονα ["埃及人对普罗提诺感到惊叹，因为后者拥有神样的精灵"]，这显然是依据波菲利；而且很可能阿米阿努斯也是如此，不管是直接地还是源自他人的言论记录（a doxograhic source）。
[55] 参见本书第二章，pp. 42 f.。阿米阿努斯说（*loc. cit.*），虽然每个人都有其"精灵"，但这些存在"admodum paucissimis visa［对于极少数人可见］"。

术中也起到了某种作用，那里提到了一个秘方（很遗憾不完整），其开头为 Σύστασις ἰδίου δαίμονος [与私人精灵的结合]。[56]（然而，不应该将它与稀松平常的召唤一个 πάρεδρος [助手] 或"仆人"混淆起来，它与巫师的关系是由巫术程序首次创造的。）关于 δαίμων [精灵] 变成神，另参见 Plot. *Enn.* 3.4.6（I.265.4 Volk.），δαίμων τούτῳ θεός [精灵就是他的神]（艾特姆所引）；Olympiodorus *in Alc.* P. 20 Cr., 这里将 θεῖοι δαίμονες [神样的精灵] 和较低等级区分开后，他又告诉我们, οἱ κατ' οὐσίαν ἑαυτῶν βιοῦντες καὶ ὡς πεφύκασι τὸν θεῖον δαίμονα ἔχουσιν εἰληχότα...κατ' οὐσίαν δέ ἐστι ζῆν τὸ πρόσφορον αἱρεῖσθαι βίον τῇ σειρᾷ ὑφ' ἥν ἀνάγεται, οἷον στρατιωτικὸν μέν, ἐὰν ὑπὸ τὴν ἀρεϊκήν, κτλ. ["那些依据个人本性生活的人，也就是依据生来的方式生活的人，他们被分配有神样的精灵……根据本性生活，就是选择适合于牵引他向上的绳索的生活方式，例如，如果他被战神阿瑞斯的绳索牵引，那么就选择军事的生活……"] 至于地点的选择，诉诸以下两点便足以解释，即众所周知，巫术的操作需要一个 τόπος καθαρός [洁净的地方]，[57] 以及卡埃莱蒙

---

[56] 由于这一秘方的现存部分是对太阳的祈祷，因此普莱森丹茨（Preisendanz）和霍普夫纳（Hopfner）认为，ἰδίου 是 ἡλίου 的误写。但秘方其余部分的遗失（艾特姆观点），似乎也是一种可能的解释。关于那些遗失，参见 Nock, *J. Eg. Arch.* 15（1929）221。ἴδιος δαίμων [私人精灵] 在炼金术中似乎也起着一定的作用；参见 Zosimus, *Comm. in ω* 2（Scott, *Hermetica*, Ⅳ.104）。

[57] 例如，*PGM* iv.1927。类似地，iv.28 处说需要一处最近尼罗河（转下页）

说，平时只有那些经过净化和严格禁食的人才能够进入埃及神庙。[58]

但令艾特姆也曾令我感到困惑的是鸟所起到的作用，ἃς κατεῖχε φυλακῆς ἕνεκα［他握着以起保护作用］，也即保护巫术操作者免受恶意精灵的攻击（确实不是指——如麦肯纳［MacKenna］、布雷耶［Bréhier］和哈德［Harder］一致误译的那样——别让那些鸟儿自己飞走：因为如此一来，那些鸟儿的在场就完全没法解释）。莎草纸文献中有时也规定了保护措施。[59]但那些鸟儿如何充当 φυλακή［保卫者］呢？而且为什么它们的死亡会驱走幽灵呢？霍普夫纳解释说，死亡造成的污染会驱走神：它们被带到那里以便在有需要的情况下杀掉它们让其来充当 ἀπόλυσις［驱灵符］，[60]但这么做是草率的和不必要的。另一方面，艾特姆比较了 PGM xii.15 ff. 处的说法，即鸟的挣扎是仪式的一部分，为的是赋予爱

（接上页）洪水退下后露出而且尚未被践踏的地方，以及 ii.147 处说需要一个 τόπος ἁγνὸς ἀπὸ παντὸς μυσαροῦ［"远离一切污秽的圣洁区域"］。同样，Thessalus, *CCAG* 8（3）. 136.26（οἶκος καθαρός［"洁净的栖息地"］）。

[58] apud Porph. *de abst.* 4.6（236.21 Nauck）。他接着说道，ἁγνευτήρια τοῖς μὴ καθαρεύουσιν ἄδυτα καὶ πρὸς ἱερουργίας ἅγια［"不洁净的人不能踏进净化之地，更不能靠近神的祭品"］（237.13）。关于埃及神庙的巫术实践，参见 Cumont, *L'Égypte des Astrologues*, 163 ff.。

[59] 例如，*PGM* iv.814 ff.。关于 φυλακή［保卫者］，参见 Proclus in *CMAG* VI, 151.6：ἀπόχρη γὰρ πρός...φυλακὴν δάφνη, ῥάμνος, σκύλλα, κτλ［"月桂、荆棘、斯库拉等足以担当保卫者"］；关于降神会上的恶灵，参见 Pythagoras of Rhodes in Eus. *Praep. Ev.* 5.8, 193b; Psellus, *Op. Daem.* 22, 869b。

[60] 洒以鸽血的做法出现在一个 ἀπόλυσις［驱灵符］中，*PGM* ii.178。

若斯神的蜡像以生命，艾特姆认为，真正的意图一定是献祭，波菲利或他的消息提供者误解了当时所发生的事情：他发现被归之于那位 φίλος［友人］的动机是"难以置信的"（invraisemblables）。为了支持这一观点，艾特姆或许援引了波菲利本人在《致阿内博的信》（Letter to Anebo）中的说法，[61] διὰ νεκρῶν ζῴων τὰ πολλὰ αἱ θεαγωγίαι ἐπιτελοῦνται［"降神者通过动物尸体献祭良多"］，这似乎可以驳回霍普夫纳的解释。然而，波菲利著作中还有另外一个段落似乎在暗示说，在这一场合杀死鸟，那位 φίλος［友人］就违反了降神 μυστήριον［秘仪］的准则：在 de abst. 4.16（255.7 N.）处，他说，ὅστις δὲ φασμάτων φύσιν ἱστόρησεν, οἶδεν καθ' ὃν λόγον ἀπέχεσθαι χρὴ πάντων ὀρνίθων, καὶ μάλιστα ὅταν σπεύδῃ τις ἐκ τῶν χθονίων ἀπαλλαγῆναι καὶ πρὸς τοὺς οὐρανίους θεοὺς ἱδρυνθῆναι［"若有人想问询神显幻象的本质，问出这话的人就知道他应该远离一切鸟类，尤其是当他迫切想要从尘世事务中解脱，与天上的神明同处时"］。这非常契合伊塞姆的那一场合（因为 ἀπέχεσθαι 确实可以同时意指不杀掉和不吃掉），因而很难不觉得波菲利也是这样想的。或许我们也可以对照毕达哥拉斯派的那一准则，即尤其禁止用公鸡作为牺牲（Iamb. *vit. Pyth.* 147，*Protrept.* 21）。

但如果是这样，为什么那里会有鸟呢？这或许是因为它们的在场本身就是一种 φυλακή［保卫］。不加限定描述的

---

[61] Fr. 29=*de myst.* 241.4=Eus. *Praep. Ev.* 5.10, 198a.

ὄρνιθες［鸟］通常是指家鸡，κατοικίδιοι ὄρνιθες（参见 L.-S.⁹, s.v.）。而且正如库蒙特（Cumont）所指出，[62]在波斯，家鸡从它原来的家里被带出来后就会获得神鸟的名称，它就会成为黑暗的驱逐者因而也就是恶魔的驱逐者：[63]例如，普鲁塔克就知道 κύνες καὶ ὄρνιθες［狗和鸟］属于阿胡拉·马兹达（Oromazes［Ormuzd］）。[64]难道不可能是如下两种情况吗？第一，在波斯的那种方式中，正如在它的拜火仪式中，降神传统保存了一些伊朗的宗教观念；第二，至少波菲利——即使不是埃及祭司——认为鸟的功能在于驱邪，它们的死亡是对神圣幻象的愤怒。事实上，后来有证据可以支持上述猜测：因为我们从普罗克洛那里得知，不仅是公鸡属于太阳的生灵，μετέχοντες καὶ αὐτοὶ τοῦ θείου κατὰ τὴν ἑαυτῶν τάξιν［"根据它们自身的列位，它们分沾神性"］，而且，ἤδη τινὰ τῶν ἡλιακῶν δαιμόνων λεοντοπρόσωπον φαινόμενον, ἀλεκτρυόνος δειχθέντος, ἀφανῆ γενέσθαι φασὶν ὑποστελλόμενον τὰ τῶν κρειττόνων συνθήματα［"人们说太阳精灵曾经具有狮面，它们以公鸡的样貌呈现，不过由于体型的缩小，于是它们那标

---

[62] *CRAI* 1942, 284 ff. 人们可能会怀疑库蒙特把希腊引进家鸡的时间定得太晚；但这并不影响目前的论证。
[63] 达梅斯泰特（Darmesteter）说，"公鸡是为了和狗一起对抗恶魔和妖士而被创造出来的"（库蒙特所引，Cumont, *loc. cit.*）。对它的辟邪能力的信仰如今在许多国家依然存在。关于希腊人的这一信仰，参见 Orth in P.-W., s.v. "Huhn", 2532 f.。
[64] *Is. et Os.* 46, 369f.

志着强者特征的标记就变得不可见了"]。[65]

四、操作方法：τελεστική ［秘仪］

普罗克洛把降神术夸张地定义为"一种高于所有人类智慧的力量，它既包含预言术所带来的福分，也具有入会仪式的净化能力，简言之，它具备神灵附体的所有功能"（*Theol. Plat.* p. 63）。或可将其更简单地描述为是一种用于宗教目的的巫术，它基于一种假定的宗教启示。民间巫术使用源自宗教的名称和程序是为了世俗目的，而降神术使用民间宗教的程序则主要是为了宗教目的：它的 τέλος ［目的］在于 ἡ πρὸς τὸ νοητὸν πῦρ ἄνοδος ［"攀升以触及理智之火"］（*de myst.* 179.8），这使它的信徒能够避免 εἱμαρμένη ［"宿命的支配"］（οὐ γὰρ ὑφ' εἱμαρτὴν ἀγέλην πίπτουσι θεουργοί ［"因为降神师不会沦为受宿命支配的畜群"］, *Or. chald.* p. 59 Kr.; 参见 *de myst.* 269.19 ff.），而且能够保证 τῆς ψυχῆς ἀπαθανατισμός ［"灵魂不朽"］（Procl. *in. Remp.* I.152.10）。[66] 但它也具有更为即时

---

[65] *CMAG* VI.150.1 ff.（部分是基于传统上对狮子和公鸡的反感，Pliny, *N.H.* 8.52, etc.）。参见 Bolus, Φυσικά fr. 9 Wellmann (*Abh. Berl. Akad.*, phil.-hist. Kl., 1928, Hr. 7, p. 20)。

[66] 极为类似的观念也出现在"不朽秘方"中，*PGM* iv.475 ff., 例如 511：ἵνα θαυμάσω τὸ ἱερὸν πῦρ ［因而赞叹神圣的火焰］，以及 648：ἐκ τοσούτων μυριάδων ἀπαθανατισθεὶς ἐν ταύτῃ τῇ ὥρᾳ ［"在这段时间内，他成了一万个人中唯一一个成神而不朽的人"］。它也在发光的幻象中达到顶点（634 ff., 694 ff.）。但降神式的 ἀπαθανατισμός ［成神不朽］可能和葬礼以及重生仪式有关，Procl. *Theol. Plat.* 4.9, p. 193：τῶν θεουργῶν θάπτειν τὸ σῶμα κελευόντων πλὴν τῆς κεφαλῆς ἐν τῇ μυστικωτάτῃ（转下页）

的效用：《论秘仪》（de mysteriis）第三卷完全致力于论述预言术，而且普罗克洛声称他从 δαίμονες［神灵们］那里获得了诸多关于过去和未来的启示（in. Remp. I.86.13）。

我们可以判定，降神术的程序大体类似于民间巫术的程序。而且我们能够区分出两种主要类型：（1）完全依赖于使用 σύμβολα 或 συνθήματα［符契象征］的降神术；（2）要用到入迷"灵媒"的降神术。

关于降神术的这两个分支，第一个似乎被称为 τελεστική［秘仪］，而且它主要关心的是献祭（τελεῖν, Procl. in Tim. III.6.13），以及赋予巫术雕像生命以便从它们那里获得神谕：Proclus in Tim. III.155.18, τὴν τελεστικὴν καὶ χρηστήρια καὶ ἀγάλματα θεῶν ἱδρῦσθαι ἐπὶ γῆς καὶ διά τινων συμβόλων ἐπιτήδεια ποιεῖν τὰ ἐκ μερικῆς ὕλης γενόμενα καὶ φθαρτῆς εἰς τὸ μετέχειν θεοῦ καὶ κινεῖσθαι παρ' αὐτοῦ καὶ προλέγειν τὸ μέλλον［"秘仪、神谕、坐落在大地上的神像以及从可朽的木料中制作出来的符契象征物，它们能够分沾神性，能够按神的意志运动，也能够预言未来"］; Theol. Plat. I.28, p. 70, ἡ τελεστικὴ διακαθήρασα καί τινας χαρακτῆρας καὶ σύμβολα περιτιθεῖσα τῷ ἀγάλματι ἔμψυχον αὐτὸ ἐποίησε［"秘仪中，在彻底净化并将一些印刻和符契象征物摆放在雕像旁边之后，雕像获得了生命"］；同样的意思可参见，in Tim. I.51.25, III.6.12 ff.; in

---

（接上页）τῶν τελετῶν［在最为神秘的秘仪中，安葬降神指挥者的遗体，除了头部］（参见 Dieterich, Eine Mithrasliturgie, 163）。

Crat. 19.12。[67] 或许我们可以假设，这种知识至少有一部分可以追溯到尤里安的 Τελεστικά［《论秘仪》］；而 σύμβολα［符契象征］则无疑可以追溯到《迦勒底神谕集》。[68]

这些 σύμβολα 是什么以及如何使用它们？最明确的答案在普塞洛斯的一封信中：[69] ἐκείνη γὰρ（sc. ἡ τελεστικὴ ἐπιστήμη）τὰ κοῖλα τῶν ἀγαλμάτων ὕλης ἐμπιπλῶσα οἰκείας ταῖς ἐφεστηκυίαις δυνάμεσι, ζῴων, φυτῶν, λίθων, βοτανῶν, ῥιζῶν, σφραγίδων, ἐγγραμμάτων, ἐνίοτε δὲ καὶ ἀρωμάτων συμπαθῶν, συγκαθιδρύουσα δὲ τούτοις καὶ κρατῆρας καὶ σπονδεῖα καὶ θυμιατήρια, ἔμπνοα ποιεῖ τὰ εἴδωλα καὶ τῇ ἀπορρήτῳ δυνάμει κινεῖ［"该秘仪术将木料做成的雕像神圣化，这些木料本身具有相应的魔力。秘仪所神圣化的还有动物、树木、石头、药草、雕刻宝石或程式化的书面文字，有时也会有交感香料。与这些物品放在一起的还有双耳瓶、

---

[67] 虽然普塞洛斯也把 τελεστική［秘仪］和雕像联系起来，但他用了别的术语来解释：τελεστικὴ δὲ ἐπιστήμη ἐστὶν ἡ οἷον τελοῦσα（so MSS）τὴν ψυχὴν διὰ τῆς τῶν ἐνταῦθ' ὑλῶν δυνάμεως［ "秘仪术就是关于利用当地木料的能力对灵魂施展秘仪（依手抄本的说法）的知识"]（*Expos. or. Chald.* 1129d, in *PG*, Vol. 122）。希洛克勒斯（Hierocles）代表了另一个不同的传统，他认为 τελεστική［秘仪］是净化普纽玛或元气（pneuma）的技艺（*in aur. carm.* 482a Mullach）。

[68] 普塞洛斯说，"迦勒底人" διαφόροις ὕλαις ἀνδρείκελα πλάττοντες ἀποτρόπαια νοσημάτων ἐργάζονται［ "因用木料制作人像以规避恶疾而闻名"]（*Script. Min.* I.447.8）。关于 σύμβολα，参见普罗克洛所引那段，*in Crat.* 21.1：σύμβολα γὰρ πατρικὸς νόος ἔσπειρεν κατὰ κόσμον［ "万物之父理智将符契象征播撒到宇宙中"]。

[69] *Epist.* 187 Sathas（*Bibliotheca Graeca Medii Aevi*, V.474）.

杯和香炉。秘仪使神像获得生命，使其活动时带有神秘力量"]。这是真正的降神术教义，无疑是源自普罗克洛的《迦勒底神谕集》评注。动物、药草、石头以及香料在《论秘仪》中占有重要地位（*de myst.*, 233.10 ff.，参见 Aug. *Civ. D.* 10.11），而且普罗克洛也列有益于各种用途的巫草、巫石等的清单。[70]每一位神在动物、植物以及矿物的世界中都有其"交感"（sympathetic）代表，那一代表就是或就包含着一种来自其神明的σύμβολον，并因此而和后者相感通。[71]那些σύμβολα隐藏在雕像中，[72]只有τελεστής[秘仪操作者]才知道它们（Procl. *in Tim.* I.273.11）。σφραγῖδες［雕刻的宝石］和ἐγγράμματα［程式化书面文字］对应于χαρακτῆρες καὶ ὀνόματα ζωτικά[" 印刻和具有生命的名字"]（Procl. *in Tim.* Ⅲ.6.13）。χαρακτῆρες[印刻]——其中包括象征七位星体神的七个元音等事物[73]——可以被记下（θέσις）或说出（ἐκφώνησις）。[74]说出它们的正确方式是一种由口头传达

---

[70] *CMAG* Ⅵ.151.6；另参见 *in Tim.* I.111.9 ff.。

[71] 参见 Proclus in *CMAG* Ⅵ.148 ff. 和比迪兹的导言，以及 Hopfner, *OZ* I.382 ff.。

[72] 同样的实践可以在现在的西藏发现，那里的雕像被神圣化是通过在雕像内部的中空塞入写下的咒语以及其他具有巫术效力的物体（Hastings, *Encycl. of Religion and Ethics*, Ⅶ.144, 160）。

[73] 参见 R. Wünsch, *Sethianische Verfluchungstafeln*, 98 f.; A. Audollent, *Defixionum Tabellae*, p. lxxiii; Dornseiff, *Das Alphabet in Mystik u. Magie*, 35 ff.。

[74] Proclus, *in Tim.* Ⅱ.247.25；参见 *in Crat.* 31.27。波菲利在他的降神原材料（*materia magica*）清单中也收录了"figurationes[图像]"和"soni certi quidam ac voces[固定的声音]"（Aug. *Civ. Dei* 10.11）。

的专业秘密。[75]神的属性也可以被命名为口头祈祷中的巫术效果。[76]"具有生命的名字"还包括某些秘密的称呼，这些称呼由神明揭示给了两位尤里安，因而使得他们能够获得祈祷的答案。[77]那些名字都是 ὀνόματα βάρβαρα［野蛮人的名字］，根据《迦勒底神谕集》的说法，一旦转译成希腊语，它们就会失去效力。[78]有些名字确实已经由神揭示给我们；[79]至于其他的名字，如果 χαρακτήρ［印刻］不能为我们提供它的含义，那么 αὐτὸ τοῦτό ἐστιν αὐτοῦ τὸ σεμνότατον［"名字本身就是它至高的神圣性所在"］（de myst. 254.14 ff.）。

这一切都不是降神 τελεστική［秘仪］的原创。古代的草木志和玉石书中充斥着"占星植物学"和"占星矿物学"，它们把特定的植物和宝石分派给特定的星体神，而这至少可

---

[75] Marinus, *vit. Procl.* 28; Suidas, s.v. Χαλδαϊκοῖς ἐπιτηδεύμασι. 参见 Psellus, *Epist.*, 从这里我们得知，某些程式化用语是无效的，εἰ μή τις ταῦτα ἐρεῖ ὑποψέλλῳ τῇ γλώσσῃ ἢ ἑτέρως ὡς ἡ τέχνη διατάττεται［"如果这些用语被念得含糊（或磕绊）或者该技艺被挪作他用的话"］。

[76] 在 *CMAG* VI.62.4 处普塞洛斯告诉我们，普罗克洛建议召唤阿尔忒弥斯（= 赫卡忒）为 ξιφηφόρος, σπειροδρακοντόζωνος, λεοντοῦχος, τρίμορφος· τούτοις γὰρ αὐτήν φησι τοῖς ὀνόμασιν ἕλκεσθαι καὶ οἷον ἐξαπατᾶσθαι καὶ γοητεύεσθαι［"佩剑的、活蛇缠绕的、擒狮的、拥有三种形态的；因为他说阿尔忒弥斯被这些名字诱走，因而受到欺骗，入了迷"］。

[77] Proclus, *in Crat.* 72.8. 参见"预言家比蒂（Bitys）"发现的用象形文字刻在塞斯（Sais）神庙中而且是揭示给"阿蒙王（King Ammon）"的神圣名字，*de myst.* 267.14。

[78] Psellus, *expos. or. chald.* 1132c; Nicephoros Gregoras, *in Synes. de insomn.* 541a。参见 *Corp. Herm.* xvi.2。

[79] 参见这些巫术名称的希腊文翻译，Clem. Alex. *Strom.* 5.242, 以及 Hesych. s.v. Ἐφέσια γράμματα。

以追溯到门德斯的波洛斯（Bolus of Mendes，约公元前200年左右）。[80]这些σύμβολα已经使用在了希腊—埃及的巫术祈祷中；因此，召唤赫尔墨斯可以通过呼唤其植物和树木的名字，召唤月亮女神可以通过念一系列动物的名字，等等，最后 εἴρηκά σου τὰ σημεῖα καὶ τὰ σύμβολα τοῦ ὀνόματος [我念完了你和你名字的象征物]。[81] χαρακτῆρες [印刻]，属性列表，ὀνόματα βάρβαρα [野蛮人的名字]，这些都属于希腊—埃及的标准原材料（materia magica）；这最后一种的使用为卢奇安所熟知（Menipp. 9 fin.），塞尔苏斯（Celsus）也知道，奥利金（Origen）在反驳塞尔苏斯时坚决主张把它们翻译过来就无效力这一理论（c. Cels. 1.24 f.）。关于在巫术操作过程中神会揭示自己的真实名字，参见 PGM i.161 ff.；关于正确的 ἐκφώνησις [唱念] 的重要性，参见 PGM v.24，等等。

巫术神像的制造不是一项新产业，而且也没有被降神师所垄断。[82]从根本上来说，它建立在那种原始而又

---

[80] 参见 Wellmann, *Abh. Berl. Akad.*, phil.-hist. Kl., 1928, Nr. 7; Pfister, *Byz. Ztschr.* 37 (1937) 381 ff.; K. W. Wirbelauer, *Antike Lapidarien* (Diss. Berl., 1937); Bidez–Cumont, *Les Mages hellénisés* I.194; Festugière, *L'Astrologie*, 137 ff., 195 ff。

[81] *PGM* viii.13; vii.781. 参见 vii.560: ἥκέ μοι τὸ πνεῦμα τὸ ἀεροπετές, καλούμενον συμβόλοις καὶ ὀνόμασιν ἀφθέγκτοις ["靠向我吧，空中飞行的元气，我在召唤你们的象征物和无声的名字"]，以及 iv.2300 ff.; Hopfner, P.-W., s.v. "Mageia", 311 ff。

[82] 参见 J. Kroll, *Lehren des Hermes Trismegistos*, 91 ff., 409; C. Clerc, *Les Théories relatives au culte des images chez les auteurs grecs du IIe siècle après J.-C.*; J. Geffcken, *Arch. f. Rel.* 19 (1919) 286 ff.; Hopfner, P.-W., s.v. "Mageia", 347 ff., 以及 *OZ* I.808–812; E. Bevan, *Holy Images*。

普遍的信仰上,即相信自然的 συμπάθεια [交感] 可以将影像和原物联系起来,[83] 这种信仰同样也是用人像来施魔法(envoûtement)的巫术的基础。巫术神像的扩散中心显然是在埃及,这根源于当地的宗教观念。[84] 后来的赫尔墨斯(Hermetic)对话《阿斯克勒皮奥斯》(Asclepius)也知道 "statuas animatas sensu et spiritu plenas [充满感知和灵魂的活雕像]",它们能够 "sorte, vate, somniis, multisque aliis rebus [通过神谕、先知、梦以及很多其他方式]预示未来",它们都可以造成或治愈疾病,生产这些神像的技术——借助药草、宝石和香料把恶魔或天使的灵魂囚禁在神像中——由古代埃及人发现:"sic deorum fictor est homo [人是诸神的创造者]。"[85] 巫术莎草纸文献提供了构造这些神像并赋予其生命(ζωπυρεῖν [赋予魔力,原义为点燃], xii.318)的秘

---

[83] 参见 Plot. *Enn.* 4.3.11(Ⅱ.23.21 Volk.):προσπαθὲς δὲ τὸ ὁπωσοῦν μιμηθέν, ὥσπερ κάτοπτρον ἁρπάσαι εἶδός τι δυνάμενον [能和(宇宙灵魂)产生交感的是那些以任何方式模仿它的事物,这一事物就像一面镜子能够捕获它的影像],这里的 ὁπωσοῦν [任何方式] 似乎否认神圣化的巫术仪式具有任何特定的功能。

[84] Erman, *Die ägyptische Religion*, 55; A. Moret, *Ann. Musée Guimet*, 14 (1902) 93 f.; Gadd, *Divine Rule*, 23. 尤西比乌斯似乎知道这点:他罗列了希腊人从埃及引入的 ξοάνων ἱδρύσεις [神像的树立] 以及宗教和巫术实践(*Praep. Ev.* 10.4.4)。那种敬献 χύτραι [瓦罐] 的简单供奉仪式在古典时代的希腊沿用了下来(G. Hock, *Griech. Weihegebräuche*, 59 ff.);但并没有迹象表明这会赋予其巫术生命。

[85] *Asclep.* Ⅲ.24a, 37a–38a (*Corp. Herm.* i.338, 358 Scott). 另参见 Preisigke, *Sammelbuch*, no. 4127, ξοάνῳ(Nock 版本为 ασανῳ)τε σῷ καὶ ναῷ ἔμπνοιαν παρέχων καὶ δύναμιν μεγάλην of Mandulis–Helios [赋予你的神像和神庙以曼杜里斯-日神的生命和强大能力];以及 Numenius *apud* Orig. *c. Cels.* 5.38。

方，比如 iv.1841 ff., 这里的神像是中空的，就像普塞洛斯的雕像，而且附上了一个刻在金叶上的巫术名字；再比如 2360 ff., 一个中空的赫尔墨斯神像附上了一个巫术程式化用语，并供奉有一个花环和一只公鸡。到公元 1 世纪，[86]我们就开始听说埃及之外也有私人在制造类似的神像，[87]并派作巫术用途。尼禄（Nero）有一个来自 "plebeius quidam et ignotus［某个不知名的平民］"的礼物，提醒他提防阴谋（Suet. *Nero* 56）；阿普列乌斯（Apuleius）被指控拥有一个神像，这一指控很可能是正当的。[88]卢奇安在其《爱谎者》（*Philopseudes*）中讽刺了神像信仰；[89]斐洛斯特拉图斯

---

[86] 这也是刻上巫术图案或公式的宝石开始大规模出现的时代（C. Bonner, "Magical Amulets", *Harv. Theol. Rev.* 39［1946］30 ff.）。这种巧合绝非偶然：巫术变得很时髦。

[87] 当然，关于公共神像奇迹般的行为的传说在希腊化时代就和在中世纪一样普遍：泡萨尼阿斯和狄奥·卡西乌斯（Dio Cassius）的著作中到处都是；Plutarch, *Camillus* 6 是一个常被引用的段落（*locus classicus*）。但那样的行为通常被看成是一种神圣的恩赐引起的自然行为，而不是某种巫术的ἵδρυσις［建立］或κατάκλησις［招引］所造成的结果。关于古典时代希腊人的看法，参见 Nilsson, *Gesch. der Griech. Rel.* I.71 ff.；到了亚历山大时代，理性主义似乎已经普遍强大到足以抑制住（至少在有教养的阶层）将神圣力量归之于神像——无论是公共的还是私人的——的那种倾向。再到后来，对于神像有生命的信仰有时会由于使用欺诈手段而保持下来；参见 F. Poulsen, "Talking, Weeping and Bleeding Sculptures", *Acta Archaeologica*, 16（1945）178 ff.。

[88] Apul. *Apol.* 63. 参见 P. Vallette, *L'Apologie d'Apulée*, 310 ff.; Abt, *Die Apologie des A. u. die antike Zauberei*, 302. 那些属于永久财产的小雕像当然在某种程度上不同于那种用于特定的πρᾶξις［操作］而特地建造的神像。

[89] *Philops.* 42：ἐκ πηλοῦ Ἐρώτιόν τι ἀναπλάσας, Ἄπιθι, ἔφη, καὶ ἄγε Χρυσίδα［用泥塑造出小爱神后，"去"，他说，"抓住克里西斯"］。参见 *ibid.* 47，以及 *PGM* iv.296 ff., 1840 ff.。

（Philostratus）提到了它们被用作护身符。[90]公元3世纪，波菲利引用了一个赫卡忒神谕，[91]那一神谕指示说向神像供奉糕点，这会使得崇拜者在睡眠中看到女神。[92]但那种技术真正流行起来还要靠后，而且似乎要归功于扬布里柯，他无疑在其中看到了对传统偶像崇拜最有效的辩护，可以反驳基督教批评家的嘲讽。虽然波菲利的 Περὶ ἀγαλμάτων［《论神像》］似乎并没有声称在任何意义上神明都存在于象征它们的神像中，[93]但扬布里柯在其相同标题的著作中开始着手证明"偶像是神圣的而且充满了神圣的存在"，他还通过叙述 πολλὰ ἀπίθανα［"许多不可思议之事"］来支持其论点。[94]他的追随者习惯从雕像中寻找征兆，而且很快就贡献了自己的 ἀπίθανα［不可思议之事］：马克西姆制作了一尊微笑着的赫卡忒雕像，而且使得她手中的火炬可以自动点燃；[95]赫拉伊

---

[90] vit. Apoll. 5.20.

[91] 有生命的雕像在古典时代的希腊赫卡忒巫术中可能起到了某种作用；参见苏伊达斯奇妙的观察，s.vv. Θεαγένης and Ἑκάτειον，以及参见 Diodorus 4.51，这里美狄亚制作了一个中空的阿尔忒弥斯（赫卡忒）雕像，装有 φάρμακα［毒药］，完全是按照埃及的方式。

[92] Eus. Praep. Ev. 5.12=de phil. ex orac., pp. 129 f. Wolff. 因此 PGM iv.1841 处的神像制作者请求它送给他梦。这可以解释《阿斯克勒皮奥斯》(Asclepius) 中所提到的 "somnia［睡梦］"。

[93] 参见比迪兹收集的残篇，Vie de Porphyre，App. I。

[94] Photius, Bibl. 215. 这一报告是二手的，但人们很可能认为它呈现了扬布里柯的论证的大意。参见 Julian, epist. 89b Bidez, 293ab。

[95] Eunap. vit. soph. 475. 参见 PGM xii.12. πῦρ αὐτόματον［自燃火］是一种古老的伊朗巫术（Paus. 5.27.5 f.），尤里安可能保留了这一传统。但它同时也为一般巫师所熟知（Athen. 19e; Hipp. Ref. Haer. 4.33; Julius Africanus, Κεστοί, p. 62 Vieillefond）。在中世纪的圣徒文学中它又再次出现，比如 Caesarius of Heisterbach, Dialogue on Miracles, 7.46。

库斯（Heraiscus）的直觉是如此敏锐，他仅凭雕像给他的感觉就能够立刻区分出"有生命的"和"无生命的"雕像。[96]

制作神谕雕像的技术从正在消亡的异教徒世界传到了中世纪巫师那儿，它在那里一直延续下来，尽管它从没有像使用人像来施魔法的巫术那么普遍。因此，公元1326年或1327年，强悍的教皇约翰二十二世（John XXII）公开谴责如下这些人，他们用巫术把恶魔囚禁在神像或其他物体中，询问他们就会得到答案。[97]而且还有两个问题可以暗示他们与降神 τελεστική[秘仪]的关联，尽管这里无法细究它们。第一，降神秘仪对中世纪意大利和拜占庭所熟悉的 τελέσματα（护身符）或"辟邪神像"（statuae averruncae）——一些有魔力的雕像，只要它们在场，无论看得见还是看不见，都有能力避免自然灾难或军事溃败[98]——信仰有什么贡献吗？这些 τελέσματα（通常被归之于某些无名的或传说中的巫师）中是否有一些实际上是降神师的作品？佐西姆斯（Zosimus）告诉我们（4.18），降神师涅斯托利乌斯（Nestorius）遵照梦中受到的指示在帕特农神庙贡献了这样一种 τέλεσμα[附身

---

[96] Suidas, s.v. 他的"超自然"天赋得到了如下事实的进一步证明，即仅仅身体上靠近一个不洁的妇女就总会给他造成头痛。

[97] Th. de Cauzons, *La Magie et la sorcellerie en France*, II.338（另参见 331, 408）。

[98] 参见沃尔夫（Wolff）编订的波菲利的 *de phil. ex orac.*, App. III；H. Diels, *Elementum*, 55 f.；Burckhardt, *Civilisation of the Renaissance in Italy*, 282 f.（Eng. ed.）；Weinreich, *Antike Heilungswunder*, 162 ff.；C. Blum, *Eranos*, 44（1946）315 ff.。马拉拉斯（Malalas）甚至把 τελεσματοποιός[护身符制作者]的能力归因于特洛亚守护神（Dobschütz, *Christusbilder*, 80* f.）。

符]（阿基琉斯的雕像），从而使得雅典幸免于公元375年的地震。扬布里柯的同时代人忒奥特克诺斯（Theoteknos）在安条克（Antioch）μαγγανείαις τισὶ καὶ γοητείαις ["利用一些伎俩和巫术"]贡奉的友谊神宙斯雕像似乎也是降神用的，他是狂热的异教徒，同时还践行与降神术有关的 τελεταί [秘仪]、μυήσεις [仪式] 以及 καθαρμοί [涤罪] (Eus. *Hist. Eccl.* 9.3; 9.11)。有一尊手持黄金雷电的朱庇特（Jupiter）雕像可能也具有类似的起源，公元394年，它"通过一些仪式成为圣物"来帮助伪异教徒尤金尼厄斯（Eugenius）抵御提奥多西（Theodosius）的军队（Aug. *Civ. Dei* 5.26）；从这里或许我们可以看到弗拉维安努斯（Flavianus）的帮助，他是尤金尼厄斯的主要支持者，也是一位因涉猎异教神秘主义而闻名的人。此外，关于保护瑞吉姆（Rhegium）使其免受埃特纳（Etna）的火灾和海水侵蚀的 ἄγαλμα τετελεσμένον [秘仪神像]，这些痕迹似乎提供了 στοιχεῖα [证明]，它某种程度上让我们想起了降神术和莎草纸文献中的 σύμβολα [符契象征]：ἐν γὰρ τῷ ἑνὶ ποδὶ πῦρ ἀκοίμητον ἐτύγχανε, καὶ ἐν τῷ ἑτέρῳ ὕδωρ ἀδιάφθορον ["他一只脚遇上永不熄灭的火焰，另一只脚遇上永不干涸的大水"]。[99]

第二，降神 τελεστική [秘仪] 暗示中世纪的炼金术士们去尝试制造假人（"homunculi [小矮人]"）——他们经常

---

[99] Olympiodorus of Thebes in Müller's *FHG* IV.60.15 (=Photius, *Bibl.* 58.22 Bekker). χαρακτῆρες [印刻] 无疑象征着火和水。降神净化仪式中用到这两种元素可能是巧合（Proclus, *in Crat.* 100.21）。

从事那种制造——了吗？这里观念之间的联系不是那么明显，但某些历史关联的奇特证据最近已经由阿拉伯学者保罗·克劳斯（Paul Kraus）提出，[100]他的早逝是一个沉重的损失。他指出，被归于贾比尔（Jâbir b. Hayyan [Gebir]）的庞大的炼金术文集不仅和波菲利一部名为《生成书》（*The Book of Generation*）的著作（伪作？）有关，[101]而且还借鉴了新柏拉图主义对于神像的思考，这在某种程度上表明其对波菲利的真正著作——或许还包括波菲利致阿内博的信——有些了解。[102]

五、操作方法：灵媒式的入迷

τελεστική [秘仪]试图将神引诱到一个无生命的"容器"（ὑποδοχή）里，而降神术的另一个分支则旨在使神暂时地化身为（εἰσκρίνειν）某个人（κάτοχος [承载者]，或者更专业的术语 δοχεύς [容纳者]）。[103]前一种技艺基于影像和原物之间自然的、自发的 συμπάθεια [交感]这一宽泛的观

---

[100] *Jâbir et la science grecque*（=*Mém. de l'Inst. d'Égypte*, 45, 1942）。我对这本有趣的书的了解要归功于理查德·沃尔泽（Richard Walzer）博士。
[101] 在 Berthelot, *Alchim. grecs*, 25, 以及在阿拉伯传统中（Kraus, *op. cit.*, 122, n. 3），波菲利是个炼金术士。但他论炼金术的真实著作并没有保存下来。不过奥林皮奥多洛斯以及其他晚期新柏拉图主义者提到了炼金术。
[102] 阿拉伯文学中提到了 *ad Aneb.*, 见 Kraus, *op. cit.*, 128, n. 5。
[103] 我不知道霍普夫纳（*OZ* II.70 ff.）基于何种理由将这两种操作方法排除出了他的"真正的降神预言术"的定义。我认为，在定义像降神术这样的术语时，我们应该接受古代证据而不是预设理论的指引。

念，而后一种技艺则基于如下这一普遍的信仰，即自发的人格转换是由于神、精灵或死者的附体。[104]造成这些转换的技艺可以追溯到两位尤里安，这可以从普罗克洛的如下说法中得知，他说灵魂离开身体以及返回身体的能力可由如下说法证实：ὅσα τοῖς ἐπὶ Μάρκου θεουργοῖς ἐκδέδοται· καὶ γὰρ ἐκεῖνοι διὰ δή τινος τελετῆς τὸ αὐτὸ δρῶσιν εἰς τὸν τελούμενον ["许多马可·奥勒留时代的降神师都公开了这一点；因为在秘仪中，他们自己就在秘仪参与者身上实践了它"]。[105]其他人也实践那些技艺，这可以由费米尔库斯·马特尔努斯（Firmicus Maternus）引自波菲利所收集的神谕来证明（*err. prof. rel.* 14），那个神谕集开头便说，"Serapis vocatus et intra corpus hominis collocatus talia respondit [塞拉皮斯被召唤了，并且在人体内如此回复]"。正如弗雷德里克·迈尔斯（Frederic Myers）所发现，[106]波菲利的许多神谕似乎是建立在灵媒的话语之上，那些灵媒在入迷状态中说出那些话语，不是在官方的神殿中，而是在私人圈子里。那些有关终止入迷状态（ἀπόλυσις [从附体中退出]）的指示据称是

---

[104] 参见本书第三章，p. 60。关于自称是异教神而且也被基督教驱魔师如此认为的第二人格，参见 Min. Felix, *Oct.* 27.6 f.; Sulpicius Severus, *Dial.* 2.6（*PL* 20，215c），等等。

[105] *in Remp.* II.123.8 ff. 从上下文来判断，这种τελετή [秘仪] 的目的很可能在于——就像普罗克洛（122.22 ff.）引自克利库斯（Clearchus）的那种关于 ψυχουλκὸς ῥάβδος [吸灵杖] 的假想实验——实现"灵魂出离"而不是神灵附体；但无论如何它必定都会诱发某种入迷。

[106] "Greek Oracles", in Abbott's *Hellenica*, 478 ff.

由神明通过入迷的灵媒发布的，[107]莎草纸文献中有类似于它们的内容，但它们几乎不可能是官方的神谕回复的一部分。普罗克洛所引的（引自波菲利？）"神谕"也属于同样的类型，Proclus *in Remp.* I.111.28，"οὐ φέρει με τοῦ δοχῆος ἡ τάλαινα καρδία [容纳者痛苦的心无法忍受我]"，φησί τις θεῶν [一个神明说道]。这种私人的εἴσκρισις [神灵附体]不同于官方的神谕，人们认为神明进入灵媒的身体这并不是一种自发的恩赐行为，而是为了回应操作者（κλήτωρ[招引者]）的诉求甚至强制[108]的行为。

降神术的这一分支极为有趣，因为它显然和现代唯灵论相类似：如果我们想更好地理解它，那么可以通过比较来阐明这两种迷信的心理和生理基础。但我们的信息还不够完整。普罗克洛告诉我们，操作者和灵媒"入座"之前都要用

---

[107] Lines 216 ff. Wolff（=Eus. *Praep. Ev.* 5.9）. G. Hock, *Griech. Weihegebräuche*, 68，把那些指示看作神明从雕像中撤出。但像如下句子，βροτὸς θεὸν οὐκέτι χωρεῖ, βροτὸν αἰκίζεσθε, ἀνάπαυε δὲ φῶτα, λῦσόν τε δοχῆα, ἄρατε φῶτα γέηθεν ἀναστήσαντες ἑταῖροι ["人不再容纳神；请你们漠视人；结束一个人；释放容纳者；同伴们，在你们树立了神像之后，把人从地面抬升起来吧"]，可能仅仅只涉及一个人类灵媒。（现代降神会中的"操纵者"通常会以这种方式、以第三人称来谈论灵媒。）

[108] 波菲利的神谕中有好几条都这么说，比如 I. 190，θειοδάμοις Ἑκάτην με θεὴν ἐκάλεσσας ἀνάγκαις ["你利用神驱使的必然性召唤我，把我称作神圣的赫卡忒"]，以及波菲利在这方面所引用的罗得岛的毕达哥拉斯也这么说（*Praep. Ev.* 5.8）。《论秘仪》中否认强制（3.18, 145.4 ff.），它同时也否认"迦勒底人"对神明使用了威胁，但却承认埃及人是这么做的（6.5-7）。关于这整个主题，参见 B. Olsson in ΔΡΑΓΜΑ *Nilsson*, 374 ff.。

火和水来净化[109]（*in Crat.* 100.21），他们身着一种适合于所要召唤的神的特制衬衣和特制腰带（*in Remp.* II.246.23）；这似乎相当于波菲利所收集的神谕中的 Νειλαίη ὀθόνη [尼罗河畔的织物] 或 σινδών [衣裳]（*Praep. Ev.* 5.9），脱去它们显然是 ἀπόλυσις [终止入迷状态] 的一个重要组成部分（参见 *PGM* iv.89，σινδονιάσας κατὰ κεφαλῆς μέχρι ποδῶν γυμνόν...παῖδα ["孩子……从头到脚贴身裹着细纹布"]，Amm. Marc. 29.1.29 处的巫师的 "lintea indumenta [亚麻布]"，以及 Apul. *Apol.* 44 处的 "purum pallium [干净的外衣]"）。灵媒也戴着具有巫术效力的花环，[110]并在衣服上配以 εἰκονίσματα τῶν κεκλημένων θεῶν [所要招引的神的图像][111] 或其他合适的σύμβολα [符契象征]。[112]为引起入迷还做了什么就不清楚了。波菲利知道有些人试图通过"依靠 χαρακτῆρες [印刻]"（正如中世纪巫师所做的那样）来引起神灵附体（εἰσκρίνειν），但扬布里柯则漠视这一程序（*de myst.* 129.13；131.3 ff.）。扬布里柯

---

[109] 在 *CMAG* VI.151.10 ff.，他提到了用硫黄和海水来进行的净化，这两种方法都源自古典时代的希腊传统：关于硫黄，参见 Hom. *Od.* 22.481，Theocr. 24.96，以及 Eitrem，*Opferritus*，247 ff.；关于海水，Dittenberger，*Syll.*³ 1218.15，Eur. *IT.* 1193，Theophr. *Char.* 16.12。但目的是新的——为接受一种更高的存在而做好"灵性"（anima spiritalis）方面的准备（Porph. *de regress* fr. 2）。参见 Hopfner, P.–W., s.v. "Mageia"，359 ff.。

[110] 参见波菲利神谕中的 λύσατέ μοι στεφάνους [解开花环]（*Praep. Ev.* 5.9），以及那个男孩埃迪修斯（Aedesius），"他只要戴上花环，望着太阳，就立刻能以最富启发性的方式说出可靠的神谕"（Eun. *vit. soph.* 504）。

[111] Porphyry, *loc. cit.*

[112] Proclus in *CMAG* VI.151.6：ἀποχρὴ γὰρ πρὸς μὲν αὐτοφάνειαν τὸ κνέωρον [亚麻布足以显示自身]。

知道 ἀτμοί［烟］和 ἐπικλήσεις［招引］的用途（*ibid.*, 157.9 ff.），但他否认它们会影响到灵媒的心理；另一方面，阿普列乌斯则说（*Apol.* 43），进入睡眠状态的灵媒"seu carminum avocamento sive odorum delenimento［或通过歌曲放松，或用味道安神］"。普罗克洛知道那种为了造成幻觉而在眼中抹上番木鳖碱以及其他药物的做法，[113]但他并没有将此归之于降神师。或许和唯灵论中的情况一样，降神操作中的有效力量事实上只是心理而非生理上的。扬布里柯说，并不是每个人都是潜在的灵媒；最合适的是"年轻而又极为单纯的人"。[114]在这一问题上他的观点和古代的普遍观点一致；[115]现代经验也大体可以支持他，至少可以支持他的第二个说法。

关于灵媒的行为和心理状况，扬布里柯有着详尽的描述，尽管比较模糊（*de myst.* 3.4-7），普塞洛斯的描述则较为清楚（*orat.* 27, *Scripta Minora* I.248.1 ff., 基于 Proclus：另参见 *CMAG* VI.209.15 ff., 以及 *Op. Daem.* xiv, *PG* 122, 851）。

---

[113] *in Remp.* II.117.3；参见 186.12。普塞洛斯正确地称它为埃及人的实践（*Ep.* 187, p. 474 Sathas）：参见 *PGM* vᵃ，以及伦敦和莱顿通俗版巫术莎草纸，verso col. 22.2。

[114] *de myst.* 157.14。奥林皮奥多洛斯说（*in Alc.* p. 8 Cr.），孩童和乡下人更容易 ἐνθουσιασμός［入迷］，因为他们缺乏想象（！）。

[115] 参见霍普夫纳饶有趣味的论文，"Die Kindermedien in den Gr.-Aeg. Zauberpapyri", *Festschrift N. P. Kondakov*, 65 ff.。人们通常声称偏爱孩童的理由是因为他们在性方面很纯洁，但他们具有更好效果的真正原因无疑是他们具有更多的可教性（E. M. Butler, *Ritual Magic*, 126）。在普鲁塔克的时代，皮提亚是一个单纯的乡下姑娘（Plut. *Pyth. Orac.* 22, 405c）。

普塞洛斯区别了如下两种情形：一种是灵媒的人格完全失去，因而绝对需要一个正常人在场来照看他；另一种是灵媒的意识（παρακολούθησις）以 θαυμαστόν τινα τρόπον ["某种离奇的方式"] 存在，因而他知道 τίνα τε ἐνεργεῖ καὶ τί φθέγγεται καὶ πόθεν δεῖ ἀπολύειν τὸ κινοῦν ["他在干什么，他说了什么，他应该做何举动"]。这两种类型的入迷今天也有。[116] 扬布里柯说，在不同的"通神者"那里以及在不同的场合，入迷的症状千差万别（111.3 ff.）；可能存在着麻木状态，包括对灼烧都完全没感觉（110.4 ff.）；也可能存在着身体移动或完全不动（111.17）；还可能存在着变声（112.5 ff.）。普塞洛斯提到了 ὑλικὰ πνεύματα ["物质的元气"] 的危险，它会导致抽搐动作（κίνησιν μετά τινος βίας γενομένην），这是虚弱的灵媒无法忍受的；[117] 他在别处还提到 κάτοχοι ["承载者"] 咬自己的嘴唇以及在牙齿间喃喃自语（*CMAG* VI.164.18）。这些症状中的大多数都可以用亨利·西季威克夫人（Mrs. Henry Sidgwick）对派珀太太（Mrs. Piper）入迷现

---

[116] 参见 Lord Balfour in *Proc. Soc. For Psychical Research*, 43（1935）60："派珀太太（Mrs. Piper）和伦纳德太太（Mrs. Leonard）在入迷时似乎失去了对她们个人身份的所有感觉，然而，根据观察者的判断，威利特太太（Mrs. Willett）的情况则从不是这样。她入迷时坐着，滔滔不绝地描述自己的体验，而且偶尔也会发表评论……评论那些她受命传达的信息。"另参见本书第三章注释〔54〕〔55〕。

[117] οὐ φέρουσιν [无法忍受]。这解释了 Proclus *in Remp.* I.111.28 所引的那句话：οὐ φέρει με τοῦ δοχῆος ἡ τάλαινα καρδία ["容纳者痛苦的心无法忍受我"]。

象的经典研究来阐明。[118] 我认为可以合理地得出如下结论，即古今观察者对那些状态的描述，即使不完全等同，至少也是类似的。（人们或可加上波菲利所引的来自罗得岛的毕达哥拉斯 [Pythagoras of Rhodes] 的那个重要观察 [Porphyry, *ap.* Eus. *Praep. Ev.* 5.8]，即"诸神"到来起初极不情愿，但当他们形成习惯后——也就是说，一种入迷状态中的人格已经建立——就较为容易了。）

我们并没有听说那些"神"可以提供任何身份证明；而且似乎他们的身份事实上经常是争论不休的。波菲利想知道神的在场和天使、大天使、δαίμοων [精灵]、ἄρχων [统治者] 或人的灵魂的在场有何不同（*de myst.* 70.9）。扬布里柯承认，不洁的或不专业的操作者有时会找错神，或者更糟糕的是找了某个被称作 ἀντίθεοι [伪装神][119] 的邪恶精灵（*ibid.*, 177.7 ff.）。据说他本人曾揭露过一位所谓的阿波罗

---

[118] *Proc. Soc. Psych. Research*, 28（1915）：变声，抽搐动作，磨牙，pp. 206 ff.；局部麻木，pp. 16 f.。对灼烧毫无感觉可以归之于灵媒霍姆（D. D. Home），而且和世界上许多地方的反常心理状态有关（Oesterreich, *Possession*, 264, 270, Eng. trans.; R. Benedict, *Patterns of Culture*, 176; Brunel, *Aissâoûa*, 109, 158）。

[119] 参见 *PGM* vii.634：πέμψον τὸν ἀληθινὸν Ἀσκληπιὸν δίχα τινος ἀντιθέου πλανοδαίμονος ["派来那个真正的阿斯克勒皮奥斯，而不是哪个伪装成神的欺骗精灵"], Arnob. *adv. nat.* 4.12：magi suis in accitionibus memorant antitheos saepius obrepere pro accitis [巫师们在自己的仪式中召唤伪装神，它们经常冒充被召唤的神悄悄潜入], Heliod. 4.7：ἀντίθεός τις ἔοικεν ἐμποδίζειν τὴν πρᾶξιν [某个伪装神似乎踏入了这项实践], Porph. *de abst.* 2.41 f., Psellus, *Op. Daem.* 22, 869b。这一信仰被认为是源自伊朗人（Cumont, *Rel. Orient.*[4], 278 ff.; Bousset, *Arch. f. Rel.* 18 [1915] 135 ff.）。

神，那神实际上不过是一位角斗士的鬼魂（Eunap. vit. soph. 473）。辛奈西斯（Synesius, de insomn. 142a）把错误的答案归因于那些入侵的精灵，它们"跳进并占据了为更高的存在所准备的地方"；他的评注者尼基福罗斯·格里高拉斯（Nicephoros Gregoras, PG 149, 540a）将这一观点归之于那个 Χαλδαῖοι [迦勒底人]（尤里安？），而且援引了（引自《迦勒底神谕集》？）一种对付这些情况的处方。其他人则把错误的答案归因于"糟糕的条件"[120]（πονηρὰ κατάστασις τοῦ περιέχοντος, Porph. ap. Eus. Praep. Ev. 6.5=Philop. de mundi creat. 4.20），或者缺乏 ἐπιτηδειότης [必要条件]；[121] 还有一些人则归因于灵媒紊乱的心理状态或是他正常的自我不合时宜的介入（de myst. 115.10）。所有这些为失败寻求解释的方法在唯灵论文学中都会再次出现。

除了通过灵媒之口揭示过去或未来，神明还赐予可见的（或者有时是可听的）[122] 标志以表明自己在场。灵媒

---

[120] 波菲利（loc. cit.）讲述了在这些情况下，一位"神"要求结束仪式：λῦε βίην κάρτος τε λόγων· ψευδήγορα λέξω ["停止蛮力和言语的暴力；现在我将要说些谎话"]。正如一位现代的"通神者"在结束仪式时会说，"我现在必须停下来，否则我会说些蠢话"（Proc. Soc. Psych. Research, 38 [1928] 76）。

[121] 根据 Proclus in Tim. I.139.23，以及 in Remp. I.40.18，除了合适的 σύνθημα [符契象征] 在场之外，还需要天体处在有利的位置上（参见 de myst. 173.8），有利的时间和地点（莎草纸文献中经常提到），有利的气候条件。参见 Hopfner, P.-W., s.v. "Mageia", 353 ff.。

[122] 普罗克洛（in Crat. 36.20 ff.）给唯灵论者所称作的"直接的声音"提供了一个理论解释；它遵循波希多尼安（Posidonian）的说法（参见 Greek Poetry and Life, 372 f.）。希波吕托斯知道如何伪造这种现象（Ref. Haer. 4.28）。

的身体可能明显变长或变宽，[123]甚至悬浮起来（de myst. 112.3）。[124]但其表现形式通常是发光的幻影：确实，扬布里柯认为，如果缺少这些"神圣的幻象"，那操作者就不能确定他们正在做什么（de myst. 112.18）。普罗克洛似乎区分了两种类型的降神会：一种是"亲眼看到的"（autoptic），在其中 θεατής [观看者] 会亲眼目睹那一现象；另一种是"间接看到的"（epoptic），在其中他必须同意 κλήτωρ [操作者、招引者]（ὁ τὴν τελετὴν διατιθέμενος [展示秘仪的人]）为他描述现象。[125]在后一种情况中，幻象当然会被怀疑成是完全主观性的，而且波菲利似乎就这么认为；而扬布里柯则坚决反对认为 ἐνθουσιασμός [入迷] 或 μαντική [预言] 可能是主观的（de myst. 114.16；166.13），他认为那显然是"神明"来访所留下来的客观痕迹。[126]后世作家想方设法地去解释

---

[123] ἐπαιρόμενον ὁρᾶται ἢ διογκούμενον. 据说16世纪意大利的修女身体会变长，Veronica Laparelli（Jour. Soc. Psych. Research，19.51 ff.），以及现代的灵媒霍姆（Home）和彼得斯（Peters）也会这样（ibid., 10.104 ff., 238 ff.）。

[124] 这是巫师或圣人的传统标志。它被归之于西蒙·马格斯（Simon Magus）（ps.–Clem. Hom. 2.32），印度神秘主义者（Philost. vit. Apoll. 3.15），一些基督教圣徒和犹太拉比，以及现代灵媒霍姆。一位传说中的巫师把这列为自己的本领之一（PGM xxxiv.8），而卢奇安则嘲讽了那些说法（Philops. 13, Asin. 4）。扬布里柯的奴隶吹嘘说自己的主人在祈祷时悬浮了起来（Eunap. vit. soph. 458）。

[125] 参见源自普塞洛斯和塞拉的尼克塔斯（Nicetas of Serrae）的那些段落，它们收集在 Bidez, Mélanges Cumont, 95 ff.。另参见 Eitrem, Symb. Oslo. 8（1929）49 ff.。

[126] de myst. 166.15. 这里的 τοὺς καλουμένους [被招引的神] 似乎是被动态的（sc. θεούς），而不是（帕泰和霍普夫纳所认为的）（转下页）

为什么只有那些具有自然天赋或 ἱερατικὴ δύναμις［祭司术能力］的人才能够享有那些幻觉（Procl. *in Remp.* Ⅱ.167.12; Hermeias *in Phaedr.* 69.7 Couvreur）。

发光的幻影可以追溯到《迦勒底神谕集》，神谕集承诺说，通过念出特定的咒语，操作者就会看到"男孩形状的火"，或者"一团会发出声音的形状不定的（ἀτύπωτον）火"，或者其他各种各样的事物。[127] 比较如下事物：据说是"迦勒底人"向朱利安皇帝展示过的 πυραυγῆ φάσματα［火光幻影］，[128] 普罗克洛声称曾经见过的 φάσματα Ἑκατικὰ φωτοειδῆ［赫卡忒的发光幻影］（Marin. *vit. Procl.* 28），以及希波吕托斯（Hippolytus）通过自然的（尽管有些危险的）手段模拟燃烧的幻影的秘方（*Ref. Haer.* 4.36）。在 *de myst.* 3.6（112.10 ff.），这些现象显然与灵媒的能力有关：神灵以燃烧的或发光的形状进入（εἰσκρινόμενον［化身为］）或离开灵媒的身体，这可以被操作者（τῷ θεαγωγοῦντι［招神者］）、灵媒（τῷ δεχομένῳ［承载者］）、有时是所有在场的人所看到，我们知道，这最后一类情形（普罗克洛 αὐτοψία［亲眼所见］）是最令人满意的。上述现象显然与所谓的"流质"（ectoplasm）或"外质"（teleplasm）类似，现

（接上页）中动态（=τοὺς κλήτορας［招引者］）：是"神明"而不是操作者们改进了灵媒的品质（166.18, 参见 176.3）。如果是这样，那么"石头和药草"就是"神明"带来并留下的 σύμβολα［符契象征］，就像唯灵论者的"显灵物"（apports）。参见本书第四章注释〔19〕。

[127]　Procl. *in Remp.* I.111.1; 参见 *in Crat.* 34.28, 以及 Psellus, *PG* 122, 1136b。
[128]　Gregory of Nazianzus, *orat.* 4.55 (*PG* 35, 577c)．

代观察者声称曾看见过流质或外质从某些灵媒的身体里冒出又回到身体里去,霍普夫纳[129]以及其他人已经注意到了那种类似。和"流质"一样,那些形象可能是没有形状的(ἀτύπωτα, ἀμόρφωτα),也可能是有形状的(τετυπωμένα, μεμορφωμένα):波菲利收集的神谕中有一个说到(*Praep. Ev.* 5.8),"纯净的火被压缩成神圣的形状(τύποι)";但是按照普塞洛斯的说法(*PG* 122,1136c),没有形状的形象才是最值得信赖的,而且普罗克洛给出了理由(*in Crat.* 34.28)——ἄνω γὰρ ἀμόρφωτος οὖσα διὰ τὴν πρόοδον ἐγένετο μεμορφωμένη ["因为起先是没有形状的,后来在过程中才被赋予形状"]。通常认为那些形象具有发光性质,这无疑和"迦勒底人的"(伊朗人的)拜火仪式有关;但也会让人想起莎草纸文献中的φωταγωγίαι [引光术][130]以及现代降神屋中的"灵光"。普罗克洛似乎已经提到成形的过程发生在"光下":[131]这体现了λυχνομαντεία [火占术],正如 *PGM* vii.540 ff. 处所规定的,那里一位巫师说道(561),ἔμβηθι αὐτοῦ (sc. τοῦ παιδός) εἰς τὴν ψυχήν, ἵνα τυπώσηται τὴν

---

[129] "Kindermedien", 73 f.
[130] 参见 *de myst.* 3.14,论各种类型的 φωτὸς ἀγωγή [引光术]。
[131] Simpl. *in phys.* 613.5,引用了普罗克洛的说法,说一束光 τὰ αὐτοπτικὰ θεάματα ἐν ἑαυτῷ τοῖς ἀξίοις ἐκφαῖνον· ἐν τούτῳ γὰρ τὰ ἀτύπωτα τυποῦσθαί φησι κατὰ τὸ λόγιον ["将神的形象直接投射在自身之中,在那些值得展现的人面前;因为普罗克洛说,根据神谕,没有形状的会在光下被赋予形状"]。然而,辛普利修(Simplicius)否认《迦勒底神谕集》把幻影描述成是出现在 ἐν τῷ φωτί [光下](616.18)。

ἀθάνατον μορφὴν ἐν φωτὶ κραταιῷ καὶ ἀφθάρτῳ ["进入他（那个男孩）的灵魂，让它在强烈而不朽的光照下转为不死的形状"]。艾特姆[132]把这里的 τυπώσηται 译成"察觉"（一种没有在其他地方得到证实的感觉）；但我认为，考虑到刚刚所涉及的那一段落，我们应该译为"使成形"（普莱森丹茨译为"使成像"[abbilden]），而且我们应该认为那里谈论的是一种物化。"不朽的强光"取代了有朽的灯光，正如 *PGM* iv.1103 ff. 处所描述的那样，看守者看到灯光变成"拱形"，然后发现它被"虚空中巨大的光"所取代，他看到了神。不过我们并不知道降神术是否曾用到过灯。当然，某些 φωταγωγία [引光术] 可以在黑暗中进行，[133] 其他的可以在户外进行，[134] 但火占术（lychnomancy）并没有出现在 *de myst.* 3.14 处所开列的各种 φωτὸς ἀγωγή [引光术] 中。不过语言的相似性仍然是极为醒目的。

---

[132] *Greek Magical Papyri in the British Museum*, 14. Reitzenstein, *Hell. Myst.-Rel.*, 31, 将它翻译成"以便于之后灵魂成形"。

[133] *de myst.* 133.12：τοτὲ μὲν σκότος σύνεργον λαμβάνουσιν οἱ φωταγωγοῦντες ["有时引光术者将黑暗拿来作为工具"]，参见 Eus. *Praep. Ev.* 4.1。妖士为了自己方便会假称说黑暗是必要的，Hipp. *Ref. Haer.* 4.28。

[134] *de myst.* 133.13：τοτὲ δὲ ἡλίου φῶς ἢ σελήνης ἢ ὅλως τὴν ὑπαίθριον αὐγὴν συλλαμβανόμενα ἔχουσι πρὸς τὴν ἔλλαμψιν ["有时他们借用日光、月光乃至整个天空中的光来获得照明"]. 参见 Aedesius, *supra* n. 110、Psellus, *Expos. or. Chald.* 1133b，以及 Eitrem, *Symb. Oslo.* 22.56 ff.。

索 引

（以下索引中的页码为原书页码，即本书边码；以 n 开头表示出现在注释中，n.5.57 即第五章注释57，App. I 和 App. II 分别表示附录一与附录二）

Abaris［阿巴里斯］140，144

accident［意外］, not recognised in early thought［早期思想不承认～］6

Adonis［阿多尼斯］194

Aeacus［埃阿科斯］143 f., n.5.57

Aeschines［埃斯基涅斯］41，n.2.71

Aeschylus［埃斯库罗斯、埃斯库罗斯悲剧］, Erinyes in［～中的埃里倪斯］8

evil spirits in［～中的邪恶精灵］40

inherited guilt in［～中的世袭罪恶、祖传罪恶］33

phthonos in［～中的嫉妒］30 f.

post-mortem punishment in［～中的死后惩罚］137

Agam.［《阿伽门农》］1497 ff.：40

Cho.［《奠酒人》］534：n.4.24

Cho.［《奠酒人》］807, 953：n.3.66

Eum.［《报仇神》］104 f.：n.5.3

P.V.［《被缚的普罗米修斯》］794 ff.：n.5.37

Supp.［《乞援人》］100–104：n.6.20

fr.［残篇］162：n.2.65

Aetius［埃提乌斯］, *Placita*［《观念集》］5.2.3：n.4.28

Afterlife［死后、来世］, antiquity of idea［～观念的古老性］136

deification in［～被神化、奉为神明］144 f., n.7.9

epitaphs and［墓志铭和～］241，n.8.29

fear of［恐惧～］n.5.13，n.7.77，253

reward and punishment in［～的赏罚、奖惩］35，137 f., 150 f., 210，221

另参见 **Hades**［哈得斯］, **rebirth**［重生］

ἄγος［污染］37

ἀγωγή［咒语］, in magic［巫术中的～］n. App. II. 20

aidos［敬畏］18

aisa［命运］8

αἰσχρόν［羞耻］applied to conduct［～用来描述行为］n. 1. 109

Al Ghazali［安萨里］207

alastor［邪恶精灵］31，39 f.，186

alchemy［炼金术］295，n. App. II. 101

Alexander, W. H.［亚历山大］iii

Alexander Polyhistor［亚历山大·波里希斯托］111，n. 4. 53

Alföldi, A.［阿尔夫迪］141

ἀμηχανία［无助］29

Ammonius Saccas［阿摩尼阿斯·萨卡斯］286

Amphiaraus［阿姆披亚拉欧斯］, shrine of［～圣殿］110

Amphikleia［安菲克莱亚］, oracle of［～神谕所］n. 3. 30

amulets［护身符］253，n. 8. 103，294

Anacreon［阿那克列昂］, *psyche* in［～的灵魂］138

analgesia［痛觉缺失］274

ἀνάμνησις［回忆］, 参见 "recollection"［"回忆"］

Anaxagoras［阿那克萨戈拉］, and Hermotimus［～和赫尔摩底谟］143

prosecution of［起诉～］189 f.，201

angels［天使］293，297

Anonymus Iamblichi［扬布里柯所引的匿名作家］n. 6. 27

Antiphon［安提丰］ὁ τερατοσκόπος distinguished from Antiphon the sophist［占卜师～，不是智者～］n. 4. 100

ἀντίθεοι［伪装神］298，n. App. II. 119

anxiety［焦虑］44，78，80，n. 3. 98，252

anxiety-dreams［焦虑的梦］106

Apollo［阿波罗］, ἀλεξίκακος［邪恶终结者～］75

Asiatic origin of［～的亚洲起源］69

Hyperborean［极北的～］141，144，n. 5. 36

Nomios［畜牧神～］77

in Plato's *Laws*［柏拉图《法律》中的～］221，223，n. 7. 85

patron of prophetic madness［预言式癫狂的庇护神～］68–70

另参见 **Delphi**［德尔斐］, **Pythia**［皮提亚］

Apollonius of Tyana［提亚那的阿波罗尼乌斯］, as magician［巫师～］285

apparitions［幽灵、幻影］, luminous［发光的］298 f.
另参见 epiphanies［神显、显灵］, visions［幻象、幻觉］

"**apports**"［"显灵、显灵物"］, in dreams［梦中～］106, n. 4. 19
in theurgy［降神术中的～］298, n. App. Ⅱ. 126

Apuleius［阿普列乌斯］, as magician［巫师～］285, 294, 296

"**Apulunas**"［"门神"］69, n. 3. 32

Archaic Age［古风时代］, definition of［～的定义］n. 2. 1
religious attitudes of［～的宗教态度］28–35
social conditions in［～的社会状况］44 f., 76 f.

"**archetypal images**"［"原型意象"］n. 4. 4

Archilochus［阿尔基洛科斯］31

Ares［阿瑞斯］10, 77

arete［德性］, Protagoras and Socrates on［普罗塔戈拉和苏格拉底论～］183 f.

change in meaning［～含义的转变］n. 6. 29

Argos［阿尔戈斯］, oracle at［～神谕所］70, 73

Arimaspians［阿里玛斯波伊人］141

Aristarchus［阿里斯塔科斯］, the astronomer［天文学家～］246

Aristeas［阿里斯提亚斯］141, n. 5. 37

Aristides, Aelius［埃利乌斯·阿里斯提得斯］109 f., 113–116, n. 4. 32, n. 4. 79, 253

Aristides Quintilianus［阿里斯提得斯·昆提利安］78

Aristophanes［阿里斯托芬］, incubation in［～剧中的潜思］n. 4. 56
and "Orphism"［～和"俄耳甫斯教"］147
and Socrates［～和苏格拉底］188
Vesp.［《马蜂》］8：n. 3. 21
Vesp.［《马蜂》］122：n. 3. 91

Aristotle［亚里士多德］, on catharsis［～论净化］48, 79
on dreams［～论梦］120, n. 4. 116
early opinions of［～的早期思想］

120, 135

on passion [～论激情] 185

on the psyche [～论灵魂] 135

psychological insight of [～的心理学洞见] 238 f.

on tragedy [～论悲剧] n. 2. 110

de anima [《论灵魂》] 410b19：n. 5. 94

Div. p. somn. [《论睡眠中的征兆》] 463b14：n. 4. 112

Met. [《形而上学》] 984b19：143, n. 5. 50

Rhet. [《修辞学》] 1418a24：143

Arnold, Matthew [马修·阿诺德] 243

Artemidorus [阿特米多鲁斯] 107, n. 4. 24, n. 4. 107

Asclepiades [阿斯克列皮阿德斯] 80

Asclepius [阿斯克勒皮奥斯] 79, 110–116

cult of, "a religion of emergencies" [～崇拜仪式，"紧急时刻的宗教"] n. 6. 83

holy dogs of [～的神犬] 114, n. 4. 65

epiphany of [～的神显、显灵] n. 6. 86

becomes a major god [～成为主神] 193

holy snakes of [～的神蛇] 114, n. 4. 64, 193

askesis [训练] 150, 154

Assyria [亚述], dreams in [～的梦] 109

oracles in [～神谕所] n. 3. 31

astral theology [星体神学] 220 f., 232, 240, 246

and Pythagoreanism [～和毕达哥拉斯主义] 248, n. 8. 68

astrology [占星术] 245 f., 250, 261 f., n. 8. 91

astronomy [天文学], an indictable offence at Athens [教授～在雅典是可被起诉的罪行] 189

disapproval of [反对～] n. 6. 64

Plato on [柏拉图论～] n. 7. 88

ate [迷乱、蛊惑] 2–8, 17 f., 37–41

Athena [雅典娜] 15, 35, n. 2. 38, 111, n. 4. 50, 243

Attis [阿提斯] 194

Auden, W. H. [奥登] 238, n. 8. 107

"Aufklärung" ["启蒙运动"], 参见 Enlightenment [启蒙运动]

Bacchus [酒神], 参见 Dionysus

[狄奥尼索斯]

Bakis［巴奇司］71，n. 3. 45

βάκχαι［巴科埃］，参见 maenads［迈娜得斯］

βακχεύειν［狂欢］n. App.Ⅰ. 1

Beauchamp，Sally［莎莉·波尚］66

"belly-talkers"［"腹语者"］71 f.

Bendis［本迪斯］194，n. 6. 89

Berossus［贝罗苏斯］245

Bidez，J.［比迪兹］283

Bilocation［分身、分身术］140，144

Bion of Borysthenes［包律斯铁涅斯的拜昂］34，n. 2. 33

birds［鸟］, in magic［巫术中的～］290 f.

body and soul［身体和灵魂］138-143，149，152，n. 5. 27

in Plato［柏拉图对话中的～］212-214

σῶμα-σῆμα［身体即坟墓］148，152，n. 5. 87

Bolus of Mendes［门德的波洛斯］246 f.，248，n. 8. 69，293

Bonner, Campbell［坎贝尔·邦纳］116

books［书］，burning of［焚～］189

Bowra，Sir Mauric［莫里斯·博拉爵士］2

Branchidae［布朗奇达伊］，oracle of［～神谕所］69，73，n. 3. 70

Burckhardt，Jacob［雅各布·布克哈特］192，212

burial rites［葬礼］，expenditure on［～开支］n. 5. 9

Heraclitus on［赫拉克利特论～］181 f.

mimic［模拟的～］n. App.Ⅱ. 66

Pythagorean［毕达哥拉斯派的～］n. 7. 9

Burnet, John［约翰·伯内特］138 f.

Calhoun，G. M.［卡尔霍恩］47 f.

Cassandra［卡珊德拉］70 f.，n. 3. 45

castration-motif［阉割主题］n. 2. 103，n. 4. 79

catharsis［净化、涤净、涤罪］，

in Archaic Age［古风时代的～］35-37，43 f.，48

Aristotelian［亚里士多德式的～］48

Corybantic［科律班忒斯式的～］77-79，n. 7. 59

Cretan［克里特的～］n. 5. 41

Dionysiac［狄奥尼索斯式的～］

380　希腊人与非理性

76–78, n. 3. 87

Heraclitus on [赫拉克利特论～] 181, n. 6. 13

Homeric [荷马式的～] 35 f., n. 2. 39

of occult self [隐秘自我的～] 153 f.

Orphic [俄耳甫斯教的～] 154

in other cultures [其他文化中的～] n. 2. 109

Platonic [柏拉图式的～] 210, 212, 222

Posidonius on [波西多纽斯论～] 239 f.

Pythagorean [毕达哥拉斯派的～] 79, 154, 247

shamanistic [萨满式的～] n. 5. 116, n. 5. 118

theurgic [降神术的～] 295 f., n. App. II. 109

caves [洞穴], sacred [神圣～] 110, 142, n. 5. 60

Chalcidius [卡西狄乌斯], on dreams [～论梦] 107, 117, n. 4. 26

Chaldean Oracles [《迦勒底神谕集》], 参见 oracles [神谕]

χαρακτῆρες [印刻] 292, 296

"Charon's Cave" ["卡戎洞穴"] 110

children [孩童], as mediums [～作为灵媒] n. 8. 70, 297, n. App. II. 115

stolen by maenads [迈娜得斯偷盗～] 275, n. App. I. 38

China [中国], divine jealousy in [～的神妒] n. 2. 8

possession in [～的神灵附体] n. 2. 70

effects of religious breakdown in [～宗教崩溃的后果] n. 6. 81

Christianity [基督教、基督教化] 249

opposition to [反对～] n. 8. 47

Chrysanthius [克桑提乌斯] 288

Chrysippus [克吕西普] 237, 239 f.

Cicero [西塞罗], on astrology [～论占星术] 246

on dreams [～论梦] 121

clairvoyance [预见力], in dreams [梦中～] 107, 118 f.

Claros [克拉罗斯], oracle of [～神谕所] 69, 73, n. 3. 53, n. 3. 60, n. 3. 70

Cleanthes [克里安提斯] 237, 241

Clearchus [克利尔库斯] 143

"closed" society ["封闭"社会] 216, 237, 243, n. 8. 1, n. 8.

107

clubs［俱乐部］, Hellenistic［希腊化时代的～］243

cock［公鸡］, apotropaic virtue of［～的辟邪能力］291, n. App.Ⅱ. 63

conflict［冲突］, moral［道德～］213, n. 7. 24, n. 8. 16

conscience［良知、良心］37, 42, n. 2. 46

Cook, A. B.［库克］70

Corybantes［科律班忒斯］77–79

relationship to Cybele cult［～与库柏勒崇拜仪式的关系］n. 3. 90

cosmopolitanism［世界主义］, Hellenistic［希腊化时代的～］237

cosmos［宇宙］221, n. 7. 78, 241, 247 f.

Cratippus［克拉提普斯］, on dreams［～论梦］121

cremation［火葬］, supposed significance of［～的假定意义］n. 5. 8

Cumont, F.［库蒙特］291

Cybele［库柏勒］77, n. 3. 90, 117, 194

daemonion［精灵］, 参见 **Socrates**［苏格拉底］

daemonios［精灵般的］12 f.

daemons［精灵、神灵］, in Archaic Age［古风时代的～］39–43, 45

dreams of［梦见～］n. 2. 70

in Empedocles［恩培多克勒著作中的～］153, n. 5. 111

evil［邪恶～］12, n. 1. 77, 31, 39–42

evolution of term［～术语演变］n. 1. 65

of the family［家庭的～］42

fear of［恐惧～］39, 253, n. 8. 103

in Homer［荷马史诗中的～］11–14

imprisoned in images［将～囚禁在神像中］293 f.

of the individual［个人的～］42 f., n. 2. 84, 182, 289 f., n. App.Ⅱ. 55 f.

and the insane［～和精神错乱之人］68, n. 3. 98

and *moira*［～和命运］n. 1. 65, 42, n. 2. 79

in Plato［柏拉图对话中的～］42, 213 f., 218

and τύχη［～和运气］n. 2. 80

Damascius［大马士革乌斯］284

dancing［舞蹈］, religious［宗教～］69, 76–79, n. 3. 87, 270 f., 273 f.; modern survivals of［宗教～的现代残留］n. App. I. 9

mania［癫狂］76, 272 f., 279

Dawkins, **R. M.**［道金斯］275

dead［死者］, the, dreams about［梦见～］119, n. 4. 52

oracles of［～的神谕］111

possession by［～附体］n. 3. 14, 298

tendance of［服侍～］136 f., n. 5. 8 f.

另参见 **Afterlife**［死后、来世］, **rebirth**［重生］

defixio［施咒］194, 204, 206

deification［神化、奉为神明］, 参见 **Afterlife**［死后、来世］, **ruler-worship**［统治者崇拜］

δεκατεύειν［供奉］n. 2. 50

Delphi［德尔斐］, oracle of［～神谕所］44, 70–75, 222 f.

belief in［相信～］74 f., n. 3. 71

supposed chasm and vapours at［～假定的地缝和蒸汽］73 f., n. 3. 59, n. 3. 66

originally Earth-oracle［～最初是大地神谕所］n. 3. 66, 110

reasons for decline of［～衰落的原因］75

verse responses at［～以诗句回应］n. 3. 70

另参见 **Apollo**［阿波罗］, **Pythia**［皮提亚］

Demetrius of Phaleron［法勒隆的德米特里乌斯］137

Demetrius Poliorcetes［围城者德米特里乌斯］241 f., n. 8. 32

Democritus［德谟克利特］, on dreams［～论梦］118, 120, n. 4. 95

on poetry［～论诗歌］82

Demodocus［得摩多科斯］80

Diagoras［迪亚戈拉斯］, prosecution of［起诉～］189

Dicaearchus［狄卡尔库斯］n. 4. 117

Diels, **H.**［狄尔斯］141, 143

Dieterich, **A.**［迪特里希］276

Dio Cassius［狄奥·卡西乌斯］121

Diodorus［狄奥多罗斯］4.3：270 f., 277

Diogenes the Cynic［犬儒第欧根尼］113

Diogenes Laertius［第欧根尼·拉尔修斯］1.114：n. 5. 51

Dionysus［狄奥尼索斯］76 f., 82,

270–280

animal vehicles of [～的兽骑] 277 f.

not aristocratic [非贵族的～] n. 3. 80

equated with Hades [～等同于哈得斯] n. 6. 14

as god of healing [医神～] n. 3. 78

Λύσιος [解放者～] 273, n. App. I. 19

and "Orphism" [～和"俄耳甫斯教"] n. 5. 95, n. 5. 129

as god of prophecy [预言神～] n. 3. 30

and Titans [～和提坦] 155 f., 176–178, 277

Diopeithes [狄奥佩特斯] 190

date of his decree [～法令颁布日期] n. 6. 62

"direct voice" ["直接的声音"] n. App. II. 122

divination [占卜术、占卜], in *Iliad* always inductive [《伊利亚特》中的～只是归纳] 70

Plato on [柏拉图论～] 217, 222

by shamans [萨满的～] 140 f., 144

theurgic [降神术的～] 291

rejected by Xenophanes [色诺芬尼拒斥～] 181

另参见 **dreams** [梦], **prophecy** [预言术、预言]

diviners [占卜师],参见 **seers** [先知]

Dodona [多多那], oracle of [～神谕所] 72, n. 4. 47

dogs [狗] in Asclepius cult [阿斯克勒皮奥斯崇拜仪式中的～] 114, n. 4. 65

dreambooks [解梦书] 109 f., 119, 121, n. 4. 100, n. 4. 107

dreamers [做梦者], privileged [有特权的～] n. 4. 35

dreams [梦] 102–134

anxiety- [焦虑的～] 106

"apports" in [～中"显灵"] 106

clairvoyant or telepathic [预见性的或感应性的～] 107, 118 f., n. 4. 116

ancient classifications of [古代对～的分类] 107

influence of culture-pattern on [文化模式对～的影响] 103, 108 f., 112, 114, n. 4. 52

"daemonic" ["神秘的"～] 120, n. 4. 112

about daemons [～见精灵] n. 2. 70

about the dead［～见死者］119，n. 4. 52

from the dead［来自死者的～］111

dedications prescribed in［～中吩咐供奉］108，294

"divine" or godsent［"神圣的"或神赐的～］107-110，118-120，n. 4. 37

father-image in［～中的父亲形象］109

fear of［恐惧～］253，n. 5. 105

interpretation of［释～］n. 4. 99。另参见 **dreambooks**［解梦书］

in Homer［荷马史诗中的～］104-107

and myth［～和神话］104，n. 4. 58

objective［客观的～］104-106

Oedipus-［俄狄浦斯的～］47，n. 2. 105

Oriental［东方的～］109

prescriptions given in［～中开处方］115 f.

techniques for provoking［催生～的技巧］110，294

as psychic excursions［～作为神游、灵魂之旅］104，135，n. 5. 97

surgery in［～中手术］115，n. 4. 72

symbolic［象征性的～］104，106 f.，109，119 f.

as symptoms［～作为象征］119，n. 4. 102

as wish-fulfilment［～作为愿望达成］106 f.，119

dualism［二元论］, Platonic and Mazdean［柏拉图的和马兹达派的～］n. 7. 33

revived in first century B.C.［～在公元前1世纪的复兴］247

and monism in late Greek thought［晚期希腊思想中的～和一元论］n. 8. 72

另参见 **body and soul**［身体和灵魂］

Dunne, J. W.［邓恩］107

ecstasis［迷狂］, meaning of［～的含义］77，n. 3. 84

另参见 "**frenzy**"［"迷狂"］, **possession**［神灵附体］

"**ectoplasm**"［"流质"］299

Edelstein, L.［埃德尔斯坦］iii, 112，115

education［教育］, and intellectual decline［～和智识堕落］250，n. 8. 88

索 引　385

ἐγγαστρίμυθοι［腹语者］，参见
"**belly-talkers**"［"腹语者"］

ego-consciousness［自我意识］16，
41，81

Egypt［埃及］，animation of images
in［～的神像赋生术］293，n.
App.Ⅱ.84

dreams in［～的梦］109 f.

no theory of rebirth in［～没有重
生理论］n. 5. 29

Egyptian religion［埃及宗教］，
Plotinus' knowledge of［普罗提诺
关于～的知识］286

Ehnmark，E.［恩马克］12

Eitrem，S.［艾特姆］283，286，
289 f.，299

Eleusis［厄琉息斯秘仪］137，n. 5.
102，n. 8. 29，n. App.Ⅱ. 33

Plato's attitude to［柏拉图对～的
态度］n. 7. 82

Eliot，T. S.［艾略特］42，215

elongation［变长］298，n. App.Ⅱ.
123

Empedocles［恩培多克勒］145 f.

on madness［～论癫狂］65

and "Orphism"［～和"俄耳甫
斯教"］145，147，n. 5. 81

psyche and daemon in［～著作中
的灵魂和精灵］153，n. 5. 111

bodily translation of［～的肉身迁
移］n. 5. 65

frs.［残篇］15，23：146

fr.［残篇］111：145 f.

fr.［残篇］129：143，n. 5. 55

ἔνθεος［神灵附体的］，meaning of
［～的含义］n. 3. 41

ἐνθύμιον［耿耿于怀］n. 2. 46

"**enthusiasm**"［"狂热"］，参见
inspiration［灵感、神启］，
possession［神灵附体］

Enlightenment［启蒙运动］，older
than Sophistic Movement［～早于
智者运动］180–182

reaction against［反叛～］188–
192

effects of［～的影响］191–195，n.
6. 81

Plato and［柏拉图和～］208

Ἐφέσια γράμματα［巫文］n. 6. 95

Epicureans［伊壁鸠鲁学派］240

Epicurus［伊壁鸠鲁］237–238，
241，246

as a god［～作为神］n. 8. 36

alleged scientific spirit of［所谓
的～的科学精神］n. 8. 77

Epidaurus［埃披道洛斯］，Temple
Record of［～神庙档案］112

Epigenes［厄庇根尼］149，n. 5.

Epilepsy［癫痫］, confused with possession［～和神灵附体相混淆］66, n. 3. 10
　ancient medical opinion on［古代关于～的医学观点］n. 3. 20
　musical treatment of［对于～的音乐疗法］n. 3. 109, n. 6. 17
　why called "sacred"［～为何被称作是"神圣的"］n. 3. 11
Epimenides［厄庇美尼德］110, 141–146, 163, n. 5. 121, n. 7. 81
epiphanies［神显、显灵］n. 1. 91, 116 f., n. 4. 50, n. 4. 83 f., n. 6. 86, 277
epitaphs［墓志铭］241, n. 8. 29
ἐπῳδαί［咒语］n. 5. 119, 212, n. 7. 20
Erinyes［埃里倪斯］6–8, 18, 38 f., 42
　not the vengeful dead［～并不是图谋报复的死者］n. 1. 37
Eros［爱若斯］41, 218, 231
Eudoxus［欧多克斯］245
Euripides［欧里庇得斯、欧里庇得斯悲剧］186–188
　and Anaxagoras［～和阿那克萨戈拉］182
　Dionysiac rites in［～中的狄奥尼索斯仪式］270–278
　Erinyes in［～中的埃里倪斯］42
　and Heraclitus［～和赫拉克利特］182, n. 6. 21
　and "Orphism"［～和"俄耳甫斯教"］147 f.
　prosecution of (？)［起诉～(？)］189
　on phthonos［～论嫉妒］31
　and the Sophists［～和智者］182
　and Xenophanes［～和色诺芬尼］182, n. 6. 21
　Med.［《美狄亚》］1078–1080: 186, n. 6. 46
　Hipp.［《希波吕托斯》］375 ff.: 186 f., n. 6. 49
　Hyps. fr.［《许珀西比勒》残篇］31 Hunt: n. 5. 82
　Tro.［《特洛亚妇女》］1171 ff.: n. 5. 22
　fr.［残篇］472: n. 5. 82
Eurycles［欧律克勒斯］71
Eusebius of Myndus［明杜斯的尤西比乌斯］288
exorcism［驱邪］n. 3. 103

family［家庭］, patriarchal［父权～］45 f.

索引　387

solidarity of［～团结］33 f., 46 f., 76, 109, 150

tensions in［～中的紧张］46-48

fasting［禁食］110, 140

Fate［命运］, 参见 *moira*［命运］

Father［父亲］, image of, in dreams［梦中～形象］109

king as［国王作为～］n. 8. 36

offences against［冒犯、违逆～］46 f.

Zeus as［宙斯作为～］47 f.

Festugière, A. J.［费斯图吉耶］147 f., 240, 249, 251

fey［怪异的］n. 1. 88

finger-sacrifice［献祭手指］116, n. 4. 79

fire［火］, insensibility to［对～灼烧无感觉］274, 297, n. App. II. 118

spontaneous［自动点燃的～］n. App. II. 95

Flavianus［弗拉维安努斯］295

flute［笛子］78, n. 3. 95, 273

foreign cults at Athens［雅典的外邦崇拜仪式］193 f.

Forster, E. M.［福斯特］64

Frankfort, H. and H. A.［法兰克福］41

freedom［自由］, fear of［恐惧～］246, 252, 254

loss of political, effects of［政治～丧失的后果］250

of thought, limitations on, at Athens［雅典思想～的限度］n. 6. 63, n. 6. 68, in Plato's *Laws*［柏拉图《法律》中的～］223 f.

free will in Homer［荷马史诗中的自由意志］7, n. 1. 31

"frenzy"［"迷狂"］of the poet［诗人的～］82

of the Pythia［皮提亚的～］n. 3. 41

Freud, S.［弗洛伊德］42, 49, n. 2. 84, 106, 114, 116, 119 f., 151 f., 213, 218

Fry, Roger［罗杰·弗莱］1

Galen［盖伦］, believes in dreams［～相信梦］121, n. 4. 104

Gebir［贾比尔］295

Ghost［鬼魂］, consubstantial with corpse［～与尸体同质］136-138, n. 5. 102

Ghost Dance［鬼舞］n. App. I. 11

Glotz, G.［格洛兹］34, 40

gods［神］, astral［星体～］220 f., 232, 240

cause *ate*［～引起迷乱］4-5

compulsion of［强制～］n. App. Ⅱ . 108

disguised［伪装的～］n. 1. 93

Epicurean［伊壁鸠鲁学派的～］240

famine and pestilence as［饥荒和瘟疫作为～］41，n. 3. 14

love and fear of［爱～和怕～］35，n. 2. 38

communicate *menos*［～赐予力量、力气或勇气］8–10

send monitions［～发布劝诫］11 f.

mythological，in Plato［柏拉图对话中的神话～］220，n. 7. 66

physical intervention of［～的超自然介入］14，n. 1. 90

representation of，in art［艺术中对～的再现］n. 2. 112

inspire song［～启发歌唱］10

tempt men［～诱惑人］38–41，n. 2. 65，n. 2. 112

Xenophanes on［色诺芬尼论～］181

另参见 **epiphanies**［神显、显灵］，*phthonos*［嫉妒］

gold plates［金箔］147 f.，154

griffons［狮鹫］141

Gruppe，**O.**［格鲁普］277

guilt，**inherited**［世袭罪恶、祖传罪恶］31 f.，34，53，150，221

guilt-culture［罪感文化］17 f.，n. 1. 106，28，43

divine jealousy in［～中的神妒］n. 2. 108

emphasis on justice in［～强调正义］n. 2. 34

and puritanism［～和清教主义］152

needs supernatural authority［～需要超自然权威］75

guilt-feelings［罪感］，in Archaic Age［古风时代的～］36 f.，47，151，156

in Greco-Roman world［希腊–罗马世界的～］n. 4. 79，252 f.

abreaction of［宣泄～］n. 2. 110

Guthrie，**W. K. C.**［格思里］iii

Hades［哈得斯］，in the air［空中的～］111

Dionysus equated with［狄奥尼索斯等同于～］n. 6. 14

mud in［～中的泥泞］n. 5. 102

as state of mind［～作为心灵状态、心理状态］221，n. 7. 77

this world as［此世作为～］115，n. 5. 114，n. 7. 5

另参见 **Afterlife**［死后、来世］

hallucinations［幻觉］，参见 **visions**［幻觉、幻象］

head［头部、头颅］，ecstatic carriage of［迷狂状态中的～姿势］273 f.

mantic［会预言的～］147，n. 5. 78

healing［治疗］，religious［宗教～］69，77–99，n. 3. 100，n. 3. 102，111–116，140，144–146，193，272

Heaven［天国］，参见 **Afterlife**［死后、来世］

Hecataeus of Miletus［米利都的赫卡泰欧斯］180，n. 6. 5

Hecate［赫卡忒］，cult at Aegina［埃吉纳的～崇拜仪式］n. 3. 91

apparition of［～的幽灵、幻影］299

magical images of［～的巫术形象］294，n. App. Ⅱ. 91

and mental disturbance［～和精神错乱］77–79

shrines of［～的神殿］n. 6. 61

Heinimann, F.［海尼曼］182

heliocentric hypothesis［日心说］，rejection of［拒斥～］246，n. 8. 58

Helios［赫利俄斯］，参见 **sun-cult**［太阳崇拜］

Hell［地狱］，参见 **Afterlife**［死后、来世］，**Hades**［哈得斯］

Hellenistic Age［希腊化时代］235–243

Heraclides Ponticus［彭图斯的赫拉克利德斯］143

Heraclitus［赫拉克利特］8，42，n. 3. 71，n. 3. 80，113

on dreams［～论梦］118，n. 4. 91

influence of［～的影响］182

rationalism of［～的理性主义］181 f.，196 f.

on the soul［～论灵魂］150，152，n. 5. 109

frs.［残篇］14，15：n. 6. 14

fr.［残篇］92：n. 3. 27

Heraiscus［赫拉伊库斯］294

Hermae［赫尔墨斯神像］，

mutilation of［～破坏事件］191，n. 6. 78

Hermocles［赫摩克勒斯］241，n. 8. 32

Hermotimus［赫尔摩底谟］141，143 f.

Herodas［赫罗达斯］4.90 f.：n. 4. 66

Herodotus［希罗多德、希罗多德

《历史》], on dreams［～论梦］118

fatalism of［～中的宿命论］42, n. 2. 55

inherited guilt in［～中的世袭罪恶、祖传罪恶］33

causes of madness in［～中的癫狂的原因］65

phthonos in［～中的嫉妒］30 f.

2.81: n. 5. 80, n. 5. 96

4.36: n. 5. 33

4.95: 144, n. 5. 60

5.92: 111

6.105: 117

6.135: 40

"heroes"［"英雄们"］77, 243

heroisation［英雄化］n. 8. 34

Herophilus［希罗菲勒斯］, on dreams［～论梦］107, n. 4. 28

Herzog, R.［赫佐格］112

Hesiod［赫西俄德］33, 38, 42, 45, 81

Theog.［《神谱》］22 ff.: 81, 117, n. 4. 86

Theog.［《神谱》］188 ff.: n. 2. 103

High Priest［大祭司］, in Plato's *Laws*［柏拉图《法律》中的～］n. 7. 71

Hippocrates［希波克拉底］, *de morbo sacro*［《论圣疾》］67 f., 77 f.

On Regimen［《摄生论》］119, 133

Int.［《骨骼复位工具》］48: 117, n. 4. 90

Progn.［《预后症状书》］1: n. 3. 20

history［历史］, irrational elements in［～中的非理性因素］n. 8. 108

Hittites［赫梯］46, n. 2. 103, 69, n. 3. 32, 109

Holiness Church［圣洁会］275

Homer［荷马、荷马史诗］2-27

catharsis in［～中的净化］35 f., n. 2. 39

Dionysus in［～中的狄奥尼索斯］n. 3. 80

divine justice in［～中的神义］32

divine machinery in［～中的神圣机制］9, 12, 14, 105

dreams in［～中的梦］104-107

ego-consciousness in［～中的自我意识］16, n. 1. 98

free will in［～中的自由意志］7, n. 1. 31

attitude to gods［～对神的态度］29, 35

索引　391

Hades in［～中的哈得斯］136 f.
late elements in［～中的晚期因素］5, 6, n. 2. 16, n. 2. 102, n. 3. 115
madness in［～中的癫狂］67
appeals to Muses［～诉诸缪斯］80 f.
alleged Orphic interpolation in［～中所谓的俄耳甫斯教的篡入］137
silence of［～的沉默］43 f., 70, 110
virtue in［～中的德性］45
Iliad［《伊利亚特》］1.63：n. 4. 22
1.198：14
2.484 ff.：80 f., n. 3. 116
3.278 f.：n. 5. 10
9.512：6
10.391：n. 1. 20
11.403–410：n. 1. 98
13.61 ff.：9
15.461 ff.：12
19.86 ff.：3, 6
19.259 f.：n. 5. 10
22.199 ff.：n. 4. 20
24.480：n. 1. 17
Odyssey［《奥德赛》］1.32 ff.：32, n. 2. 21
8.487 ff.：n. 3. 116
9.410 ff.：67
18.327：67
20.351 ff.：n. 3. 38
20.377：67
22.347 f.：10
homunculi［小矮人］295
Hopfner，T.［霍普夫纳］283, 289 f., 299
Hosioi［神职人员］at Delphi［德尔斐的～］73 f.
Hrozný B.［赫罗兹尼］69
hubris［狂妄］31, 38 f., 48, n. 2. 13
Hugo，Victor［维克多·雨果］102
Huxley，Aldous［奥尔德斯·赫胥黎］271
Huxley，T. H.［赫胥黎］236
hydromancy［水占术］n. 8. 70

Iamblichus［扬布里柯］287 f., 294, 296–298, 303
de myst.［《论秘仪》］166.15：n. App. Ⅱ. 126
vit. Pyth.［《毕达哥拉斯传》］240：178
images［神像］, Chrysippus on cult of［克吕西普论～崇拜］240

Heraclitus on cult of［赫拉克利特论～崇拜］182

magical animation of［～的巫术生命］292–295，n. App. Ⅱ. 91

used for magical attack［～用于巫术攻击］194，n. 6. 96

miraculous［神奇的～］n. App. Ⅱ. 87

immortality［不朽］，参见 **Afterlife**［死后、来世］

impurity［不洁、污染］，参见 *miasma*［污染］

incest［乱伦］n. 2. 105，187，n. 6. 57

incubation［潜思］110–116，n. 6. 83

另参见 **dreams**［梦］

India［印度］，pollution and purification in［～的污染和净化］n. 2. 109，156

rebirth in［～的重生］156，n. 5. 29，n. 5. 97

"recollection" in［～的"回忆"］n. 5. 107

Indian dreambooks［印度解梦书］n. 4. 107

individual［个人］，emancipation of［～的解放］34，142，150，191，237，242 f.

insanity［精神错乱］，参见 **madness**［癫狂］

Inscriptiones Graecae［《希腊铭文集》］Ⅱ², 4962：n. 4. 65 Ⅳ², i.121–124：112

inspiration［灵感、神启］, of minstrels in Homer［荷马史诗中游吟诗人的～］10，n. 1. 63，80 f.

of poets［诗人的～］81 f.

of Pythia［皮提亚的～］70–74, n. 3. 41

intellectualism［理智主义］, Greek［希腊～］16 f., n. 1. 105，184，239 f.

intellectuals［知识分子］and masses, cleavage between［～和大众之间的鸿沟］180，185，192 f., 221，244 f.

prosecutions of［起诉～］189–191，223 f.

Ion of Chios［岐奥斯的伊翁］149

Irrational［非理性］, Greek awareness of the［希腊人对于～的意识］1，254

return of the［回归～］244–253

irrational soul［非理性的灵魂］, 参见 **soul**［灵魂］

Isocrates［伊索克拉底］4.29：n. 2. 37

Italy［意大利］, pollution and purification in［～的污染和净化］n. 2. 109

Jaeger，W.［耶格尔］146
James，William［威廉·詹姆斯］1
jealousy［嫉妒］, divine［神的～］, 参见 *phthonos*［嫉妒］
John XXII，Pope［教皇约翰二十二世］294
Julian［朱利安］, the Emperor［～皇帝］288，299
　Epist.［《书信集》］12：n. App. Ⅱ. 47
Julianus［尤里安］, the theurgist［降神师～］283–285，288，292–295，301
Julianus［尤里安］, the "Chaldaean philosopher"［"迦勒底哲学家"～］284 f.
Jung，C. G.［荣格］n. 4. 4，n. 4. 37
justice［正义］, divine［神的～］31–35，45，150 f.，221
　guilt-culture and［罪感文化和神义］n. 2. 34

κάθαρσις［净化、涤净、涤罪］, 参见 **catharsis**［净化、涤净、涤罪］
Κακοδαιμονισταί［恶魔崇拜者］188
καλόν［高贵］applied to conduct［～用来描述行为］n. 1. 109
Kardiner，A.［卡迪纳］37
κατάδεσις［施咒］, 参见 *defixio*［施咒］
kettledrum［铜鼓］78，273
Kinesias［基内西阿斯］188 f., n. 6. 61
Koestler，A.［凯斯特勒］216
koros［自满］31，n. 2. 8
Kraus，P.［克劳斯］295
Kroll，W.［克罗尔］283 f.，286
Kronos［克洛诺斯］46，n. 2. 103
Κυανέαι［库阿尼阿］, oracle of［～神谕所］n. 3. 40
Kumarbi［库马尔比］, Epic of［～史诗］n. 2. 103

Labeo，Cornelius［科尼利厄斯·拉贝奥］n. App. Ⅱ. 15
Latte，K.［拉特］70，117
laurel［月桂树枝］73
levitation［悬浮］298，n. App. Ⅱ. 124
Lévy-Bruhl，L.［列维-布留尔］ii，40

libido［力比多］213，218

Liddell and Scott's *Lexicon* ［《利德尔和斯科特希英词典》］, mistakes in［～中的错误］5, n. 1. 17, n. 2. 37, n. 3. 49, n. 5. 19

"**lights**"［"灵光"］at séances［降神会上的～］299

Linforth, I. M.［林福斯］iii, 75, 78 f., 147 f.

Locrian Tribute［罗克里斯祭品］37

Long Sleep［超长睡眠］142, n. 5. 46, 210

Lourdes［卢尔德］113, 115, n. 4. 60

luck［运气］42

lychnomancy［火占术］299

Lycurgus［吕库古］, the orator［演说家～］39

Lysias, fr.［吕西阿斯残篇］73：188 f.

Macrobius［马可洛比乌斯］, on dreams［～论梦］107, 109, n. 4. 24

madness［癫狂］, Greek attitude to［希腊人对～的态度］65–68, n. 3. 23

  daemonic origin of［～的神圣起源］5, 39, 66 f.

  in Homer［荷马史诗中的～］67

  special language in［～状态中的特殊语言］n. 3. 24

  poetic［诗歌的～］80–82

  prophetic［预言式的～］68–75

  ritual［仪式的～］75–79, 270–280

  supernatural power in［～状态中的超自然力量］68

maenads［迈娜得斯］270–280

magic［巫术］, biological function of［～的生物功能］45

  birds in［～活动中的鸟］290 f.

  family transmission of［～的家族传承］n. App. II. 49

  in fifth-century literature［公元前5世纪文学中的～］n. 6. 99

  fourth-century revival of［～在公元前4世纪的复兴］194 f., 206

  of the Juliani［两位尤里安的～］285

  and mysticism［～和神秘主义］n. App. II. 35

  Neopythagorean［新毕达哥拉斯派的～］n. 8. 70

  Plotinus on［普罗提诺论～］285 f.

  purity required in［～需要纯洁］

290, n. App. Ⅱ.57

ritual [～仪式] 223

另参见 *defixio* [施咒], ἐπῳδαί [咒语], **theurgy** [降神术]

magical papyri [巫术莎草纸文献] 110, 283, 289, 292 f., 299

PGM [《希腊巫术莎草纸文献》] vii.505 ff.: n. App. Ⅱ.56

PGM [《希腊巫术莎草纸文献》] vii.540 ff.: 299

Malinowski, B. [马林诺夫斯基] 45, n. 2.92

Malraux, A. [安德烈·马尔罗] 254

mana [神力], royal [王室～] n. 8.36

μαντική [预言术], 参见 **divination** [占卜术], **prophecy** [预言术]

μάντις [预言家], derivation of [～的派生词] 70

另参见 **seers** [先知]

Marcus Aurelius [马可·奥勒留] 121, 215, 248

Marinus [马里努斯] 284

Marxism [马克思主义] 49, 251

masks [面具] n. 3.82

Maximus [马克西姆], the theurgist [降神师～] 288, 294

Mazon, P. [马宗] 2

Medea [美狄亚] 186, n. 6.44, n. 6.46, n. 8.16

medical clairvoyance [医学预见力] 119

medicine [医术], profane, and religious healing [世俗～和宗教疗法的～] 115 f., n. 4.74, n. 4.77

mediums [灵媒], spirit [神的～] 70, 73

may break down during trance [～在入迷有可能失败] n. 3.59

stertorous breathing of [～的鼾息] 72, n. 3.52

not "frenzied" [并不"迷狂的"～] n. 3.41

另参见 **children** [孩童], **possession** [神灵附体], **spiritualism** [唯灵论], **trance** [入迷]

Melampus [墨兰波斯] 77, n. 3.85

Melville, Herman [赫尔曼·麦尔维尔] 135

Menecrates [梅涅克拉特斯] 66

menos [力量、力气或勇气], communication of [～的感通] 8–10

of kings [国王的～] n. 1.47

Mesopotamia［美索不达米亚］, incubation in［～的潜思］n. 4. 48 另参见 **Assyria**［亚述］

Meuli, **K.**［穆利］140

miasma［污染］35–37，44，48，n. 2. 47，223，n. 7. 86 f.
　infectiousness of［～的传染性］36，n. 2. 43 f., 191，n. 6. 98
　of split blood［溅血的～］154

microcosm［微观世界］, man as［人作为～］119

Milet［《米利都的狄奥尼索斯祭拜条例》］Ⅵ.22：276

Miltiades［米尔提亚戴斯］40

Minoan religion［米诺斯宗教］, survivals of［～的残留］, 参见 **religion**［宗教］

Minoans［米诺斯人］, incubation known to (?)［～知道潜思(?)］110, n. 4. 48

minstrels［游吟诗人］10，n. 1. 63，80 f.

moira［命运］6–8，n. 1. 30，34，38，42
　and daemon［～和精灵］n. 1. 65，42，n. 2. 79

Moirai［命运三女神］7，n. 1. 29 f.

Murray, **G.**［默里］2，45，179，192

Muses［缪斯］80–82，n. 3. 111，117

music［音乐］, as means of healing［～作为治疗手段］78–80，n. 3. 108 f., 272
　orgiastic［狂欢的～］273
　Pythagorean［毕达哥拉斯派的～］79，154，n. 5. 119
　of shamans［萨满的～］147, n. 5. 119

Myers, **Frederic**［弗雷德里克·迈尔斯］296

Mysteries［秘仪］, Heraclitus on［赫拉克利特论～］181
　另参见 **Eleusis**［厄琉息斯秘仪］

myth［神话］, and dream［～和梦］104，n. 4. 58

natural theology［自然神学］, rejection of［拒斥～］248，n. 8. 71

Nechepso, *Revelations of*［《纳克普索和佩托西里斯启示录》］245

necromancy［招魂术］n. 8. 70，285

nemesis［义愤］n. 1. 109，31

Neoplatonism［新柏拉图主义］, and theurgy［～和降神术］285–289

Neopythagoreanism［新毕达哥拉

索　引　397

斯主义] 247 f., 263, n. App. II. 15

Nero [尼禄] 294

Nestorius [涅斯托利乌斯], the theurgist [降神师~] 294

Nicephoros Gregoras [尼基福罗斯·格里高拉斯] 289, 298

Nietzsche, F. [尼采] 68

Nilsson, M. P. [尼尔松] ii, 13–15, 69, 150, 190, 242, 249, 251, 283

Nock, A. D. [诺克] iii, 249, 252, 270, 283

Nomos and Physis [习俗和自然] 182 f., 187 f.

nous [努斯、理智], separability of [~的可分离性] 143

occult properties [神秘的性能] 246 f.

occult self [隐秘自我] 139 f., 146 f., 155, n. 5. 1, 247

  called "daemon" by Empedocles [恩培多克勒称~为"精灵"] 153, n. 5. 111

  identified by Plato with rational *psyche* [柏拉图将~等同于理性灵魂] 210

occultism [秘术] 248

distinguished from magic [~不同于巫术] n. 8. 76

Oedipus [俄狄浦斯] dream [~之梦] 47, n. 2. 105

  myth of [~神话] 36

Oesterreich, T. K. [厄斯特莱希] 73

Old Testament [《旧约》], divine jealousy in [~中的神妒] n. 2. 8

  inherited guilt in [~中的世袭罪恶、祖传罪恶] n. 2. 26

Olympiodorus [奥林皮奥多洛斯], *in Phaed.* [《论〈斐德若〉》] 87.1 ff.: 178

Omophagia [吞食生肉] 76, 155, 276–278

  ὠμοφάγιον ἐμβαλεῖν [抛掷生食牺牲] 276, n. App. I . 49

ὀνειροπόλος [解梦人] n. 4. 22

oneiros [梦幻形象], meaning in Homer [~在荷马史诗中的含义] 104

  另参见 **dreams** [梦]

Onomacritus [奥诺玛克利托斯] 143, 155

"open" society ["开放"社会] 237, 252, 254, n. 8. 1, n. 8. 107

oracles [神谕、神谕所], Assyrian

［亚述的～］n. 3. 31

Chaldaean［《迦勒底～集》］283–285，287 f.，292 f.

dream–［梦中～］110 f.，n. 4. 49

from magic images［来自巫术神像的～］292–295

of the Muse［缪斯的～］82

of Orpheus［俄耳甫斯的～］147

Porphyrian［波菲利的～］287，294，296，299

in late Roman times［罗马时代晚期的～］n. 3. 75

另参见 **Amphikleia**［安菲克莱亚］，**Argos**［阿尔戈斯］，**Branchidae**［布朗奇达伊］，**Claros**［克拉罗斯］，**Delphi**［德尔斐］，**Dodona**［多多那］，Κυανέαι［库阿尼阿］，**Patara**［帕塔拉］，**Ptoon**［普托司］

ὀρειβασία［山间舞蹈］76，270 f.

Oriental influence on Greek thought［东方对希腊思想的影响］n. 2. 103，n. 4. 107，140，n. 7. 133，249，n. 8. 20，n. 8. 86

Original Sin［原罪］156

Orpheus［俄耳甫斯］147 f.

Orphic［俄耳甫斯教的］influence on Aeschylus，alleged［所谓的埃斯库罗斯悲剧中～影响］137

catharsis［～净化、涤罪］154

theory of dreams［～梦理论］118 f.

reform at Eleusis，alleged［所谓的厄琉息斯秘仪的～改革］137

interpolation in Homer, alleged［所谓的荷马史诗中～篡入］137

poems［～诗歌］143，148 f.，154

Titan myth［～提坦神话］155 f.

"Orphism"［"俄耳甫斯教"］，

alleged Asiatic origin of［所谓的～的亚洲起源］n. 5. 29

unproved assertions about［关于～的未经证明的断言］147 f.

as historical mirage［～作为历史幻象］n. 5. 88

and Empedocles［～和恩培多克勒］145，147，n. 5. 81

and Heraclitus［～和赫拉克利特］n. 6. 14

and Plato［～和柏拉图］148，n. 7. 82

and Pythagoras［～和毕达哥拉斯］143，149

and Pythagoreanism［～和毕达哥拉斯主义］149，n. 5. 91 f.

Ouranos［乌拉诺斯］46，n. 2. 103

索 引 399

"overdetermination"["多因素决定"] 7, 16, 30 f., n. 2. 10

Pan [潘神], causes mental disturbance [～引起精神错乱] 77, n. 3. 89

vision of [～的幻象] 117

Panaetius [帕那修斯] 246, n. 8. 14

parents [父母], offences against [冒犯、违逆～] 32, 46 f., n. 2. 101

Parke, H. W. [帕克] 74

"participation" ["参与"] 40

passion [激情], Greek view of [希腊人的～观] 185 f.

Plato on [柏拉图论～] 213

Stoics on [苏格拉底论～] 239, n. 8. 11, n. 8. 16

Patara [帕塔拉], oracle of [～神谕所] 69 f.

πατραλοίας [弑父者] n. 2. 104

patria potestas [父权] 45

Pausanias [泡萨尼阿斯] 8.37.5: 155

Pearce, Nathaniel [纳撒尼尔·皮尔斯] 274

Pentheus [彭透斯], myth of [～神话] 278

Peregrinus [佩瑞格里努斯] 253, n. 8. 100

Periander [佩利安多洛斯] 111

Personality [人格], secondary [第二～] 66

Pfeiffer, R. [普法伊费尔] 270

Pfister, F. [菲斯特] 37, 44

Phaedra [菲德拉] 186 f., n. 6. 44, n. 6. 47

Phemius [费弥奥斯] 10, n. 3. 115

Pherecydes [裴瑞居德], two souls in [～所说的两个灵魂] 153

Philippides [菲力皮得斯] 117

Phocylides [福西尼德] 42

Phoenicians [腓尼基人], prophecy among [～的预言术] 69

phthonos [嫉妒、神妒], divine [神的～] 29–31, 41, 44, 221

origin of belief in [信仰～的根源] n. 2. 108

parallels from other cultures [～在其他文化中的类似情况] n. 2. 8

Physis [自然], 参见 *Nomos* [习俗]

Pindar [品达] 33, 42, 104

on Afterlife [～论死后、来世] 135, 137 f.

and the Muse [～和缪斯] 81 f.

vision experienced by [～的幻觉体验] 117

fr.［残篇］127：155 f.

Piper, Mrs.［派珀太太］n. 3. 52, n. 3. 61, 297, n. App. Ⅱ. 116

Plato［柏拉图、柏拉图对话］, and astrology［～和占星术］245, n. 8. 52 f.

 on Corybantic rites［～论科律班式斯仪式］79, 217 f.

 daemon of the individual in［～中的个人精灵］42, 213 f.

 on Delphi［～论德尔斐］222 f.

 on dreams［～论梦］108, 120

 and the Enlightenment［～和启蒙运动］208

 Epinomis, authorship of［～是《厄庇诺米斯》的作者］n. 7. 70

 on Evil［～论邪恶］212 f.

 and family jurisdiction［～和家庭司法权］46

 "Guardians" in［～中的"护卫者"］210 f., 216

 on inherited guilt［～论世袭罪恶、祖传罪恶］34, n. 2. 32, 221

 hedonism in［～中的快乐主义］211

 influence on Hellenistic religion［～对希腊化时代宗教的影响］240

 on love［～论爱欲］218, 231

 on magic［～论巫术］194, n. 6. 97

 Mazdean influence on（？）［马兹达派对～的影响（？）］n. 7. 33, n. 7. 70

 and "Orphism"［～和"俄耳甫斯教"］148, n. 7. 82

 on poetry［～论诗歌］82, 217 f., 230

 post-mortem cult of［～的死后崇拜］n. 7. 9

 on prophecy［～论预言术］71, n. 3. 46, 217 f., 230

 on the *psyche*［～论灵魂］135, 210, 212–215

 and the Pythagoreans［～和毕达哥拉斯派］209 f., n. 7. 5, n. 7. 9, n. 7. 30

 on rebirth［～论重生］151

 on religious reform［～论宗教改革］219–224

 on sacrifice［～论献祭］222

 and shamanism［～和萨满教］209 f.

 and Socrates［～和苏格拉底］n. 6. 33, 208 f., 212, 216 f., n. 7. 19, n. 7. 48

 Crat.［《克拉底鲁》］400c：n. 5. 87

Euthyd. [《欧蒂德谟》] 277d: 79, n. 3. 104

Gorg. [《高尔吉亚》] 493a-c: 209, n. 7. 5

Ion [《伊翁》] 536c: 79, n. 3. 102

Laws [《法律》] 701c: 156, n. 5. 132

Laws [《法律》] 791a: n. 3. 102, n. 7. 59

Laws [《法律》] 854b: 156, n. 5. 133

Laws [《法律》] 887d: n. 7. 70

Laws [《法律》] 896e: n. 7. 24

Laws [《法律》] 904d: n. 7. 77

Laws [《法律》] 909b: 222, 234

Meno [《美诺》] 81bc: 155 f.

Phaedo [《斐多》] 62b: n. 5. 95

Phdr. [《斐德若》] 244ab: 64, n. 3. 41

Phdr. [《斐德若》] 251b, 255cd: n. 7. 59

Prot. [《普罗塔戈拉》] 319a-320c: n. 6. 33

Prot. [《普罗塔戈拉》] 352b: n. 6. 47

Rep. [《理想国》] 364b-365a: 149, n. 5. 92, 222, 234

Rep. [《理想国》] 468e-469b: n. 7. 9

Soph. [《智者》] 252c: n. 3. 49

Symp. [《会饮》] 215c: n. 3. 102

Platonism [柏拉图主义] 247, 249

Pliny, *N. H.* [普林尼] 11.147: n. 3. 94

Plotinus [普罗提诺], rationalism of [～的理性主义] 246, n. 8. 78, 285 f.

evocation of his daemon [～召唤其精灵] 289-291

Enn. [《九章集》] 1.9: n. App. Ⅱ. 26

Enn. [《九章集》] 5.5.11: n. App. Ⅱ. 33

Plutarch [普鲁塔克] 34, 121, 253

on Delphi [～论德尔斐] 72-74

def. orac. [《论神谕的衰落》] 438bc: 72 f., 90

poets [诗人], inspiration of [～的灵感] 80-82, 101, 217 f.

and seers [～和先知] n. 3. 118

polarisation [两极分化] of Greek mind [希腊思想的～] 193, n. 6. 87

pollution [污染], 参见 *miasma* [污染]

Porphyry［波菲利］286 f., 294 f., 298

 vit. Plot.［《普罗提诺传》］10: 289–291

 de abst.［《论禁食动物》］4.16: 290

 de phil. ex orac.［《论神谕中的哲学》］216 ff.; n. App. Ⅱ. 107

Poseidon［波塞冬］77

Posidonius［波西多纽斯］111, n. 7. 30, 239, 247, 256, n. 8. 65, n. App. Ⅱ. 122

possession［附体、神灵附体］,

 origin of belief in［～信仰的根源］66 f.

 Corybantic［科律班忒斯式的～］78

 by the dead［死者的～］n. 3. 14, 298

 Dionysiac［狄奥尼索斯式的～］77, 271 f.

 fear of［恐惧～］253

 by Muses［缪斯的～］80, 82

 passion as［激情作为～］186

 prophetic［预言式的～］70–75

 dist. shamanism［～不同于萨满教］71, n. 3. 43, 140

 somnambulistic dist. lucid［梦游式～不同于清醒时的～］72, n. 3. 54

 un-Homeric［非荷马式的～］10, 67

 另参见 **mediums**［灵媒］, **trance**［入迷］

power［力量］, communication of［～感通］8–10

Prince，**Morton**［莫顿·普林斯］66

Proclus［普罗克洛］, on the *Chaldaean Oracles*［～论《迦勒底神谕集》］284, 289

 theurgy of［～的降神术］288, 291 f., 298 f.

Procopius of Gaza［加沙的普罗科庇乌斯］283

progress［进步］, idea of［～观念］183

prophecy［预言术、预言］,

 Dionysiac［狄奥尼索斯式的～］n. 3. 30

 older than divination［～比占卜术更古老］n. 3. 31

 ecstatic, in western Asia［西亚的迷狂～］69 f., n. 3. 31

 oracular［神谕～］70–75

 Plato's view of［柏拉图关于～的观点］217 f.

 spontaneous［自发的～］70

in verse form［以诗句形式发布的～］n. 3. 70
Prophetes［神谕解释者］, at Claros［克拉罗斯的～］n. 3. 70
at Delphi［德尔斐的～］72 f., 74
Protagoras［普罗塔戈拉］183-185
prosecution of［起诉～］189, n. 6. 63, n. 6. 66
Psellus, Michael［米哈伊尔·普塞洛斯］283-285, 289, 292, 297
Script. Min.［《短篇集》］I.262.19, 446.26: n. App. Ⅱ. 18
psyche［灵魂］, in Homer［荷马史诗中的～］15 f., 136-138
in Ionian poets［爱奥尼亚诗人笔下的～］138
in fifth-century Attic writers［公元前5世纪的阿提卡作家笔下的～］138 f.
in Empedocles［恩培多克勒著作中的～］153
in Plato［柏拉图对话中的～］212-215
as appetitive self［～作为欲望自我］138 f., n. 5. 26
sometimes resides in blood［～有时寄寓在血液中］n. 5. 27

as dog's name［～作为狗名］n. 5. 26
as occult self of divine origin［～作为具有神圣起源的隐秘自我］139 f., 209 f., 212
occult powers of［～的神秘力量］118-120, n. 4. 104, 135
returns to fiery aether［～复归于燃烧的以太］n. 5. 112
unitary and tripartite［～统一和～三分］213 f., n. 7. 24, n. 7. 30, 228
另参见 **Afterlife**［死后、来世］, **rebirth**［重生］, **soul**［灵魂］
psychiatry［精神病疗法］, ancient［古代的～］79 f.
philosophy as［哲学作为～］n. 8. 79
psychic excursion［神游、灵魂之旅］, dream as［梦作为～］104, 135, n. 5. 97
in trance［入迷中的～］140-143, 149, 285
psychic intervention in Homer［荷马史诗中的超自然介入］2-18
Ptoon［普托司］, oracle of［～神谕所］n. 3. 60
puppet［木偶］, man as［人类作为～］214

purification［净化］, 参见 catharsis［净化、涤净、涤罪］

puritanism［清教主义］, Greek［希腊～］139 f., 149 f., 154–156, 175, 212 f.

 and guilt-culture［～和罪感文化］152

purity［纯洁］, ritual and moral［仪式和道德方面的～］37, n. 2. 47, 243

 as means to salvation［～作为拯救手段］154

Pythagoras［毕达哥拉斯］110, 143–146, 154, 166 f., n. 5. 75, 247

 and "Orphism"［～和"俄耳甫斯教"］143, 149, n. 5. 96

 as magician［～作为巫师］n. 5. 64, n. 8. 70

Pythagoras of Rhodes［罗得岛的毕达哥拉斯］297

Pythagorean［毕达哥拉斯派的］

 catharsis［～净化、涤净、涤罪］79, 154

 community［～团体］144

 silence［～缄默］154, n. 5. 122

 "recollection"［～"回忆"］152

 vegetarianism［～素食主义］154, n. 5. 95

Pythagoreanism［毕达哥拉斯主义］, Alexander Polyhistor's account of［亚历山大·波里希斯托对～的说明］n. 4. 53

 and astral religion［～和星体宗教］248, n. 8. 68

 Empedocles and［恩培多克勒和～］145

 and "Orphism"［～和"俄耳甫斯教"］149, n. 5. 95 f.

 "scientific" and "religious"［"科学的"和"宗教的"～］n. 5. 68

 and shamanism［～和萨满教］n. 5. 63

 unity of soul in［～中的灵魂统一］n. 7. 30

 status of women in［～中的妇女地位］n. 5. 59

 另参见 Neopythagoreanism［新毕达哥拉斯主义］

Pythia［皮提亚］, inspiration of［～的灵感］70–74, n. 3. 41

 bribery of［贿赂～］n. 3. 68

 另参见 Delphi［德尔斐］

pythons［皮同］, 参见 "belly-talkers"［腹语者］

racial memory［种族记忆］,

alleged [所谓的~] n. 4. 4

rationalism [理性主义], Greek [希腊的~] 1, 254

achievements of [~的成就] 34, 116, 117–120, 180–185, 236–238

of Plato [柏拉图的~] 208 f., 212, 216–218

of Hellenistic philosophy [希腊化时代哲学的~] 238–241

decline of [~的衰落] 247–253

另参见 **Enlightenment** [启蒙运动]

rebirth [重生、重生教义], in animal form [~为动物] 154, 215, n. 7. 43

of Epimenides and Pythagoras [厄庇美尼德和毕达哥拉斯的~] 143 f.

absent from epitaphs [墓志铭中没有提到~] n. 8. 29

not of Egyptian origin [~并不是起源于埃及] n. 5. 29

relation of Greek to Indian belief in [希腊~信仰和印度~信仰的关系] n. 5. 29, n. 5. 97

taught in Orphic poems [俄耳甫斯教诗歌所教授的~] 149

as privilege of shamans [~作为萨满的特权] 144, 151, n. 5. 58

Thracian belief in [色雷斯人相信~] n. 5. 60

why some Greeks accepted [为什么某些希腊人会接受~] 150–152

"recollection" ["回忆"], Pythagorean dist. Platonic [毕达哥拉斯派的~不同于柏拉图式的~] 152, n. 5. 107, 210

Religion [宗教], Apolline dist. Dionysiac [阿波罗~不同于狄奥尼索斯~] 68 f., 76, 156

in Archaic Age [古风时代的~] 28–50

Hellenistic [希腊化时代的~] 240–243

Homeric [荷马史诗中的~] 2–18, 35, 43 f.

Minoan, survivals of [米诺斯~的残留] 14 f., n. 2. 91, n. 3. 62, 142, 146

and moral paradoxes [~和道德悖论] n. 2. 112

moralisation of [~的道德化] 32–35

and morals [~和道德] 31

rationalist critique of [理性主义者对~的批判] 180–182

regression of, in late fifth century

[～在公元前5世纪晚期的回返] 192–195

proposals for stabilising [稳定～的提议] 219–224

另参见 daemons [精灵、神灵], gods [神], "Orphism" ["俄耳甫斯教"]

responsibility [责任], fear of [恐惧～] 77, n. 3. 98, 246, 252, 254

Rohde, E. [罗德] 7, 65, 68, 139, 150

Rose, H. J. [罗斯] 104, 106

ruler-worship [统治者崇拜] 242, n. 8. 32, 259

Sabazius [萨巴神] 194, 276, n. App. I. 42, n. App. I. 44, n. App. I. 58

sacrifice [献祭] 222

Sarapis [萨拉皮斯] 108

scapegoats [替罪羊] 43

Sceptics [怀疑论学派] 240

Science, Greek [希腊科学],
achievements of [～的成就] 236 f.
alleged overspecialisation in [～中所谓的过度专业化] 250
lack of experiment in [～缺乏实验方法] 251, n. 8. 94

contempt of Hellenistic philosophers for [希腊化时代的哲学家蔑视～] n. 8. 77

second-sight [第二视力] 70

seers [先知], attack intellectuals [～攻击知识分子] 190
in Plato [柏拉图对话中的～] n. 3. 46, 217, 222, n. 7. 56
and poets [～和诗人] 81 f., n. 3. 118
ridicule of [嘲笑～] 182, 190

Semonides of Amorgos [阿摩尔戈斯的西蒙尼德] 30, 138

Seneca [塞涅卡] 249

Sex [性、性别], Greek puritanism and [希腊清教主义和～] 154 f., n. 5. 122 f., n. 6. 43
change of [～转换] 140, n. 5. 32

Shackleton, Sir Ernest [欧内斯特·沙克尔顿爵士] 117

shamanism [萨满教], definition of [～的定义] 140
dist. Dionysiac religion [～不同于狄奥尼索斯宗教] 142
dist. possession [～不同于附体] 71, n. 3. 43, 140
Thraco-Scythian [色雷斯—斯库提亚的～] 140 f.
Greek [希腊的～] 141–147,

索引 407

149 f., 152, n. 5.32

Plato's transposition of [柏拉图对~的改造] 209 f.

bibliography of [~的相关文献] n. 5.30

shamanistic [萨满的、萨满式的]

use of arrows [~对于箭矢的使用] n. 5.34

bilocation [~分身术] 140 f., 144

power over birds and beasts [~支配鸟兽] 147, n. 5.75

change of sex [~性别转换] 140, n. 5.32

divination [~占卜术、占卜] 140 f., 144

fasting [~禁食] 140–142

food-taboos [~食物禁忌] n. 5.121

healing [~治疗] 140 f., 144–146

journey to spirit world [~神灵世界之旅] 140, 144, 147, 151, 210

use of music [~对于音乐的使用] 147, n. 5.119

psychic excursion [~神游、灵魂之旅] 140–143, 149, n. 5.31

purifications [~净化] n. 5.116, n. 5.118

reincarnation [~转世] 144, 153, n. 5.56

"retreat" [~"静修"] 140, 142, 149, 210

tattooing [~纹身] 142

trance [~入迷] 140–142, n. 5.31, n. 5.46, 210

shame-culture [耻感文化] 17 f., 28, 43

Sibyl, the [西比尔] 71

Sidgwick, Mrs. Henry [亨利·西季威克夫人] 297

sin, sense of [罪感] 36 f.

slavery [奴隶制], and intellectual decline [和智识堕落] 251

sleepwalking [梦游] 66, n. 3.14

Small, H. A. [斯莫尔] iii

snake-handling [蛇的运用], in Kentucky [肯塔基州的~] 275

in the Abruzzi [阿布鲁佐地区的~] n. App. I.43

snakes [蛇], in Asclepius cult [阿斯克勒皮奥斯崇拜仪式中的~] 114, n. 4.64

in Dionysiac cult [狄奥尼索斯崇拜仪式中的~] 275–277, 281

sneezing [打喷嚏] n. 1.87

Snell, B. [斯内尔] 15

Socrates［苏格拉底］, on *arete*［～论德性］183 f.

takes part in Corybantic rites［～参加科律班忒斯仪式］79

daemonion of［～的精灵］117, 185, 190, n. 6. 74

dreams of［～的梦］107, 185

believes in oracles［～相信神谕］n. 3. 71, 185, n. 6. 36

paradoxes of［～的悖论］17

prosecution of［起诉～］189 f., 192, n. 6. 74, 209

in what sense rationalist［～是何种意义上的理性主义者］184 f.

practises mental withdrawal［～练习精神集中］n. 7. 6

另参见 **Plato**［柏拉图］

solidarity［团结］, of the city-state［城邦～］191, n. 7. 87

of the family［家庭～］33 f., 46 f., 76, 109, 150

Solon［梭伦］, poems of［～的诗歌］30, 33

legislation of［～的立法］46, 137

Sophistic Movement［智者运动］180, 182-185, 187-189

Sophocles［索福克勒斯、索福克勒斯悲剧］, exponent of archaic world-view［～是古风世界观的典型代表］49

entertains Asclepius［～款待阿斯克勒皮奥斯］193

body and soul in［～中的身体和灵魂］138

Erinyes in［～中的埃里倪斯］42

Eros in［～中的爱若斯］41

status of man in［～中的人的地位］n. 2. 6

phthonos in［～中的嫉妒］n. 2. 12

Ajax［《埃阿斯》］243 f.: n. 3. 24

Ant.［《安提戈涅》］176: 139

Ant.［《安提戈涅》］583 ff.: 49 f.

Ant.［《安提戈涅》］1075: n. 1. 37

El.［《厄勒克特拉》］62 ff.: 141, n. 5. 39

O.C.［《俄狄浦斯在科洛诺斯》］964 ff.: n. 2. 25

O.T.［《俄狄浦斯王》］1258: n. 3. 25

Soranus［索拉努斯］80

soul［灵魂］, in bird form［鸟形～］141, n. 5. 38

inconsistent views of［关于～的观点不一致］179 f.

irrational, in Plato［柏拉图对话中的非理性～］120, 213 f., n. 7. 30, denied by Stoics［斯多

亚学派否认非理性～] 239

plurality of souls [多元～] 153, n. 5. 111

shadow- [幻影般的～] n. 4. 10

stolen [被偷走的～] 147

另参见 **Afterlife** [死后、来世], ***body*** [身体], ***psyche*** [灵魂], **rebirth** [重生]

Sparagmos [撕碎] 155, 276–278

Spengler, O. [斯宾格勒] n. 8. 106

spirit language [神灵语言] n. 3. 24

spirits [神灵], "dumb" ["哑的"～] n. 3. 57

另参见 **daemons** [精灵]

spiritualism [唯灵论], modern [现代～] 74, 206, 250

and theurgy [～和降神术] 296–299

另参见 **mediums** [灵媒]

spitting [吐口水], apotropaic [～以辟邪] 98

springs [泉], sacred [圣～] 73, n. 3. 64

στάσις [内讧], 参见 **conflict** [冲突]

statues [雕像], 参见 **images** [神像]

Stoic [斯多亚学派的], acceptance of astrology [～接受占星术] 246, n. 8. 57

view of dreams [～梦理论] 121

view of inspiration [～灵感理论] n. 3. 71

intellectualism [～理智主义] 239 f.

religion [～宗教] 240 f.

doctrine of "sympathy" [～"交感"理论] 247

στοιχεῖα [证明] 295

sublimation [升华] 218, n. 7. 26

σύμβολα [象征标志、符契象征] 292 f., 295 f.

sun-cult [太阳崇拜], in Plato's *Laws* [柏拉图《法律》中的～] 221, 223

in *Chaldaean Oracles* [《迦勒底神谕集》中的～] 285, n. App. Ⅱ. 18

Super-ego [超我] 42

superstition [迷信], Theophrastus and Plutarch on [泰奥弗拉斯托斯和普鲁塔克论～] 253

survival [继续存活], 参见 **Afterlife** [死后、来世]

σύστασις [引见], in magic [巫术中的～] n. App. Ⅱ. 20, n. App. Ⅱ. 34

swan-maidens［天鹅少女］n. 5. 37

"sympathies"［"交感"］,occult［神秘的～］247，292 f.

Synesius［辛奈西斯］298

Taghairm［塔海姆］n. 4. 42

talismans［护身符］294

ταπεινός［卑微］215，n. 7. 39

ταράσσειν［扰动、侵扰］n. 2. 3

tattooing［纹身］, sacral［骶骨～］142，n. 5. 43 f.

telepathy［感应］, in dreams［梦中的～］118，120，n. 4. 116

τελεστική［秘仪］292-295，n. App. II. 67

Tennyson，Lord［丁尼生勋爵］184

Theoclymenus［特奥克吕墨诺斯］70

Theognis［忒奥格尼斯］30，33，39，41 f.

θεόπεμπτος［神遣的］, meaning of［～的含义］n. 4. 97

Theophrastus［泰奥弗拉斯托斯］80，237，253

Theoris［忒奥里斯］n. 6. 95，n. 6. 98

Theoteknos［忒奥特克诺斯］295

Thesiger，Ernest［欧内斯特·赛西格］276

theurgy［降神术］283-311

bibliography of［～相关文献］283

Iranian elements in［～中的伊朗成分］291，299

origin of［～的起源］282-285

and magic［～和巫术］285，288，291

and Neoplatonism［～和新柏拉图主义］285-289

modus operandi of［～的操作方法］291-299

Thomas，H. W.［托马斯］147

thumos［激情］16，138 f.，186，n. 7. 32

Tibet［西藏］, animation of images in［～的神像赋生术］n. App. II. 72

time［荣誉］17 f.，32，n. 5. 113

Timo［悌摩］40

Titan myth［提坦神话］, antiquity of［～的古老性］155 f.，176-178

tradition［传统］, and the individual［～和个人］237 f.，242 f.

trance［入迷］, Corybantic［科律班忒斯式的～］78，n. 3. 94

induction of［～的反应］73 f.，n.

3.52，295-297

of Pythia［皮提亚的～］72，n. 3. 41，n. 3. 53，n. 3. 55

shamanistic［萨满式的～］140-142，n. 5. 31，n. 5. 46，210

theurgic［降神术的～］295-299

voice heard in［～时听到的声音］113

change of voice in［～时的变声］n. 3. 61，297

另参见 **mediums**［灵媒］，**possession**［神灵附体］，**psychic excursion**［神游］

transmigration of souls［灵魂的轮回］，参见 **rebirth**［重生］

τριετηρίδες［两年一度的节日］270，n. App. II. 2

τύχη［运气］n. 2. 80

cult of［～崇拜仪式］242，n. 8. 37

Tylor，**E. B.**［泰勒］112

unio mystica［神秘合一］，dist. theurgy［～不同于降神术］286

Upanishads［《奥义书》］156

Uranuss［乌拉诺斯］，参见 **Ouranos**［乌拉诺斯］

vegetarianism［素食主义］，origin of［～的起源］154，n. 5. 121

virtue［德性］，参见 *arete*［德性］

visions［幻觉、幻象］，

hypnopompic［半睡半醒状态中的～］n. 4. 24，n. 4. 62

waking［醒时～］108，116 f.，n. 4. 62，n. 4. 82，131

Viza mummers［维萨伶人］275

war［战争］，social effects of［～的社会后果］190 f.，250

wealth［财富］，Homeric and Archaic attitudes to［荷马和古风时代对～的态度］45，n. 2. 95

Weinreich，**O.**［魏因赖希］66，112

Whitehead，**A. N.**［怀特海］179，243

Wilamowitz，**U. von**［维拉莫维茨］73，147，155，182，191，193

will［意志］，concept lacking in early Greece［早期希腊缺乏～概念］7，n. 1. 105

另参见 **free will**［自由意志］

wine［酒］，*ate* caused by［～导致迷乱］5，38

and poetry［～和诗歌］n. 3. 124

religious use of［～的宗教用途］69

Xenocrates［色诺克拉底］，and

Titan myth［～和提坦神话］156，n. 5. 133，n. 5. 134

Xenophanes［色诺芬尼］,
rationalism of［～的理性主义］118，180 f.
influence of［～的影响］182
fr.［残篇］7：143，n. 5. 55
fr.［残篇］23：n. 6. 9

Xenophon［色诺芬］, on the *psyche*［～论灵魂］135
Anab.［《远征记》］7.8.1：n. 4. 99
Mem.［《回忆录》］1.6.13：n. 4. 100

Zalmoxis［撒尔莫克西斯］144，n. 5. 60，n. 5. 61，n. 5. 119

Zeno of Citium［基提翁的芝诺］237-240

Zeus［宙斯］3 f.，6，18，29，42，108，241
as heavenly Father［天父～］47 f.
as agent of justice［作为正义代表的～］31-33
capable of pity in Homer［荷马史诗中的～能够怜悯］35

译后记　多兹：理性的非理性主义者

多兹（E. R. Dodds，1893—1979）是二十世纪古典学界最有趣、最具想象力、最不寻常的人物之一。在中学时期，他因与老师作对被叫去校长办公室。校长读了违纪书，然后要求他伸出手掌。然而，让双方都吃惊的是，他的手拒绝移动。多兹说，他对手的奇怪行为感到困惑："我对这一行为负有责任，但不知为何也没有责任。我将在未来的某个场合回想起它。"多兹再记此事，是他多年后在爱尔兰开往伦敦的邮轮上。船长提议为英国国王祝寿，所有人都站了起来，只有一个人例外。多兹就是那个例外。在他毫无意识的情况下，他的身体又为他做出了决定——它再一次拒绝移动。

这两则遥相呼应的故事都被多兹记录在他的自传《失踪的人》（*Missing Persons*，1977）中，并被不断提起。它们刻画了多兹两个相互拉锯的自我：一个深谙如何得体行事的习俗自我，和一个召唤他走上相反道路的隐秘自我。两者相互缠绕，共同编织出多兹为人与为学的肖像：一个在边界内游走的人，却张望着异类、未知和超常事物，他既不遵循群居道德，也不彻底拥抱异类。结果，多兹在各方面看起来都像是一个穿梭在边界内外、拥有多重自我的矛盾体。他是一位坚定的爱尔兰共和党人和民族主义者，但他几乎全部的智性活动都发生在英国尤其是牛津大学。他还娶了一位英国妻子，成了英国的永久移民。他年轻时成绩很好、擅长考试，但又带领同伴搞"少年犯"恶作剧（比如绑架校长），并尝试通过吸食大麻发现"宇宙的秘密"。

多兹自称是一个"无可救药的理性主义者"，很早就确立了怀疑论和无神论立场。但和他的导师吉尔伯特·默里（Gilbert Murray）一样，人类非理性的所有表现形式意外地成了他一生的兴趣所在。在1936年成为牛津大学钦定希腊语讲席教授（Regius Professor of Greek）之前，多兹一直是一名积极的神秘主义参与者。他参加都柏林、雷丁和伯明翰的心灵感应实验，实地观察灵媒的降神会。多次亲身体验让他无法不相信神秘事物的存在。在1936年之后，尽管因讲席职务搁置了这些实地活动，他仍然活跃于英国心灵研究学会（Society for Psychical Research）。早年观察到的那些未经理性语言组织的神秘主义感知和信息传递，对多兹来说迫切需要获得某种解释的出口。为此，在1960年卸任牛津希腊语讲席教授后，他立刻接受了心灵研究学会主席一职，开启了随后长达12年的超自然现象研究与总结。

是什么召唤多兹向边界之外张望？又是什么把他留在理性主义的边界之内？为何多兹并非对隐藏在暗面中的非理性经验视而不见，但又没有成为彻头彻尾的神秘主义者，就像他的诗人好友叶芝还有乔治·罗素那样？

多兹从不准备将自己的判断力或良知置于任何宗教或

政治"主义"之下，除他自己外，他从不依靠谁。不过，多兹坦言，他和苏格拉底一样，有一位自己的守护神。这位守护神在他毫无意识的情况下为他做出了一系列从未料及的决定。除了开头的两则故事，关于是否离开伯明翰大学前往牛津继任希腊语教授一事，多兹也认为"是他而不是我最终做出了关键的决定"。"是他而不是我"的表述，几乎完全照搬了埃斯库罗斯《阿伽门农》中主人公对杀女祭神行为的辩词。而微妙的是，《希腊人与非理性》正是以此剧带出首章，而其中他将阿伽门农的疯狂行为归因于邪恶的超自然介入，也就是人类意识主体之外的神或精灵。

多兹和阿伽门农在说词上的巧合让人不禁联想，是否也正是他的守护神召唤其向理性主义的世界之外张望。不过，这位守护神绝非荷马时代原始心智的延伸，或是他用以发泄非理性的私人渴望的借口。抛开这个略带诗意的表述，多兹与神秘主义其实界限分明。他自称并非神秘主义者，而是旁观这样一种经验的思想史家。面对确乎存在甚至亲眼见证的神秘因素，多兹的工作既不是信仰也不是拒斥，而是理解。多兹晚年仍记得这样一句劝告：在他拒绝致敬英国国王后，同船的一位老人对他说，不要爱你的敌人，也不要恨他，要试着理解他。这一斯宾诺莎式的告诫后来成为多兹对待生活中一切异己因素的态度，尤其是非理性与神秘学。而多兹对待战争的态度也是如此：即便它属于集体非理性，即便它令人厌恶，多兹依然将其作为人类经验的必要组成部分进行了解。"一战"时，他前往萨尔维亚，以医疗志愿者的身份观察战争前线;"二战"时,他在英国外交部研究院(Foreign Office Research Department)研究德国教育,撰写了一本关于纳粹教育系统的册子(*Minds in the Making*,1941)。

正是对他者寻求理解的智性激情,引领多兹跨越边界,踏入人类经验的暗面,去呼唤理性主义的乡愁。在这个意义上,理性的非理性主义者是可能的,多重自我的性格也能够融贯。你可以既狂野又谨慎,既不拘一格又清晰而具有学术性。神秘主义和怀疑主义可以结合;冲向未知世界的同时,也可以留下缜密的思想痕迹。所以,当他惊讶于心灵感应实验中那根自动旋转起来的棍子时,他把自己比作了苹果树下的牛顿。不可思议的自动力背后,多兹希望洞穿某种科学原理。他希望看到心灵感应被科学证明,因此抓住了弗洛伊德的潜意识理论。而随着现代科学的发展,他坚信非理性最终会被驱逐,心灵研究也会走向解体。在《大学和社会中的实验研究》("Experimental Research at the Universities and in the Society",1962)一文中,多兹预测,现有的精神研究在未来将分散到各学科中:超感知觉将成为正常心理学的一部分;意念力将在物理实验室中得到测量;鬼神附体者身上渗出的物质将由有机化学家分析,产生的方式将由生理学家进行研究;风水师的主张将由地质学家测试。所谓的超心理学(parapsychology),将成为一块不毛之地。

多兹一边对前沿科学做着乐观预测,一边力图对古希腊非理性进行全面的地形勘探。贯穿两项工作始终的是他对人类行动之源这一宏大问题的思索。为什么人类要如此这般地行动？为此，人们不仅需要了解理性主义及启蒙运动，还需要掌握人类经验中各种根深蒂固的非理性形式。多兹正是秉持这一信念完成了《希腊人与非理性》的写作。该书分为八章，探讨非理性在古希腊的各种体现。它的主要形式可概括为"被入侵的心灵"：如第一章的超自然介入形式迷乱（ate）和力量感通（menos），第三章的癫狂，第四章的神梦，以及第五章的萨满型人格。在第二章，非理性指的是罪感文化中人们面对世界的无助感和罪感；在第六章，多兹指责苏格拉底忽略情感在普通人行动中扮演的角色，其中非理性被宽泛地等同于情感。尽管多兹的非理性定义在全书中不尽融贯，但这恰恰反映了古希腊非理性的特点，也对应了多兹在第六章提出的宗教"层累堆积体"概念。在缓慢而持久的古希腊宗教运动中，传统信仰模式及非理性范畴几经变动。然而，各个时期的信仰模式并未代代更迭，而是层累地、积淀性地反映在宗教之中。新信仰的出现没有抹杀旧信仰，它或是吸纳后者成为其一部分，或是与后者并行不悖。正因如此，古希腊非理性始终以多样、错综甚至相悖的形式展现在我们面前。也是因此，古希腊宗教层累堆积体从未瓦解殆尽：它在古风时代末及古典时代有所松动，但即便在理性主义发展后期的希腊化时代，一个完美无瑕的理性时代也没有来临。

特别地，多兹在《希腊人与非理性》第七章中专门讨论柏拉图对非理性的处理。在柏拉图生活的古典时期雅典，人们以凭借理性解决所有问题为傲，习惯于用理性的利己主义原则来解释一切人类行为，还相信德性本质上是一门理性生活的技艺。这样的骄傲、习惯和信念也伴随了柏拉图一生，他始终没有抛弃理性主义的思想框架。但是，柏拉图对待非理性的态度又相当严肃，无论是对灵魂中的爱欲，还是对其同时期影响颇广的毕达哥拉斯主义。前者在人类体验中不可避免，后者更是无法从大众信仰中连根拔起。因此，柏拉图一方面保留了转世、回忆、视像、灵魂旅行学说等传统巫术元素，另一方面又创造性地将其纳入一个全新的理性框架。

柏拉图对非理性的处理对多兹来说或许是示范性的。和多兹解读的柏拉图一样，在探讨人类行动之源"是什么"这一问题背后，他思索的也是"怎么做"的实际问题。在《希腊人与非理性》末章，多兹提到他在写作中"时时刻刻都在想着我们自己时代的状况"。如何以史为鉴，指引现代人更好地、更理性地行动？古希腊就像现代西方社会的影子：现代人也经历了理性主义的黄金时代，面临着一个前所未有的开放社会；但与此同时，现代人和后古典时期的希腊人一样，也见证了后启蒙运动时代理性的衰退和非理性的蔓延。这在作者生活的两次世界大战期间变得尤其明显。

事实上，时代关切不仅是多兹研究希腊非理性的出发点，更是他认为的整个古典学科在现代社会的立身之本。多兹目光如炬地指出，在这个批评标准全然不确定的开放时代，许多人只是在道德的黄昏中摸索。即便受过教育，他们也越来越难以区分意义和废话，好的文学和坏的文学。在这种情况下，多兹呼吁，我们应该用新的眼光来看待一种高级文化，这种文化在没有圣书或教会的指导下已经生存了一千多年。伟大的古典作家提供的不是模型，而是参考点，是纷繁意见的一个坚实基础。

由于对理性自由和随之而来的个体责任的恐惧，希腊最终屈服于理性的逃亡。现代社会虽然面临同样的风险，但多兹却怀有希望。他认为，古人只能用神话或象征性的语言来描述意识阈值之下的东西，而我们已经开始获得理解非理性的力量、奇迹和危险的工具，从而可以通过理解它在人性中的深刻根源来克服非理性主义。这一工具，就是多兹在本书前言中所说的"社会人类学和社会心理学之间新近达成的前途无量的结盟"。不过，这一理性主义未来的筹划似乎建立在过于乐观的方法论之上。必须承认，多兹的历史观是进步主义式的：理性终将胜利，研究的目的是为了"改变"和"驯服"非理性。这种史观导致《希腊人与非理性》具有一个似乎过于融贯的叙述框架，即吉本式的"兴衰史"框架。在本书末章，他将自己的写作称为讲"故事"。多兹的故事本打算从荷马一路讲到新柏拉图主义，汇成一本《希腊—罗马理性主义的兴衰研究》，但其体量之庞大，让他选择止于古典时期。值得一提的是，这种进步主义的历史叙事或许是受到导师默里的《希腊宗教的五个阶段》（*Five Stages of Greek Religion*，1925）的影响。多兹的好友、德国古典学家布鲁诺·斯内尔（Bruno Snell）的《心灵的发现》（*The Discovery of the Mind*，1953）几乎与《希腊人与非理性》同期出版，此书也构建了一个关于整全人格的进步主义叙述。斯内尔认为荷马人物缺乏现代人的整全人格，个体概念发轫于希腊早期抒情诗中对"我"的自我称谓之中，而这些观点如今已基本被学界抛弃。此外，在《希腊人与非理性》第二章，多兹对古希腊社会从耻感文化向罪感文化转变的解释也受到了批评。他认为古希腊人所谓的焦虑和内疚感来源于旧的家庭团结松动后对违逆父亲的恐惧，它从不被认可的弑父欲望中产生。这种从个体心理、家庭伦理向社会宗教推导的论证，今天已难以被人认同。

但是，抛开以上不足，多兹《希腊人与非理性》一书仍属于二十世纪最伟大的古典学作品之一。该书在塑造当代人对希腊文化的理解方面，比其他任何古典学家的专著做得都多。多兹复兴了希腊宗教研究的人类学方法，并且引入心理学，下一代希腊宗教领军人物瓦尔特·伯克特（Walter Burkert）宣称，此书对他的影响比该领域别的书都要大。英国古典学家劳埃德-琼斯（Hugh Lloyd-Jones）认为，由于非理性的发现，古典研究的转向从尼采开始，在多兹达到高潮。而且，如同尼采的《悲剧的诞生》，多兹的《希腊人与非理性》也不能用普通的学术标准去衡量。即便某些观点已被抛弃，这样一本书也可以是伟大的，因为在它的错误中我们也看到了自身。

《希腊人与非理性》也比其他古典学专著拥有更多的普通读者。2013年诺贝尔文学奖得主爱丽丝·门罗（Alice Munro）的小说集《逃离》（*Runaway*，2004）中，有一个故事正以这样的情节开头:女主人公朱丽叶在火车上读多兹的《希腊人与非理性》,她看着窗外凛冽的群山,瞥见了狼,想到多兹于"附录一"中描述的迈娜得斯主义。也是在这样的冬季,隆冬之夜,信女们爬上帕那索斯山,受阻于暴风雪,最后在迷狂状态下接受了救援。门罗笔下的朱丽叶不仅接受了多兹的论述,而且对其做出回应:她在信女的行为中看到人的自我意识的脆弱性,并认为这些都相当"现代"。门罗的描写恰恰反映,多兹笔间所倾注的激情,能以最直接的方式感染读者,又源源不断地激发读者的直觉与感受力。

在一个受到新的非理性主义威胁的世界中,多兹提出的许多问题跨越了近一个世纪仍熠熠生辉。关于多兹的讨论仍在以论文集或会议的形式开展,例如2019年出版的《重新发现多兹:学术、教育、诗歌和超常性》(*Rediscovering E. R. Dodds: Scholarship, Education, Poetry, and the Paranormal*),以及同年7月在伦敦大学学院召开的"重访《希腊人与非理性》"(*The Greeks and the Irrational*, Revisited)会议。此外,尽管多兹在牛津大学担任希腊语讲席教授时并不受人待见,但他在古典系的跨学科主张和本科生博雅教育改革如今看来却颇有前瞻性。

多兹与中国也有短暂的交集。1942年,牛津大学中国宗教和哲学高级讲师休斯(E. R. Hughes)建议英国派出一对分别来自科学和人文领域的学者来华讲学,并与中国当局讨论战后两国的学术合作。休斯提议的科学家是家喻户晓的李约瑟（Joseph Needham），而多兹则是他选择的人文学者。怀着一贯的对不同人民和他们的思想的兴趣，多兹开始了11个月的访华活动。他认为，中国是古代高级文化的一个独特案例，它比希腊主义和基督教都早，却在今天仍延续着本土传统。当希腊主义和基督教正在西方文明的视野中逐渐暗淡，在智力和道德上失去指导作用的时候，中国就有了新的、特殊的重要性，她的历史和现状恰恰说明了一个既没有苏格拉底也没有耶稣的高级文化的潜力。多兹穿越驼峰航线来到中国，他的第一站是当时位于昆明的西南联大。多兹和师生们同住在废弃的私人剧院里，在极为艰苦和闭塞的环境下，那些教授和学生对知识的追求给多兹留下了极为深刻的印象。师生们站在荒郊野外，热切地讨论T. S. 艾略特、文本批评、维也纳实证主义，多兹则同他们讲授"希腊剧场""柏拉图的政治哲学""文本传播"，以及英国现代诗歌和德国教育。因为没有足够大的场地容纳约八百名学生，多兹第一次演讲时站在校园中央的一张桌子上。他迎着大风吼叫，他的翻译又向听众吼叫，师生们就这样站着听完了演讲。

多兹将他在中国的经历称为自己人生中一段无前因后果的"插曲"。此前，他没有任何中国背景，其后，他又回到牛津继续自己之前的研究轨迹。而值得庆幸的是，《希腊人与非理性》中译本的出版，可以说是再续了多兹与他曾经欣赏的这一具有"新的、特殊的重要性"的非西方文明国度的缘分。这个译本的诞生经历了漫长的过程。我于2017

年在中山大学博雅学院读大三时从甘阳老师那里接到翻译任务，在大四毕业的暑假完成了正文主体的翻译，最后于2018—2019年在英国圣安德鲁斯大学攻读古典学硕士时完成了繁难的脚注翻译和全书修订工作。漫长的翻译历程伴随着我的求学之路，而随着学识的增长，我也感到多兹关于荷马、柏拉图及悲剧诗人的讨论让人常读常新。那些脚注和附录中大量未被翻译的希腊语、拉丁语引文，对求学初期的我挑战极大，因此，我真诚地感谢曾经帮助过我的人。感谢我在圣安德鲁斯的导师 Stephen Halliwell、希腊语教师 Juan Coderch 和好友姚承佐帮我解决希腊语、拉丁语的翻译疑难，感谢 Nicolas Wiater 老师和我展开了一次由一条脚注引申开的、关于俄耳甫斯教文本传抄的奇妙探索。此外，博雅学院的吴鸿兆师兄、李孟阳师兄和薛璟明曾对译稿提出了宝贵建议，在此也谨表感谢。最后，感谢大师兄承担了本书繁重的校对工作。

在翻译方面，由于《希腊人与非理性》时常涉及对希腊词的多重词义辨析，译文除了在词语首次出现时标注通行的中文释义之外，都保留了希腊词的拉丁文转写形式以防误导读者。此外，值得一提的是，尽管多兹在前言中交代此书的受众包括一般读者，也为其正文中的希腊文提供了译文，但在脚注和附录部分却旁征博引大量尚未引入国内学界的古今文献。为准确和统一起见，对于脚注中出现的参考文献，无论其作者、作品熟悉与否，译文均保留原文。而对原文中多兹未提供英译的引文，则以方括号的形式提供了翻译供读者参考。最后，多兹该书涉猎广博，很多专题讨论超出了我的知识范围。以疏浅学力承担如此巨著，诚惶诚恐。译文中的纰漏舛谬之处，恳请读者不吝指正。

王嘉雯

2021 年 10 月 11 日

芝加哥海德园

"古典与文明"丛书

第 一 辑

义疏学衰亡史论　乔秀岩　著

文献学读书记　乔秀岩　叶纯芳　著

千古同文：四库总目与东亚古典学　吴国武　著

礼是郑学：汉唐间经典诠释变迁史论稿　华喆　著

唐宋之际礼学思想的转型　冯茜　著

中古的佛教与孝道　陈志远　著

《奥德赛》中的歌手、英雄与诸神　〔美〕查尔斯·西格尔　著

奥瑞斯提亚　〔英〕西蒙·戈德希尔　著

希罗多德的历史方法　〔美〕唐纳德·拉泰纳　著

萨卢斯特　〔新西兰〕罗纳德·塞姆　著

古典学的历史　〔德〕维拉莫威兹　著

母权论：对古代世界母权制宗教性和法权性的探究

〔瑞士〕巴霍芬　著

"古典与文明"丛书

第 二 辑

作与不作:早期中国对创新与技艺问题的论辩 〔美〕普 鸣 著
成神:早期中国的宇宙论、祭祀与自我神化 〔美〕普 鸣 著
海妖与圣人:古希腊和古典中国的知识与智慧
〔美〕尚冠文 杜润德 著
阅读希腊悲剧 〔英〕西蒙·戈德希尔 著
豔与歌队:先秦和古希腊的节庆、宴飨及性别关系 周轶群 著
古代中国与罗马的国家权力 〔美〕沃尔特·沙伊德尔 编

学术史读书记 乔秀岩 叶纯芳 著
两汉经师传授文本征微 虞万里 著
推何演董:董子春秋义例考 黄 铭 著
周孔制法:古文经学与教化 陈壁生 著
《大学》的古典学阐释 孟 琢 著
参赞化育:惠栋易学考古的大道与微言 谷继明 著